A Monsieur Carnot,
Membre de l'Institut, Sénateur,
Respectueux hommage
R Garier

ÉTUDES

SUR

L'HISTOIRE RELIGIEUSE

DE LA

RÉVOLUTION FRANÇAISE

COULOMMIERS. — TYPOG. P. BRODARD ET GALLOIS.

ÉTUDES
SUR
L'HISTOIRE RELIGIEUSE

DE LA

RÉVOLUTION FRANÇAISE

D'APRÈS DES DOCUMENTS ORIGINAUX ET INÉDITS

PAR

A. GAZIER

Maître de conférences à la Faculté des lettres de Paris.

DEPUIS LA RÉUNION DES ÉTATS GÉNÉRAUX JUSQU'AU DIRECTOIRE

« Appelons l'expérience du passé à
la direction du présent. »
Grégoire, *Discours sur la liberté des cultes.*

PARIS
ARMAND COLIN ET Cie, ÉDITEURS
1, 3, 5, RUE DE MÉZIÈRES
—
1887
Tous droits réservés.

AVANT-PROPOS

L'histoire de la Révolution française est depuis soixante ans l'objet d'études sérieuses, et c'est par centaines qu'il faut compter les écrivains qui ont marché sur les traces de Thiers et de Mignet. Études d'ensemble, études de détail, monographies, apologies ou pamphlets, on n'a rien épargné pour tâcher de satisfaire la curiosité si légitime de la postérité; et cependant nul ne peut se flatter de bien connaître cette grande époque.

Un de ses derniers historiens, le plus sagace peut-être, sinon le plus impartial, n'a pas cru pouvoir embrasser d'une seule vue les différentes parties de ce tout si complet. Laissant à d'autres le soin de faire l'histoire « de la diplomatie, de la guerre, des finances, de l'*Église* », il s'est borné, dit-il, « à étudier l'histoire des pouvoirs publics ». Mais ce qui nous importe bien davantage à nous fils de 1789, c'est l'histoire des idées, des sentiments et des passions de nos pères. Nous sommes appelés, qu'on le veuille ou non, à continuer leur œuvre; le monde marche à grands pas dans la voie que la Révolution française a ouverte, et nous avons le plus grand intérêt à savoir ce que nos devanciers ont pensé sur les questions qui nous préoccupent, à voir comment ils ont étudié les problèmes que nous tâchons de résoudre. Au premier rang se trouvent, et l'éternelle question de l'instruction publique, et le problème jugé presque insoluble des rapports de l'Église et de l'État. On cherche aujourd'hui à savoir au juste ce que la Révolution a fait pour l'éducation de la jeunesse, et, grâce à l'heureuse intervention du ministère de l'Instruction publique, l'enquête commencée se poursuit avec patience. La question religieuse n'est pas moins grave, tout le monde le reconnaît, et les politiques les plus hardis se dérobent ou n'abordent cette question qu'en tremblant, tant ils redoutent pour la patrie les conséquences d'une résolution prise à la hâte. C'est là surtout que les enseignements de l'histoire sont utiles, et que l'expérience du passé peut aider à préparer l'avenir.

Aussi j'ai cru devoir étudier sérieusement cette histoire religieuse de la Révolution française que les plus illustres écrivains ont à peine

effleurée, par dédain peut-être, ou plutôt parce
qu'il ne leur était pas possible de la bien connaître. En dehors des documents officiels, si
rares, si incomplets et parfois si trompeurs, ils
n'avaient à leur disposition que les mémoires, les
pamphlets, les apologies, les martyrologes d'un
clergé royaliste. Le témoignage des évêques et
des curés républicains, de ces milliers d'hommes
qui sont restés au milieu des populations et qui
ont pu se rendre compte des véritables sentiments
du peuple français, l'histoire ne l'a pas encore
recueilli. On s'imagine que les pouvoirs publics
n'ont pas eu à s'occuper des affaires religieuses
depuis 1793 jusqu'en 1802; on admet sans examen
que toutes les églises de France sont restées fermées jusqu'au jour où Bonaparte a daigné les
rouvrir, et si l'on parle de la célébration du culte
durant ces neuf années, c'est pour répéter que la
messe se disait alors la nuit, dans quelque grange
écartée, dans une chambre aux fenêtres matelas-
sées, avec des clochettes de bois, etc. On ignore,
ou l'on feint d'ignorer que les églises, fermées
durant quatorze mois tout au plus, se sont rouvertes comme par enchantement dès le mois de
janvier 1795; que 36 000 paroisses ont été régulièrement desservies par 25 000 curés dès le milieu de 1796; que Notre-Dame de Paris a été
rendue au culte public le 15 août 1795, et que

cinquante évêques ont pu venir ou se faire représenter, à Paris même et avec l'approbation du gouvernement républicain, aux conciles de 1797 et de 1801. On ignore, ou l'on feint d'ignorer que les populations tenaient à leur culte, et que la République de 1792, acclamée par l'immense majorité des Français, a succombé de fait, en 1799, parce que les pouvoirs publics, et en particulier le Directoire, avaient alarmé les consciences.

Il est indispensable de savoir que la Constituante a fait, dans l'ordre religieux comme dans l'ordre politique, une révolution consacrée en définitive, à bien peu de chose près, par tous les gouvernements qui lui ont succédé. Après avoir, en novembre 1793, laissé détruire toute espèce de culte autre que celui de la Raison, la Convention s'est déjugée en février 1795 ; elle a de très bonne foi proclamé la liberté des cultes ; elle a donné les mains à l'organisation d'une Église, non pas constitutionnelle et schismatique, comme on se plaît à le répéter, mais d'une Église à la fois orthodoxe et nationale, désireuse de vivre en parfaite intelligence avec la cour de Rome, mais profondément respectueuse des droits imprescriptibles de l'État, et ne lui demandant ni budget des cultes, ni privilèges, ni faveurs d'aucune sorte. Cette Église, qui « christianisait » la Révolution et faisait pénétrer jusque dans les plus petits hameaux l'amour de la patrie républicaine, le Directoire n'a pas tardé à la persécuter avec rage ; et la conséquence de cette conduite impolitique, tout le monde la connaît : la France de l'an VIII a non seulement absous, mais acclamé l'audacieux général qui chassa les persécuteurs.

Instruit par l'expérience de ses devanciers, Bonaparte ne commit pas la faute qui avait amené leur chute ; mais, comme il avait dès lors les projets les plus ambitieux, il entreprit de faire servir à ses desseins les aspirations religieuses de la France. En face de lui se trouvaient deux catégories de prêtres : d'une part les royalistes émigrés ou cachés, ayant pour adeptes les riches, les partisans de l'ancien régime, les mécontents, les adversaires déclarés de la République ; d'autre part les prêtres patriotes qui dirigeaient la classe moyenne et le peuple proprement dit. Effrayé par le républicanisme de ce dernier clergé, Bonaparte tourna ses regards vers l'autre, et il négocia le Concordat. Ce Concordat, qui rappelle à bien des égards celui de François Ier et de Léon X en 1516, Bonaparte sut en faire, non pas une sorte de *modus vivendi* entre l'Église et l'État, mais un admirable *instrumentum regni* aux mains du gouvernement français. De par les articles organiques, promulgués en 1802, et dont l'application rigoureuse n'a pas empêché Pie VII de venir sacrer

Napoléon deux ans plus tard, les ministres des cultes devinrent des fonctionnaires au même titre que les magistrats; ils durent être exclusivement Français, — ce qui ne pourrait plus être exigé si l'on dénonçait le Concordat, — et l'on ne courut pas le risque de voir des missionnaires étrangers fanatiser les populations et effacer dans les cœurs l'amour de la patrie française.

Que d'enseignements donc dans l'étude de cette histoire! et comme il est aisé d'y voir ce qu'ont produit les erreurs, les fautes et les crimes de nos pères, ce qu'avait produit en sens contraire la sagesse de la Convention en 1795, ce qu'a opéré ensuite la conduite prudente et avisée d'un ambitieux sans scrupules!

Cette histoire religieuse de la Révolution française, c'est surtout à l'aide des documents contemporains que je l'ai entreprise, et je dois avouer que la tâche eût été impossible, si je n'avais eu entre les mains ce que j'appellerai les Archives de l'Église gallicane pendant la Révolution : 6 ou 7000 brochures, livres, factums, journaux de toute espèce classés avec le plus grand soin, les registres originaux des conciles, les procès-verbaux officiels des synodes, presbytères, assemblées électorales et autres réunions, les lettres intimes se comptant par milliers et venues de toutes les parties de la France, tels sont, avec les pièces conservées dans nos grands dépôts publics, les matériaux de ce travail [1]. C'est l'illustre Grégoire qui les avait rassemblés, parce qu'il avait à cœur d'écrire une *Histoire ecclésiastique de la Révolution française;* il est donc bien juste de lui donner ici la place d'honneur, et de commencer par lui une série d'études qui auront pour objet l'histoire religieuse de notre Révolution. La France vient d'ériger une statue à cet évêque, et c'était justice, car la République n'a pas eu de défenseur plus ardent; le catholicisme reconnaît en lui un apôtre convaincu; le récit fidèle de ses actions peut donc montrer aux hommes de bonne volonté la route qu'il faut suivre pour régler d'une manière satisfaisante les rapports de l'Église et de l'État.

[1]. Ces *Études* ont paru, sous une forme un peu différente et sans pièces justificatives, dans la *Revue historique* de M. Gabriel Monod (1877-1881).

ÉTUDES

SUR

L'HISTOIRE RELIGIEUSE

DE LA

RÉVOLUTION FRANÇAISE

LIVRE PREMIER

L'ABBÉ GRÉGOIRE A LA CONSTITUANTE
(1789 — 1791)

Henri Grégoire est sans contredit l'un des personnages les plus marquants de la Révolution française, et l'on n'est pas surpris de voir que ses concitoyens lui aient élevé naguère une statue. Député montagnard à la Convention nationale ou sénateur opposant sous l'Empire, il a joué pendant vingt-cinq ans un rôle si considérable que l'histoire doit lui accorder un moment de sérieuse attention. Il a été toute sa vie l'objet des sentiments les plus contraires, de l'amour enthousiaste comme de la haine implacable, et la postérité ne paraît pas avoir porté sur lui un jugement définitif. Maintenant encore, plus de cinquante ans après sa mort, certains hommes reprochent à cet ardent démocrate d'avoir voulu

« christianiser la Révolution », et d'autres ne pardonnent pas à ce chrétien convaincu d'avoir tant fait pour la République. N'est-il pas temps de se dégager entièrement de ces exagérations de parti, et d'examiner froidement la vie et les œuvres de nos plus fameux révolutionnaires? La chose n'est pas très difficile pour Grégoire, car il a pris la peine de rassembler lui-même toutes les pièces de son dossier, s'il est permis de s'exprimer ainsi, et nous pouvons le juger en parfaite connaissance de cause.

A défaut de l'importante *Histoire ecclésiastique* qu'il se proposait d'écrire, il a laissé des *Mémoires*, malheureusement trop courts, trop personnels et d'une trop grande acrimonie [1]; on voit qu'ils ont été rédigés en 1808, et que leur auteur indigné voyait alors les plus fougueux montagnards de la Convention ramper aux pieds du ci-devant citoyen Bonaparte. Il a laissé en outre un certain nombre d'opuscules fort intéressants, comme son *Histoire des sectes religieuses* [2], qui nous renseigne si bien sur les crimes de la Terreur et sur les folies du Directoire, comme son *Histoire de l'émigration ecclésiastique* [3], son *Histoire du mariage des prêtres* [4], et quelques autres encore, ouvrages confus et d'une lecture pénible, mais pleins d'anecdotes curieuses, de renseignements d'une authenticité parfaite. Toutefois, ce n'est pas encore là qu'il faut chercher de quoi juger Grégoire : il faut

---

1. 2 vol. in-8º. Paris, 1840. C'est une amère élégie que ces Mémoires, dit leur éditeur, M. H. Carnot.
2. 6 vol. in-8º. Paris, 1828-1845. On y trouve en outre des indications de toutes sortes sur les théophilanthropes, sur les jésuites ressuscités sous le nom de paccanaristes, etc., etc.
3. Un vol. in-8º.
4. Un vol. in-8º.

voir ce qui reste de sa bibliothèque, ou pour mieux
dire de ses archives domestiques, et feuilleter ces
innombrables recueils de pièces imprimées ou manuscrites que les historiens de la Révolution n'ont
point connues; il faut consulter ces documents officiels et ces lettres intimes, ces panégyriques et ces
pamphlets qu'il s'est plu à rassembler par milliers,
à classer, à cataloguer avec le plus grand soin. Il
en manque malheureusement beaucoup, parce que
Grégoire a dû brûler en 1793 une foule de papiers
importants qui eussent compromis ses meilleurs
amis, entre autres le ministre Roland et l'infortuné
vicomte de Beauharnais; ce qui reste nous permettra pourtant de bien étudier et l'homme et son
époque [1].

Il serait inutile de refaire ici, après M. Henri Carnot, la biographie de Grégoire [2]; il n'est pas besoin
non plus de passer en revue tous ses actes de législateur et d'homme politique, ou même de le suivre
dans toutes les phases de sa carrière ecclésiastique,
depuis 1775 jusqu'à sa mort, arrivée en 1831; qu'il
nous suffise d'esquisser légèrement son rôle religieux depuis 1789 jusqu'à la fin du Consulat; c'est
encore un chapitre d'histoire assez important.

1. Les brochures réunies par Grégoire sont au nombre de
6 ou 7000, et beaucoup d'entre elles sont rarissimes. Les lettres,
écrites de tous les points de la France par des évêques, des
prêtres, des laïcs, sont, pour la seule période de 1795 à 1802,
au nombre d'environ 15 000.
2. En tête des *Mémoires de Grégoire*, 2 vol. in-8° (1840),
M. H. Carnot a publié récemment dans la Bibliothèque de la
jeunesse française : *Henri Grégoire, évêque républicain*, 1 vol.
in-12, 1882.

I

Grégoire avait bien près de quarante ans quand il vint siéger aux Etats généraux comme député du clergé. Fils d'artisan, né en 1750 dans le petit village de Vého, près de Lunéville, il était alors simple curé de village depuis une douzaine d'années, et ne songeait pas que l'histoire dût jamais s'emparer de son nom : il avait composé quelques poésies sans valeur et deux ouvrages de littérature ou de morale couronnés par les académies de Nancy et de Metz ; il avait, de 1784 à 1787, fait quelques voyages en Alsace, en Suisse et en Allemagne ; il avait prêché à Lunéville et s'était montré disciple fervent de Port-Royal ; mais rien ne faisait pressentir que cet homme si doux, si poli, si attaché à ses paroissiens d'Embermesnil, serait un jour le patriarche de l'Eglise constitutionnelle, le plus ardent peut-être de tous les républicains de France.

Le rôle politique de Grégoire aux Etats généraux et à la Constituante est parfaitement connu, et je me contenterai de le caractériser ici en quelques mots. Il y arriva, dit-il dans ses Mémoires [1], « avec la haine « profondément sentie et raisonnée de la tyrannie, « et avec le respect également senti et raisonné pour « les droits du souverain, *c'est-à-dire du peuple* ». Ainsi, dès le 5 mai 1789, le curé d'Embermesnil était un des trois ou quatre démocrates qui se trouvaient comme égarés au milieu d'une assemblée si foncièrement royaliste [2]. Dès 1789, il ne voulait voir en

---

1. Tome I, p. 402.
2. « Je pose en fait, dit Grégoire lui-même, qu'aucun cahier

Louis XVI qu'un ennemi du peuple, et, depuis ce moment jusqu'au mois de janvier 1793, tous ses actes comme député, comme président de l'Assemblée nationale, comme évêque même, seront inspirés par cette haine si peu raisonnée, quoi qu'il en ait dit, et d'ailleurs si peu conforme à l'esprit du christianisme, qui ordonne d'aimer jusqu'à ses ennemis. S'il eût pu, comme Barnave en 1791, au retour de Varennes, s'entretenir quelque temps avec le roi et lui parler à cœur ouvert, il eût sans doute été subjugué comme Barnave, car il avait l'âme encore plus tendre que le jeune député du Dauphiné ; sans doute il eût pris en pitié ce malheureux monarque dont le libéralisme était sincère, dont la bonne foi n'avait d'égale que sa nullité même ; du moins il eût cessé de haïr ce prince infortuné. Mais non, Grégoire exécrait Louis XVI, le mot n'est pas trop fort ; en 1792, il ne manquait pas une occasion d'exhaler sa haine contre un pareil « monstre », et voilà que, par un juste châtiment, le souvenir de Louis XVI a empoisonné toute la vie de Grégoire. Adversaire déclaré de la peine de mort, il s'est vu accusé d'avoir envoyé le roi de France à l'échafaud, et ses dénégations les plus catégoriques n'ont pu fermer la bouche à ses calomniateurs [1]. Non, Grégoire n'a point approuvé la mort de Louis XVI,

ne demande une Constitution républicaine, qu'aucun député ne désire se soustraire à l'autorité royale. Ceux qui veulent ainsi alarmer le gouvernement et les bons Français sont les aristocrates. » — *Nouvelle lettre d'un curé à ses confrères députés aux États généraux*, p. 8.

1. « Je n'ai jamais voté la mort de personne, » s'écriait-il souvent, et il a dit maintes fois à une personne de qui je tiens ce propos : « Quand on a tout fait pour détruire la calomnie, il faut bien l'accepter comme une épreuve que le bon Dieu vous envoie ! »

qu'il jugeait coupable de haute trahison, mais qu'il voulait au contraire condamner à vivre, à contempler longtemps le bonheur d'un peuple libre ; il n'en est pas moins vrai cependant que, dès le premier jour, il s'est montré beaucoup trop révolutionnaire pour un prêtre, et que ses adversaires politiques auraient pu souvent lui dire, comme Abner dans *Athalie* :

Eh quoi ! Mathan, d'un prêtre est-ce là le langage... ?

Ces réserves faites dans l'intérêt même de la vérité historique, nous allons étudier tout particulièrement le rôle religieux de Grégoire durant la Révolution française, c'est-à-dire à l'Assemblée constituante jusque vers le milieu de 1791, dans son diocèse de Loir-et-Cher, où il a fort peu résidé, depuis 1791 jusqu'en 1801, à la Convention nationale jusqu'en 1795, dans les conciles ou dans les synodes, au Conseil des Cinq-Cents et [au Sénat jusqu'à l'entière conclusion du Concordat en 1802 ; on verra que si l'homme politique n'est peut-être pas à l'abri de toute censure, il n'en est pas de même du prêtre et de l'évêque, dignes tous deux du plus profond respect, souvent même de la plus vive admiration.

II

Quoique député du clergé, le curé d'Embermesnil n'apportait point aux Etats généraux ce qu'on pourrait appeler les préjugés de la caste sacerdotale ; il avait toutes les vertus d'un bon prêtre, mais on aurait trouvé difficilement, même parmi les philosophes de cette époque, un homme plus éclairé, plus ennemi du fanatisme et de la superstition, plus sincèrement libéral et plus tolérant. Ce que ses ennemis lui reprochaient alors avec le plus d'amertume, c'étaient précisément ses liaisons avec les protestants ou avec les juifs; et d'autre part le peintre David a voulu glorifier sa tolérance quand il l'a représenté, dans son admirable esquisse du *Serment du Jeu de Paume*, donnant l'accolade fraternelle au chartreux dom Gerle et au pasteur Rabaut Saint-Etienne. Aussi Grégoire fut-il un des premiers à comprendre que le clergé devait renoncer à ses prétentions comme à ses privilèges, qu'il devait surtout cesser de vouloir former un ordre à part dans l'Etat. Cinq semaines après l'ouverture des Etats généraux, c'est-à-dire le 10 juin 1789, il adressa aux cent quatre-vingts curés, ses co-députés, une lettre pressante dans laquelle il les engageait à se réunir au tiers état pour la vérification des pouvoirs [1]. S'il ne se présenta pas dans la salle commune le 13 juin, en même temps que les trois curés du Poitou, Lecesve, Balart et Jallet, ce fut par suite d'un malentendu; il s'y rendit le lendemain avec cinq de ses confrères, et cette démarche courageuse amena la fusion des trois ordres, c'est-à-dire la transformation des Etats généraux en Assemblée nationale.

A partir de ce moment, Grégoire fut considéré par l'Assemblée tout entière comme le chef du clergé patriote, et la plupart de ses motions furent prises

---

1. *Nouvelle lettre à MM. les curés députés aux États généraux.* 40 p. in-8°. — Il en avait écrit une première pour exciter ses confrères à montrer « de l'énergie ».

en sérieuse considération. Le 23 juillet, il proposa d'inviter les curés « à ramener et à entretenir la « paix publique, comme ils l'avaient fait en 1775, à « l'époque de la disette [1], c'est-à-dire de la guerre « des Farines ». Le 3 août, il souhaita vainement, de concert avec Camus, que l'Assemblée joignît à la *Déclaration des droits de l'homme* une *Déclaration de ses devoirs* [2]. Lorsqu'à la suite de la fameuse nuit du 4 août la suppression de toutes les dîmes fut décrétée, Grégoire en demanda le rachat par cantons, et proposa de placer en fonds de terre les sommes ainsi acquises [3]. Il intervint encore le 14 août pour obtenir que le traitement des curés « à portion congrue » fût proportionné à l'importance des localités desservies par eux, et le même jour pour amender un décret sur la pluralité des bénéfices ecclésiastiques. Il voulait faire décider qu'elle aurait lieu selon les lois et canons de l'Eglise ; mais Camus combattit cette proposition, et l'on décréta simplement que la pluralité des bénéfices ne pourrait porter à plus de 3 000 livres le revenu des titulaires [4]. Il demanda encore, le 25 septembre, que les curés et vicaires congruistes, c'est-à-dire réduits au minimum du traitement, fussent exempts d'impôts, et sa motion fut reçue avec applaudissements [5]. Trois jours plus tard, lorsque les bénédictins de Saint-Martin-

---

1. *Point du jour*, compte rendu des séances de l'Assemblée nationale rédigé par Barrère, t. I, p. 273.
2. *Ibid.*, II, 22.
3. *Ibid.*, séance du 11 août, II, 91.
4. *Ibid.*, 2, 114, 120.
5. *Ibid.*, 3, 111. Le traitement des congruistes s'élevait à peine à 5 ou 600 fr., qui feraient 12 ou 1500 fr. de notre monnaie.

des-Champs, s'associant au généreux élan qui fit donner à l'Etat plus de cinq millions en un mois, eurent offert à la nation tous les biens de l'ordre de Cluny, dont le revenu était estimé, disaient-ils, à 1 800 000 livres, Grégoire critiqua vivement, non pas cette donation, mais la teneur du procès-verbal qui « accueillait avec satisfaction cette preuve de patriotisme »; une telle expression lui paraissait préjuger à tort la grave question de la propriété des biens ecclésiastiques [1]. Enfin, lorsque l'évêque d'Autun, le fameux Talleyrand, proposa de remettre à la nation tous les biens du clergé moyennant une allocation de cent millions d'abord, et plus tard de quatre-vingts ou quatre-vingt-cinq millions pour l'entretien du culte et de ses ministres, Grégoire voulut gagner du temps et empêcher qu'une telle décision ne fût prise à la légère. Il proposa donc de faire imprimer la motion de Talleyrand, et de renvoyer le débat du lundi au vendredi [2]. Lors de la discussion générale, voyant que la chose était pour ainsi dire résolue d'avance, il ne prit la parole que pour demander encore la dotation des cures en biens-fonds [3]. Curé de village, il savait par expérience quelle salutaire influence un bon curé peut avoir sur les villageois, et il voulait que le pasteur fût partout une sorte de petit propriétaire ou de fermier, au lieu d'être un fonctionnaire

---

1. *Point du jour,* tome III, p. 153. — Grégoire avait raison de réclamer : les supérieurs de la Congrégation protestèrent immédiatement; ils désavouèrent leurs jeunes confrères et les accusèrent même d'avoir supposé des signatures. Leur protestation fut imprimée, comme l'avait été la lettre des religieux, par ordre de l'Assemblée nationale.
2. *Ibid.,* III, 272-300.
3. *Ibid.,* 23 octobre, III, 426.

étranger qui réside pour un temps plus ou moins long dans telle ou telle commune, et que l'on peut, d'un trait de plume, dépouiller de sa pension. Aussi reprit-il cette motion l'année suivante, et publia-t-il sous forme de Mémoire son discours à l'Assemblée [1].

On voit par là que Grégoire était infiniment moins audacieux, et comme nous dirions aujourd'hui moins radical en religion qu'en politique. Il comprenait comme tout le monde que le clergé devait être réformé, mais il demandait que l'on procédât aux réformes ecclésiastiques avec une grande lenteur et une extrême prudence : il sentait bien que l'on s'aventurait témérairement sur une mer semée d'écueils. Aussi le voyons-nous parler avec chaleur contre la suppression des ordres religieux, suppression qu'il jugeait impolitique et dangereuse [2] ; et s'il désire que l'on confisque les revenus des bénéficiers sortis du royaume, c'est-à-dire des ecclésiastiques émigrés [3], en revanche il réclame l'égalité la plus absolue entre les moines de tous les ordres, et il déclare que les pensions de 700, 800 et 900 livres, accordées par l'Assemblée aux religieux suivant leur âge, sont tout à fait insuffisantes [4].

1. *Mémoire sur la dotation des curés en fonds territoriaux, lu à la séance du 11 avril 1790, par M. Grégoire, curé d'Emberménil, député de Lorraine, correspondant de la Société royale d'agriculture*, 24 p. in-8°. — Ce discours de Grégoire est un des meilleurs qu'il ait faits; il est calme, modéré, juste et, quoi qu'en ait dit Barrère, aussi solide que brillant.
2. *Point du jour,* séance du 11 février 1790, VII, 37.
3. *Ibid.*, 5 janvier 1790, V, 350 et sq.
4. *Ibid.*, 19 février 1790, VII, 111, 117.

III

Ces différentes motions du curé d'Embermesnil nous conduisent tout naturellement aux mémorables débats de l'Assemblée nationale sur la Constitution civile du clergé, qui fut présentée par le comité ecclésiastique le 29 mai 1790.

On sait quelle a été cette Constitution civile, dont l'objet principal était de détruire au nom de la nation souveraine le concordat que François Ier et Léon X avaient conclu en 1516 au mépris de ses droits, et de substituer l'élection des évêques et des curés par le peuple à la nomination des évêques par le roi et par le pape, à la nomination des curés par les évêques. Elle supprimait en outre les primaties et les archevêchés, réduisait le nombre des évêchés à un seul par département [1], et ramenait le traitement des prélats, dont quelques-uns possédaient jusqu'à trois ou quatre cent mille livres de rente [2] qui en vaudraient aujourd'hui plus du double, à des proportions infiniment plus modestes. Le projet primitif

---

[1]. Il y en eut donc 83 au lieu de 133.
[2]. L'archevêque de Strasbourg, le célèbre Rohan-Collier, avait un revenu de 460 000 francs; celui de Sens recevait de ses divers bénéfices 260 000 fr.; celui de Narbonne, 280 000; celui de Paris, 200 000; celui d'Aix, 115 000; celui d'Auch, 120 000; celui de Bayeux, 102 000; celui de Cambrai, 218 000; celui de Toulouse, 125 000; celui de Meaux, 52 000, etc. — *Ancien clergé de France, avec le tableau des revenus dont chaque bénéficier jouissait avant le 1er janvier 1790.* — Paris, Didot le jeune, 1790.

s'en tenait là, et c'est beaucoup plus tard, en présence de l'opposition croissante du clergé, que l'on y introduisit la clause fatale du serment civique à exiger de tous les prêtres. La plupart de ces réformes étaient depuis longtemps réclamées par l'opinion publique, et la présence de cent quatre-vingts curés aux Etats généraux en était la preuve ; mais en outre l'impopularité que le haut clergé s'était attirée en mai 1789 par son alliance avec la noblesse les rendait nécessaires, si l'on voulait ne pas brouiller l'Eglise avec la Révolution. Quoique composée en grande majorité de libres penseurs, disciples de Montesquieu, de Voltaire ou de Rousseau, l'Assemblée nationale sentit la nécessité d'une réforme complète à introduire dans l'organisation civile du clergé de France ; et l'année 1789 n'était pas écoulée qu'elle chargeait son comité ecclésiastique de lui soumettre un projet de *Constitution civile du clergé*. On a prétendu que cette Constitution était l'œuvre de Grégoire et de deux autres jansénistes comme lui, Camus et Lanjuinais ; mais Grégoire n'a jamais fait partie du comité ecclésiastique [1], dont les principaux membres étaient des laïcs, comme Durand de Maillane, Treilhard, Lanjuinais, Dupont de Nemours, Martineau, etc. [2], et tout donne à penser que ce

---

1. Il était président du Comité des rapports, qui comptait 40 membres. Lorsque Camus fit imprimer, le 6 décembre 1790, son opinion sur la Constitution du clergé (Imprimerie nationale, 38 p. in-8°), il éprouva le besoin d'y joindre les approbations et adhésions d'un certain nombre de « prêtres-curés députés à l'Assemblée nationale » ; il y a 28 signatures ; celle de Grégoire ne s'y trouve pas.
2. Voici d'ailleurs, d'après Durand de Maillane, qui a fait paraître en 1791 une *Histoire apologétique du Comité ecclésia-*

projet de Constitution civile lui paraissait trop radical et ne lui plaisait pas beaucoup. Sans doute il reconnaissait à l'Assemblée nationale, que les événements avaient élevée tout à coup au-dessus du roi, puisqu'elle représentait le véritable souverain, la *Nation*, et qu'elle faisait la *Loi* dont le premier serviteur était le *Roi*, il reconnaissait, dis-je, à cette Assemblée la plénitude de l'autorité temporelle, et il lui croyait le droit de dénoncer le concordat de François Ier et de Léon X ; mais il eût souhaité qu'une affaire aussi délicate fût traitée de manière à ne pas alarmer les consciences et à ne pas fournir aux mécontents ou aux perturbateurs une occasion de désordre [1]. C'est d'ailleurs un fait curieux à noter

stique de l'Assemblée nationale, la composition exacte de ce Comité :

Lanjuinais,	Legrand,
D'Ormesson,	Vaneau,
Grandin,	Durand de Maillane,
Martineau,	Évêque de Clermont,
De Lalande,	Despatis de Courteilles,
Prince de Robecq,	Évêque de Luçon,
Sallé de Choux,	De Bouthillier.
Treilhard.	

Le 7 février 1790, on adjoignit à ces 15 un nombre égal de membres nouveaux dont voici les noms :

Dom Gerle, chartreux,	Chasset,
Dionis du Séjour,	Gassendi, curé,
Abbé de Montesquiou,	Boislandry,
Guillaume,	Fermont,
De la Coste,	Dom Breton, bénédictin,
Dupont de Nemours,	La Poule,
Massieu, curé,	Thiébaut, curé.
Expilly, curé,	

1. « Dans l'espérance de voir arriver la réponse du souverain pontife, plusieurs fois moi-même, j'ai engagé M. le garde des sceaux à ne pas presser la sanction du roi, uniquement pour

que les constitutionnels les plus déterminés ont commencé par se montrer très froids pour la Constitution civile du clergé. Ainsi l'évêque de Lydda, le trop fameux Gobel, voulait que le dernier décret de cette Constitution fût le suivant : « Le roi est supplié de prendre toutes les mesures et toutes les voies civiles *et canoniques* pour assurer la pleine et entière exécution des présents décrets [1]. » En d'autres termes, il demandait l'abrogation de la Constitution civile ou son acceptation par le pape, et la plupart des futurs évêques constitutionnels partageaient cet avis.

Quant à Grégoire, il ne demanda pas une seule fois la parole au cours de la discussion générale, et ce silence obstiné d'un orateur aussi fougueux était certainement une marque d'improbation : il eût parlé, il eût écrit avec sa faconde accoutumée s'il avait jugé que le bien de la religion commandait un aussi brusque renversement du passé [2]. Mais bientôt,

---

tranquilliser ceux qui croient que la Constitution heurte la religion, et pour éviter un choc funeste entre le sacerdoce et l'empire. » Grégoire, *Légitimité du serment* (1791), p. 26.

1. *Opinion de M. l'évêque de Lydda...*, 12 p. in-12.
2. « Si l'Assemblée constituante, *dirigée par une politique plus adroite*, eût laissé au clergé, et surtout aux évêques, leurs bénéfices, leurs commendes, en sorte que l'expropriation au profit de l'État ne se fût opérée que par la mort des titulaires, la Constitution civile aurait eu peu de contradicteurs. » Grégoire, *Essai historique sur les libertés de l'Église gallicane*, p. 148. — « La Constitution civile du clergé n'existe donc plus, et je ne crains pas de le dire, moi qui l'ai signée et qui m'en glorifie, *plût à Dieu qu'elle n'eût jamais existé!...* L'intervention de l'autorité séculière dans l'organisation de l'Église fut peut-être un malheur nécessaire, mais n'en fut pas moins un malheur. » *Annales de la religion*, t. III, p. 13 (7 mai 1796). On sait que Grégoire était l'âme de cette publication; les quelques lignes qu'on vient de lire sont de Pilat, mais Grégoire les a certainement approuvées avant l'impression.

voyant la Constitution civile adoptée en principe et ses différents articles mis aux voix, il crut devoir intervenir pour améliorer dans la mesure du possible cette loi de l'Etat qu'il fallait bien subir. Il proposa donc un amendement à l'article 4 du projet qui défendait aux ecclésiastiques français de reconnaître la juridiction d'un évêque étranger. On avait répondu à d'Esprémémil que parmi les évêques étrangers devait être compté l'évêque de Rome; aussitôt Grégoire se récria. « L'intention de l'Assemblée, dit-il, n'est certainement pas de faire schisme avec le souverain pontife; je propose d'ajouter à l'article 4 : *sans préjudice de l'autorité et de la communion du souverain pontife.* » L'article fut rédigé comme Grégoire l'avait demandé; le voici :

« Il est défendu à toute église ou paroisse de
« France, et à tout citoyen français de reconnaître
« en aucun cas, et sous quelque prétexte que ce soit,
« l'autorité d'un évêque ordinaire ou métropolitain
« dont le siège serait établi sous la domination d'une
« puissance étrangère, ni celle de ses délégués résidant en France ou ailleurs; *le tout sans préjudice*
« *de l'unité de foi et de la communion qui sera entretenue avec le chef de l'Église universelle, ainsi qu'il*
« *sera dit ci-après* [1]. »

Grégoire défendait ainsi les droits du Saint-Siège, qui ne lui en sut pas gré; il défendit avec non moins d'énergie ceux des nouveaux évêques, dont on vou-

---

1. *Tit. I, art. 5 de la Constitution. — Point du jour*, séance du 2 juin, X, 339. — Grégoire n'était pas encore satisfait, il l'a déclaré à plusieurs reprises, et notamment dans sa *Légitimité du serment :* « Dans cette Constitution, j'en conviens, l'autorité du pape n'est pas assez prononcée. » Page 25.

lait faire des curés de cathédrale n'ayant pas même dans leurs diocèses la direction de tous les objets de police ecclésiastique [1]. Mais il échoua dans cette nouvelle entreprise, et ce fut la même chose quand il fut question de l'élection des évêques et des curés. Il adoptait en principe cette élection, qu'il savait avoir été pratiquée durant plus de mille ans, même en France, sans qu'on vît les évêques solliciter ou recevoir des bulles du pape, mais il voulait ce qu'il appelait le scrutin à liste double, c'est-à-dire apparemment l'élection à deux degrés; et il demandait que les non-catholiques ne fussent pas électeurs, tandis que les évêques co-provinciaux et le métropolitain seraient électeurs de droit [2].

Ainsi, loin de précipiter l'Assemblée nationale dans la voie des réformes religieuses, Grégoire cherchait au contraire à l'arrêter sur la pente, comme s'il pressentait les dangers que la Constitution civile du clergé ferait courir non seulement au catholicisme français, mais à la France elle-même. Il était impossible d'arrêter dans sa marche une révolution comme celle de 1789; Grégoire, satisfait de ce que l'Assemblée n'avait pas voulu toucher au spirituel, adhéra sans hésiter à la réforme temporelle, qu'il croyait, ce sont ses propres termes à propos du serment, impolitique peut-être, mais à tout le moins licite [3]. Le 27 novembre, dans cette orageuse séance

---

1. *Point du jour*, séance du 7 juin, X, 400, 423.
2. *Ibid.*, X, 447. L'évêque constitutionnel de Strasbourg écrivit plus tard à Grégoire qu'il avait été élu par une assemblée composée en majorité de protestants.
3. *Mémoires de Grégoire*. — « Approuvez-vous tout dans la Constitution civile du clergé? — Je réponds : non... quoique

où Mirabeau, Pétion, l'abbé Maury et Camus firent assaut d'éloquence, Grégoire ne demanda pas la parole; on ne peut noter de lui ni une interruption, ni une marque d'assentiment, et son nom ne figure point sur la liste des vingt-huit curés qui adhérèrent par écrit à l'opinion de Camus [1]. Je ne saurais dire s'il vota l'ensemble du projet de loi, car le *Moniteur*, le *Point du jour* et les autres journaux du temps ne parlent pas de lui à ce propos; s'il donna sa voix, ce fut assurément sans enthousiasme, et pour ne pas déprécier par avance une des parties les plus importantes de la nouvelle Constitution française. Il dut être assez désagréablement affecté, quinze jours plus tard, quand il vit « *Monsieur Larive, acteur du Théâtre-Français* », féliciter l'Assemblée nationale au nom des électeurs de Paris, et donner son adhésion à cette « Constitution civile du clergé qui, sans toucher aux « maximes sacrées de l'Eglise gallicane, ne change « que sa géographie, à cette Constitution civile qui, « conservant l'unité du catholicisme et de la commu- « nion romaine, affranchit [la France] de la domina- « tion d'une cour étrangère... Nous ne choisirons « jamais, ajoutait Larive, évidemment très intéressé « dans la question, que des pasteurs dignes tout en- « semble de la nation et des autels, et nous regarde- « rions toute élection contraire comme une apostasie « électorale [2]... » De tels discours et les appréciations de la presse révolutionnaire n'étaient pas assurément

le fond de cette Constitution me paraisse excellent. » Grégoire, *Légitimité du serment*, p. 24.
1. *Développement de l'opinion de M. Camus*, etc., 38 p. in-8º.
2. *Moniteur. — Point du jour*, XVII, 228. Ce discours est très curieux et très bien fait; le célèbre acteur était un homme de beaucoup d'esprit.

pour charmer un prêtre aussi chrétien que le curé d'Embermesnil, mais il n'y avait point à récriminer; le mal était fait depuis le jour où l'Assemblée avait clos la discussion générale. Le roi, dans l'intervalle, écrivit au pape et lui fit demander une réponse par le cardinal de Bernis; mais Pie VI ne répondit pas avant le 10 mars 1791, bien que l'abbé Maury eût dit en pleine Assemblée le 27 novembre précédent : « Le silence du pape serait une approbation. « Il faut croire qu'il ne tardera pas à le rompre [1]. »
La Constitution fut décrétée; le malheureux Louis XVI dut la sanctionner, car il s'y était officiellement engagé à Saint-Cloud le 26 juillet 1790 [2], et elle devint aussitôt loi de l'Etat. Il n'y avait plus dès lors à transiger : chacun devait se soumettre à la loi ou cesser d'être Français, prêter dans le délai prescrit le serment exigé par la Constitution, ou opposer au législateur le *non possumus* des apôtres. Beaucoup d'ecclésiastiques refusèrent le serment demandé [3]; Grégoire prit le parti d'accepter une Constitution, défectueuse peut-être, mais orthodoxe, du moins il la jugeait telle, et beaucoup de prêtres éclairés et vertueux partageaient cet avis. Il pensa que le seul moyen de sauver le catholicisme français et de le réconcilier avec la Révolution était d'accepter sans

1. *Point du jour,* XVI, 402 et sq.
2. Voy., à ce sujet, *Documents inédits sur les affaires religieuses de la France* (1790-1800), extraits des Archives secrètes du Vatican par le P. Augustin Theiner. Paris, 2 vol. in-8°, 1857. — Voy. aussi *Le cardinal de Bernis depuis son ministère* (1758-1794), par M. Frédéric Masson, 1 vol. in-8°. Paris, 1884.
3. D'après l'abbé de Pradt, auteur des *Quatre Concordats,* le nombre des prêtres assermentés fut d'environ 60 000; de ce nombre étaient évidemment les religieux que l'on faisait sortir de leurs couvents.

délai le nouvel ordre de choses, et de donner un exemple qui serait peut-être suivi par la majorité des évêques et des curés actuellement en exercice. Le 27 décembre 1790, un mois après le vote définitif de la Constitution civile du clergé, Grégoire parut à tribune et s'exprima en ces termes au milieu du plus profond silence :

« Disposé, ainsi qu'un grand nombre de confrères,
« à prêter le serment civique, permettez qu'en leur
« nom je développe quelques idées qui peut-être ne
« seront pas inutiles dans les circonstances actuelles.
« On ne peut pas se dissimuler que beaucoup de pas-
« teurs très estimables et dont le patriotisme n'est
« pas équivoque éprouvent des anxiétés, parce qu'ils
« craignent que la Constitution française ne soit
« incompatible avec les principes du catholicisme.
« Nous sommes aussi inviolablement attachés aux lois
« de la religion qu'à celles de la patrie. Revêtus du
« sacerdoce, nous continuerons de l'honorer par nos
« mœurs; soumis à cette religion divine, nous en
« sommes constamment les missionnaires; nous en
« serions, s'il le fallait, les martyrs. Mais après le
« plus mûr, le plus sérieux examen, nous déclarons
« ne rien apercevoir dans la Constitution qui puisse
« blesser les vérités saintes que nous devons croire
« et enseigner. Ce serait calomnier l'Assemblée na-
« tionale que de lui supposer le projet de mettre la
« main à l'encensoir. A la face de la France, de
« l'Univers, elle a manifesté solennellement son pro-
« fond respect pour la religion *catholique, apostolique*
« *et romaine* [1]. Jamais elle n'a voulu priver les fidèles

---

1. L'Assemblée n'avait pas voulu accepter la dédicace des

« d'aucun moyen de salut; jamais elle n'a voulu
« porter la moindre atteinte au dogme, à la hiérar-
« chie, à l'autorité spirituelle du chef de l'Eglise.
« Elle reconnaît que ces objets sont hors de son do-
« maine. Dans la nouvelle circonscription des dio-
« cèses, elle a voulu seulement déterminer des formes
« politiques plus avantageuses aux fidèles et à l'Etat.
« Le titre seul de *Constitution civile du clergé* énonce
« suffisamment l'intention de l'Assemblée nationale.
« Nulle considération ne peut donc suspendre l'émis-
« sion de notre serment. Nous formons les vœux les
« plus ardents pour que, dans toute l'étendue de
« l'empire, nos confrères, calmant leurs inquiétudes,
« s'empressent de remplir un devoir de patriotisme
« si propre à porter la paix dans le royaume et à
« cimenter l'union entre les pasteurs et les ouailles[1]. »

Cette déclaration de principes fut écoutée par l'assemblée tout entière avec un recueillement véritable,
et Grégoire prêta aussitôt le serment prescrit; il posa
sa main sur son cœur et s'écria d'une voix forte :
« Je jure de veiller avec soin sur les fidèles de la
« cure qui m'est confiée, d'être fidèle à la Nation, à
« la Loi et au Roi, de maintenir de tout mon pouvoir
« la Constitution décrétée par l'Assemblée nationale
« et acceptée par le Roi[2]. » Cet exemple fut suivi par

Œuvres de Voltaire; elle avait déclaré à ce propos qu'elle
n'accepterait aucune dédicace; le 17 janvier 1791, elle fit une
exception en faveur des *Évangiles* publiés par Didot. — *Point
du jour*, XVIII, 226.

1. *Moniteur* du 27 décembre. — *Point du jour*. — Grégoire,
Légitimité du serment, p. 2.

2. *Constitution* ne signifie pas ici Constitution civile du clergé,
ce mot est synonyme de *Loi française;* c'était donc purement
et simplement un serment civique analogue à celui que tous

un certain nombre de curés que nous retrouverons dans le cours de ces études, comme Saurine, Dumouchel, recteur de l'Université de Paris; Gouttes, Lindet, Royer, Rangeard, etc., par le ci-devant chartreux dom Gerle, par l'évêque Expilly, qui venait d'être élevé sur le siège de Quimper, etc. Le lendemain ce fut le tour de Talleyrand et de Gobel; ce dernier, comme Grégoire, fit précéder sa prestation de serment d'une exposition de principes fort bien accueillie par l'Assemblée [1].

Quelques jours plus tard, après l'orageuse affaire du serment restrictif de l'évêque de Clermont, Grégoire prit encore la parole pour vaincre les scrupules des opposants; il affirma de nouveau, sans être contredit par qui que ce fût, que l'Assemblée n'avait voulu donner la moindre atteinte au pouvoir spirituel et aux droits de l'Eglise, et prononça des paroles mémorables qui ont fait accuser d'hypocrisie cet austère disciple de Pascal et de Port-Royal, incapable par conséquent de la moindre restriction mentale. « L'Assemblée, dit-il, n'exige pas un assenti-
« ment intérieur, ni qu'on fasse le sacrifice de son
« opinion. Que veut-elle donc? Elle veut que vous
« obéissiez extérieurement, et que vous procuriez
« obéissance à la loi [2]. » Une telle proposition serait

---

les membres de l'Assemblée nationale avaient prêté le 4 février 1790, et qui était conçu en ces termes : « Je jure d'être fidèle à la Nation, à la Loi et au Roi, et de maintenir de tout mon pouvoir la Constitution décrétée par l'Assemblée nationale et acceptée par le Roi. » *Point du jour*, VI, 308. — Les évêques qui ce jour-là jurèrent tous approuvaient-ils la spoliation du clergé, qui était, ou peu s'en faut, un fait accompli?

1. *Moniteur* du 27 décembre.
2. *Moniteur*. — *Point du jour* du 4 janvier 1791. Grégoire se

odieuse si Grégoire avait voulu dire qu'un catholique pouvait considérer la Constitution civile du clergé comme hérétique ou schismatique, et cependant lui jurer obéissance ; mais telle n'était pas la pensée de l'orateur. Persuadé que la Constitution ne touchait point au dogme, mais simplement à la discipline extérieure, sujette à bien des modifications selon les temps, il n'eût point exigé, comme dira bientôt Talleyrand, que les protestants par exemple jurassent fidélité à une Constitution qui présuppose l'autorité du pape [1] ; mais à ses yeux tous les catholiques de France étaient obligés de reconnaître à l'autorité séculière, représentée par un roi absolu comme François Ier, ou agissant directement par le suffrage du peuple, le droit de nommer les évêques ; ils devaient admettre que l'investiture ecclésiastique donnée par le pape en vertu du concordat de Léon X n'est point indispensable [2]. Il avait donc raison de déclarer qu'on peut ne pas approuver tous les articles d'une loi dont le principe est incontestable, et qu'on peut cependant la voter dans son ensemble, ou tout au moins lui jurer obéissance.

Que Grégoire se soit trompé ou non dans cette circonstance, ce n'est pas notre affaire, et nous ne prétendons pas engager ici une discussion dogmatique

plaint dans ses *Mémoires* (II, 17) que son opinion ait été travestie dans le *Moniteur* et dans les *Annales* de Linguet.
1. *Rapport de Talleyrand sur la tolérance* (8 mai 1791). — *Point du jour*, XXII, 88 et sq.
2. Sous le second empire, un prêtre notoirement gallican, l'abbé Maret, dernier doyen de la Faculté de théologie, fut nommé par le chef de l'État à l'évêché de Vannes. La cour de Rome lui refusa l'investiture en raison de ses opinions, mais il était bel et bien évêque, et l'on transigea en lui donnant l'évêché *in partibus* de Sura, puis l'archevêché de Corinthe.

tout à fait inutile. On a écrit plus de mille brochures en faveur de la Constitution civile ou contre elle, et jamais les contradicteurs ne sont tombés d'accord. Il faut avouer cependant, pour expliquer la conduite de Grégoire et des autres, que l'hétérodoxie de cette Constitution n'était pas d'une évidence éclatante. « De deux choses l'une, disait Grégoire en 1791, ou la Constitution civile du clergé est hérétique — et alors, en résistant, comme de raison, il ne fallait pas demander le consentement du pape, qui jamais ne peut approuver une hérésie — ou la Constitution n'est pas hérétique — et, pour le bien de la paix, il fallait se soumettre au moins provisoirement [1]. » S'il y avait hérésie ou schisme évident, pourquoi la cour de Rome s'obstinait-elle à garder le silence? Pourquoi le souverain pontife, au lieu d'adresser à quelques personnes triées, comme on dit, sur le volet, des brefs clandestins dont on a pu contester l'authenticité [2], n'a-t-il pas fulminé une bulle d'excommunication contre Expilly, le premier élu des évêques constitutionnels? Pourquoi n'a-t-il pas dégradé sur-le-champ le cardinal Loménie de Brienne [3], qui se hâta de prêter le serment exigé? Ce silence par trop prudent pourra toujours être invoqué en faveur des évêques constitutionnels, qui tous commencèrent par se

---

1. *Légitimité du serment*, p. 27.
2. Il y a dans les collections de Grégoire quelques exemplaires de ces brefs imprimés à Rome (1791, 1793, etc.).
3. Ce fut Loménie de Brienne qui prit les devants et envoya au pape, le 26 mars 1791, sa démission de cardinal. Il avait prêté serment le 1er février; le pape attendit jusqu'au 26 septembre pour accepter *secrètement* cette démission et créer *secrètement* un nouveau cardinal. *Collection des brefs de Pie VI*, par Guillon, II; 144 et sq.

déclarer catholiques romains, qui écrivirent tous au pape une lettre de communion, et ne reçurent même pas en réponse l'anathème authentique et direct que reçoivent en pareil cas les prélats vieux catholiques de la Hollande.

IV

Quoi qu'il en soit de ces discussions, la lutte était engagée entre l'ancien régime et le nouveau, entre le clergé « réfractaire », comme on l'appela dès lors, et le clergé « patriote », dont Grégoire était véritablement le chef. Nommé président de l'Assemblée nationale aux applaudissements de la majorité, le 18 janvier 1791, il fut chargé d'aller trouver le roi pour lui demander des ordres « contre les auteurs et « distributeurs d'un prétendu bref du pape, dans le- « quel on suppose que l'évêque de Rome reproche « au roi d'avoir donné son consentement à la spolia- « tion du clergé, et déclare la Constitution civile du « clergé schismatique, hérétique, etc. [1]. » Mais cette affaire, qui eût été poussée vigoureusement sous l'ancien régime, n'eut pas de suites en 1791, et il en devait être de même pour la publication de deux autres brefs du pape, ceux du 10 mars et du 13 avril, parce que, dit Camus, la Constitution française « assure à chacun la faculté de manifester ses opinions même religieuses [2] ». L'Assemblée se contenta d'en-

---

1. *Point du jour*, XVIII, 258.
2. *Observations sur deux brefs du pape...*, 58 p. in-8°, 1791. — L'Assemblée décréta pourtant que les évêques, curés et autres fonctionnaires qui donneraient publicité à des bulles ou brefs

registrer dans son procès-verbal, pour leur donner toute la publicité possible, les prestations de serment et les élections d'évêques dont elle recevait communication ; elle accueillit avec faveur les ouvrages qui lui furent présentés par les défenseurs de la Constitution civile, notamment la *Légitimité du serment civique*, la *Défense de la légitimité...*, par Grégoire, et les *Observations* de Claude Le Coz *sur la Constitution*. Elle fit dresser le 21 janvier une *Instruction sur la Constitution civile du clergé* pour tâcher de rassurer les consciences par de belles protestations d'orthodoxie et de zèle religieux ; mais l'abîme se creusait de plus en plus entre les deux fractions divisées du clergé français ; la guerre de libelles que se faisaient les assermentés et les insermentés prenait des proportions effrayantes, et l'agitation croissait de jour en jour à Paris et dans les départements. L'Assemblée nationale affolée ne savait plus que faire : tantôt elle interdisait le ministère de la parole aux insermentés [1] ; tantôt au contraire, après un très beau discours de Talleyrand sur la tolérance, elle leur accordait le libre exercice du culte, à condition que l'ordre ne serait point troublé [2] ; tantôt enfin elle admettait de jeunes premiers communiants à venir prêter serment à sa barre, et occasionnait ainsi des scènes où la violence le disputait au ridicule [3]. C'est bien le cas de dire avec Grégoire, dans sa fameuse *Adresse aux députés de la seconde législature* [4], que « les rênes du

non autorisés par elle seraient poursuivis criminellement comme perturbateurs de l'ordre public. — Loi du 17 juin 1791.
1. *Loi du 27 mars* 1791, décrétée le 5 février.
2. *Loi du 13 mai* 1791, décrétée par l'Assemblée le 7.
3. Séance du 15 juin 1791. — *Point du jour*, XXIII, 242.
4. Lue aux Jacobins le 26 septembre 1791, et imprimée par

« pouvoir commençaient à flotter dans les mains des
« législateurs; que quelques-uns d'entre eux cou-
« raient encore dans la carrière, mais qu'un grand
« nombre s'y traînaient, et que des chutes fréquentes
« avaient annoncé leur épuisement, constaté leur
« impéritie, ou signalé leur corruption. »

Assurément l'ancien régime ecclésiastique devait
disparaître avec l'autre; mais l'Assemblée nationale,
après avoir commis la faute de brusquer la réforme
et de jeter dans la réaction la moitié du clergé, avait
le tort de rendre l'autre moitié ridicule et odieuse.
Au lieu de compter avec le temps et de faire appel à
la conciliation, elle se plaisait pour ainsi dire à jeter
de l'huile sur le feu. La Constituante aurait dû, pour
être logique, ne reconnaître comme salariés que les
ecclésiastiques assermentés, car en fin de compte il
faut bien que force demeure à la loi; mais il fallait,
au nom de la liberté, laisser aux prêtres réfractaires
le droit d'association. Elle aurait dû laisser au roi
comme à tous les autres citoyens le droit d'entendre
la messe où bon lui semblait et de choisir au moins
son confesseur; en évitant ainsi de violenter sa conscience, elle eût empêché sans doute cette malheureuse fuite de Varennes dont la première cause a été,
comme on sait, l'intolérance de l'Assemblée [1]. Irritée
par des résistances qu'elle n'avait pas su prévoir, la
Constituante a manqué de modération, et des libé-

leur ordre, 31 pages in-8°. Le jugement est sévère; M. Taine
dirait qu'il est juste.

1. Louis XVI avait voulu, en avril 1791, se cacher à Saint-
Cloud pour y faire ses pâques sans recourir à son curé constitutionnel, mais une émeute empêcha ce voyage de deux
lieues, et le « voyage à Montmédy » fut irrévocablement résolu
ce jour-là.

raux comme Grégoire pouvaient, sans être prophètes, s'écrier en septembre 1791 : « Nous avons construit, « gréé et lancé le vaisseau de l'Etat, mais il fait eau, « l'approvisionnement est incomplet, le port est en- « core loin ; sans être absurde, on peut craindre le « naufrage, et, quant à moi, je fais des efforts pour « croire à la liberté [1]. » Grégoire n'avait que trop raison, car au despotisme de la Constituante succéda la tyrannie de la Législative et de la Convention ; le Directoire ne fit qu'aggraver encore une situation si critique, et le naufrage du navire était complet au 18 brumaire, lorsque Bonaparte se présenta pour en recueillir les épaves.

Quant à Grégoire, dont le rôle comme législateur religieux n'a pas eu l'importance qu'on lui attribue généralement, il vit dès le mois de janvier 1791 toutes les difficultés qui allaient surgir. Après avoir donné l'exemple de la soumission aux lois et soutenu la plume à la main qu'il avait eu le droit et le devoir d'agir ainsi, il cessa de prendre part à des luttes irritantes qui décréditaient une religion chère à son cœur. Au lieu de plaider longuement la cause du clergé constitutionnel, et de perdre son temps à démontrer l'existence du mouvement, il aima mieux, comme le philosophe ancien, marcher en présence de ses contradicteurs. Il accepta donc, malgré sa répugnance, les fonctions épiscopales que lui conféraient les départements de Loir-et-Cher et de la Sarthe, que lui offraient ceux de l'Aisne et de la Meurthe ; il opta pour Blois, et c'est maintenant comme évêque constitutionnel de Loir-et-Cher que

---

1. *Adresse aux députés de la seconde législature*, p. 24.

nous aurons à le considérer; sa volumineuse correspondance avec son clergé, avant et après la Terreur, nous permettra d'entrer à ce sujet dans une foule de détails qui ne peuvent manquer d'exciter l'intérêt.

LIVRE II

GRÉGOIRE, ÉVÊQUE DE LOIR-ET-CHER
(1791 — 1802)

CHAPITRE PREMIER

ÉLECTION DE GRÉGOIRE; PREMIER SÉJOUR A BLOIS
(1791)

De tous les ecclésiastiques du second ordre qui pouvaient être promus à l'épiscopat constitutionnel, Grégoire était sans comparaison le plus en vue, et l'on a droit de s'étonner qu'il n'ait pas été le premier élu. Il se passa pourtant plus d'un mois sans que les électeurs parussent songer au curé d'Embermesnil, qui d'ailleurs ne posa sa candidature nulle part. Il était alors populaire dans toute l'acception de ce mot; Louis David le plaçait, comme on sait, au centre de sa grande composition du *Serment du Jeu de paume*, et la presse libérale chantait ses louanges en vers comme en prose.

> O vous, l'idole de la France,
> Zélé défenseur de ses droits,

lui disait-on dans une épitre en vers [1]; et à Rouen, dans un banquet donné en son honneur, un poète

---

[1]. 4 pages in-8º.

de circonstance avait parlé de lui en ces termes le 6 septembre 1790 :

> Il ne porte crosse ni mitre,
> Il n'est fier que de ses vertus...
> — Dans notre renaissant empire
> Un bon pasteur est un grand bien ;
> Curé chéri, tu peux bien dire :
> Tout Français est mon paroissien [1].

C'était bien autre chose encore dans les journaux de Paris ; l'un d'eux, intitulé : *Je m'en f... ou les Pensées de Jean Bart sur les affaires du temps*, disait en 1790 : « Je voudrais voir dans l'Assemblée une cha- « pelle comme dans nos vaisseaux, et voilà quels « seraient nos aumôniers : l'évêque d'Autun, l'abbé « de Montesquiou, l'abbé Grégoire, et puis ce moine « chartreux (dom Gerle) qui est si brave homme. J'y « servirais la messe, moi, sabre à la main, pistolet « dans la g..., et le premier aristocrate qui aborde- « rait : Pan... — Allez, monsieur le prêtre, continuez « de prier le bon Dieu, je viens de tuer le diable [2]. » Enfin le fameux *Père Duchesne* intitulait un de ses numéros, en janvier 1791 : « Grande joie du P. Du- « chesne au sujet de la nomination de l'abbé Gré- « goire à la place de président de l'Assemblée natio- « nale, et sa grande motion de le faire évêque de Paris, « à la grande satisfaction du peuple français [3]. »

---

1. Couplets chantés dans un dîner..., 2 pages in-8º.
2. Nº 2, page 6. Cette feuille, en style d'Hébert, était loin d'être aussi révolutionnaire qu'on pourrait le croire. Le numéro que j'ai sous les yeux débute par un éloge de Louis XVI, qu'il compare à Henri IV ; on y trouve à la page 5 un mot de compassion pour « ce pauvre..... Favras, que l'on commence à croire innocent ».
3. Grégoire a écrit en marge du catalogue de ses livres, à

Évêque de Paris, Grégoire ne voulait pas plus l'être en 1791 qu'il ne voudra le devenir en 1798, car on aurait pu taxer d'ambition son prétendu dévouement aux principes; mais il jugeait avec raison qu'on l'accuserait d'inconséquence ou de lâcheté s'il refusait, non pas les honneurs, mais les charges et les responsabilités de l'épiscopat. Recevant donc, le 15 février 1791, la nouvelle que les deux départements de la Sarthe et de Loir-et-Cher l'avaient élu tout d'une voix pour leur évêque, il consulta différentes personnes, notamment le bénédictin dom L'Hieble, son confesseur, qui lui enjoignit d'accepter. Il opta pour le siège de Blois, uniquement, dit-il dans ses Mémoires [1], parce que le courrier de cette ville lui était parvenu avant celui du Mans [2]. Je n'ai pu retrouver parmi les papiers de Grégoire le procès-verbal de son élection, mais j'ai sous les yeux quel-

propos de cette motion du *véritable* P. Duchesne : « Folie déplacée de la part d'un écervelé qui est mort à Bicêtre en état de démence. » Ce P. Duchesne, dont le journal porte la fameuse vignette du marchand de poêles levant sa hache sur un prêtre à genoux, avec ces mots pour devise, *Memento mori*, n'est donc pas Hébert, mais probablement Lemaire; il se plaint, à la page 7, de l'imprimeur de la rue du Vieux-Colombier, qu'il appelle un véritable charlatan.

1. Tome II, p. 20. — « Saint Augustin m'avait appris que l'épiscopat est le fardeau le plus pesant. Pour vaincre ma répugnance, il fallut la voix impérative de la religion, qui réclamait de nouveaux pasteurs, et l'ordre de ceux qui dirigeaient mon âme. »
(*Fête séculaire de la fondation de l'évêché de Blois. Mandement de Grégoire à ses diocésains*, p. 34.)

2. A peine élu, Grégoire reçut des Vosges une lettre dans laquelle on lui disait : « Le département de Loir-et-Cher nous a prévenus. De 500 électeurs du département des Vosges, il n'y en avait pas 4 qui n'aient pensé à vous choisir, et nous avons été bien fâchés à la nouvelle de votre élection dans ce département. »

ques pièces imprimées ou manuscrites qui montrent avec quelle gravité religieuse les habitants du Loir-et-Cher procédèrent à cette opération. L'élection de Grégoire fut « sérieuse », dit en propres termes l'ancien évêque de Blois, Thémines, l'homme du monde qui était le plus intéressé à croire et à dire le contraire[1].

Conformément aux prescriptions de la loi nouvelle, les électeurs du département furent réunis par le procureur général syndic, un jour de dimanche, dans la cathédrale de Blois. Ces électeurs étaient nécessairement en fort petit nombre, puisque, d'après la loi, il y en avait un seul pour cent citoyens actifs, et que, pour être électeur, on devait justifier d'un revenu égal à 150 ou 200 journées de travail. D'après un procès-verbal d'élection d'évêque que j'ai sous les yeux, les électeurs de l'Aveyron étaient alors au nombre de 210 pour près de 400 000 habitants. Avec une population d'environ 275 000 habitants, le département de Loir-et-Cher, sensiblement plus riche, ne devait pas en avoir plus de 200. Ces électeurs assistèrent à la messe paroissiale, et ensuite le procureur-syndic, le futur conventionnel Brisson, ouvrit la séance par un discours d'une grande élévation morale et d'une parfaite convenance[2]. Il commença par consacrer quelques paroles à l'évêque Thémines, « prélat recomman-
« dable, disait-il, par ses talents, ses lumières et
« la pureté de ses mœurs..., mais sourd au cri de
« la raison, aveuglé par les préjugés les plus faux,
« idolâtre encore peut-être de vaines prérogatives ».

---

1. *Lettre pastorale* du 21 juin 1791, p. 185.
2. Imprimé, 7 pages in-4º.

Thémines, demeuré à Blois, s'agitait d'une manière extraordinaire ; il venait même de publier et de faire distribuer aux électeurs une lettre pastorale qui avait pour objet de protester contre toute élection [1]; Brisson déclara dans son discours qu'il dénoncerait à l'accusateur public ce perturbateur du repos public, puis il ajouta : « Plaignons, mes-
« sieurs, plaignons l'aveuglement des hommes ; dé-
« plorons les funestes effets de leurs faiblesses et
« de leurs erreurs ! Mais après avoir payé ce tribut à
« l'humanité, tournons nos regards vers la loi, et
« faisons ce qu'elle nous commande. » Parlant alors de l'élection qui devait être faite, il vanta cette Constitution civile du clergé qui allait rendre à l'Église son antique splendeur, et il exhorta ses concitoyens à remplir en conscience leur mandat d'électeurs.
« Je crois, dit-il, entendre la voix des peuples que
« nous représentons et dont nous exerçons la puis-
« sance, nous dire avec une juste inquiétude : L'acte
« que vous allez faire est le plus important de la
« mission que nous vous avons donnée. Ce ne sont
« point des intérêts temporels qui doivent en ce
« moment vous occuper ; c'est un présent céleste
« qu'il faut nous faire, dans la personne qui va deve-
« nir l'objet du choix pour lequel vous êtes réunis ;

---

1. 7 pages in-4º, imprimées chez Masson, comme la pièce précédente. Thémines disait en finissant : « S'il vous fallait un autre pasteur qui remplît mieux vos vœux, nous prenons l'engagement solennel avec vous de lui céder notre place et de descendre de notre chaire, pourvu qu'il arrive par la porte de J.-C. et de son Église. » Dix ans plus tard, en 1801, Thémines refusa obstinément sa démission, que lui demandait Pie VII ; Grégoire et tous les constitutionnels s'empressèrent de donner la leur.

« de ce choix dépendront notre félicité, nos conso-
« lations, le soutien de la religion chancelante, et
« peut-être la tranquillité et le salut de ce départe-
« ment... » Le procureur-syndic n'avait pas le droit
de guider les électeurs et de leur indiquer le choix
qu'ils devaient faire, aussi Brisson eut-il soin de
s'interdire toute allusion aux divers candidats que
patronnaient les différents groupes; il se contenta
de montrer en terminant son discours quelles qualités devait réunir un évêque de Blois : « Choisissez,
« messieurs, un homme prépondérant, distingué par
« son patriotisme et par son savoir, dont l'ascendant
« entraîne et subjugue les esprits, dont les lumières
« puissent dissiper les incertitudes; qui porte sur son
« front le caractère noble et imposant d'un homme
« fait pour prêcher les vérités de l'Évangile et pro-
« pager les principes constitutionnels; qui réunisse
« enfin à tous ces avantages celui d'être marqué du
« sceau de la confiance publique. »

Le procureur-syndic faisait ainsi le portrait de
Grégoire, dont le nom volait de bouche en bouche;
les électeurs du Loir-et-Cher partagèrent son opinion, et Grégoire fut élu à la presque unanimité : il
avait un seul compétiteur, Dupont, curé de Saint-
Aignan, qui devait être durant dix ans le premier
vicaire épiscopal et le meilleur ami de son évêque.

L'élection faite, le président de l'Assemblée électorale écrivit le jour même au curé d'Embermesnil
pour la lui notifier; voici sa lettre, qui montrera
bien quel était alors l'état des esprits.

« Blois, ce 14 février 1791.

« Monsieur,

« La haute réputation de vos vertus pastorales et
« patriotiques vous avait précédé depuis longtemps
« dans le département de Loir-et-Cher, qui vous a
« reconnu digne d'occuper son siège épiscopal. L'as-
« semblée des électeurs, que j'ai l'honneur de pré-
« sider, me charge de vous faire connaître que ses
« vœux se sont réunis pour vous.

« Nous nous flattons que vous voudrez bien céder
« à un désir aussi universel qu'il a été vivement
« exprimé. Nous espérons que l'église de Blois verra
« renaître sous votre gouvernement les beaux siècles
« de la religion. Nourri des textes sacrés, dépositaire
« des vrais principes de la foi, nous ne craindrons
« plus ces hommes qui, abusant du voile sacré de la
« religion, s'en servent pour séduire et entraîner la
« faiblesse et l'ignorance. Religieux observateur des
« devoirs de citoyen et de ministre des autels, l'As-
« semblée nationale vous a jugé digne de la présider,
« et nous bénissons le ciel de nous avoir indiqué un
« prêtre aussi courageux défenseur des droits d'un
« peuple libre que de la foi de nos pères.

« Je suis avec respect, etc.

« *Petit*, maire, président de l'Assemblée
« électorale du département de Loir-et-
« Cher ; — *Dufort*, secrétaire ; — *Le Moine*
« *de la Godelinière, Rangeard-Germonnier*,
« scrutateurs.

« L'Assemblée vous prie, monsieur, de vouloir bien
« faire connaître vos intentions par le courrier por-

« teur de la présente. Les électeurs se tiendront
« assemblés jusqu'à la réception de votre réponse. »

Cette lettre était accompagnée d'une autre, adressée par les mêmes au président de l'Assemblée nationale, et dont une copie contresignée par le ministre Du Port fut immédiatement remise à Grégoire. Il accepta sur-le-champ, et les officiers municipaux de Blois, le conseil municipal, comme nous dirions aujourd'hui, lui écrivirent de nouveau, le 18 février, la petite lettre que voici :

« L'esprit de sagesse et de lumière a guidé l'as-
« semblée des électeurs du département de Loir-et-
« Cher, qui vous a choisi pour occuper son siège
« épiscopal. Nous sentons tout le prix de la préfé-
« rence que vous avez bien voulu nous accorder.
« Nous jouissons d'avance du bien que peut faire un
« évêque qui le veut. Votre réputation de savoir et
« d'affabilité, qui vous a précédé, vous a gagné notre
« estime et notre attachement. Les vrais chrétiens
« voient en vous le défenseur d'une foi pure, le pauvre
« et l'infortuné un père tendre et compatissant, et
« les amis de la Constitution leur plus ferme appui.
« Veuillez, monsieur, recevoir notre compliment
« et les assurances du respect avec lequel nous
« sommes, etc.

 « Les officiers municipaux de la commune de
 « Blois,
  « *Petit*, maire. — *Rangeard-Germonnier*,
  « *Mettivier-Berrier, Chartier, Blanc*, —
  « *Ferrand* fils, procureur de la commune,
  « — *Faré*, substitut du procureur de la
  « commune. »

Mais Grégoire n'était pas seulement évêque de Blois, son diocèse comprenait le département tout entier ; il avait donc notifié son acceptation aux *administrateurs composant le directoire* et au *procureur général syndic du département;* voici la réponse que ces messieurs lui adressèrent le 26 février 1791 :

« Département de Loir-et-Cher.

« Monsieur,

« Nous avons reçu votre lettre avec la plus grande
« satisfaction ; elle confirme l'opinion que nous avions
« conçue de votre patriotisme et de vos vertus. Nous
« partageons le désir qu'ont tous les bons citoyens
« d'avoir à leur tête leur nouveau pasteur. Nous ne
« pouvons vous cacher les intrigues que ne cessent
« de pratiquer les ennemis de la patrie; mais que
« cela ne vous effraye pas. La vérité dont vous serez
« l'organe déchirera le voile dont on s'efforce de
« masquer la religion. Votre piété, votre charité
« exemplaire forceront bientôt votre troupeau à se
« réunir autour de vous : ces vertus ont toujours
« triomphé de tous les obstacles. Vous êtes devenu
« le père spirituel de nos concitoyens : vos moments
« seront employés à les rendre bons et heureux.
« Nous concourrons avec zèle à obtenir un succès
« aussi désirable, et n'oublierons rien pour entre-
« tenir avec vous cette heureuse intelligence sans
« laquelle tous les efforts deviennent inutiles. Nous
« pensons, comme vous, qu'il est convenable que
« dans les circonstances actuelles vous ne veniez
« qu'après avoir été sacré; mais nous vous prions
« d'accélérer cette époque. Nous vous adressons ci-

« joint l'expédition du procès-verbal de votre élec-
« tion, et l'acte que vous désirez. La loyauté et la
« cordialité dont vous faites profession seront tou-
« jours du plus grand prix pour nous; et c'est avec
« les mêmes sentiments que nous vous assurons de
« notre attachement.

« Signé : *Boesnier*, vice-président; — *Bau-*
« *cheton, Dupetit-Bois, Dupont de Veillenne,*
« *Lemaistre; Dupont,* prêtre; — *Rangeard-*
« *Devilliers, Brisson,* procureur général
« syndic, — *Léger l'aîné*, secrétaire gé-
« néral [1]. »

C'étaient là des manifestations officielles, fort curieuses à signaler sans doute, car elles ont été les
mêmes partout, et rien ne montre mieux combien il
eût été facile à un gouvernement libéral de s'appuyer
sur une bourgeoisie si sage ; mais enfin c'étaient des
manifestations officielles, et Grégoire fut infiniment
plus touché de quelques lettres particulières qui lui
parvinrent à la même époque. Deux curés de Blois,
les abbés Vallon et Métivier, lui écrivirent pour hâter
son arrivée dans le diocèse ; il leur répondit le 26 février, et sa réponse, que je transcris sur l'autographe,
dut leur paraître bien différente des lettres que dai-
gnaient parfois écrire les prélats de l'ancien régime.

---

1. En même temps Grégoire reçut de Blois une foule de lettres anonymes que lui adressaient les partisans de l'ancien
régime ; « lettres dictées par la fureur, dit-il dans ses Mémoires... ; sur quelques-unes on voyait pour ainsi dire l'écume de
la rage ; on se réjouissait *de me plonger un poignard dans le
cœur*, etc. Ces gentillesses me firent pitié. » — Grégoire n'a
pas conservé ces lettres-là, bien qu'il se fît un plaisir de recueillir les pamphlets dirigés contre lui ; au moment de la Terreur
elles eussent été trop compromettantes pour leurs auteurs.

« Paris, 26 février 1791.

« Messieurs et chers confrères,

« N'imputez point à négligence le retard involon-
« taire de ma réponse ; j'ai été constamment noyé dans
« les affaires. Je suis bien flatté de ce que vous m'écri-
« vez, et tout ce qu'on me dit d'avantageux sur votre
« compte m'inspire bien le désir de vous connaître.

« Je voudrais bien, messieurs, accélérer mon voyage
« à Blois; cependant vous conviendrez que je ne
« puis, que je ne dois pas même y aller que quand
« je serai sacré, car jusque-là je suis sans caractère
« pour me présenter comme évêque. Et quand serai-
« je sacré? J'espère que cela ne passera pas quinze
« jours, et alors sur-le-champ je vole vers vous. Les
« choses sont dans un état de désorganisation auquel
« il est urgent de remédier. Il faudra former le clergé
« de la cathédrale; j'ai à cœur d'en prendre la très
« grande partie dans le diocèse, de choisir des hom-
« mes distingués par leur piété et leurs talents. Mal-
« heureusement je ne connais personne, je vous de-
« mande des renseignements. Je vous prie, messieurs,
« de m'en donner également sur tous les objets rela-
« tifs au bien spirituel du diocèse, sans oublier le
« séminaire; l'éducation des jeunes clercs est un
« objet très important et sur lequel repose l'espé-
« rance d'un diocèse. Aviez-vous des synodes, un
« corps de statuts, des conférences? Ne pourrais-je
« avoir un exemplaire des statuts diocésains? En
« vérité, si je ne craignais de fatiguer votre com-
« plaisance, je vous prierais de me faire tenir un
« exemplaire de votre rituel, de vos catéchismes, etc.
« Monsieur le doyen contrôleur ambulant se charge-

« rait de l'envoi, dont je vous rendrais bon compte.
« J'apprends qu'en ce moment même on fait jouer
« tous les ressorts possibles à Blois pour égarer
« l'opinion, aigrir le peuple et provoquer les désor-
« dres; est-ce donc là l'esprit de l'Évangile? Je vois
« que nous aurons à combattre, eh bien! nous com-
« battrons; je ne m'effraye pas aisément. J'apprends
« avec plaisir que tous les officiers publics préposés
« au maintien de l'ordre sont des hommes éclairés et
« sages; et vous, estimables pasteurs, vous n'oublie-
« rez rien pour éclairer et calmer. Agréez les senti-
« ments respectueux et fraternels de votre confrère,
« Grégoire, député,
« nommé à l'évêché de Blois. »

— C'est ainsi que Grégoire, au mois de février 1791, se vit attaché d'une manière irrévocable à un département où il ne connaissait personne. Il était assuré d'y avoir pour amis les innombrables adeptes que la Révolution comptait parmi les bourgeois et dans le peuple, mais il allait trouver en face de lui la plus implacable des haines, cet *odium sacerdotale* qui ne pardonne jamais. Les habitants du Loir-et-Cher avaient à la fin du siècle dernier les qualités qu'on se plaît à leur reconnaître aujourd'hui : paisibles, laborieux, religieux naturellement et même assez enclins à la superstition, ils professaient, avec toute la France de 1789, le plus profond respect pour la loi, et Grégoire comme Thémines, en 1791 comme en 1801, ont dû sous ce rapport rendre pleine justice aux Blaisois. « On doit, dit Grégoire, féliciter des
« hommes naturellement bons et doux de n'avoir
« pas l'audace du crime, mais en les plaignant d'avoir
« rarement le courage de la vertu. » Ce que Grégoire

leur reprochait le plus, c'était leur versatilité, c'était cette malheureuse disposition à laisser faire, qui caractérise encore aujourd'hui, dit-on, la nation française, et qui lui a valu tant d'affreux malheurs : « Combien je pourrais en citer parmi vous, dont le « caractère, aussi variable que les nuages agités par « les vents, aussi mobile que l'empreinte tracée sur « le sable, avait des masques adaptés à toutes les « phases de la Révolution [1] ! »

De son côté, l'évêque Thémines, au moment même où la bourgeoisie du département venait de lui donner un successeur et de le chasser comme un citoyen dangereux, reconnaissait avec franchise qu'il y avait à Blois, au commencement de 1791, « un degré « d'effervescence assez supportable. Il y avait bien, « dit-il ensuite, quelques correspondants, des décla- « mateurs soudoyés, et quelques missionnaires pour « réclamer une Saint-Barthélemy de prêtres; mais ils « faisaient peu de fruit [2]. » C'est assez dire combien le département de Loir-et-Cher était paisible, vingt mois après la prise de la Bastille et l'abolition des privilèges; là comme partout on avait pleine confiance en l'Assemblée nationale, et l'on saluait avec transport l'aurore de cette royauté constitutionnelle qui devait, croyait-on, régénérer la France. Louis XVI y était populaire, et l'on allait bientôt célébrer avec

1. *Lettre pastorale pour annoncer sa démission* (8 octobre 1801), 20 pages in-8º. — Grégoire dit ailleurs, dans son *Compte rendu aux évêques en* 1796 (48 pages in-8º), qu'il ne peut y avoir plus d'aménité, de douceur et de propension au bien que dans son diocèse; et qu'il s'y trouve des hommes éclairés, des hommes à caractère, mais en général peu de lumières et un caractère versatile.
2. *Lettre pastorale* écrite de Chambéry le 25 juin 1791, p. 55.

des larmes de joie « l'heureuse convalescence du bon roi »[1]; mais à Blois comme partout les idées de 1789 avaient fait leur chemin; l'immense majorité des habitants avait adopté la hiérarchie nouvelle : la Nation, la Loi, le Roi, et il s'était formé des clubs ou sociétés des Amis de la Constitution avec cette devise significative : *Vivre libres ou mourir*[2]. Mais dans le département de Loir-et-Cher comme dans tous les autres, les privilégiés de l'ancien régime avaient fait alliance avec le clergé dépossédé; il y avait à Blois un parti de la réaction, et le chef de ce parti n'était autre que M. de Thémines. Né à Montpellier en 1742, il avait été élevé en 1776 à la dignité d'évêque de Blois, et il administrait ce diocèse de loin, comme presque tous les prélats de l'ancien régime. C'était un homme de mœurs très pures, d'un esprit cultivé, avec des prétentions au mérite littéraire[3] et une sorte de mysticisme à la Fénelon; d'ailleurs assez libéral naturellement, et qui eût adopté la Révolution avec toutes ses conséquences politiques

---

1. *Journal du haut et bas Vendômois*, 15 avril 1791. — La municipalité fit chanter un *Te Deum* et donna l'ordre d'illuminer toutes les maisons.

2. Le bonnet phrygien, le fameux bonnet rouge que l'on mettra un jour sur la tête du roi, était l'emblème préféré de ces clubs alors si modérés; j'ai sous les yeux plusieurs cachets où l'on a associé le bonnet phrygien aux fleurs de lis, comme on l'associait aux croix et aux crosses en tête des mandements d'évêques.

3. Il prononça en 1786 l'oraison funèbre de Marie-Thérèse et dit, en parlant du maréchal Daun, qu'il s'avançait semblable à une tour immobile. — « Il avait cent mille livres de rentes. Je « dois cependant dire à sa gloire qu'il était modeste dans sa for« tune et en faisait un superbe usage; c'était au demeurant un « homme probe, mais plus fait pour être un philosophe chré« tien qu'un successeur des apôtres. Je l'ai beaucoup connu; il « n'avait rien de la morgue de ses confrères. » *Lettre de Suzor, évêque de Tours*, 8 avril 1796.

et religieuses s'il n'avait craint de faire autrement que les autres. La Constitution civile du clergé ne l'avait pas effrayé au début, et avant d'y voir comme ses confrères l'abomination de la désolation prédite par le prophète Daniel, il avait pris des mesures pour organiser son diocèse d'après cette constitution. Il croyait même alors que l'on pouvait prêter le serment civique exigé des fonctionnaires, et il écrivait en ce sens à un chanoine de sa cathédrale [1]; mais il changea d'avis en voyant quelle attitude prenaient les autres évêques, et il devint l'un des ennemis les plus acharnés de la révolution politique et religieuse qui s'accomplissait sous ses yeux. Au lieu d'émigrer, comme firent un grand nombre de prélats, Thémines demeura résolument à Blois, bien décidé à disputer le terrain au nouvel évêque, à lui susciter du moins de grands embarras. Autour de lui se pressaient les ci-devant chanoines de sa cathédrale, la majorité de son clergé, les moines et religieuses dont la nation ne voulait plus reconnaître les vœux, et cette foule de mécontents de toute classe que la Révolution française transforma soudainement en dévots personnages, en défenseurs bruyants, sinon convaincus, de l'autel et du trône [2]. Ainsi secondé, Thémines attendait Grégoire de pied ferme, et peut-être ne désespérait-il pas de voir son peuple soulevé chasser avec mépris cet *intrus*, ce *loup* qui comptait sur la force armée pour pénétrer dans la bergerie.

Grégoire était informé de ces manœuvres, mais

1. *Lettres de M. l'évêque de Blois*, 1790, 22 pages in-12. — Il est vrai que Thémines ne parlait dans ces lettres que du serment prêté le 4 février 1790, avec un si parfait ensemble, par tous les membres de l'Assemblée nationale.
2. Voyez les *Mémoires de Ferrières* cités par M. Thiers.

depuis longtemps il ne se faisait plus d'illusions sur les difficultés et sur les périls de la situation. Ce n'était point, comme l'ont imprimé ses ennemis, pour avoir « douze mille livres de rentes et les honneurs « de la crosse, sans compter le tour du bâton » [1], qu'il avait accepté le titre d'évêque : il croyait servir à la fois la France et l'Église, et rien ne pouvait le détourner de ce qu'il considérait comme son devoir. La municipalité de Blois l'engageait à venir au plus tôt [2]; les curés assermentés du diocèse joignaient leurs instances à celles des officiers municipaux : tout le monde enfin le priait de se hâter pour éviter, s'il était possible, de grands malheurs. Grégoire ne perdit pas un instant : élu le 14 février 1791, il était sacré le 13 mars suivant, après avoir remis à ses consécrateurs, Talleyrand, Gobel et Miroudot, les procès-verbaux d'élection, certificats de bonne vie et mœurs, et autres actes notariés qu'exigeait la loi nouvelle [3]. Il avait tenu à ne se présenter dans son diocèse que comme évêque régulièrement consacré,

1. *M. Grégoire... dénoncé à la nation...* Paris, Crapart, 22 pages in-8°.
2. « Votre présence, désirée de tous les bons citoyens, affermira les vrais principes; elle procurera aux églises de ce département la paix qui est l'objet de nos travaux et de nos sollicitudes. La parole de Dieu est bien puissante dans la bouche d'un pasteur édifiant, dont les principes de charité et de tolérance se remarquent dans toutes ses actions. La renommée vous a présenté sous ces traits à nos électeurs, et nous nous entretenons du présage heureux que vous jouirez ici du sentiment qui fait les délices d'une belle âme. » — *Lettre ms. des officiers municipaux de Blois à Grégoire,* du 5 mars 1791 (13 signatures).
3. J'ai sous les yeux des pièces analogues, remises par un des amis de Grégoire, De Bertier, évêque de Rodez, à son consécrateur Gobel; toutes les précautions ont été prises pour donner à ces différents actes la solennité requise.

et c'était de sa part un acte de sagesse ; mais tous ces retards mettaient au désespoir les autorités constituées de la ville de Blois et du département tout entier : les administrateurs du département et ceux du district lui écrivirent donc, le 19 mars, les lettres qu'on va lire :

1°

« Blois, 19 mars 1791.

« Monsieur,

« Nous avons reçu avec la plus vive satisfaction
« l'annonce de votre consécration, mais nous avons
« vu avec peine que vous ne pouviez vous dérober
« aux affaires qui vous retiennent à Paris pour vous
« rendre ici demain. Nous ne pouvons cependant
« vous dissimuler combien il est intéressant que vous
« accélériez votre départ.

« Les circonstances rendent même votre arrivée
« plus pressante, d'après l'invitation que vous nous
« faites par votre dernière de nous confédérer pour
« déjouer les trames perfides des ennemis de la chose
« publique ; et convaincus que votre institution cano-
« nique vous rendait le seul pasteur de ce diocèse,
« nous avons instruit M. Thémines de votre consécra-
« tion, et nous lui avons fait notifier de cesser toutes
« fonctions épiscopales.

« Sur l'avis que nous avons reçu qu'il devait faire
« cejourd'hui une ordination, et que, contrarié par la
« notification qui lui a été faite hier, il devait faire
« cette ordination à la campagne, nous nous sommes
« concertés avec la municipalité et la garde nationale
« de Blois, que nous avons chargées de prendre des
« mesures pour empêcher l'ordination.

3.

« Nous avons cru devoir pousser la précaution
« jusqu'à mettre le scellé sur le secrétariat du ci-
« devant évêché de Blois.

« Nous vous faisons passer ces trois actes, qui ont
« été pleinement exécutés.

« Vous reconnaîtrez aisément, monsieur, par ce
« détail de l'état des choses, que vous ne pouvez arri-
« ver ici trop tôt, et vous pressentirez sans doute que
« tout ce que nous avons fait laisse pour ainsi dire
« le siège vacant, puisque son évêque est absent et
« qu'il n'existe encore aucun vicaire.

« Votre sollicitude pastorale, l'attachement que
« vous nous avez voué et que nous tâcherons de mé-
« riter par la plus sincère réciprocité, vous détermi-
« neront sans doute à notre vœu, qui est celui de
« tout votre diocèse.

« Mais avant de quitter Paris, permettez que nous
« vous adressions notre arrêté sur l'organisation et
« la circonscription des paroisses de notre ville [1].
« Nous vous prions de le présenter au Comité et de
« le faire sanctionner par l'Assemblée nationale.
« Nous serions cependant trompés dans notre attente
« si cette nouvelle affaire vous arrêtait plus long-
« temps, et si pour en accélérer le succès vous vous
« déterminiez à prolonger votre séjour à Paris.

« Les administrateurs... du département, etc. »

1. Il s'agissait de réduire à 3 les 6 paroisses de la ville. Un décret du 25 mars 1791 supprima les paroisses de Saint-Sauveur, de Saint-Honoré et de Saint-Martin. On conservait Saint-Louis, ci-devant Sainte-Solenne, Saint-Laumer, qui prenait le nom de Saint-Nicolas, et Saint-Saturnin de Vienne. — *Loi relative à la circonscription des paroisses de la ville de Blois*, 4 p. in-4°.

2°

« Blois, le 19 mars 1791.

« Monsieur l'Évêque,

« C'est avec la plus vive satisfaction que nous
« avons appris votre sacre et votre institution cano-
« nique. Rien ne manque à présent à nos vœux que
« votre présence dans un diocèse et surtout dans une
« ville où le fanatisme se plaît à aiguiser les traits
« les plus malins. Le peuple voit avec peine les chai-
« res désertes dans le temps où nous nous trouvons [1],
« les consciences sont tourmentées de toutes les ma-
« nières, les sacrements se prodiguent en tout temps,
« en tout lieu et à toute heure. La majorité de nos
« prêtres de la ville met tout en œuvre pour faire
« rétracter les fonctionnaires publics qui ont prêté le
« serment. Hâtez-vous de venir consoler un troupeau
« égaré; mais une chose par-dessus tout intéressante
« serait d'apporter le décret d'organisation des pa-
« roisses de la ville de Blois, car nous ne pouvons
« vous dissimuler qu'au moment où vous paraîtrez,
« quatre des paroisses de la ville vont être abandon-
« nées par les ministres qui les desservent; la coali-
« tion est faite et connue. Vous sentez dès lors com-
« bien il serait avantageux de pouvoir, au moment
« de votre arrivée, mettre le décret à exécution et
« interdire les églises supprimées, puisque par là les
« paroisses restantes se trouvent de droit exercées
« par les deux curés qui ont prêté serment. Nous ne
« nous lasserons pas d'intéresser votre sollicitude à
« cet égard : c'est le bien du troupeau qui vous est

1. C'est-à-dire en carême.

« confié; notre zèle et notre patriotisme nous feront
« pour le surplus concourir avec vous.

« L'ordination projetée pour cette nuit a été sage-
« ment arrêtée, et des postes de gardes nationaux,
« établis en différents endroits, ont déjoué tous les
« projets. Le département vient de rendre un délibéré
« qu'il a fait notifier à M. Thémines, qui donne con-
« naissance à ce dernier de votre sacre et de votre
« institution canonique, et en conséquence lui défend
« de s'immiscer dès ce moment et à l'avenir dans
« toutes fonctions épiscopales dans l'étendue de ce
« département. Ses démarches vont être surveillées
« scrupuleusement; l'activité et le zèle tant des corps
« administratifs que des gardes nationaux ne se ra-
« lentiront pas, mais cet état de crise ne peut cesser
« que par votre prompte arrivée dans ces lieux.
« Hâtez-vous, nous vous en supplions, de venir réta-
« blir le calme; daignez, s'il est possible, amener
« avec vous un de ces anges de paix qui puisse
« réparer le mal et, tout en cherchant à faire fruc-
« tifier dans les cœurs de vos ouailles le germe des
« vertus évangéliques, dissiper par le don de la pa-
« role les ténèbres affreuses qu'on a répandues autour
« d'eux. Nous entamons une semaine orageuse, mais
« notre civisme va redoubler d'activité. Nous espé-
« rons que l'indisposition qui vous tourmente n'aura
« pas de suite; nous le désirons, et si nos vœux
« s'exaucent, nous aurons bientôt le plaisir de vous
« posséder parmi nous.

« Nous avons l'honneur d'être bien cordialement...,
« etc.

« Signé : *Desfray l'aîné; Girault; Bellenouc-*
« *Villiers*, procureur-syndic. »

Il fallait bien citer ces deux lettres curieuses, qui montrent quel fonds de christianisme on rencontrait encore dans la France de 1791. Se trouverait-il de nos jours une seule municipalité qui écrivît des lettres pareilles? En 1791, au contraire, même dans les grandes villes, même à Paris, c'était le langage ordinaire des autorités constituées, et ce langage si religieux traduisait bien les sentiments qui régnaient dans les cœurs [1]. Quant à Grégoire, encouragé par ces heureuses dispositions des administrateurs, et sentant d'ailleurs combien sa présence à Blois était nécessaire pour le maintien de la tranquillité publique, il se fit donner un congé d'un mois par l'Assemblée nationale, et partit pour son diocèse, emportant avec lui un décret qui réduisait à trois les six paroisses de Blois, et de nombreux exemplaires d'une lettre pastorale qu'il adressait « à ses vénérables coopérateurs dans le saint ministère et à tous les fidèles de son diocèse ». Cette lettre fut écrite à Paris le 24 mars, la veille du départ de Grégoire ou peut-être le jour même; aussi porte-t-elle l'empreinte des préoccupations qui ne pouvaient manquer d'assaillir alors son auteur. Il commençait par se déclarer « évêque du département de Loir-et-Cher par la mi-

---

1. Il y en a des centaines dans les recueils de Grégoire qui expriment des sentiments analogues. A Paris, le 17 avril 1791, un nommé Cadet, père de quatre enfants, se vit enfermer à la Force pendant un mois pour avoir insulté dans la rue un ecclésiastique. « Un ecclésiastique! s'écriait dans son réquisitoire le procureur-syndic Mitouflet de Beauvais, ce caractère a-t-il perdu dans cette Révolution le respect qui lui est dû? Nos mœurs sont-elles assez perverties pour que les ministres des autels ne puissent plus prétendre aux hommages que méritent leurs personnes et les fonctions sacrées qu'ils exercent! » — *Énoncé du jugement*, 6 p. in-4°.

« séricorde divine et dans la communion du Saint-
« Siège apostolique », puis il entrait vivement en
matière et déclarait tout d'abord qu'il s'attendait à
bien des tribulations et à bien des épreuves, mais
qu'il était trop accoutumé aux orages pour les craindre. S'il avait accepté les redoutables fonctions
d'évêque, c'était par dévouement à la religion et à la
patrie, et parce qu'un refus universel serait le signal
de l'anarchie politique et religieuse [1]. Grégoire prenait ensuite en main la défense de cette Assemblée
nationale dont il était naguère le président, et il
affirmait qu'elle avait voulu asseoir les fondements
du bonheur public sur les vérités éternelles du christianisme. « S'il en était autrement, disait-il, si l'As-
« semblée... voulait anéantir le culte de nos pères...
« alors il faudrait dire avec les apôtres persécutés :
« Obéissons à Dieu plutôt qu'aux hommes! » Mais il
n'en était pas ainsi, et Grégoire, se trouvant amené
à justifier la Constitution civile du clergé, la défendait avec une ardeur et une sincérité très grandes ; il
disait comme tous ses confrères que le silence de
Pie VI était approbatif, car autrement ce silence serait
condamnable. « Calmez vos inquiétudes, ajoutait-il,
« on n'a point touché à l'arche du Seigneur... Votre
« Dieu est le Dieu de Clovis ; votre foi est celle de
« Charlemagne, de saint Louis, qui firent tant de ré-

1. En 1805, quatre ans après le Concordat, l'ancien évêque
de Rodez, De Bertier, écrivait au pape avec non moins de sincérité que Grégoire en 1791 : « Je déclare que je n'ai accepté
l'épiscopat que pour céder au vœu de la loi et du peuple, et ne
point laisser sans chef un vaste diocèse abandonné par son
évêque. » Beaucoup de constitutionnels, et ce sera leur justification aux yeux de l'équitable avenir, pouvaient tenir le même
langage.

« glements pour rétablir la discipline de l'Église. »
La pastorale tout entière présente ainsi un heureux
mélange de conseils pieux et de réflexions patriotiques ; c'est une des meilleures que Grégoire ait faites,
et elle ne saurait donner prise à la censure : heureux
son auteur s'il eût toujours tenu un langage aussi
modéré dans ses mandements !

En même temps que cette lettre [1], Grégoire en
écrivit une bien différente, celle que tout évêque
constitutionnel était tenu d'adresser au pape « comme
« au chef visible de l'Église universelle, en témoi-
« gnage de l'unité de foi et de la communion qu'il
« devait entretenir avec lui » [2]. Voici la lettre de
Grégoire au souverain pontife :

« Très Saint-Père,

« Le respect dont je suis pénétré envers V. S. me
« fait un devoir de vous annoncer que les suffrages
« libres des électeurs du département de Loir-et-Cher
« m'ont appelé au gouvernement de leur diocèse,
« dont le siège épiscopal est à Blois. Cette élection
« s'est faite conformément aux lois de la Constitution
« civile du clergé de France, décrétée par l'Assemblée
« des représentants de la nation et acceptée par notre
« roi Louis XVI.

« J'ai reçu, T. S.-P., l'institution canonique, et j'ai
« été régulièrement consacré. Je professe d'esprit et
« de cœur la religion catholique, apostolique et ro-

---

1. La pastorale de Grégoire fut imprimée en 24 pages in-8° par
l'Imprimerie nationale ; à Blois, la Société des Amis de la Constitution en fit faire à ses frais cinq cents exemplaires in-4°
(22 pages).
2. *Constit. civ.*, titre II, art. 19.

« maine. Je déclare que je suis et serai toujours,
« Dieu aidant, uni de foi et de communion avec vous,
« qui, en qualité de successeur de saint Pierre, avez
« la primauté d'honneur et de juridiction dans l'Église
« de J.-C.

« Je supplie V. S. de m'accorder sa bénédiction.

« Je suis, T. S.-P., votre très respectueux et très
« humble serviteur et fils,

« Henri-Grégoire, évêque du dépar-
« tement de Loir-et-Cher.

« Paris, 24 mars 1791 [1]. »

L'évêque de Blois apportait encore avec lui, car il se proposait avant tout de convaincre ses adversaires, ce que Thémines appelait son *Apologie du parjure* [2], c'est-à-dire ses deux brochures sur la légitimité du serment, et c'étaient les seules armes de celui qu'un libelliste anonyme accusera plus tard de manier la pique avec une grande dextérité [3]. L'accueil que les Blaisois firent à leur nouveau pasteur fut enthousiaste ; on le reçut, dit-il, avec des transports d'allégresse [4]. Le ci-devant évêque Thémines, qui était

---

1. Imprimée à Blois en latin et en français, 2 pages in-8°.
2. *Lettre pastorale* du 25 juin 1791, p. 48.
3. *Lettre au citoyen Grégoire, à l'occasion d'un prétendu synode qu'il annonce pour la foire de Blois*, an VIII, 24 p. in-8°.
4. *Lettre pastorale pour annoncer sa démission* (1801), p. 3. L'évêque de Rodez, De Bertier, fut reçu de même ; il fit son entrée dans sa cathédrale en présence du Département, du District, du Conseil général de la commune, d'un grand nombre d'officiers municipaux, du Tribunal du district, du Juge de paix de la ville et du Juge du canton, du Club patriotique de la ville, de la garde nationale, de députations envoyées par les clubs, les gardes nationales, les municipalités du département, en présence et aux acclamations d'une foule immense. Telle dut être l'intronisation de Grégoire le 26 mars 1791.

encore à Blois, mais surveillé de près par les autorités, parle tout différemment de la réception faite à Grégoire ; il dit, en effet, à propos des constitutionnels en général, mais de manière à désigner tout particulièrement l'*intrus* qui prétendait lui succéder :
« Ils sont tous arrivés au nom de la nation, avec un
« cortège militaire, comme le prophète de la Mecque ;
« le premier acte de leur apostolat a été de faire con-
« firmer leur mission dans les clubs, et de se mettre
« sous leur protection : ils ont ensuite envahi les
« temples, entourés de gardes nationales et de l'égout
« des cloîtres et du sanctuaire. S'il se trouvait quel-
« ques laïques, non pas chrétiens, mais honnêtes hu-
« mainement parlant, forcés par leur place de les
« accompagner, leur front baissé témoignait leur
« honte de se trouver en pareille compagnie [1]. »
Mais ici le vertueux Thémines, emporté par la passion, dit le contraire de la vérité, car Grégoire fut accueilli à bras ouverts par l'immense majorité des Blaisois, et cela parce qu'il représentait aux yeux de ce peuple naturellement doux et religieux l'alliance étroite de la religion et du patriotisme. Je ne fatiguerai pas le lecteur par des citations multipliées, mais il pourra voir par l'extrait suivant d'un journal vendômois quels sentiments professaient pour le nouvel évêque les habitants du Loir-et-Cher :

« Mardi au soir, nous avons appris que notre pon-
« tife M. Grégoire venait nous visiter. La garde na-
« tionale s'est empressée d'obtempérer au réquisi-
« toire que lui a fait la municipalité d'aller au-devant

---

1. *Lettre pastorale* du 25 juin 1791, p. 47.

« de cet évêque bon patriote, quoi qu'en dise l'abbé
« Maury... Il a été reçu par elle à un quart de lieue
« de nos murs, le mercredi à dix heures du matin.
« Arrivé à l'entrée du faubourg, il a été salué par
« douze coups de canon et le son de toutes les clo-
« ches de la ville. Après avoir témoigné à la Com-
« mune dans l'hôtel commun combien il lui était
« attaché, il s'est rendu au directoire de district, où
« il a dîné [1]. A ce festin étaient invités des citoyens
« de toutes les classes. Il ressemblait au repas d'une
« grande famille que la gaieté et l'union la plus tendre
« rassemblent. Après le dîner, M. l'évêque s'est rendu
« à l'hôpital, au collège, aux clubs des Patriotes et
« des Amis de la Constitution. Il a été invité de pré-
« sider cette dernière société, et l'a fait avec les mar-
« ques de la plus grande sensibilité....

« Le lendemain, il s'est rendu aux Ursulines, où
« il a trouvé le plus entier dévouement à la Con-
« stitution. Il n'en a pas été de même au Calvaire, où
« le silence des cloches a annoncé au peuple que ces
« religieuses se croient encore soumises au pape im-
« médiatement, et que M. Grégoire n'est pas cano-
« nique. On assure qu'elles lui ont tenu ce mauvais
« propos [2]. C'est une ombre au tableau, un utile aver-
« tissement pour notre prélat qu'il n'est point de
« triomphe parfait en ce monde. Sans ces nonnes,

1. Les adversaires du clergé constitutionnel ne manqueront pas de faire observer qu'on était alors en carême, et ils deman-deront sans doute à connaître le menu du festin préparé un mercredi de la Passion; il est malheureusement impossible de satisfaire leur curiosité.
2. Ces dames ne craignaient pas de rendre publiques leurs discussions sur cet objet, et elles faisaient imprimer des fac-tums pour ou contre la Constitution civile du clergé.

« il eût été complet. On assure qu'il leur a parlé avec
« fermeté, et que quelques-unes veulent déjà se
« ranger sous son obéissance. Elles feront bien :
« c'est le seul moyen de bien mériter d'une ville où
« on les a toujours considérées, et qui doit leur par-
« donner l'effet des suggestions des gens du vieux
« régime.

« M. l'évêque, rendu à l'église de la Trinité, a
« monté en chaire et a parlé en apôtre constitu-
« tionnel à un peuple très nombreux assemblé dans
« cette basilique. Il a invité son auditoire à assister
« à la messe pontificale qu'il allait célébrer pour
« obtenir de Dieu sa bénédiction et une ample mois-
« son, après des travaux apostoliques commencés
« sous des auspices aussi heureux. Cette messe a été
« célébrée et suivie d'un *Te Deum* entonné et chanté
« par la voix du patriotisme ; elle en vaut bien une
« autre.

« M. Grégoire s'est ensuite rendu à l'hôtel de la
« Commune, où il s'est encore assis au milieu des
« représentants de toutes les classes de nos conci-
« toyens. Un dîner offert par le peuple est une grande
« fête pour un cœur sensible. M. l'évêque, à l'empres-
« sement qu'on lui montrait, à la joie qu'il voyait
« répandue sur tous les visages, répondait par l'émis-
« sion de ces larmes précieuses qu'il n'appartient
« qu'à un excellent cœur de verser. Après le festin,
« où les santés des représentants de la nation, du
« roi, de M. Grégoire, des bons citoyens, ont été por-
« tées comme à celui de la veille, au bruit de l'ar-
« tillerie, M. l'évêque, accompagné des membres du
« district et de la municipalité et des compagnies des
« grenadiers et chasseurs, s'est rendu dans les égli-

« ses de Saint-Bienheuré et de Saint-Lubin [1], et dans
« celle du château où reposent les mânes des Bour-
« bons et des père et mère du bon Henri, et de là à
« sa voiture, d'où il a fait les plus tendres adieux
« aux bons Vendômois nos compatriotes. Puissions-
« nous le revoir souvent ! Sa présence gagnerait
« encore bien des esprits à la Révolution. Car il en
« est encore que des migraines aristocratiques, de
« vieilles morgueries tiennent encore raides comme
« des barres contre tout ce qui sent la Constitution,
« le pouvoir du peuple et sa liberté [2]. »

Telle fut la réception que firent à Grégoire les habitants de Vendôme ; telle avait été le 26 mars son entrée solennelle à Blois. Reçu par la garde nationale et par toutes les autorités, au son des cloches et au bruit du canon, il dut commencer par prouver à ses concitoyens que leur nouvel évêque était un véritable patriote, et il se rendit avec eux à la maison de ville et au club [3] pour y faire preuve de civisme ; le lendemain, qui était un dimanche, il entraîna la foule qui se pressait sur ses pas à la cathédrale, et là, après avoir officié pontificalement, il prêta de nouveau le serment que requérait la Constitution civile du clergé ; il promit de veiller sur son diocèse, d'être fidèle à la

---

1. Le vieux prieur curé de Saint-Lubin, qui s'appelait Barthélemy, avait écrit à Grégoire dès le 29 mars pour le prier de descendre chez lui lors de sa visite à Vendôme. « Vous comblerez de joie un vieillard, lui disait-il, et vous pourrez vous glorifier d'avoir fait un heureux. » — Lettre ms.
2. *Journal du haut et bas Vendômois et du pays de Mondoubleau*, n° 16. Vendredi 15 avril 1791.
3. Les *Sociétés des Amis de la Constitution* étaient encore très modérées en 1791, même la fameuse Société des Jacobins de Paris, et les personnages les plus honnêtes ne craignaient pas de s'y montrer.

Nation, à la Loi et au Roi, de maintenir de tout son pouvoir, non pas comme on l'a répété d'une manière perfide, la Constitution du clergé, mais la Constitution que l'Assemblée nationale préparait alors à la France, et dont les décrets sur l'organisation du clergé faisaient partie intégrante. Cette nouvelle prestation de serment occasionna ce que nous appellerions aujourd'hui une manifestation politico-religieuse, et le maire de Blois, parlant au nom de ses commettants, fit un petit discours qu'il est bon de citer ici, toujours à titre de document sur l'état des esprits en 1791 :

« Monsieur l'Évêque,

« C'est aux bienfaits de la Providence que l'homme
« se plait à reconnaître la main puissante qui dirige
« ce vaste univers. Dans les troubles qui agitent
« l'Eglise de France, l'Esprit-Saint a manifesté d'une
« manière signalée qu'il veille sans cesse sur les
« fidèles du département de Loir-et-Cher. Fermement
« attachés à la foi de nos pères, embrasés de l'amour
« de la patrie, nous vous avons choisi, monsieur,
« pour notre guide dans la voie du salut et notre
« modèle de civisme. Vous avez des premiers franchi l'intervalle immense qu'un fol orgueil avait mis
« entre les ministres d'un Dieu d'humilité et le peuple
« qui l'adore [1]. Les législateurs de la France vous
« ont jugé digne de les présider, et plusieurs dépar-

---

[1]. En 1780, les habitants de la Chaussée-Saint-Victor-lès-Blois commençaient ainsi un mémoire à l'assemblée du clergé : « Quoique la *basse condition* des pauvres habitants qui ont l'honneur, NN. SS., de vous présenter ce mémoire, ne soit pas digne de votre attention... », et l'on sait qu'en mai 1789 un prélat adressait à Dieu les *prières* du Clergé, les *vœux* de la Noblesse, et les *supplications* du Tiers état.

« tements vous ont désiré pour occuper leur siège
« épiscopal. Vous avez secondé les vœux des peuples
« du Loir-et-Cher en acceptant le gouvernement de
« notre église. Nous aimons à croire qu'un évêque qui
« veut le bien vaincra tous les obstacles par l'ascen-
« dant irrésistible de la vertu. N'en doutez pas, mon-
« sieur, le cortège modeste dont elle s'entoure lui
« concilie les cœurs qu'un appareil fastueux ne peut
« qu'irriter.

« La Constitution civile du clergé nous retrace les
« beaux jours de la primitive Église : c'est pour ainsi
« dire la religion sortant des mains de son divin fon-
« dateur. Placé par la voix de Dieu pour être notre
« premier pasteur, vos écrits aussi sagement dictés
« que profondément pensés ont préparé le calme que
« vos travaux rendront durable. Évêque et citoyen
« tout ensemble, vous prouverez que la religion de
« J.-C. et l'amour de la patrie sont indivisibles. Que
« la vérité est persuasive dans la bouche d'un prélat
« édifiant! Comme elle entraîne par une douce vio-
« lence! L'ignorance et le préjugé résistent en vain
« à son éclat; la vérité subjugue les esprits les plus
« opiniâtres. La charité et la tolérance que respirent
« vos ouvrages nous assurent qu'elles sont en vous
« des vertus personnelles. Elles forceront vos détrac-
« teurs à vous estimer, alors même qu'ils vous ca-
« lomnieront. Ce peuple sensible, doux, et digne
« d'être aimé, voit en vous un père tendre, un prêtre
« compatissant. La renommée vous a préparé des
« triomphes, et votre affabilité vous les assurera.
« Ministre d'un Dieu qui pardonne les injures et les
« outrages, vos ennemis sont sûrs de votre amour.

« Puissiez-vous, monsieur l'évêque, jouir longtemps

« au milieu de nous du succès de vos travaux et de vos
« sollicitudes! Puisse votre épiscopat être le règne
« de la religion, des mœurs et d'un culte pur, le seul
« digne de la majesté de l'Être suprême et d'une na-
« tion dont la liberté est le fruit de ses lumières et
« le prix de son courage [1]! »

Grégoire était donc au milieu de ses diocésains, mais pour bien peu de temps, car ses devoirs de député le rappelaient à Paris, où nous le retrouvons depuis les premiers jours de mai 1791 jusqu'à l'avènement de la Législative. Il dut être écrasé de travail pendant les trente ou quarante jours que dura son voyage : il fallait, en effet, visiter les églises et chapelles, les hôpitaux, les collèges et les couvents, car il y avait encore des couvents [2]; il fallait paraître dans les clubs et sociétés populaires, alors si raisonnables, faire des politesses aux municipalités qui témoignaient tant de sympathie au nouvel évêque; il fallait enfin, et c'était le plus difficile, réparer les ruines que la Constituante avait accumulées autour du sanctuaire. Grégoire suffit à tout avec une grande intelligence, avec une activité vraiment extraordinaire. Il visita en détail Blois, Vendôme et Romorantin [3], qui

---

1. Imprimé à 500 ex. par ordre de la Société des Amis de la Constitution, et à ses frais (4 pages in-4°).
2. L'Assemblée nationale avait refusé de reconnaître les vœux monastiques, et elle s'était approprié comme biens nationaux un certain nombre de monastères; mais elle reconnaissait à tous les Français le droit d'association, et elle se prêtait autant que possible aux combinaisons qui conciliaient tous les intérêts. Ainsi un décret du 25 mai 1791 assignait comme maisons de retraite aux ci-devant religieux du département du Nord qui voudraient continuer de vivre en commun *vingt* abbayes différentes.
3. Ici encore nous pourrions citer des lettres touchantes des

l'accueillirent avec le même enthousiasme, et dans ces trois villes il alla frapper à la porte de toutes les maisons religieuses. Tantôt un clergé « patriote » le recevait comme l'oint du Seigneur, tantôt au contraire des prêtres réfractaires ou des religieuses transformées par Thémines en « théologiens femelles qui « remplaçaient les principes par la crédulité, et le « raisonnement par le caquet » [1], lui résistaient en face et occasionnaient des scènes tragi-comiques dignes de Vert-Vert. Ainsi le desservant de je ne sais quelle paroisse arrêtait Grégoire à la porte de son église et lui demandait si la chaire de Thémines était vacante « d'une des manières connues dans « l'Église. L'intrus lui répondit qu'il y avait un autre « évêque par le jugement et le décret de l'Assem- « blée. — En ce cas, reprit le jeune prêtre, nous « pourrons changer d'évêque à chaque législature, « et pour n'être pas forcé de ne plus vous reconnaître « peut-être dans six mois, il est plus simple de ne « pas le faire aujourd'hui [2]. » Une autre fois, des religieuses obligées par la municipalité d'ouvrir leurs portes au nouveau pasteur lui demandaient si M. de Thémines était mort; elles voulaient bien le reconnaître comme évêque de l'hôtel de ville et des clubs, mais non comme évêque de J.-C.; elles le priaient de leur montrer, non pas sa lettre à Pie VI, mais la réponse du Saint-Père à cette lettre, etc. « Elles se

municipalités de Romorantin et de Saint-Aignan, la première pour inviter Grégoire à visiter la ville, l'autre pour répondre à une lettre d'excuse de lui.

1. Article inséré par Grégoire dans le 2ᵉ volume des *Annales de la religion*, p. 594.

2. C'est Thémines qui cite cette jolie impertinence dans sa lettre de Chambéry du 25 juin 1791, p. 174.

« sont une fois glorifiées, ajoute Thémines, qui rap-
« porte ces anecdotes pour se consoler, de ce que la
« séduction du siècle n'avait, même au milieu de Ba-
« bylone, enlevé au divin Époux qu'une seule vierge.
« Ah! fermez-vous, oreilles pieuses! La nouvelle
« bouche apostolique vomit ces paroles : « Il est
« vrai, mais il a fallu se bien presser de la ma-
« rier. » On entendit aussi en même temps répondre
« avec horreur : « Que la fenêtre s'ouvre pour laisser
« sortir ce mauvais air [1] ! »

On voit par là quelles difficultés rencontraient dans leur entreprise les nouveaux prélats qui prétendaient faire accorder l'Église avec la Révolution. Sans doute, les représentants de l'autorité et le gros de la nation les recevaient avec transport, mais l'ancien clergé faisait le vide autour d'eux : on les bravait, on leur prodiguait les marques du mépris le plus insultant, et l'on criait bien fort à l'intolérance s'ils laissaient faire les municipalités qui leur offraient d'expulser les « perturbateurs du repos public », comme les appelait un décret sanctionné par le roi. A Blois par-ticulièrement, la situation n'était pas tolérable, puis-que l'ancien évêque, au lieu d'émigrer comme tant d'autres, ou tout au moins de pleurer dans la retraite les égarements du peuple français, animait à la lutte et encourageait par sa présence les ennemis du nou-veau régime. Il y avait en réalité deux évêques, celui de l'hôtel de ville et des clubs, l'*intrus* que la force avait rendu maitre de la cathédrale et du palais épi-scopal, et en face de lui, dans une attitude de défi, l'évêque des couvents de femmes et des chapelles

---

1. *Lettre pastorale*, p. 50.

particulières : peut-on concevoir une situation plus anormale? Après avoir eu le bon goût de vanter en chaire, le 27 mars, les vertus et les talents de son prédécesseur, Grégoire fut bien obligé de se servir contre lui des mêmes armes que lui. D'accord avec le conseil épiscopal qu'il venait de constituer à la hâte, il interdit à tous les ecclésiastiques, excepté aux curés et à ceux qui seraient munis de son autorisation, d'exercer dans les couvents de filles les fonctions sacerdotales; il défendit en même temps à toute personne, « quelle que fût sa dignité et sous « quelque prétexte que ce pût être, d'entrer dans « les maisons soumises à la clôture religieuse [1] ».

Grégoire intimait ainsi à son prédécesseur l'ordre de cesser toute relation avec les couvents du diocèse, mais Thémines n'en continua pas moins de se considérer comme le véritable évêque de Blois : il excita sous main les religieuses, dont la résistance offrit alors une pâle contrefaçon de Port-Royal; en un mot, Thémines et ses partisans ne négligèrent aucune occasion de faire ce qu'on nommait alors de la contre-révolution [2]. En présence d'une situation si fausse, et, disons-le, si dangereuse pour la tranquillité publique, les administrateurs du département, ces mêmes hommes que nous avions vus si modérés et si religieux deux mois auparavant, prirent des résolutions énergiques; ils rendirent le 7 avril un arrêt motivé qui chassait Thémines et quelques ci-devant chanoines, de Blois dans les vingt-quatre heures, du département dans les deux jours. « On a semé la

---

1. *Ordonnance de l'évêque de Blois*, un placard.
2. Thémines s'en vante dans sa pastorale de Chambéry, p. 54.

« division dans les familles, disait au directoire as-
« semblé le procureur général syndic ; on a détruit
« la paix des ménages ; plusieurs femmes ont quitté
« la maison de leurs maris. D'un autre côté, des
« ecclésiastiques soumis à la loi ont été insultés,
« menacés, et même maltraités. Le fanatisme obsède
« toutes les maisons religieuses de cette ville ; le feu
« de la discorde s'attise insensiblement, ses progrès
« successifs donnent des alarmes aussi vives que fon-
« dées. Le peuple, qui est toujours clairvoyant sur
« ses véritables intérêts, désespéré par les troubles
« qu'il éprouve dans l'intérieur de son domestique,
« crie hautement, nomme les coupables qu'il soup-
« çonne, menace de suppléer à la loi dont la lenteur
« aigrit son mal, et se prépare à se faire justice [1]. »
Le procureur-syndic ajoutait que des concitoyens
entraînés par un zèle excessif peut-être, mais que la
fatalité des circonstances pourrait rendre excusables,
s'étaient ralliés pour mettre un terme à tous ces désordres. Grégoire nous apprend d'autre part que l'on
avait projeté d'enlever M. de Thémines, de l'embar-
quer sur la Loire et de l'envoyer à Nantes [2] ; c'est
probablement à sa requête, pour éviter un grand
scandale et un affreux malheur, que le directoire du
Loir-et-Cher « invita les sieurs Thémines, ci-devant
« évêque de Blois, Habert, son secrétaire », et quatre
autres ecclésiastiques nommés Ménard, Gallois, Mau-

---

1. *Extrait du registre des délibérations du directoire du Loir-et-Cher*, impr. de 3 pages in-4°.
2. *Mémoires*, II, p. 23 : « Deux hommes, dont l'intention était peut-être de faire réfléchir sur moi l'odieux de leur conduite, avaient projeté d'enlever M. de Thémines... Ils savent quelle fut mon indignation en apprenant cette trame odieuse, qui heureusement n'eut pas d'exécution. »

duit et Forêts, à sortir sans délai du département, avec défense d'y rentrer avant que la tranquillité publique fût parfaitement rétablie et l'organisation du clergé constitutionnel entièrement terminée.

Cette mesure peut sembler tyrannique et arbitraire, elle était imposée aux administrateurs par une impérieuse nécessité. La Société des Amis de la Constitution s'était réunie la veille à dix heures du soir, et les motions les plus violentes y trouvaient des approbateurs, lorsque les deux corps administratif et municipal se rendirent au club et promirent d'expulser immédiatement les personnes incriminées. Ils calmèrent ainsi la foule exaspérée, mais le club de Blois n'en écrivit pas moins dès le lendemain aux « très chers frères et amis » du club de Nantes une adresse furibonde qui fait bien voir à quel point la question religieuse, si malheureusement soulevée par la Constituante, venait compliquer la question politique.

Les clubistes de Blois espéraient, disaient-ils, que « ce premier exemple de justice et de sévérité *en*
« imposerait aux subalternes ecclésiastiques qui, par
« malheur pour la tranquillité publique, n'étaient
« pas compris dans cette heureuse proscription ».
Si cet espoir était déçu, les Amis de la Constitution de Blois étaient bien décidés à expédier ces perturbateurs aux frères et amis de Nantes, avec prière de les envoyer sur quelques plages lointaines, ou d'en lester utilement quelques navires, « qui, voguant
« dès lors chargés du poids de leurs iniquités, en
« sillonneraient plus rapidement le sein des mers ».
Enfin les Nantais étaient également autorisés à échanger ces réfractaires contre des chrétiens prisonniers

en Afrique, ou à leur faire cultiver les vastes plaines de Scioto [1].

Tel était déjà le langage du peuple dans un pays renommé entre tous pour sa douceur ; aussi Thémines s'empressa-t-il de quitter et le département de Loir-et-Cher et la France ; il partit pour Chambéry [2], laissant l'intrus maître du champ de bataille, et il se consola de sa défaite en écrivant aux fidèles de son diocèse une lettre pastorale de deux cent soixante-douze pages qui figure parmi les pièces les plus curieuses de la collection de Grégoire. Cette pastorale est un pamphlet souvent diffus, d'un style prétentieux et mystique, où le dépit et la rage se donnent librement carrière. Tous les partisans du nouveau régime, et Grégoire en particulier, y sont traités avec le dernier mépris ; les injures pleuvent sur eux, et Thémines finit même, « après avoir invoqué le saint « nom de Dieu, la protection de la sainte Vierge, « patronne de ce royaume, etc. », par fulminer l'anathème contre la « Constitution prétendue civile du « clergé, qui est une œuvre de ténèbres », contre le « serment du 27 novembre, qui est la consomma-« tion de l'impiété et de la tyrannie », contre « l'in-« trus du département de Loir-et-Cher, nommé Henri « Grégoire, qui a mérité cette qualification par

---

1. *Adresse... aux Amis de la Constitution de Nantes*, impr., 4 pages in-4°.
2. De Chambéry, Thémines passa en Espagne, puis en Angleterre. Au moment du Concordat, il refusa sa démission, que lui demandait Pie VII ; il ne rentra pas en France en 1814, déclara solennellement en 1817, en présence de l'ambassadeur de France, qu'il était et resterait jusqu'à sa mort évêque de Blois ; il finit même par déclarer schismatiques le pape et l'épiscopat tout entier ; lui seul était le véritable successeur des apôtres ; il mourut à Bruxelles en 1829, deux ans avant Grégoire.

« son élection anticanonique et schismatique, sa
« consécration sacrilège, et sa mission nulle, pro-
« fane et impie », contre « tous les ecclésiastiques ou
« laïques qui sont complices de l'intrusion et du
« schisme ¹, etc. » Non content de lancer ainsi la
foudre sur tous les auteurs ou sectateurs de la Constitution civile, le roi seul excepté, Thémines déclarait
qu'il conservait dans le diocèse de Blois des « dépositaires de sa confiance », c'est-à-dire des grands
vicaires cachés; il leur commandait de réunir les
fidèles dans les maisons, et il permettait à tous les
prêtres insermentés de son diocèse de faire en secret
toutes les fonctions sacerdotales. Que dis-je? il les
autorisait à marier, même sans publication de bans,
à enterrer furtivement de jour ou de nuit, selon les
circonstances; en cas d'impossibilité, il engageait les
catholiques à bénir le cadavre dans la maison mortuaire, et à l'abandonner ensuite « au bras séculier...
« comme en pays infidèle ou sur un champ de ba-
« taille ² ».

Voilà quelle était, au milieu de l'année 1791, la
situation du diocèse de Blois et des quatre-vingt-deux
autres diocèses de France : comme tous ses confrères,
Grégoire rencontrait à chaque pas des obstacles insurmontables. Il ne perdit pourtant pas courage, et il

---

1. *Lettre pastorale*, p. 246 et suiv.
2. *Ibid.*, p. 177 et suiv. Quelques semaines auparavant, le 23 avril 1791, le directoire du Loir-et-Cher avait pris la peine de répondre par un grand éloge de Grégoire aux calomnies d'un journal intitulé *Correspondance des mécontents*. On lit dans cette réponse que Grégoire est absolument étranger à « l'expulsion des prêtres séditieux et frénétiques »; que l'évêque n'a usé d'aucune espèce de violence à l'égard des six commu- nautés ou pensionnats religieux de la ville, et qu'enfin le culte est célébré dans la ville de la manière la plus édifiante.

employa de son mieux les trente ou quarante jours dont il pouvait disposer. Il commença, comme nous l'avons vu, par visiter les trois villes principales de son département; il se montra partout où il jugea sa présence nécessaire, et presque en tous lieux sa physionomie si grave, si honnête et si belle, ses manières affables et distinguées, sa parole entraînante, et son christianisme franchement libéral lui concilièrent l'affection des bourgeois et du peuple. Il prêchait avec chaleur [1], il exerçait avec piété ses fonctions d'évêque, il donnait à tous l'exemple d'une vie vraiment évangélique, il bannissait de son entourage le faste et la morgue qui avaient rendu l'ancien clergé odieux aux populations; il était accessible au moindre de ses diocésains et se montrait à Blois aussi chaud patriote, aussi grand philanthrope qu'il l'avait été à Versailles ou à Paris; le moyen qu'un tel homme ne devînt pas véritablement populaire!

Mais on n'administre pas un diocèse avec de la popularité; le nouvel évêque avait besoin de prêtres pour remplir tant de places devenues vacantes dans le clergé, et jamais peut-être, sans la suppression des ordres religieux contre laquelle il avait protesté, Grégoire n'aurait trouvé le nombre d'ecclésiastiques nécessaire pour les besoins spirituels du département. La plupart des congrégations savantes avaient adopté les principes de 1789, et le ci-devant clergé régulier fournit aux prélats constitutionnels des vicaires épiscopaux, des supérieurs de séminaires, des aumôniers d'hôpitaux ou de couvents, des vicaires et des curés

---

1. « Dans un voyage de dix-huit jours, je prêchai cinquante-deux fois. » — *Mémoires de Grégoire*, II, 25.

de paroisses. Il se présenta en outre quelques ecclésiastiques séculiers qui désiraient changer de diocèse ou s'attacher à la personne de tel ou tel évêque, et de la sorte Grégoire et ses confrères eurent un nombre de prêtres à peu près suffisant. On a reproché au clergé constitutionnel son immoralité, et l'on a fait grand bruit des scandales de toute sorte qu'ont donnés des prêtres ou même des évêques assermentés ; il est certain qu'il y eut des scélérats parmi les membres de ce clergé, et à Blois peut-être plus qu'ailleurs, parce que l'évêque, malgré sa rare intelligence, était naïf et crédule à l'excès [1]. Mais ne peut-on répondre avec Grégoire que les neuf dixièmes de ces affreux scélérats avaient été faits prêtres ou évêques sous l'ancien régime, qu'ils avaient trompé le public et leurs supérieurs par les démonstrations hypocrites d'une piété ardente, et qu'enfin dans le trouble d'une réorganisation radicale et immédiate de pareils désordres étaient inévitables ? Grégoire a toujours été l'honneur et la probité mêmes, personne ne lui conteste ces deux qualités, et tout le monde convient que sa foi était aussi vive que sincère ; cependant il fut bien malheureux dans quelques-uns de ses choix : il se laissa tromper par le capucin Chabot, dont il fit son vicaire épiscopal, et par d'autres encore tels que Rochejean, Tolin, Prudhomme, Millo, Naudin, Plassiard et Rabeauteau, qu'il a stigmatisés lui-même en 1796 dans les *Annales de la religion* [2]. Cependant il ne faudrait pas juger par ces quelques exceptions

---

1. « Grégoire n'est qu'un sot à force de bonhomie et de complaisance. » *Lettre ms. de Desbois, év. d'Amiens.*
2. Tome II, p. 590. L'article est anonyme, mais il est certainement de Grégoire.

la généralité des prêtres constitutionnels, au moins dans le diocèse de Blois [1]; Grégoire cherchait à s'entourer d'hommes vertueux et vraiment chrétiens, et il parvint à rassembler auprès de lui un certain nombre de prêtres dignes de ce nom, un Dupont, un Boucher, un Vallon, un Biet, un Chenu et beaucoup d'autres dont la mémoire est encore en vénération dans le département de Loir-et-Cher. C'étaient des ecclésiastiques comme il s'en trouvait alors beaucoup de par notre France, honnêtes, désintéressés, fort instruits, et profondément imprégnés de ce vieux libéralisme orthodoxe dont on chercherait en vain la trace aujourd'hui dans l'Église gallicane. Parfaitement convaincus que le pape n'est pas l'évêque universel, et qu'on a pu être consacré canoniquement sans bulles venues de Rome, sachant d'ailleurs très bien que, si la France entière imitait les réfractaires, c'en était fait du catholicisme dans notre pays, ils acceptaient sans arrière-pensée la situation nouvelle, et se dévouaient, le mot n'est que juste, comme le prouvera la suite de ces études, au salut de leurs ouailles. J'ai sous les yeux sept ou huit cents lettres que ces braves gens écrivirent à Grégoire après 1795 [2], et l'on

---

1. « Parmi les constitutionnels, un très grand nombre furent des hommes vertueux, éclairés, zélés, sincèrement patriotes, également fidèles à leur ministère et à la cause de la liberté. Mais qui pourrait nier qu'on n'ait vu des ambitieux, des hommes sans mœurs, la honte des cloîtres et le rebut de l'ancien clergé, se lancer dans la Révolution, et, sous le manteau du patriotisme, couvrir leur turpitude, briguer les suffrages, et usurper jusqu'à l'épiscopat, pour déceler un jour par leur honteuse défection la bassesse des motifs qui les avaient animés ? » — *Du fanatisme et des cultes, par Baudin (des Ardennes),* an III, 80 pages in-8°.

2. Grégoire a dû brûler au moment de la Terreur la plupart

verra par les quelques extraits qu'il en faudra bien donner si le clergé constitutionnel se composait de ce que Thémines appelait dans un langage fort peu académique « l'égout des cloîtres et du sanctuaire ».

Après avoir exercé pendant toute la durée de son congé les difficiles fonctions d'évêque nouvellement installé, après avoir visité le diocèse dans toute son étendue, organisé le conseil épiscopal qui devait administrer en son absence, rempli à la hâte les places demeurées vacantes et réglé les affaires ecclésiastiques les plus importantes, Grégoire revint à Paris vers le 4 ou 5 mai 1791, et nous le retrouvons à son banc de député jusqu'à la fin de septembre. Il prend assez souvent la parole durant ces derniers mois de la Constituante, tantôt en faveur des hommes de couleur [1], tantôt pour assurer le droit de pétition à tous les Français, sans distinction de citoyens actifs ou non actifs, parce que, disait-il, ce n'est pas de la richesse que dépend le talent [2]; tantôt pour demander après Pétion et Robespierre que le fugitif de Varennes ne fût pas déclaré inviolable, ou pour maintenir dans son intégrité la Constitution française, ou enfin pour réclamer en faveur de tous les citoyens le droit de surveiller les autorités constituées [3]. Quant

---

des lettres qu'il avait reçues avant cette époque, car il s'attendait tous les jours à monter sur l'échafaud, et il savait bien qu'une saisie de ses papiers pouvait amener la mort de ces hommes qui seraient ainsi convaincus de « fanatisme ». Pendant la Terreur, il fallut s'interdire toute correspondance, car le secret des lettres était violé.

1. Séance du 7 mai 1791. *Point du jour*, t. XXII, 71. — 11 et 12 mai, *Ibid.*, 134 et 155. — 19 juillet. *Ibid.*, t. XXIV, 200.
2. Séance du 10 mai. — *Ibid.*, XXII, 114.
3. Séances du 15 juillet, 12 août, 30 septembre. — *Ibid.*, t. XXIV, 251; XXV, 231; XXVI, 530.

aux discussions religieuses, Grégoire semblait se les être systématiquement interdites depuis le vote des lois nouvelles, et il garda le silence le jour où Talleyrand lut un rapport si curieux sur la tolérance universelle [1].

Malheureusement l'évêque de Blois s'abandonnait alors plus que jamais à son fâcheux penchant pour la politique militante, et la fuite du roi, le 21 juin 1791, lui fournit une occasion d'exhaler sa haine de plus en plus vive contre ce prince. On sait que Louis XVI, après avoir promulgué la Constitution civile du clergé et déclaré perturbateurs ceux qui ne prêteraient pas le serment exigé par elle, donna l'exemple de la désobéissance, et refusa de recourir pour lui et pour les siens au ministère des constitutionnels. Réprimandé par le pape, à plusieurs reprises, comme le serait par son maître un écolier turbulent et indocile [2], le roi essaya de s'enfuir à Saint-Cloud, au mois d'avril 1791, parce que l'évêque de Clermont lui avait défendu de faire ses pâques; mais une émeute arrêta sa voiture à l'entrée des Champs-Élysées et il se vit ramené aux Tuileries. C'est alors qu'il résolut d'aller à Montmédy avec toute sa famille, moins encore pour sauvegarder son indépendance et tâcher de n'être pas le greffier d'une assemblée de bourgeois, que pour avoir la liberté de se confesser à un prêtre insermenté. La Constitution civile du clergé fut donc, on peut le dire, la cause principale de cette malheureuse équipée de

---

1. Séance du 8 mai. — *Point du jour*, t. XXII, 88 et sq.
2. *Brefs du 10 juillet, du 17 août et du 22 septembre* 1790. — *Bref du 10 mars* 1791. Tous ces brefs étaient secrets, et l'on a pu longtemps en contester l'authenticité, qui est aujourd'hui reconnue.

Louis XVI; et le premier résultat de la fuite de Varennes fut d'irriter vivement l'Église constitutionnelle, d'ôter au nouveau clergé, qui commençait à agir fortement sur les masses, toute possibilité de défendre le roi. Les constitutionnels luttaient péniblement depuis six mois contre les partisans de l'ancien régime ; que pouvaient-ils espérer si le chef du pouvoir exécutif passait lui-même à l'ennemi et ranimait ainsi le courage des réfractaires ? Aussi Camus et les autres membres du Comité ecclésiastique furent-ils indignés en apprenant cette perfidie, comme ils n'hésitaient pas à l'appeler; et personne dans l'Assemblée ne témoigna plus d'empressement qu'eux à proposer des mesures républicaines de salut public [1]. Quant aux évêques nouvellement institués, leur situation était des plus fausses, car ils n'existaient qu'en vertu d'une loi promulguée par Louis XVI, et le roi, dans ses doléances à l'Assemblée nationale, montrait qu'il avait l'Église constitutionnelle en horreur. Ils avaient juré d'être fidèles à la Nation, à la Loi, au Roi, et de maintenir de tout leur pouvoir la Constitution nouvelle; comment concilier ces obligations diverses, si le roi se déclarait l'adversaire déterminé de la Constitution ? Il faut bien se rendre compte de ces difficultés si l'on veut juger avec équité les ecclésiastiques assermentés de la Constituante : beaucoup d'entre eux n'avaient accepté l'épiscopat que dans l'espoir de mettre d'accord le christianisme avec la Révolution, et voilà qu'un

---

1. « Un pareil événement a dû nécessairement changer nos sentiments à l'égard du roi, sans altérer ceux qui nous attachent à la Constitution... » — Durand-Maillane, *Histoire apologétique du Comité ecclésiastique. Avant-propos.*

manifeste malencontreux lancé par un roi fugitif paralysait tous leurs efforts et creusait plus profondément l'abîme qu'ils cherchaient à combler! Il n'est donc pas étonnant que Grégoire et les autres aient gardé rancune à Louis XVI de cette nouvelle maladresse, qu'ils aient abandonné dès lors un prince qui les abandonnait de la sorte et qui cherchait à les rendre ridicules et odieux. Le premier soin de Grégoire, en apprenant la fuite du roi, fut d'écrire à ses diocésains une lettre vigoureuse dont il a lui-même conservé quelques fragments dans ses Mémoires [1]. Il exhortait les Blaisois à être unis, calmes et fiers, en même temps que modérés et respectueusement soumis aux lois de la religion comme aux décrets de l'Assemblée nationale ; il leur conseillait enfin d'envisager la fuite du roi « comme une nouvelle tem-
« pête permise par le ciel pour conduire plus rapi-
« dement au port le vaisseau de l'État ». Il espérait alors que Louis XVI pourrait quitter la France à tout jamais, et il a regretté qu'au lieu de le ramener à Paris on ne l'eût pas, au contraire, poussé hors de la frontière, ce qui eût mieux valu à tous égards [2].

Quoi qu'il en soit, la fuite de Varennes amena une rupture complète entre Louis XVI et le clergé constitutionnel qui l'avait soutenu jusqu'alors, et quand Grégoire revint dans son diocèse, au mois d'octobre 1791, il était plus aigri que jamais contre ce roi qui s'opposait au plus cher de ses rêves, c'est-à-dire à l'étroite union de la foi chrétienne et de la liberté. Il n'avait pas fait de politique opposante lors de son

1. Tome I, p. 403.
2. C'était aussi l'avis de Camille Desmoulins, mais ce dernier proposait de pousser Louis XVI... avec le pied.

premier séjour à Blois; mais ce fut tout autre chose à la fin de 1791 et durant l'année 1792. Non content de parler et d'agir en évêque, il accepta les fonctions de président du conseil général du département, et comme tel, il fit ce que nous appellerions aujourd'hui du républicanisme à outrance : en toute occasion, et notamment après le 10 août, il attaqua la cour avec une violence extrême ; ses discours de cette époque sont plutôt d'un démagogue que d'un ministre des autels; n'était le peu d'atticisme de la forme, on croirait entendre le cardinal de Retz en 1648, ou plutôt le ligueur Boucher en 1592. Mais nous avons promis de ne pas nous attarder à considérer le rôle politique de Grégoire durant ces années de trouble, et nous laisserons de côté ces fâcheuses déclamations d'un homme profondément honnête, qui ne connut jamais l'ambition, et dont l'unique mobile a toujours été l'amour du peuple, le culte passionné de la souveraineté nationale. Son rôle religieux est d'ailleurs trop important et trop peu connu pour que nous nous laissions distraire un seul moment par des préoccupations étrangères à notre sujet.

CHAPITRE II

GRÉGOIRE A BLOIS PENDANT LA SECONDE LÉGISLATURE
(1791 — 1792)

Grégoire n'avait pas oublié ses diocésains durant les cinq mois qu'il dut passer à Paris après sa courte apparition dans le département de Loir-et-Cher; la preuve en est qu'il écrivait presque chaque jour, soit à son conseil épiscopal, soit à différents curés ou vicaires qu'il croyait devoir consoler ou encourager. Ces lettres ont probablement disparu, comme tant d'autres, dans la tourmente de 1793, mais le seul fait de leur existence démontre péremptoirement et le zèle chrétien de Grégoire et son manque absolu de morgue épiscopale [1]. Il revint dans son diocèse au mois d'octobre 1791, avec l'intention bien arrêtée de n'en pas sortir, car les constituants ne pouvaient faire

---

1. « Tandis que l'intérêt de la patrie me retient au milieu de vos représentants, la tendresse pastorale reporte sans cesse mon cœur au milieu de vous. Les agitations politiques n'ont pas ralenti mes soins envers le troupeau que J.-C. m'a confié. J'entretiens une correspondance continuelle dans l'étendue de mon diocèse, et surtout avec les coopérateurs que votre estime m'a désignés. » — *Lettre circulaire de Grégoire à ses diocésains,* 7 juillet 1791 (impr., 4 pages in-8°).

partie de la Législative, et tout le monde ignorait alors que la Convention se réunirait onze mois plus tard; je ne sache pas que durant ces onze mois l'évêque de Blois ait quitté un seul instant son troupeau. Trois objets différents s'imposaient tout naturellement à son zèle apostolique : l'organisation du diocèse, la visite des paroisses, et enfin la lutte contre les difficultés de tout genre qui s'opposaient à l'exécution de ses projets; nous allons voir comment il accomplit cette triple tâche.

La nomination des curés de paroisse n'appartenait pas à Grégoire, car la Constitution civile du clergé les faisait élire directement par les populations, et il se voyait ainsi déchargé d'un grand travail de recherche et d'une immense responsabilité; mais il avait à former un conseil épiscopal [1] et à choisir des supérieurs et des aumôniers pour le séminaire de Blois ou pour les différents hôpitaux et couvents du diocèse. Il commença par mettre à la tête de son conseil le seul prêtre que lui eussent opposé les électeurs en février 1791, et cet ecclésiastique, nommé Dupont, se montra digne d'une attention si délicate et d'une

---

1. Ce conseil devait, d'après la loi nouvelle, se composer de seize vicaires épiscopaux, plus un vicaire supérieur et trois vicaires directeurs du séminaire; voici les noms des vingt ecclésiastiques du conseil de Blois; c'est un singulier mélange de prêtres vénérables et d'hypocrites qui devaient bientôt se démasquer : Dupont, Boucher, Besson, Vallon, Tolin, Duliepvre, Meyssonnier, Hébert, Pioche, Riffault, Girault, Pilet. Ces 13 vicaires épiscopaux étaient nommés le 30 juin 1791, les 7 autres le furent depuis : Vaugeois, Chappotin, Répécaud, Plassiard, Nusse, Rochejean et Chabot. — Voici le jugement de Grégoire lui-même sur ces conseils épiscopaux : « organisation mal assortie au gouvernement de l'Église, et que nous abandonnons au burin de l'histoire. » — 2º *Encycl.*, 5e édit. (1795), p. 85.

pareille marque de confiance ; il devint le conseiller
discret et l'ami de son ancien compétiteur, et il agit
toujours, de 1791 à 1802, avec un désintéressement
et un zèle religieux vraiment admirables. Autour de
Dupont vinrent bientôt se ranger les prêtres que la
voix publique désignait à Grégoire comme les membres les plus éclairés et les plus vertueux du clergé
patriote. Les uns continuèrent de mériter l'estime
générale et furent jusqu'à la fin les auxiliaires dévoués de leur évêque ; nous retrouverons dans la suite
de ces études les noms de Boucher, de Vallon, de
Besson, de Riffault, etc. ; mais d'autres ne tardèrent
pas à jeter le masque de ferveur hypocrite dont ils
avaient dû se couvrir pour tromper Grégoire, et l'on
vit un Rochejean, un Plassiard, un Chappotin, un
Chabot, un Nusse et un Tolin donner l'exemple des
plus abominables scandales. Quelques-uns de ces
derniers appartenaient avant la Révolution au diocèse de Blois ; mais les autres, surtout Chabot, Nusse
et Rochejean, étaient des étrangers qui avaient littéralement enjôlé Grégoire. Le capucin Chabot lui avait
écrit de Rodez, vers le milieu de l'année 1790, deux
lettres sur le patois de l'Aveyron [1], et cet affreux scélérat s'était si bien donné l'air d'un martyr, il avait
parlé d'une manière si touchante de sa pauvre vieille
mère et de sa sœur, que le nouvel évêque de Blois,
trompé d'ailleurs par des certificats mensongers, n'hésita pas à le tirer de la misère et à le nommer vicaire
épiscopal. Il vit bientôt quel homme était ce prétendu
martyr ; mais Chabot ne fit heureusement que passer

---

1. Voy. *Lettres à Grégoire sur les patois de France*. Paris, Pedone-Lauriel, 1 vol. in-8°. Paris, 1880, p. 51.

dans le diocèse de Grégoire : sa nomination est postérieure au 1ᵉʳ juillet 1791, et trois mois après, c'est-à-dire le 1ᵉʳ octobre, il quittait Blois pour aller siéger à la Législative et ensuite à la Convention. On verra bientôt un autre de ces vicaires épiscopaux, le curé Tolin, susciter à son évêque de grands embarras et se poser en réformateur du clergé constitutionnel, sauf à se marier peu de temps après. Quant à Rochejean, il s'était insinué de la même manière que Chabot dans les bonnes grâces de Grégoire : lui aussi avait, en 1790, écrit une fort belle lettre relative aux patois de France [1], et ses protestations hypocrites le firent nommer l'année suivante supérieur du grand séminaire de Blois. Il apostasia en 1793 et devint un des terroristes les plus redoutés du département.

Ce séminaire, dont le supérieur était si mal choisi, faisait pourtant l'objet des plus sérieuses méditations de Grégoire, qui croyait au triomphe prochain de la Constitution nouvelle et voulait lui assurer pour l'avenir des prêtres aussi éclairés que vertueux. Mais là encore il rencontrait de grandes difficultés : le séminaire était vide ! Sulpiciens pour la plupart, les directeurs avaient refusé le serment, et Thémines, après avoir en toute hâte ordonné les plus anciens clercs, avait rendu tous les autres à leurs familles. Grégoire entreprit de reconstituer ce séminaire sur de nouvelles bases ; le 7 juillet 1791, il adressa à ses diocésains une lettre circulaire qui est très importante pour l'histoire ecclésiastique de la Révolution, car elle fait voir quelles étaient les vues des constitutionnels sur la rénovation du clergé français. « Il

---

[1]. *Lettres à Grégoire sur les patois.* — Paris, 1880, p. 212.

« faut, disait Grégoire, léguer à la génération sui-
« vante des hommes destinés à perpétuer l'enseigne-
« ment des vérités saintes et l'exemple des vertus
« chrétiennes. » Il invitait donc à venir au plus tôt,
quoique l'année scolaire fût très avancée, « les élèves
« qui, unissant aux vertus les connaissances préli-
« minaires à la théologie, désireraient se consacrer
« au saint ministère », et il leur promettait d'introduire, mais « graduellement, les réformes qu'exige
« l'enseignement scolastique, en général très vicieux,
« et qui a fait une très grande plaie à l'Eglise ». Il
prévoyait que les « ennemis de la Révolution, les
« gens à préjugés », allaient crier à l'innovation,
mais il se flattait de leur imposer bientôt silence,
car on verrait les élèves de son séminaire, « instruits
« à l'école même de la divinité, puiser dans les saintes
« Ecritures et suivre la chaîne de la tradition sainte
« dans les ouvrages des Pères », tandis que lui et
ses coopérateurs annonceraient toujours les mêmes
dogmes, prêcheraient la même morale, administre-
raient les mêmes sacrements. « Inviolablement atta-
« chés à l'Eglise catholique, apostolique et romaine,
« disait-il à ce propos, nous saurons également et res-
« pecter son chef, comme centre d'unité, et repousser
« des assertions ultramontaines que la religion désa-
« voue et qui blessent les droits imprescriptibles
« et souverains des nations. » Grégoire pressentait
bien que le nombre de ses jeunes séminaristes ne
serait pas considérable; mais cet homme de foi ne
composait pas avec les principes, et il avait soin de
décourager par avance les ambitieux ou les hypocrites qui prétendraient se pousser dans le nouveau
clergé. « La rareté des prêtres, disait-il, n'autorisera

« jamais à élever au sacerdoce des hommes dont la
« conduite contrasterait avec la sainteté de leur état ;
« plutôt laisser les peuples sans pasteurs que de les
« livrer à des mains perverses ou à des hommes indif-
« férents sur le salut des âmes ! On sait qu'un mau-
« vais prêtre peut en très peu de temps causer plus
« de désordre qu'un bon n'en peut réparer dans une
« longue suite d'années : je sens d'ailleurs qu'une
« responsabilité terrible pèserait sur ma tête, si je
« n'étendais ma surveillance sur ceux qui, *destinés*
« *aux premières et plus importantes fonctions de la so-*
« *ciété* [1], sont l'espoir du diocèse, et sur qui reposent
« les mœurs et, par une suite nécessaire, le bonheur
« d'un peuple entier... Les mœurs d'un prêtre doivent
« avoir une austérité républicaine, une pureté évan-
« gélique [2]. »

Tel était le programme que Grégoire et les constitutionnels vertueux se proposaient de suivre ; ne
pourrait-on pas croire, si l'on trouvait ce document
sans date et sans indication d'auteur, qu'il est bien
antérieur à la Révolution française, et qu'il émane
d'un Colbert, évêque de Montpellier, ou de quelque
autre vertueux prélat de l'ancienne Église gallicane ?

Le séminaire de Blois s'ouvrit donc en 1791, sous
la direction de Rochejean, qui avait un talent réel et
qui, se sentant surveillé de près par son évêque, ne
jugea pas à propos de lever le masque. Cet hypocrite
se montra sous son vrai jour à la fin de l'année suivante, et Grégoire s'empressa de confier à un ecclésiastique vénérable, nommé Pioche, les jeunes clercs

---

1. *Constit. civ. du clergé*, tit. III, art. 1 (note de Grégoire).
2. *Lettre circulaire de M. Grégoire à ses diocésains, pour la convocation des élèves au séminaire de Blois*, imp., 4 pages in-8°, 1791.

qui étaient entrés au séminaire. Ils n'étaient pas nombreux, sans doute, mais c'était un demi-succès d'en avoir pu recruter quelques-uns. Grégoire eut la satisfaction d'ordonner un petit nombre de prêtres au commencement de mars 1792; au mois de décembre de la même année, les ordinants de Blois durent se rendre à Orléans ou à Tours, parce que leur évêque était en Savoie. Mais là s'arrête l'histoire du séminaire; la Convention refusa dès les premiers jours de 1793 d'allouer des subsides aux établissements de ce genre, et les jeunes séminaristes du Loir-et-Cher prirent un parti qui leur fait honneur : ils s'engagèrent tous et coururent aux frontières [1].

Non content d'organiser son diocèse en cherchant à lui assurer des prêtres pour le présent et pour l'avenir, Grégoire avait à cœur de le parcourir en entier, ce que son prédécesseur n'avait jamais fait, et d'en visiter successivement jusqu'aux moindres bourgades. C'était un excellent moyen de propagande, car le libéralisme et l'affabilité du nouvel évêque ne pouvaient manquer de lui attirer bien des sympathies; cependant Grégoire se proposait de donner à cette « visite » un caractère exclusivement religieux. Il voulait connaître par lui-même les besoins du diocèse, il voulait surtout administrer aux paysans ce sacrement de confirmation dont il n'était guère question que dans les catéchismes. C'était un dicton po-

---

1. *Lettres ms. de différents ecclésiastiques à Grégoire* (26 février 1792; 27 janvier 1793). — Les citoyens Coupé et Feuillâtre furent ordonnés prêtres; Templier et Mourioux furent élevés au diaconat. Feuillâtre se rétracta dans la suite, mais les insermentés le relevèrent de toutes les irrégularités sans aucune épreuve. — *Lettre ms. du curé de Chemery,* du 9 août 1795.

5.

pulaire que la négligence des évêques avait réduit les sept sacrements à six, et M. de Thémines était resté plus de douze ans dans le petit diocèse de Blois sans confirmer les gens de la campagne. Il est vrai de dire qu'il se dédommagea en février 1791, lors de l'élection de Grégoire, et qu'il confirma précipitamment « quiconque promettait de détester ces lois sa-
« lutaires qui ont foudroyé tant d'abus [1] ». Grégoire adressa donc à ses diocésains, le 25 février 1792, une lettre pastorale sur la confirmation. « Le cœur me
« presse, disait-il, de visiter ma nouvelle famille, à
« laquelle plusieurs fois, cependant, j'ai déjà fait
« entendre ma voix. Vous n'imputerez point à négli-
« gence le retard involontaire qui a jusqu'à ce jour
« enchaîné mes désirs. Aux travaux pénibles qui,
« dans l'Assemblée constituante, dévoraient mes
« moments, ont succédé les occupations non moins
« étendues, non moins épineuses du ministère évan-
« gélique, et des détails d'administration civile ont
« encore grossi mon fardeau. A l'exemple de l'apôtre
« des Gentils, j'ai dû me faire tout à tous, annoncer
« la parole du salut, organiser mon clergé, pourvoir
« aux besoins des paroisses, nous préparer des suc-
« cesseurs lorsque la mort nous aura moissonnés,
« assembler les éléments d'un plan qui, concerté avec
« les pasteurs, puisse cimenter l'union entre eux et
« leurs ouailles, ramener à l'uniformité les usages
« d'un diocèse auquel sont annexées des sections de
« cinq autres diocèses; et par un enchaînement de
« principes, donner une impulsion générale et simul-

---

1. *Lettre pastorale de Grégoire sur la confirmation*, 10 pages in-4°, p. 6.

« tanée, éclairer les peuples, épurer les mœurs et
« faire fleurir la religion. Bientôt enfin il me sera
« permis de céder à ma tendresse impatiente... »

Tout ce que Grégoire disait là de ses travaux ecclésiastiques depuis le mois de septembre 1791 était rigoureusement vrai, et l'on a peine à comprendre qu'un homme ait pu résister à tant de fatigues. Heureux du peu de bien qu'il croyait avoir déjà fait, il se proposait d'en faire encore davantage, et il voulait donner promptement la confirmation aux 80 000 personnes qui « attendaient les dons du Saint-Esprit ». Il jugeait avec raison que ce sacrement n'avait jamais été « plus nécessaire que dans la circonstance ac-
« tuelle, lorsque des hommes trompés ou trompeurs
« ne cessent de calomnier une Révolution dont les
« principes reposent sur le droit immuable de la na-
« ture et sur les pages de l'Évangile ; quand, au mi-
« lieu d'abus détruits et à détruire, ils alarment la
« piété timide et veulent lui persuader que ce qui
« flétrissait la beauté de l'Église fait partie de son
« existence ; quand ils crient à l'hérésie, tandis qu'on
« les défie de montrer un mot changé dans les livres
« qui sont entre vos mains, dans les dogmes que
« nous vous enseignons, dans la morale que nous
« vous prêchons ; quand ils crient au schisme, tandis
« que, toujours enfants soumis de l'Église catholique,
« apostolique et romaine, vous êtes unis au siège de
« saint Pierre, au centre d'unité, au pape, qui ne
« peut vous déclarer schismatiques, puisque vous le
« reconnaissez pour le chef visible de l'Église. Qu'ils
« sont coupables ceux qui, obsédant le cœur paternel
« d'un pontife vertueux, au lieu de rappeler à Pie VI
« sa conduite admirable envers Joseph II, lorsque

84 HISTOIRE RELIGIEUSE DE LA RÉVOLUTION FRANÇAISE

« cet empereur réforma le clergé de ses États et
« traça des démarcations nouvelles, empêchent le
« Père commun des fidèles de faire pour une grande
« nation ce qu'il a fait pour le délégué d'une nation.
« Si la Providence me conserve quelques années
« parmi vous, je visiterai toutes les paroisses de mon
« diocèse ; mais de votre côté les travaux champêtres,
« et du mien les autres occupations de l'épiscopat
« exigent des suspensions dans mes visites, vu sur-
« tout que je me propose d'étendre mes soins à tous
« les détails de l'éducation chrétienne et de l'admi-
« nistration spirituelle.

« Si je différais donc la confirmation pour chaque
« paroisse au temps où je pourrai m'y transporter, il
« en résulterait que beaucoup de personnes ne rece-
« vraient cette grâce qu'à une époque trop éloignée,
« ou mourraient sans l'avoir reçue ; il convient donc
« que plusieurs paroisses, formant un arrondisse-
« ment, se réunissent dans une église qui, par la
« capacité du vaisseau et la position centrale, offrira
« plus de facilité à ceux qui devront s'y rendre ; le
« choix du local sera concerté entre MM. les curés, à
« la prudence desquels je me réfère [1]... »

Grégoire se mit donc en route, après avoir recommandé aux confesseurs de se montrer sévères [2], et

---

1. *Lettre pastorale*, p. 3.
2. *Ibid.*, p. 7 : « Ce serait une grande erreur d'imaginer que la proximité de l'époque où l'évêque imposera les mains doit rendre les confesseurs moins sévères sur les dispositions intérieures des pénitents ; le changement d'un cœur qui a vécu dans l'habitude du péché doit être constaté par de longues épreuves et une continuité d'actions vertueuses. La sainte austérité de l'Évangile réclamera toujours contre les prétextes du relâchement et les illusions de la tiédeur. La religion repousse

défendu aux curés de paroisses de le conduire sous le dais, comme l'on faisait pour ses prédécesseurs, parce que, disait-il, « les mœurs simples de M. l'évêque « répugnent à ce qu'on fasse pour lui la moindre dé- « pense..., et l'usage du dais doit être réservé aux « processions du Saint-Sacrement [1] ». Il parcourut le district de Blois pendant le carême de 1792, celui de Romorantin après Pâques, et ensuite ceux de Saint-Aignan, de Vendôme, de Mondoubleau et de Mer. 40 000 personnes furent confirmées pendant cette visite, mais la santé de l'évêque reçut une cruelle atteinte, et il contracta durant ce voyage des infirmités qu'il devait porter jusqu'au tombeau [2].

Mais si Grégoire éprouvait quelques consolations quand il visitait son diocèse et se montrait aux habitants des campagnes, il n'en était pas de même à Blois, où nous le voyons aux prises avec des difficultés sans cesse renaissantes. C'étaient tantôt des contre-révolutionnaires, tantôt des assermentés brouillons ou pervers, tantôt enfin l'Assemblée législative elle-même, qui suscitaient des troubles et contraignaient le nouvel évêque à rester perpétuellement sur la brèche. En effet, les partisans de l'ancien régime et les adeptes de M. de Thémines s'agitaient dans tout le département; ils faisaient appel sans scrupule aux mauvais instincts des masses et excitaient les contribuables à se refuser au payement

---

les ivrognes, les orgueilleux, les voleurs, les impudiques, tous ceux dont la vie n'est qu'une alternative de chutes, de confessions et de rechutes, etc. » C'est la pure doctrine de Port-Royal.

1. *Observations à MM. les curés...*, 2 pages in-4°.
2. *Mémoires*, II, 25. Il s'agit probablement d'une bronchite chronique ou d'une laryngite.

de l'impôt. Grégoire dut intervenir, et il publia, le 1er février 1792, une *lettre pastorale... sur le payement des contributions publiques* [1]. Mais ce n'est pas avec des mandements que l'on contient les passions politiques, et le directoire du département se crut obligé, quinze jours plus tard, de recourir aux grandes mesures. Après avoir constaté que les ci-devant nobles et des membres de l'ancien clergé travaillaient le peuple, « surtout en empêchant de payer l'impôt », les membres du directoire se concertèrent pour « veiller à ce que les insermentés ne fussent pas « maltraités ; — pour les contraindre à demeurer au « chef-lieu du département et les y faire conduire « s'ils ne venaient pas ; — pour les autoriser à dire « la messe dans les paroisses, en prenant le consen-« tement du curé constitutionnel, *qui ne pourra pas* « *le refuser* [2] ». Grégoire n'a pas signé ce document, émané du conseil général dont il était président, et l'on comprend sa réserve en pareille circonstance : bien qu'il eût fait passer le premier et le dernier ar-

---

[1]. 15 pages in-4°. C'est un écrit fort sensé où je ne vois guère à blâmer qu'une phrase : « Sous l'ancien régime, l'impôt s'écoulait dans le sein des prostituées de la cour... » Grégoire établissait dans cette lettre qu'avant 1789 un particulier ayant 600 livres de revenus payait au moins 141 livres d'impôts, au lieu qu'en 1792 il n'avait à payer que 102 liv. au maximum. Voici la fin de cette lettre : « Chargé de vous conduire dans la route du salut, de travailler à ma sanctification en m'occupant de la vôtre, je vous parlerai toujours le langage austère de la religion et le langage fier de la liberté, les seuls qui conviennent à des chrétiens et à des Français. »

[2]. Extrait du registre des délibérations du directoire de Loir-et-Cher, 15 février 1702, 0 pages in-4°. Le directoire agissait ainsi en vertu d'un décret rendu le 29 novembre par l'Assemblée législative, décret que Louis XVI avait frappé de nullité par son veto.

ticle de cet arrêté pour atténuer le second, il ne pouvait prendre l'initiative de ces mesures violentes contre des ecclésiastiques. Il eût sans doute signé volontiers un autre arrêté de ce même directoire reconnaissant, le 28 mars, que les circonstances étaient changées par le départ ou par le silence des prêtres séditieux, et déclarant que, pour éviter le reproche d'injustice et d'intolérance qui pourrait lui être fait par les ennemis du bien public, il rapportait son arrêté du 15 février, et permettait aux insermentés de dire la messe où bon leur semblerait [1].

Grégoire était alors occupé à visiter son diocèse et à confirmer les paysans; c'est au cours de cette visite qu'il eut le déplaisir de constater l'hypocrisie et la méchanceté de quelques-uns de ses vicaires épiscopaux. Ceux-ci profitèrent de son absence pour se donner libre carrière, et l'un d'entre eux, nommé Tolin, ancien curé du diocèse de Blois et zélé partisan de la Constitution civile en 1790, fit imprimer à Paris un volumineux pamphlet contre les évêques constitutionnels [2]. Tolin plaidait ouvertement la cause des prêtres contre les évêques; il demandait la suppression des mitres, crosses, anneaux et autres insignes de l'épiscopat « que personne assurément ne « respectait plus que lui »; il voulait en un mot réduire les évêques à n'être que des curés de cathé-

---

1. Extrait du registre..., 6 pages in-4º.
2. *Grande réforme à faire dans le clergé constitutionnel.* Paris, imprimerie du Postillon. 62 pages in-4º. Grégoire dit que ce pamphlet fut enfanté par la tête tout à coup exaltée de Tolin. — *Hist. du mariage des prêtres*, p. 65. Tolin avait écrit à Grégoire le 20 février 1791 une lettre amphigourique dans laquelle il protestait de sa soumission, de son respect et de sa vénération.

drales, présidant l'assemblée des prêtres, mais subissant comme tout le monde la loi des majorités. C'était du presbytérianisme tout pur, et pour ne pas s'arrêter en si beau chemin, l'auteur de la *Grande réforme* finissait par réclamer le mariage des prêtres, en déclarant, lui qui prit femme l'année suivante, « qu'il
« avait toujours incliné pour le célibat, qu'il y tien-
« drait, et que personne n'avait le droit de contrarier
« cette disposition forte de son caractère [1] ». Ce factum du vicaire épiscopal de Blois ne visait pas d'une manière particulière le diocèse du Loir-et-Cher ; Grégoire y était même appelé avec emphase « ce pre-
« mier héros de liberté, cet ami des hommes, ce zélé
« défenseur de la religion, cet observateur sévère de
« sa doctrine et de sa morale [2] » ; mais c'étaient là des précautions hypocrites auxquelles personne ne se laissa prendre. En effet Tolin commença par distribuer en tous lieux des exemplaires de sa brochure ; il n'hésita pas, le vendredi 2 mars, à en faire hommage au conseil épiscopal de Blois, présidé par Dupont « en l'absence de M. l'évêque, occupé à la visite
« du diocèse », et il offrit d'en faire lui-même la lecture. Le dimanche suivant, aux deux messes paroissiales de la cathédrale, il le récita pour ainsi dire en chaire, au grand scandale des assistants ; enfin, pour couronner l'œuvre, il entreprit de le lire à la Société des Amis de la Constitution. Mais les clubistes de Blois, bien différents des Jacobins de Paris, qui applaudirent cette plate rapsodie, firent éclater leur indignation ; ils ne permirent pas qu'on lût cette dia-

1. Page 46.
2. Page 31.

tribe jusqu'au bout; ils chassèrent de leur sein et Tolin et un autre vicaire épiscopal, appelé Nusse, qui osait le défendre.

Cette affaire menaçait de prendre les proportions d'un événement, comme il arrive souvent en province; et l'opinion publique, très favorable à Grégoire et à ses coopérateurs, se prononçait vivement contre Nusse et Tolin; le conseil épiscopal se trouva donc obligé de prendre parti pour ou contre son évêque, il se réunit extraordinairement le vendredi 9 mars, et fit une déclaration motivée dont voici les principaux articles :

« 1° C'est à l'insu du conseil que les discours et
« ouvrage ont été composés et publiés. — 2° Le con-
« seil les improuve hautement, comme contenant des
« imputations calomnieuses au clergé constitutionnel
« et des principes éversifs de la subordination hiérar-
« chique... — 4° L'auteur sera repris au nom du con-
« seil... — 5° Le conseil, reconnaissant avec tous les
« catholiques les droits sacrés et inaliénables de
« l'épiscopat, proteste qu'il y demeure inviolablement
« attaché, ainsi qu'aux rites et usages prescrits par
« l'Église. — 6° Douloureusement affecté du soupçon
« injurieux d'une désunion chimérique qu'on voudrait
« réaliser, il s'empresse de démentir tous les bruits
« qui ont été répandus à cet égard, et il présente
« avec confiance comme un modèle de l'union la plus
« parfaite celle qui règne entre ses membres. —
« 7° Profondément indigné de la noirceur avec la-
« quelle des calomniateurs ont osé supposer que le
« conseil avait dessein de s'élever orgueilleusement
« contre son chef, il se hâte d'assurer de nouveau ce
« vertueux prélat de toute sa déférence pour son ca-

« ractère, de l'attachement le plus sincère pour sa
« personne, et de la vénération la plus profonde
« pour ses vertus. — 8° Enfin, pour détruire autant
« qu'il est en lui l'impression fâcheuse qu'a faite ici
« et que pourrait faire ailleurs contre le conseil épi-
« scopal de Loir-et-Cher la publicité de l'ouvrage sus-
« mentionné, le conseil arrête qu'extrait de ses déli-
« bérations de cejourd'hui sera imprimé au nombre
« de mille exemplaires, lu au prône des deux messes
« paroissiales de l'église cathédrale dimanche pro-
« chain, envoyé aux corps administratifs et aux di-
« verses sociétés de cette ville, à MM. les curés de ce
« département, et à tous les conseils épiscopaux de
« l'empire [1]. »

Une déclaration si franche ne pouvait manquer de
produire des effets salutaires; l'immense majorité
des habitants du Loir-et-Cher se déclara contre les
novateurs, et ces derniers durent se soumettre; mais
Nusse ne put résister à la tentation de faire une
espièglerie. Les vicaires épiscopaux de Tours s'étaient
empressés de féliciter par écrit le conseil épiscopal
de Blois; Nusse leur adressa une lettre de compli-
ments ironiques où apparaissent dans tout leur jour
l'esprit malicieux et le talent très réel de ce triste
personnage [2]. Grégoire et son conseil furent assez
habiles pour paraître ignorer cette nouvelle impertinence, et l'affaire n'eut pas de suites. Les vicaires cen-
surés reprirent leur place au conseil épiscopal et au
club; Nusse répara même sa faute en prononçant,

---

1. *Extrait du registre des délibérations du conseil épiscopal de Loir-et-Cher*, 8 pages in-4°.
2. *Lettre à MM. du conseil épiscopal de Tours*, imprimée, 16 pages in-8°.

lors du service funèbre de Simonneau, maire d'Etampes, un très remarquable discours sur la soumission à la loi [1]; et le clergé de Blois cessa d'offrir le scandale d'une division qui réjouissait déjà ses ennemis.

Cependant la Révolution précipitait sa marche, et l'Assemblée législative, plus jeune, plus âpre à la lutte et beaucoup plus hostile au christianisme que ne l'avait été la Constituante, commettait la faute impardonnable de prendre parti dans les querelles religieuses du temps. Au lieu de proclamer hautement le grand principe de la liberté de conscience, et d'assurer à tous les citoyens paisibles le droit de prier à leur manière, l'Assemblée législative entra dans la voie toujours si fâcheuse des tracasseries et des persécutions. Elle commença par s'attaquer aux insermentés, dont un grand nombre correspondaient avec les émigrés et travaillaient de toutes leurs forces au triomphe de la contre-révolution. Elle décréta, le 29 novembre, que tous les ecclésiastiques réfractaires seraient privés de leurs traitements et pensions, mesure inique si jamais il en fut, puisque ces traitements et pensions étaient la rente du capital ravi naguère au clergé; puis elle supprima toutes les congrégations respectées par la Constituante, telles que les doctrinaires, les hospitalières, etc. (6 avril 1792), et le même jour, sur la proposition d'un ancien prédicateur du roi, devenu évêque constitutionnel de

---

1. En juin 1792 (31 pages in-4°), Grégoire en fit un sur le même sujet, mais beaucoup plus déclamatoire et moins bien composé; Grégoire n'y attaquait point Louis XVI, qu'il se contentait d'appeler « le premier délégué de la nation »; il parlait aussi avec ironie de ce « comité autrichien qui n'existe pas ». — 22 pages in-4°.

Bourges, du fameux Anastase Torné, elle prohiba le costume ecclésiastique. Le 27 mai suivant, elle autorisa les directoires des départements à déporter tout prêtre que vingt citoyens actifs auraient dénoncé comme perturbateur ; et enfin, quinze jours à peine après la suspension du roi, elle promulgua une loi qui bannissait de France tout ecclésiastique insermenté. On sait quelles furent à Paris les conséquences de ces divers décrets : Louis XVI refusa de sanctionner ceux du 29 novembre et du 27 mai, il leur opposa son *veto*, et l'on n'ignore pas que la haine du peuple contre celui qu'il appelait *Veto* amena les désastreuses journées du 20 juin et du 10 août, sitôt suivies par les journées de septembre.

La situation n'était pas moins grave dans les provinces, où l'antagonisme des assermentés et des insermentés amenait chaque jour de nouveaux conflits ; il faut avouer pourtant qu'à ce point de vue le département de Loir-et-Cher fut l'un des moins éprouvés de France, et cela grâce à Henri Grégoire. Il s'était fait aimer des bourgeois et du peuple qui, ne sachant pas au juste en quoi pouvait consister la prétendue hétérodoxie des constitutionnels, préféraient la grand'messe chantée comme autrefois dans l'église paroissiale aux petites messes des aristocrates ; il sut profiter de cette heureuse disposition des masses pour leur faire pratiquer la tolérance, l'une des vertus qui lui étaient les plus chères [1].

1. L'article VII de l'arrêté du directoire du département de Loir-et-Cher, arrêté dont Grégoire fut certainement l'inspirateur, est ainsi conçu : « Les curés, vicaires et desservants assermentés, apôtres tout à la fois de la religion et de la constitution, sont invités à seconder, par leur zèle et leur tolérance,

Aussi voyons-nous qu'en 1792, et même jusqu'au mois de novembre 1793, la paix religieuse ne fut point troublée dans le département de Loir-et-Cher : le degré d'effervescence y était encore « supportable », comme disait en 1790 l'ancien évêque Thémines.

D'ailleurs les constitutionnels étaient trop inquiets sur leur propre destinée pour songer à persécuter leurs frères séparés. Ce n'était plus seulement aux insermentés, c'était aux prêtres en général que la Révolution s'attaquait, et les Girondins se déchaînèrent alors contre le catholicisme avec une extrême violence; ils donnèrent au monde, comme dit M. de Pressensé, « le honteux spectacle de voltairiens persécuteurs ». La Législative commença par encourager le mariage des prêtres, puis elle défendit aux ecclésiastiques et aux religieuses de porter un habit particulier [1]; enfin elle jeta le trouble dans les nouveaux

---

les moyens que l'administration emploie pour le maintien de l'ordre et de la paix. » P. 5.

1.   ... A vos décrets toujours soumis,
    Je vais quitter ma robe hospitalière,
      En vous disant : Soyez bénis,
    Si vous n'avez plus de mal à me faire!
    (*Adieux à ma soutane*, par Chappotin; *Journal du Loir-et-Cher*, 20 *avril* 1792.)

Le conventionnel Robert Lindet, évêque marié, répondait en ces termes à un curé de Caen qui avait la naïveté de le consulter au sujet du costume ecclésiastique : «... Jusque-là le « costume ecclésiastique n'a pas rendu en vous la vertu sus- « pecte. Mais il pourrait arriver que quelqu'un ne vous con- « naissant pas trouvât à redire en vous voyant toujours re- « vêtu des habits ecclésiastiques... Je trouve dans votre lettre « la réponse que je dois vous faire : la redingote que vous « vous proposez de porter sera un habit commode pour vous, « et qui ne donnera lieu à aucune observation. » — Lettre autographe (17 décembre 1793).

diocèses par ses lois sur l'état civil et sur le divorce [1].

Il était assurément très naturel et très sage de faire constater par l'autorité les naissances, les mariages, les décès, voire les divorces; mais pourquoi le prendre de si haut avec un clergé patriote que l'on savait animé des meilleures intentions, et qui d'ailleurs, depuis deux cent cinquante ans, tenait les registres de l'état civil ? Pourquoi faire en sorte que, trois mois après la promulgation du décret de septembre, les assermentés ne savaient comment s'y prendre, je ne dis pas pour administrer le sacrement de mariage, mais pour donner la bénédiction nuptiale ? C'est que le caractère antichrétien du gouvernement révolutionnaire se prononçait de plus en plus. Les chefs du mouvement, et Mirabeau tout le premier, avaient cru porter une atteinte mortelle au catholicisme en décrétant la Constitution civile qu'eux-mêmes ne jugeaient point viable; mais la soumission des assermentés aux lois nouvelles déjouait leurs projets, et la Législative commençait à confondre les deux clergés dans une même haine quand elle fit place à la Convention, le 21 septembre 1792.

1. Décret du 20 septembre 1792.

CHAPITRE III

PERSÉCUTIONS RELIGIEUSES; LA TERREUR A BLOIS
(1792—1795)

Les journées du 20 juin et du 10 août avaient porté les derniers coups à la monarchie, et personne en France n'ignorait que la nouvelle assemblée serait exclusivement républicaine. Le département de Loir-et-Cher nomma, comme tous les autres, des représentants déterminés à ne point rétablir Louis XVI; mais aussi, comme presque tous les autres, il montra que les Girondins avaient ses sympathies [1]. Grégoire fut élu, c'est lui-même qui nous l'apprend dans ses

---

1. Ce fait ressort avec évidence d'un document assez curieux relatif aux lois sur l'état civil et composé en octobre 1792 par ordre des trois corps administratifs du département de Loir-et-Cher, du district et de la commune de Blois. Les modèles d'actes de naissance, de mariage, de décès et de divorce sont rédigés de la manière suivante; au lieu de dire « est comparu devant nous N, etc., » on a mis : « est comparu devant nous *Samuel Custine... Claude Buzot... Claude Lasource... Jérôme Pétion... Honoré Garrat* (sic)... *Gabriel Gensonné... Etienne Vergniaux* (sic)... *Joseph Condorcet... Dominique Kersaint... Georges Cambon... Sulpice Dumourier* (sic). » — On donnait aux nouveau-nés le prénom de *Pétion*.

Mémoires [1], par le vœu unanime du corps électoral qu'il présidait à Vendôme, et l'on ne saurait dire que, par son républicanisme exalté, manifesté comme l'on sait dès la première séance de la Convention, il ait trompé l'attente de ses commettants. Le discours à jamais regrettable qu'il prononça le 21 septembre, il l'avait déjà prononcé dans la cathédrale de Blois, « en présence des corps administratifs, tribunaux, garde nationale et troupe de ligne, au service célébré pour les CITOYENS morts à Paris le 10 août 1792 ». On lit dans cette déclamation furibonde et tout à fait indigne d'un prêtre que « les princes sont communément en morale ce que les monstres sont en physique »; que « la classe d'hommes la plus immorale fut toujours celle des rois »; que « les cours seront à jamais l'antre du despotisme et la tanière du crime »; que « l'histoire n'est pas autre chose que le martyrologe des nations, etc. » Louis XV y est traité de minotaure et Louis XIV de scélérat; quant à Louis XVI, il est accusé d'empêcher la confection des armes, de laisser les remparts sans défense, sans munitions, d'envoyer des cartouches de cendre et de l'artillerie dont les boulets ne sont pas de calibre, etc. « A Dieu « ne plaise, s'écrie enfin l'orateur, que j'invoque « contre lui la vengeance terrible des peuples; il a « tant fait pour mériter nos mépris qu'il n'est plus de « place pour la haine [2] ! »

Ces paroles et bien d'autres encore [3] ont été pro-

1. I, 410.
2. Discours imprimé, 17 pages in-4°.
3. Il est question de l'Autrichienne dans ce discours, et j'y lis (p. 9) la phrase suivante : « Il est donc décidé que le sang des Français va ruisseler de nouveau, et actuellement elle peut

noncées par un honnête homme, aux applaudissements unanimes d'une population que l'on s'accorde à considérer comme très débonnaire, et rien peut-être ne montre mieux quel était l'état des esprits en 1792. Grégoire et ses auditeurs étaient convaincus que le malheureux Louis XVI trahissait la patrie, et la seule excuse que l'on puisse invoquer pour de pareilles déclamations, c'est en effet la parfaite bonne foi de leur auteur. « Ce sont des faits, s'écriait Grégoire ; « qu'il se lève celui qui oserait en démentir un seul ! » et personne ne songeait à contredire le tribun, car il y avait entre lui et ses nombreux auditeurs une entière conformité d'opinions, de sentiments et même de préjugés.

C'est dans ces conditions que Grégoire quitta de nouveau son diocèse, peu de temps après les affreux massacres de septembre, pour venir siéger à la Convention avec quinze autres prélats constitutionnels [1]. Il ne devait reparaître à Blois que bien longtemps après, à la fin de l'année 1796, mais un homme à principes comme lui ne pouvait pas abandonner ceux qu'il appelait ses enfants spirituels. Retenu à Paris par des considérations de premier ordre, et persuadé que sa présence en ce lieu était nécessaire pour le bien de la religion, il n'oubliait pourtant pas ses diocésains, et il leur écrivait le plus souvent possible des lettres que la tourmente de 1793 a emportées comme tant d'autres choses. Il administrait par cor-

---

s'en abreuver, celle qu'on dit avoir désiré de s'y baigner. » — Voilà pourtant ce que croyait un homme éclairé ; on peut juger par là des sentiments du peuple.

1. Il y avait seize évêques républicains à la Convention, voilà un fait qu'il ne faut pas oublier.

respondance, de concert avec son premier vicaire épiscopal, l'excellent Dupont, et il tâchait de résoudre à la satisfaction générale les difficultés de tout genre que suscitait la malveillance du gouvernement. Ainsi le 16 octobre 1792, Dupont posait à Grégoire les questions suivantes, dont l'importance n'échappera certainement à personne :

« Doit-on recevoir à l'église des parties qui se pré-
« sentent pour se marier avant d'avoir donné à la
« municipalité leur consentement mutuel? — Doit-on
« et peut-on obliger les parties ci-dessus à se rendre
« à l'église après avoir donné à la municipalité leur
« consentement mutuel, et ce sous peine de péché
« mortel? — N'y a-t-il rien à changer dans les formes
« prescrites par le rituel à l'égard des personnes qui
« se sont présentées à la municipalité et qui se pré-
« sentent à l'église? — Comment se conduira-t-on à
« l'égard des divorcés qui, s'étant remariés, se présen-
« teraient à l'église pour recevoir la bénédiction nup-
« tiale? — Doit-on, pour le for intérieur, exiger que
« les parties parentes aux degrés ci-devant prohibés
« prennent des dispenses? — Est-il important d'in-
« struire les fidèles par une lettre pastorale pour les
« prémunir contre les interprétations irréligieuses
« que les ennemis de la chose publique s'efforcent de
« répandre et d'accréditer? — Un curé qui serait
« nommé notable par ses concitoyens peut-il, sans
« se compromettre, accepter la place d'officier public
« et en exercer les fonctions à l'égard des divorcés
« qui se marieraient [1]? » La réponse à ces différentes

---

1. Lettre ms. de Dupont. Voici deux phrases de cette lettre : « Je vous observerai en mon particulier que plusieurs curés que j'ai vus paraissent affectés du décret sur le divorce, et que

questions se fit attendre longtemps, parce que Grégoire fut envoyé en Savoie du 4 décembre 1792 au 21 mai 1793, et le conseil épiscopal de Blois se trouva dans la nécessité d'agir seul, au moins d'une façon provisoire. Il fit imprimer, le 7 janvier, une circulaire relative aux actes de l'état civil, et cette circulaire, calquée exactement sur celle du conseil épiscopal du Loiret, est une nouvelle preuve de l'esprit de sagesse qui animait Dupont et ses confrères. « Notre ministère reste le même, disaient-ils en com-
« mençant, la loi n'interdit point aux fidèles la faculté
« de faire consacrer par les prières et les cérémonies
« de l'Eglise les naissances, les mariages et les décès ;
« seulement elle nécessite dans ces cérémonies des
« modifications qui n'apportent aucun changement
« essentiel [1]. » Les modifications ainsi introduites ne laissaient pas que d'être importantes, et l'on en jugera par les extraits suivants :

« Art. I. Il ne sera plus tenu de registre des nais-
« sances, mariages et sépultures. — Art. II. Les curés
« et desservants, dans toutes les églises paroissiales,
« tiendront, seulement sur le papier mort, une note
« des baptêmes... — Art. IV. Il sera à propos, surtout
« dans les campagnes, que le ministre du sacrement
« de baptême (après la cérémonie) demande à ceux

les malveillants répandent que la Convention va exiger que les prêtres sermentés fassent spécialement serment de maintenir ce décret. J'espère que vous voudrez bien prendre toutes ces observations en la plus haute considération, quoique je sois fondé à penser que la Convention ne voulant point se mêler du spirituel ne nous forcerait pas dans notre ministère, la loi civile ayant suffisamment pourvu à l'état civil des citoyens. » — On ne saurait parler plus sagement, et l'avenir s'est chargé de prouver que Dupont avait raison.

1. Circulaire imprimée, 7 pages in-4°.

« qui auront présenté l'enfant à l'église si la décla-
« tion de sa naissance a été faite à l'officier public;
« et dans le cas où elle ne l'aurait pas été, il les en-
« gagera à satisfaire à la loi sans délai. — Art. V.
« L'usage des fiançailles est aboli, et il ne sera plus
« fait dans les églises de publication de bans de ma-
« riage. — Art. VI. Il n'y a plus de temps prohibé
« pour la bénédiction nuptiale. — Art. VII. Nous ne
« reconnaissons désormais d'autres empêchements
« au mariage que ceux portés dans la loi du 20 sep-
« tembre 1792. Désirant néanmoins lever les scru-
« pules des fidèles qui conservent une pieuse vénéra-
« tion pour des formes anciennes qu'une autorité
« légitime vient d'abolir, nous accordons une dis-
« pense générale de tous les autres empêchements
« pour lesquels on s'est adressé à nous jusqu'à ce
« jour. — Art. VIII. La bénédiction nuptiale ne sera
« donnée qu'aux époux qui justifieront avoir con-
« tracté devant l'officier public. — Art. IX. On se
« conformera, pour la bénédiction nuptiale, à ce qui
« est marqué dans le rituel, et il n'y sera fait que les
« changements suivants : Dans l'exhortation, au lieu
« de ces mots : *le mariage que vous allez contracter*, le
« prêtre se servira de ceux-ci : *le mariage que vous
« avez contracté, et que nous allons consacrer par les
« prières et les cérémonies de l'Église;* après quoi il
« omettra de lire la formule : *nous vous déclarons,
« chrétiens,* et les deux suivantes, etc... — Art. X. Le
« prêtre ne fera aucune inhumation qu'après s'être
« assuré que le décès a été constaté par l'officier
« public [1]. »

1. On peut voir en lisant ces articles combien le clergé constitutionnel a contribué par ses actes à la rédaction du Con-

Grégoire était étranger à la rédaction de cette circulaire, publiée sous son nom pendant qu'il était en Savoie; mais il en approuva les principes dans une lettre, perdue malheureusement, qui parvint au conseil épiscopal de Blois le 19 janvier 1793. Le conseil répondit quelques jours plus tard, et il faut bien donner un extrait de sa réponse, car ces questions d'état civil, résolues dix ans avant le Concordat qui nous régit, ont une importance capitale :

«... Nous allons maintenant vous exposer les mo-
« tifs sur lesquels nous avons appuyé nos avis à nos
« confrères les curés de ce diocèse : 1º Sur la ques-
« tion de savoir si les parties contractant mariage
« seraient tenues de se présenter à la municipalité
« avant de venir à l'église, nous nous sommes décidés
« pour l'affirmative, vu que le contrat civil est la ma-
« tière du sacrement, et que leur consentement donné
« à l'église ne ferait qu'un contrat purement naturel,
« qui n'est pas celui qui est élevé à la dignité de sa-
« crement. Ainsi l'a estimé le conseil épiscopal du
« Loiret. 2º Sur la question de savoir si les parties
« contractant à la municipalité sont tenues sous
« peine de péché mortel de se présenter à la béné-
« diction nuptiale, nous regardons, comme vous,
« la question [comme] fort délicate à résoudre, en ce
« que les théologiens, divisés de sentiment sur la
« personne du ministre du sacrement, se réunissent

cordat et des articles organiques. La question du mariage pourrait seule présenter quelque difficulté; mais on sait que des canonistes sérieux ont admis que le ministre du *sacrement* de mariage pouvait être l'officier de l'état civil. Évidemment les chrétiennes qui épousaient des païens au Ier ou au IIe siècle de notre ère ne faisaient point bénir leur mariage : leurs maris ignoraient même qu'elles fussent chrétiennes.

« à dire que les deux sentiments peuvent être suivis
« en sûreté de conscience jusqu'à ce que l'Eglise ait
« prononcé. Ainsi le mépris de la bénédiction nup-
« tiale consacrée par les usages de l'Eglise doit être
« pour nous la pierre de touche, et nous pensons que
« nous devons nous en tenir à exhorter nos parois-
« siens à ne point négliger cette bénédiction, et à se
« mettre en état de grâce avant de contracter civile-
« ment. 3° Le changement dans les formes du rituel
« est commandé par la précession du contrat civil.
« Aussi au lieu de : *Prenez-vous pour votre épouse*,
« nous disons : *Avez-vous pris*, quoiqu'il n'y eût pas
« d'inconvénient à dire : *Prenez-vous*, car cette ques-
« tion n'exigerait que le renouvellement en face de
« l'Église d'un consentement légitimement donné à la
« municipalité. 4° Quant aux divorcés, nous parta-
« geons votre opinion, et nous n'avons pas cru de-
« voir pour l'instant traiter la question si nous de-
« vons les admettre à la bénédiction nuptiale, dans
« le cas où ils se présenteraient. Nous avons pour
« nous la loi civile, qui déclare ne point se mêler du
« spirituel. Vous êtes plus que nous à portée de con-
« naître quel esprit anime les législateurs, et nous
« attendrons volontiers le moment auquel vos occu-
« pations vous laisseront le loisir d'approfondir cette
« question.... 6° Nous pensons comme vous qu'un
« curé peut être officier public ; mais nous ne le con-
« seillerions pas, à raison de la contradiction morale
« et civile qu'il offrirait à des paroissiens qui jugent
« ordinairement de la qualité de l'action plutôt par
« l'action même que par son motif. 7° Quant à l'ar-
« ticle des dispenses, nous avons suivi littéralement
« et provisoirement l'exemple du conseil épiscopal

« du Loiret, les dispenses ayant trait au mariage et
« non à la bénédiction. D'ailleurs, par la circulaire,
« les curés nos confrères usant du pouvoir à eux dé-
« légué, *omnia sunt in tuto...* »

On peut juger par ce document, qui porte la signature de neuf vicaires épiscopaux, si le clergé constitutionnel de Blois s'était recruté uniquement parmi les prêtres que Thémines appelait l'égout des cloîtres et du sanctuaire. Le conseil de Grégoire, composé en majorité d'hommes convaincus, travaillait avec un désintéressement absolu au triomphe de ses idées religieuses. Il ne faisait point de politique, mais il acceptait sans discussion les lois civiles que publiait la Convention nationale, et il exhortait les populations à se soumettre religieusement aux autorités constituées. Aussi voyons-nous que la tranquillité ne cessa pas de régner dans le département de Loir-et-Cher jusqu'aux néfastes journées de novembre 1793. Il y eut un peu de « fermentation » dans ce département au commencement de décembre 1792, mais pour des motifs étrangers à la question religieuse [1]. L'exercice du culte constitutionnel n'était nullement entravé, et l'administration avait recours aux curés dans les circonstances difficiles. Ainsi, le 6 avril 1793, le conseil général exigeant de tous les fonctionnaires un certificat de civisme prit les dispositions suivantes :
« Les certificats ne seront accordés par les conseils généraux des communes qu'à des citoyens dont le patriotisme sera connu, et qu'après avoir fait afficher

---

1. On se plaignait que le beurre, les œufs, la chandelle, *et autres comestibles* (sic) fussent d'un prix trop élevé. — *Rapport de Villers, Longchamp et Couthon, commissaires de la Convention;* impr., 7 pages in-8º.

pendant trois jours à la porte de la maison commune *et publier à l'issue de la messe paroissiale* les noms des réclamants et la discussion entre les membres du conseil général de la commune [1]. » Trois mois plus tard, le 12 juillet, le conseil général arrêtait qu'une adresse du club de Blois aux autres clubs du département, — adresse assez raisonnable où l'on disait en propres termes : « Ici le fanatisme sera forcé de « se trouver en défaut; le libre exercice des cultes « est maintenu ; il n'a de bornes que la violation de « l'ordre public, » — serait lue par les curés constitutionnels pendant deux dimanches consécutifs aux prônes des messes paroissiales [2]. C'était un abus, car le conseil général n'avait pas le droit d'intimer ainsi des ordres aux curés ; mais il n'en ressort pas moins d'une manière évidente que les prêtres « soumis aux lois » exerçaient une grande influence sur l'esprit de leurs paroissiens.

Telle était la situation du diocèse de Blois lorsque la Terreur vint briser les autels et tuer ou disperser tous les ministres du culte. Déjà, au mois de février 1792, quelques énergumènes avaient introduit dans un arrêté du directoire une ou deux phrases sur « le joug de la superstition » et sur « les préjugés du fanatisme » ; mais l'attitude franchement libérale des prêtres constitutionnels avait arrêté ces premières

1. *Extrait du registre de l'assemblée administrative de Loir-et-Cher*, impr., 6 pages in-4°.
2. *Les amis de la liberté et de l'égalité de Blois à leurs frères du département de Loir-et-Cher*, 12 pages in-4°. Le conseil général invitait « tous les bons citoyens à dénoncer tous ceux des ministres du culte catholique qui, par insouciance ou autre motif, auraient négligé de leur faire au prône la lecture ci-devant ordonnée ».

attaques. En 1793, après la visite des conventionnels Tallien et Goupilleau, le directoire de Loir-et-Cher, surveillé par un comité spécial, invita le conseil épiscopal à supprimer la fête de saint Louis, roi de France et patron du diocèse [1]. Le conseil en référa sans plus tarder à l'évêque, et Grégoire parle dans ses Mémoires du cruel embarras que lui causa cette sommation déguisée. « J'avais le cœur dans un étau,
« dit-il, froissé entre la crainte d'atténuer le culte
« que l'Église rend aux saints, et la crainte d'attirer
« sur mon clergé l'orage d'une persécution atroce
« dont les symptômes s'étendaient déjà sur l'horizon
« de la France [2]. » Il essaya de se tirer d'embarras en séparant dans la personne de Louis IX le saint du roi, et il proposa, en désespoir de cause, de ne point « célébrer la fête d'un saint jadis roi avec cette
« pompe qui pourrait être encore un sujet de triom-
« phe pour les royalistes, et un talisman capable
« d'éblouir les simples... On pourrait alors, ajoutait-
« il, adopter pour patron saint Solême, dont les
« vertus ont édifié cette contrée ; et qui sans doute
« eût encore grossi le trésor de ses mérites, si, au
« lieu d'avoir des relations avec Clovis, il eût tâché
« d'ébranler le trône du despotisme. »

Mais ce n'étaient là que de timides essais ; à peine la Convention nationale eut-elle donné le signal des persécutions ouvertes en accueillant comme l'on sait

---

1. Le *Breve Blesence* pour l'année 1793, Paschâ occurrente 31 martii, indiquait pour le 25 août, 17ᵉ dim. après la Pentecôte : festum S. Ludovici Franc. Regis et Eccles. patroni. Annuale Min. — Ce bref avait pourtant été imprimé après le 21 septembre 1792, anno gallicanæ Reipublicæ primo.
2. *Mémoires*, II, p. 28.

les apostasies du 17 brumaire an II, qu'une poignée de scélérats se rua sur le département de Loir-et-Cher. La municipalité de 1792, suspecte de modérantisme, fut chassée par le conventionnel Guimberteau; la Société populaire de Blois, un club qui s'était permis de demander la suppression du club des Jacobins, fut complètement désorganisée et livrée sans défense à quelques misérables, comme l'hypocrite Rochejean, ancien vicaire épiscopal et ancien supérieur du séminaire, comme le sanguinaire Hésine, né, disait-il, de parents pauvres, obscurs, mais honnêtes, et qui, ayant lu de bonne heure Rousseau, en avait fait son idole [1]. Non content d'inviter toutes les sociétés populaires à « trainer dans leur propre fange tous les députés du Marais », et d'envoyer à la Convention une pétition où se trouve la phrase suivante : « Que
« fait dans une assemblée représentative un Leclerc
« qui, au lieu de faire oublier les intrigues de son
« élection et sa nullité personnelle par des opinions
« républicaines, a voté en conscience pour la conser-
« vation de Louis le Guillotiné [2] ? » le nouveau club voulut signaler son zèle en écrasant le « fanatisme ». Toutes les églises du département furent fermées en brumaire, mais non sans avoir été pillées au préalable; le culte de la Raison fut proclamé et célébré sans retard comme à Paris; enfin le club de Blois put écrire à la Convention : « La philosophie a fait des

---

1. « C'est dans ses écrits que j'ai puisé le germe du caractère républicain que j'ai développé depuis la Révolution. » — *Mémoire apologétique d'Hésine* (septembre 1794), impr., 26 pages in-4°.
2. Impr., 4 pages in-4°. Rochejean fut l'inspirateur de cette pétition, parce qu'il se flattait, comme suppléant à la Convention, de remplacer Leclerc. Il ne put y parvenir, parce qu'il était accusé de vol au séminaire de Blois.

« progrès jusque dans les campagnes. Les saints se
« lèvent en masse pour venir au secours de la patrie,
« les cloches se fondent en canons, les confession-
« naux se changent en guérites, et les croix en arbres
« de la liberté. Tout ce qui reste de la superstition
« va être détruit [1]... »

A la même époque, le comité révolutionnaire de Blois adressa à toutes les communes du département un manifeste religieux qui est trop important pour ne pas être reproduit en entier :

Liberté, Égalité, Raison, ou la Mort [2].

« Blois, le 15 frimaire, l'an IIe de la République française une et indivisible.

« Les églises viennent d'être fermées à Blois ; le peuple en masse s'y est porté dans l'enthousiasme de la raison [3] et a démoli les autels du fanatisme aux cris redoublés de *Vive la République!*

« Ne vouloir de mal à personne, faire du bien à tous, chérir sa patrie et les lois, voilà la religion à l'ordre du jour dans l'enceinte de la commune de Blois.

« Nous apprenons que cette mesure sert de prétexte aux malveillants pour agiter les esprits faibles dans les campagnes.

« On nous annonce des députations de quelques communes fanatisées qui viennent réclamer leurs prêtres et l'exercice de leur culte à leurs frais. Ci-

---

1. *Bulletin de la Convention*, n° 427. — La Convention, après avoir écouté la lecture de cette lettre, passa à l'ordre du jour *motivé sur la liberté des cultes, proclamée par la Constitution*, et ordonna l'insertion au Bulletin.
2. Impr., 2 pages in-4°.
3. *Note ms. :* C'est faux.

toyens, les administrations ne peuvent ôter ni donner des prêtres, elles n'en connaissent point ; elles ne protègent aucune espèce de culte en particulier, elles les envisagent tous du même œil ; le culte de la *Raison* est le seul qu'elles reconnaissent.

« Bons citoyens, que des hommes qui n'ont jamais cru en Dieu trompent par profession, égarent par intérêt, revenez de vos erreurs, restez au sein de vos foyers, adorez l'Être suprême, rendez hommage à la raison, pratiquez la religion des bonnes œuvres et respectez les lois : c'est à cela que se réduisent la morale de l'Évangile et la doctrine du sans-culotte Jésus, son auteur. Défiez-vous de ceux qui vous entretiennent dans vos préjugés ; leurs perfides conseils sont dictés par l'intérêt particulier.

« Respectez l'opinion de ceux qui ne veulent d'autres temples que ceux de la raison, ne proférez contre eux aucune injure, n'élevez aucun cri superstitieux. Tous les hommes doivent s'humilier devant la raison.

« Toute église où il sera prêché une autre morale que celle de l'Évangile sera fermée ; tout prêtre qui prononcera un discours fanatique sera incarcéré.

« Malheur aux *traîtres*, aux *intrigants* et aux *trompeurs* ; la guillotine est en permanence.

« Signé au registre : *Fouchard, Doublot* [1]*, Arnault, Moulin-Couteau, Bucheron-Cheron, Delêtre, Lemeignen, Toutan, Jouanneau père, Guillon, Doublet et Hésine.*

« Collationné : *Blin*, secrétaire. »

[1]. Doublot, l'un des signataires, était alors bourreau de Blois, et on assure que sur ces douze fonctionnaires le bourreau était le moins intraitable, et qu'il signait à regret les arrêts féroces de ses confrères. *Note ms.*

Mais toutes ces destructions ne se faisaient pas sans résistance, surtout dans les campagnes. Un certain nombre de curés constitutionnels continuaient à exercer leur culte [1], et d'autre part quelques hommes courageux faisaient couvrir de signatures, dans la ville même, une pétition pour obtenir la réouverture immédiate des églises. On envoya donc à Blois un des montagnards les plus farouches, le représentant Garnier (de Saintes), qui lança le 18 pluviôse an II (6 février 1794) une proclamation ridicule et odieuse [2] où se lisent entre autres les phrases que voici :

« Citoyens, jusqu'ici, dignes de la Révolution et de
« ses bienfaits, vous en avez défendu les droits et
« protégé la cause ; vous avez été connus pour les
« amis de la liberté. Cependant aujourd'hui, outra-
« geant la dignité de vous-mêmes, vous oubliez que
« vous êtes libres, et vous allez devenir fanatiques...
« Ce sont les religions et les prêtres qui ont ensan-
« glanté la terre, qui ont canonisé tous les crimes et
« amené tous les maux de la société... Le ciel a créé
« l'homme ; le crime a créé les prêtres. Leur lugubre
« morale est sinistre comme leurs vêtements et cri-
« minelle comme leurs âmes. L'homme vertueux les
« abhorre, la divinité les repousse... Soyons nos
« prêtres nous-mêmes ; présentons nous-mêmes nos
« propres offrandes. *Lorsque le vertueux Abel lui fit*
« *l'hommage des prémices de ses troupeaux, se servit-il*
« *de l'intermédiaire des prêtres ?*... Citoyens, tenez-vous
« en garde contre les clameurs de ces hommes qui

---

1. Dans quelques localités éloignées le culte ne cessa entièrement qu'à Pâques de l'année 1794.
2. Impr. à 3 000 ex., 10 pages in-8°.

« vous disent que la liberté de vos opinions reli-
« gieuses ne vous reste plus parce qu'on a fermé des
« églises et des temples. Ne peut-on adorer la divi-
« nité qu'entre quatre murs? L'univers n'est-il pas
« son temple? Vos vertus ne sont-elles pas les offran-
« des que vous lui devez?... » Il fallait bien se rendre
à cette argumentation digne de Sganarelle, car le discours de Garnier était accompagné d'un petit *nota*
destiné à persuader les plus récalcitrants : « *Nota*.
« Les nommés Leroy, Vincent l'aîné, Dorisse-Petitpré
« et Denis-Châtignier ont été mis en arrestation
« comme ayant cherché, sous prétexte d'obtenir l'ou-
« verture des temples et le libre exercice de leur
« culte, à soulever le peuple en colportant une péti-
« tion et mendiant des signatures de maison en mai-
« son [1]. » Aussi, à dater de ce jour, le département
de Loir-et-Cher fut en proie aux fureurs des Hébertistes les plus forcenés [2]. Les fêtes de la Raison et
plus tard celles de l'Être suprême furent célébrées
avec fracas, et les clubs firent imprimer les procès-
verbaux et les discours les plus inconcevables. La
société républicaine et *sabotière* de Montoire se dis-
tingua entre toutes, et certain discours de son président mérite une mention particulière. Après avoir
parlé en beau langage des « pygmées de la Plaine et
des reptiles abjects du Marais », l'orateur appelait
Michel Le Pelletier un nouveau Moïse; il exaltait le
dévouement de la divine Montagne, et s'échauffait

---

1. A Vendôme, le représentant Garnier fit incarcérer tous les prêtres constitutionnels. *Lett. ms. de Morel, curé d'Ouzain.*
2. Les paysans continuèrent cependant à ne pas travailler le dimanche et à sonner l'Angelus matin et soir. — *Lettre ms. de Boucher à Grégoire*, 22 *frimaire an* III (12 décembre 1794).

peu à peu jusqu'à dire en parlant de Marat : « Quel
« républicain, parmi les braves sans-culottes que j'ai
« l'honneur d'entretenir, ne sent pas s'affaisser ses
« facultés physiques et morales au récit du *déicide*
« commis par l'infernale Corday? Pardon, citoyens,
« le nom seul de ce fléau de la nature, qui m'est
« échappé malgré moi, me fait perdre l'usage de la
« langue et de la voix. Marat n'est plus! Le fer as-
« sassin dont son flanc fut percé a fait jaillir son sang
« à gros bouillons! O précieux sang! O sang du plus
« sincère ami de l'humanité, tu as coulé, et le soleil
« a prêté ses rayons à ce forfait! O bain sacré qui as
« reçu et le sang et les derniers soupirs d'un martyr
« de la liberté, deviens pour chaque Français une
« fontaine salutaire! etc. [1]. »

Mais il n'est pas nécessaire de faire en détail l'histoire de la Terreur à Blois ; elle fut stupide et féroce dans le département de Loir-et-Cher comme partout ailleurs. On incarcéra par centaines [2] les citoyens les plus inoffensifs ; la guillotine, dressée jour et nuit sur une des places de la ville, fit quelques victimes, et enfin les tyrans qui opprimaient la contrée massacrèrent au passage neuf prisonniers que l'on menait à Orléans. Les prêtres ne furent point épargnés dans cette persécution ; on le croira sans peine, puisqu'il se trouvait des prêtres apostats parmi les persécuteurs. Sur trois cents ecclésiastiques qui composaient le clergé constitutionnel de Loir-et-Cher, trente-deux seulement conservèrent « leurs principes religieux et

---

1. Impr., 11 pages in-4º.
2. On incarcéra 97 personnes en une seule nuit. — *Réponse au mémoire d'Hésine par le club de Blois*, 10 vendémiaire an III, 1ᵉʳ octobre 1794. Impr., 16 pages in-4º.

républicains nonobstant les menaces et les persécutions »[1] ; vingt-trois se marièrent ; tous les autres apostasièrent, ou du moins consentirent à remettre aux autorités leurs lettres de prêtrise, les uns pour éviter des poursuites, les autres pour sortir de prison, d'autres enfin pour obtenir un morceau de pain[2]. Le conseil épiscopal, déjà entamé par la défection de Rochejean, Tolin et Plassiard, se trouva dissous par la force des choses : Dupont, Boucher, Vallon, Pioche et les autres durent fuir ou se cacher, et comme le secret des lettres était violé tous les jours par les agents de Robespierre, Grégoire fut douze ou quinze mois sans communications suivies avec ses diocésains. Il recevait les adresses, discours et procès-verbaux incendiaires des clubs et des comités révolutionnaires de son département[3], mais il eût été dangereux de lui faire parvenir une lettre intime[4]. On verra plus tard quel était alors son rôle religieux à Paris et au sein de la Convention ; mais à la fin de 1793 et jusqu'au mois de décembre de l'année suivante il cessa par le fait d'être l'évêque du département de

---

1. *Lettre ms. du vicaire épiscopal Boucher* (5 décembre 1794).
2. La situation de ces malheureux était affreuse; aussi doit-on plaider pour beaucoup d'entre eux les circonstances atténuantes. Grégoire, si sévère pourtant, accueillit avec bonté le curé de Maves, Chenu, qui lui écrivait le 28 août 1795 : « J'ai remis mes lettres de prêtrise après trois mois d'arrestation et une deuxième dénonciation pour les avoir refusées plusieurs fois. Le spectacle de ma mère alors présente et fondant en larmes me les arracha... »
3. Grégoire les a conservés précieusement, et c'est dans ses recueils de pièces qu'on les a consultés.
4. Il dit pourtant dans ses *Mémoires* (II, p. 57) que sa correspondance avec Blois ne fut jamais interrompue; mais, comme il s'attendait à l'échafaud, il ne gardait aucune pièce compromettante pour ses amis.

Loir-et-Cher. La Constitution civile du clergé n'existait plus, et les fâcheuses dénominations d'assermentés ou d'insermentés n'avaient plus de raison d'être, car les deux clergés, entassés pêle-mêle dans les mêmes cachots ou montant sur les mêmes échafauds, souffraient pour la même cause, pour la noble cause de la liberté de conscience.

CHAPITRE IV

RÉTABLISSEMENT DU CULTE ; GRÉGOIRE A BLOIS ; PERSÉCUTIONS NOUVELLES SOUS LE DIRECTOIRE

(1795 — 1799)

L'heureuse révolution du 9 thermidor (juillet 1794) délivra la France de ses plus cruels tyrans, mais il ne faut pas croire qu'elle ait ramené comme par enchantement le règne de la liberté. Les thermidoriens, en renversant Robespierre, n'avaient songé qu'à sauver leurs propres têtes, et beaucoup d'entre eux étaient encore des terroristes fougueux ; ce fut peu à peu, sous la pression de plus en plus énergique de l'opinion, qu'ils durent se résigner à montrer quelque modération. Ainsi, pour ne citer que ces exemples, il y avait encore le 7 fructidor an II, vingt-huit jours après la chute de Robespierre, 5486 détenus dans les prisons de Paris, 2000 de plus qu'au mois de novembre 1793 [1] ; et à ce moment même la tribune des Jacobins, qui regrettaient d'avoir « idolâtré »

---

1. *Journal du matin et du tribunal révolutionnaire*. Le 21 floréal, 10 mai 1794, le nombre des prisonniers s'élevait à 6982, non compris la Conciergerie. Le 22 ventôse an III (12 mars 1795), il était de 2209.

Robespierre, et promettaient de ne plus idolâtrer personne [1], retentissait des déclamations de l'abominable Carrier contre les prêtres, « ces hommes vieillis dans les vices d'un presbytère, dans le luxe et la mollesse ou les préjugés ». Enfin, le 24 vendémiaire an III (14 octobre 1794), un ex-curé constitutionnel âgé de cinquante-trois ans, le nommé François Beaufils, fut condamné à mort par le tribunal révolutionnaire de Paris pour avoir distribué des écrits fanatiques et contre-révolutionnaires [2]. Dans ces conditions, il ne fallait songer ni à rouvrir les églises, ni à tenter la moindre démarche en faveur du « fanatisme »; mais d'autre part les catholiques de Paris et les évêques députés à la Convention, Grégoire, Royer et Saurine, avaient le devoir de suivre attentivement les progrès de l'opinion publique, de ne rien négliger pour obtenir au plus tôt la liberté des cultes. Grégoire triompha par son courage du mauvais vouloir de la Convention, et la postérité dira que c'est lui, et non pas Bonaparte, qui a mérité le titre de restaurateur du culte; mais avant d'étudier dans son ensemble cette belle période de la vie religieuse du célèbre conventionnel, il nous faut suivre jusqu'à la conclusion du Concordat l'histoire particulière du diocèse de Blois; on se persuadera, je l'espère, que c'est un chapitre assez intéressant de notre histoire nationale.

Sitôt qu'il fut possible de correspondre par écrit sans exposer à l'échafaud l'auteur et le destinataire

1. *Journal des lois*, 15 therm. an II.
2. *Journal du matin*, 25 vend. — Un chanoine de soixante-quatre ans, nommé Jacques Taux, subit le même sort à la même époque pour avoir célébré des messes et mariages, etc.

des lettres jetées à la poste, Grégoire renoua ses anciennes relations avec les prêtres fidèles du département de Loir-et-Cher. Les circonstances étaient difficiles, car le Comité de Salut public venait d'enjoindre aux autorités constituées de « surveiller tous ceux qui voudraient ressusciter l'imbécile liturgie du sacerdoce, sous prétexte de la liberté des cultes » [1]. Telle était la réponse de ce comité aux premières revendications de Grégoire, et le représentant Laurençot, alors en mission dans le département de Loir-et-Cher, était chargé d'empêcher « tout rassemblement fanatique » [2]. Avec l'impétuosité qui l'a toujours caractérisé, Grégoire voulait ne tenir aucun compte de ces difficultés ; déjà même il avait rédigé une pastorale qu'il se proposait de publier dans son diocèse, mais ses amis de Blois le suppliaient d'attendre [3]. Il attendit donc, mais bien peu de temps, car il avait en poche depuis un mois son beau discours sur la liberté des cultes, et ce discours, il l'infligea le 1er nivôse an III (23 décembre 1794), à ses collègues de la Convention qui écumaient de rage. Ils repoussèrent à la presque unanimité le projet de décret que leur proposait Grégoire [4] ; lui, sans s'émouvoir, fit imprimer son discours ; trois mois plus tard, il eut l'audace d'y joindre sa lettre pastorale, avec ordre à ses curés de la lire dans toutes

---

1. *Lettre ms. du vicaire épiscopal Boucher à Grégoire, 22 frimaire an III (12 décembre* 1794).
2. *Ibid., lett. du 3 nivôse, 22 décembre.*
3. *Ibid.*
4. « Comme s'il eût été question d'une victoire remportée, on passa à l'ordre du jour en levant les chapeaux aux cris presque unanimes de *Vive la République*. » *Compte rendu au Concile national de* 1797, *par Grégoire.* Impr., p. 3. Pour plus de détails, voy. ci-dessous, livre III, chap. 3.

les *paroisses* du *diocèse*, le *dimanche*, au *prône* de la *grand'messe* [1]. Tout autre que lui eût payé cher une pareille témérité, mais il était malaisé aux thermidoriens d'attaquer un représentant aussi populaire : Robespierre lui-même n'avait pas osé l'abattre, parce que Grégoire était le Carnot du Comité d'Instruction publique. On peut dire que la liberté des cultes fut décrétée ce jour-là par l'opinion publique, et la preuve en est que les vicaires épiscopaux de Blois procédèrent immédiatement au rétablissement du culte catholique dans le département de Loir-et-Cher. « Déjà le
« culte est rétabli à Ouzain, Bracieux, Cour-sur-Loire
« et Vienne, lui écrivait le vicaire épiscopal Boucher ;
« hier nous avons eu le nôtre dans la chapelle de
« Champbourdin. Tout s'y est passé on ne peut mieux :
« les habitants des Granges, Villejouin et Villiersfrin
« s'y sont rendus en foule ; notre église a été remplie
« depuis le matin jusqu'à midi ; j'en ai fait l'ouver-
« ture par un discours analogue aux circonstances.
« A huit heures, le citoyen Vallon a dit une seconde
« messe ; une troisième à neuf heures par un véné-
« rable curé ; à dix heures la grand'messe par Rif-
« fault, qui a prononcé un autre discours ; enfin une

---

1. La lettre pastorale (17 pages in-4º) est du 22 ventôse an III (12 mars 1795). C'est un écrit plein de feu ; Grégoire y flétrit énergiquement les terroristes, qu'il appelle (p. 13) des « persécuteurs couverts de sang » ; il rappelle aussi à ses diocésains le soin avec lequel, visitant leurs paroisses, il leur inculquait la haine du despotisme. « Ne souffrez pas dans vos assemblées religieuses, dit-il encore, l'alliage impur d'hommes qui voudraient faire regretter le régime exécrable de la royauté. Qui n'aime pas la République est un mauvais citoyen, et conséquemment un mauvais chrétien » (p. 15). On trouvera à l'Appendice le texte de ce document, si important au point de vue de l'histoire.

« messe à onze heures. Le soir, après nos vêpres, les
« fidèles, sur nos représentations, ont tous voté pour
« la cathédrale ; c'est le citoyen Boileau, votre fidèle
« et sincère ami, qui vient d'en faire lui-même la pé-
« tition au district.... Un autre citoyen a demandé
« l'église de Saint-Nicolas, qui vient de lui être ac-
« cordée par le district à raison de 300 livres par
« chaque année, mais toutefois sous le bon plaisir
« du Comité de législation, à qui il a envoyé son ar-
« rêté. Le citoyen Métivier, curé de ladite église, vous
« prie de vouloir bien appuyer cette pétition auprès
« dudit Comité. Si la nôtre a la sanction du district,
« nous vous prierons de nous rendre le même ser-
« vice... »

Voilà sans doute un rétablissement du culte assez complet, et cependant la lettre dont on vient de lire un fragment est du 26 nivôse an III (15 janvier 1795), plus de trois semaines avant que la Convention vaincue ait rendu, sur la proposition de Boissy d'Anglas, le fameux décret du 3 ventôse. Mais dans quelles conditions le culte se rétablissait-il ainsi, en dehors du gouvernement, ou plutôt malgré lui ? La Constitution civile du clergé n'existait plus depuis 1793 ; et l'ancien régime ecclésiastique ne pouvait pas ressusciter, puisque les neuf dixièmes des ci-devant insermentés étaient hors de France, sous le coup des lois rigoureuses portées contre les émigrés. Il n'y avait donc, au lendemain de la Terreur, ni constitutionnels, ni réfractaires ; il n'y avait plus en réalité que des prêtres catholiques en pays de mission, comme l'on dit à Rome, et ces prêtres se trouvaient dans une entière impossibilité d'entretenir avec le Saint-Siège des relations suivies. Il semble donc à tout homme impartial que les deux clergés rivaux pouvaient oublier provisoirement leurs querelles théologiques de 1791, et que les insermentés demeurés en France, tout en faisant les réserves les plus expresses, ou même en interjetant appel de la Constitution civile soit au pape, soit au prochain concile, avaient le devoir de reconnaître un état de choses permis par la Providence, et de se joindre aux assermentés pour consoler, instruire et édifier vingt-cinq millions de catholiques français qui soupiraient après la paix religieuse.

Mais la passion ne raisonne pas ainsi, et d'ailleurs il y avait entre les deux grandes fractions du clergé une barrière infranchissable ; les constitutionnels étaient en général républicains ; leurs adversaires avaient la République en horreur. Catholicisme et monarchie, ils ne séparaient pas ces deux choses, pourtant si distinctes, et beaucoup d'entre eux préféraient tout au monde, fût-ce même le culte de la Raison, à une alliance de la religion avec la République. Grégoire affirme en plusieurs endroits que les partisans déclarés de l'ancien clergé firent cause commune, à Blois et ailleurs, avec les vandales de 1793 ; en 1794, le citoyen Boucher, vicaire épiscopal de Blois, écrivait à son évêque : « Les prêtres insermentés sont « toujours nos plus cruels ennemis, et voudraient « déjà nous avoir anéantis pour mieux faire revivre « leurs anciens préjugés [1]. » Le rétablissement du culte par les constitutionnels contraria vivement les partisans de Thémines, et pour l'entraver ils ne rougirent pas de recourir aux plus petits moyens. Ainsi,

---

1. *Lettre ms.*, 22 *frim.* an III, 12 déc. 1794.

dans les premiers jours de mars 1795, ils firent placarder à la porte de la petite chapelle des assermentés un pamphlet contre la Convention nationale et contre le représentant Laurençot, alors en mission dans le département de Loir-et-Cher. Boucher protesta aussitôt et profita de cette occasion pour faire une déclaration de principes. « Ministres d'un Dieu de paix qui
« ne nous prêche que respect et soumission aux puis-
« sances de la terre, nous ne pouvons trop nous
« élever, dit-il, contre ceux qui voudraient nous en
« écarter. Protestons tous, mes frères, contre cette
« entreprise criminelle ; serrons-nous plus que ja-
« mais autour de la Convention, et montrons par
« notre respect inviolable pour les autorités consti-
« tuées que nous serons toujours de bons citoyens
« et de vrais chrétiens [1]. »

Un peu plus tard, quand le district de Blois mit en vente les ci-devant églises de cette ville, Boucher et ses partisans, qui voulaient acheter la cathédrale, eurent à lutter contre deux catégories d'enchérisseurs, les « impies » qui se proposaient de l'acheter pour la détruire, et les « aristocrates [2] » qui voulaient la céder à Thémines ou à ses commettants. Boucher l'emporta néanmoins, car il avait pour lui, sinon les riches, du moins la grande majorité des bourgeois et du peuple, sans compter « ces bonnes gens des campa-
« gnes qui parlent de vous, disait-il à Grégoire, avec
« enthousiasme, et qui donneraient volontiers leur
« vie pour sauver la vôtre [3]. » La cathédrale et plusieurs autres églises de Blois furent rachetées par

---

1. *Lettre ms. du 17 ventôse an III (7 mars 1795).*
2. *Ibid., 18 germinal an III (1ᵉʳ avril 1795).*
3. *Ibid., 22 frim. an III.*

les catholiques « patriotes », et la réorganisation se fit assez rapidement, grâce à la courageuse initiative de Boucher et de ses coopérateurs.

Le nombre des ecclésiastiques accourus à Blois pour rétablir le culte avait d'abord été bien petit, mais il augmentait chaque jour : ils étaient douze ou quinze le 22 frimaire an III (12 décembre 1794); le 17 ventôse de la même année (7 mars 1795), Boucher avait vu plus de cinquante prêtres bien disposés et attendant avec impatience, pour y conformer leur conduite, une pastorale de leur évêque. Ceux mêmes qui avaient remis leurs lettres de prêtrise et les prêtres mariés demandaient en foule à reprendre les fonctions du sacerdoce ; mais Grégoire n'entendait pas que l'on accueillît à la légère, même en ces jours de détresse, tous ceux qui se présenteraient. Il exigeait des « traditeurs » une réparation du scandale qu'avait causé leur lâcheté; il les contraignait à faire publiquement connaître, dans un des lieux destinés au culte, les raisons qui les avaient poussés à cette démarche, et à témoigner hautement le regret qu'ils en éprouvaient [1]. Beaucoup de traditeurs se soumirent à cette espèce de pénitence publique et furent réinstallés par le conseil épiscopal dans les paroisses qui les réclamaient [2]. Quant aux prêtres mariés, la difficulté était plus grande encore. Que faire, demandait Boucher, quand une paroisse demande son ancien

---

1. *Lettres du 22 germinal an III* (11 *avril* 1795) *et sq.* Grégoire voulait forcer les traditeurs à se rétracter devant l'autorité; mais il s'en référa à la sagesse de son conseil épiscopal.
2. « Le culte serait rétabli presque partout si on avait laissé à chaque commune la disposition de son église. » — *Lettre de Boucher* (17 *ventôse an III,* 7 *mars* 1795).

curé qui s'est marié ? Les réponses de Grégoire ne variaient pas à ce sujet, et quoi qu'en ait dit un historien moderne, le clergé constitutionnel repoussait avec horreur tous les prêtres mariés [1]. « J'apprends, « écrivait Grégoire le 24 germinal an III (13 avril 1795), « que des apostats, des prêtres mariés veulent rentrer « dans le ministère ; j'espère bien qu'on ne les souf- « frira pas comme pasteurs. Qu'on ne souffre pas non « plus que *de tels êtres* disent la messe dans les églises « des catholiques...... J'espère bien, disait-il encore « (27 prairial an III, 15 juin 1795), que vous éloigne- « rez des assemblées religieuses, et à Blois et dans « tout le diocèse, les personnes dont les crimes et les « impiétés publiques ont scandalisé les fidèles. Sans « doute à tout péché miséricorde ; mais auparavant « pénitence aussi publique que le crime, pénitence « conforme à l'esprit et aux règles de la primitive « Église..... Plutôt laisser une paroisse sans curé que « de lui en donner un mauvais !... Nous avons souf- « fert, ajoutait cet homme apostolique, nous avons « encore à souffrir, mais marchons courageusement « à travers les épines, Dieu sera notre récompense. »

1. Lanfrey : *Histoire de Napoléon*, II, 343. « Les constitutionnels, dit-il, comptaient cinquante évêques et dix mille prêtres *mariés*. » C'est absolument faux. On verra plus loin qu'à Paris on ne recevait pas même comme chantres des prêtres mariés. La 1re et la 2e encyclique des évêques réunis à Paris en 1795 défendent absolument de recevoir les prêtres mariés, car ils encourent la peine de l'infidélité « par le mariage ». — 2e *Encycl.*, p. 21. — Grégoire permit à quelques-uns d'entre eux de se vouer à l'éducation chrétienne. Un prêtre marié de la Châtre, le citoyen Privat, écrivait à Grégoire, le 14 floréal an V : « Quelqu'un m'a appris que dans le diocèse de Blois, où vous aviez été passer quelques jours, vous aviez tonné contre les prêtres mariés, et que plusieurs avaient failli être écrasés par le peuple égaré par vos discours. »

Prêtre croyant si jamais il en fut, il se consolait vite des défections qui se produisaient dans son diocèse, surtout à l'annonce d'une victoire des Vendéens ou d'une descente des Anglais [1], parce que, disait-il, « les hommes de circonstance n'ont qu'un temps, les « hommes à principes sont de tous les temps » [2]. Heureux de rencontrer autour de lui quelques-uns de ces hommes à principes, il les encourageait par tous les moyens possibles, surtout en leur écrivant des lettres où apparaît le bon cœur de cet excellent homme. Bien qu'il fût écrasé de travail [3], il trouvait du temps pour écrire non seulement à ses vicaires épiscopaux, mais encore aux moindres curés de village, et il leur conseillait d'entretenir à son exemple une correspondance incessante. Son programme était d'ailleurs très simple, car il recommandait à ses prêtres d'éviter les discussions inutiles et de chercher seulement à « édifier » et à « instruire » les populations.

Ce programme, qui devrait toujours être celui du clergé, était suivi à la lettre par les braves gens qui secondaient Grégoire et travaillaient sous sa direction à réorganiser le culte dans le département de Loir-et-Cher ; aussi les résultats d'une conduite si sage ne se firent-ils pas attendre. « Comment vont les pâ-

1. *Lettre de Grégoire* (21 thermidor an III, 8 août 1795).
2. *Ibid.* 30 messidor an III, 18 juillet 1795.
3. Il travaillait prodigieusement au Comité d'Instruction publique, et il s'occupait de réorganiser le culte à Paris et dans toute la France; sa correspondance était immense, il reçut plus de 20 000 lettres en 1795, et beaucoup de celles qu'il a conservées portent la mention : *Répondu.* Il fut obligé de faire une réponse collective qu'il imprima dans les *Annales de la religion,* t. II, p. 167 et sq. Cette lettre est du plus haut intérêt à tous les points de vue.

ques ? » demandait Grégoire en avril 1795, et le curé de Cheverny, un nommé Gouthière, qui devait passer l'année suivante dans le camp des insermentés, répondit que cent paroissiens sur mille avaient accompli le devoir pascal, mais que tous entendaient régulièrement sa messe dans une grange, malgré les menaces du conventionnel Laurençot. A Blois, au mois de juillet 1795, les catéchismes étaient en activité, et le clergé patriote réunissait autour de lui beaucoup de fidèles, quoique les insermentés eussent ouvert de tous côtés des oratoires, et même divisé la ville en paroisses [1]. Enfin il résulte des nombreuses lettres que j'ai sous les yeux que le rétablissement du culte dans le département de Loir-et-Cher était aussi complet que possible à la fin de 1795, lorsque la Convention disparut de la scène politique. « Tout va de mieux
« en mieux, écrivaient de Blois le 12 nivôse an IV
« (2 janvier 1796) les cinq prêtres qui composaient
« alors le conseil épiscopal; un grand nombre qui
« avaient abandonné nos églises y rentrent de jour
« en jour; de temps en temps on nous fait quelques
« présents; nous avons même déjà des ornements
« honnêtes, et surtout une belle chasuble dont nous
« espérons que vous ferez bientôt usage... » C'était la même chose dans le reste du département, et voici pour finir cet exposé de la situation en 1795 quelques fragments d'une jolie lettre adressée par le citoyen Girault, curé de Chémery, à « son vénérable et très
« cher évêque..... Le district de Saint-Aignan est
« toujours assez paisible. Le peuple des villes et des
« campagnes profite avec empressement du rétablis-

---

1. *Lettre de Boucher à Grégoire.*

« sement de la religion. Les églises se rétablissent
« et se décorent par la libéralité des fidèles. On se
« porte en foule aux offices les dimanches et fêtes,
« et le son des cloches, dont on a commencé à user
« depuis quinze jours, a paru exciter encore quel-
« ques indifférents qui jusque-là n'avaient pas paru
« très empressés [1]. S'il en était partout comme ici,
« il y aurait tout lieu d'espérer que sous peu de temps
« nous verrions fermées toutes les plaies que le van-
« dalisme et la terreur ont faites à la religion. Ce
« n'est pas qu'il n'y ait encore dans chaque com-
« mune trois ou quatre impies qui cherchent à trou-
« bler les paisibles chrétiens ; mais ce sont des
« hommes méprisés dès longtemps qui ne peuvent
« pas faire grand mal. Ce qu'il y a de plus à craindre
« ce sont ces sépulcres blanchis dont je vous parlais
« dans ma dernière lettre. Oh ! ces gens-là sont vrai-
« ment dangereux pour la religion et pour l'État. Le
« gouvernement, loin de réprimer leur audace, semble
« l'autoriser ; mais j'appréhende bien qu'il ne con-
« naisse trop tard quel mal ces hommes-là peuvent
« faire à la chose publique. Ou je me trompe bien
« fort, ou la République périra sous peu, s'ils ne sont
« réprimés. On m'assure qu'à Romorantin surtout ils
« prêchent le mépris des lois, l'avilissement de la
« Convention et la contre-révolution. A Saint-Aignan,

1. Dans la seule paroisse de Contres, au dire du curé Petit, un constitutionnel zélé qui ne tarda pas à se rétracter, il y avait tous les dimanches plus de 4000 personnes venues de Contres et des environs. — *Lettre du* 25 *septembre* 1796 (5 vendémiaire an V). — « La grande majorité de la paroisse vient à mes offices ; une petite partie suit les réfractaires ; le reste, qui forme une très petite minorité, n'exerce en ce moment aucun culte. » *Lettre de Biet, curé de Romorantin* (1797).

« le parti de la noblesse se soutient toujours contre
« Pioche, mais la presque totalité [1] des citoyens de
« cette commune lui reste attachée... A Montrichard,
« un certain Macé, fanatique enragé et aristocrate
« bien connu, excommunie et damne tous ceux qui
« tiennent, dit-il, au parti grégorien, et qui commu-
« niquent avec les prêtres sermentés. Malgré toutes
« ses vociférations et tous ses anathèmes, il est assez
« généralement mal vu, et je crois même qu'il serait
« obligé de se taire ou même de s'enfuir s'il y avait
« un autre prêtre à qui l'on pût s'adresser..... Le
« reste de notre district va assez bien. Quelques igno-
« rants et quelques mauvais sujets ont rétracté leur
« serment, mais le nombre en est très petit, et d'ail-
« leurs ils n'ont jamais eu assez la confiance du
« peuple pour faire aucun mal. Les mieux famés et
« les plus éclairés tiennent bon..... »

Ainsi la Convention agonisante réparait elle-même par une heureuse tolérance le mal qu'elle avait fait en 1793, et il pouvait sortir enfin du chaos révolutionnaire un état de choses satisfaisant : une république sage, et un catholicisme vraiment national qui eût bientôt fait avec le Saint-Siège, non pas un concordat, mais une paix glorieuse et durable, comme on peut la faire quand on traite de puissance à puissance. Malheureusement, la Convention se sépara au moment même où elle pouvait faire le plus de bien, et le Directoire, qui la remplaça, faillit ramener, par son intolérance comme par son incapacité, la guerre civile et l'anarchie religieuse.

---

1. Girault avait d'abord écrit *la presqu'unanimité*, la surcharge montre bien quelle est la conscience de ce témoin.

La première pensée de Grégoire en quittant la Convention pour aller siéger aux Cinq-Cents, où l'envoyaient dix ou douze départements [1], fut de se rendre à Blois et d'y exercer durant quelques semaines les fonctions de son ministère. Presque toutes ses lettres attestent la vivacité et la sincérité de ce désir, mais il ne put mettre son projet à exécution que dix mois plus tard, en septembre 1796. Il était alors, on peut le dire sans exagération, le patriarche de cette église de France qui renaissait de ses propres cendres, et à ce titre il jugeait indispensable sa présence à Paris. Il y rédigeait, de concert avec quelques amis, des pastorales, des encycliques et des mandements qu'il adressait ensuite à toutes les « églises veuves » de la République ; il fondait un journal religieux qui prospéra jusqu'en 1803 ; il établissait à Paris même une imprimerie-librairie chrétienne et une société de philosophie chrétienne ; il travaillait enfin, surtout au milieu de l'année 1796, à activer les négociations pendantes entre la France et l'Italie, et il espérait arriver bientôt à la conclusion tant désirée de la paix religieuse [2]. D'autres raisons encore retardaient son départ pour Blois, et lui-même les expose naïvement dans une lettre du 10 ventôse an IV (29 février 1796). « 1° En ce moment, dit-il, je suis court d'argent, et

1. Il ne fut pas renommé par les électeurs de Loir-et-Cher.
2. L'histoire de cette négociation du Directoire avec le pape est très curieuse. L'envoyé de Pie VI avait un chapeau de cardinal pour Grégoire et un autre pour le conventionnel Saurine, et la légitimité des évêques constitutionnels était reconnue. « Ce qui fit manquer la chose, dit un contemporain fort bien renseigné, l'ancien évêque de Rodez, De Bertier, c'est que le Directoire ne voulut point accorder au pape les légations de Bologne et de Ferrare. » Rewbel et Carnot s'en étaient expliqués nettement avec les évêques Saurine et Le Coz.

« après avoir fait de fortes saignées à mon gousset, il
« faut attendre qu'il soit regarni. 2° Et c'est ici la plus
« forte raison, plusieurs de nos collègues évêques
« vont partir pour leurs diocèses, où leur présence
« est indispensable : ils n'ont pas, comme moi, l'avan-
« tage de voir dans leur ville épiscopale un conseil
« composé de prêtres estimables qui dirigent et admi-
« nistrent. » Il était même alors si gêné que « l'ami
« Boucher » et quelques autres personnes de Blois,
notamment « les marguilliers de la cathédrale », lui
offrirent de subvenir aux frais du voyage [1]. Il refusa
ces offres généreuses, et il attendit le bon plaisir du
citoyen Roulet, qui se proposait d'aller à Blois et
qui devait payer la moitié de la voiture. Il avait recommandé à son clergé de préparer les fidèles pour
la confirmation, et de voir si l'on ne pourrait pas con-
voquer un synode. Il se proposait aussi de faire entendre partout quelques bonnes paroles; mais son
premier vicaire épiscopal, l'excellent Dupont, craignait un peu les effets de sa fougue républicaine.
« Pour les principes républicains, répondait Grégoire
« avec vivacité, je suis invariable; il serait bien plus
« facile de me traîner à l'échafaud que de diminuer
« ma haine pour les rois et mon amour pour la Ré-
« publique; et si les royalistes me mettent jamais à
« l'épreuve, ce sera pour moi une occasion de parler
« liberté et républicanisme avec plus de force que
« jamais. Je parlerai de ce que j'aime et de ce que je
« crois le plus conforme à la religion [2]..... J'ai mon

---

1. Il avait entre les mains des sommes que ces messieurs lui
avaient envoyées pour acheter un ostensoir et divers objets
du culte; on l'invitait à employer cet argent pour faire le voyage.
2. *Lettre du 24 fructidor an IV* (19 septembre 1796). — Il

« congé du Conseil, écrivait-il enfin quatre jours plus
« tard ; je me réjouis d'arriver au milieu de vous, et
« en dépit de toute la vermine royaliste je parlerai
« République ; j'en parlerai hautement, souvent, intré-
« pidement. »

Grégoire arriva en effet vers le milieu de septembre,
et séjourna plus de deux mois et demi dans son diocèse. Il est trop évident que sa correspondance ne
nous apprend rien sur ce curieux voyage, mais nous
savons, par le compte rendu que lui-même en a publié
à son retour, quel avait été l'emploi de ces soixante-
douze jours. L'évêque « patriote » parcourut les campagnes, qui s'étaient cotisées pour lui procurer une
voiture ; il confirma cinq mille personnes qui n'avaient
pu l'être en 1792, et prêcha environ cinquante fois,
à raison de trois quarts d'heure au moins par discours ; il invita partout les dissidents à des conférences et à des discussions publiques, mais aucun
d'eux ne répondit à son appel ; il ne négligea rien
pour « rallier les fidèles au gouvernement » ; il brava
les « tracasseries » de quelques jacobins et les calomnies d'une municipalité qui le dénonçait aux Cinq-
Cents ; il lutta d'autre part contre l'abus que les
populations ignorantes faisaient alors même et des
pèlerinages et des reliques d'une authenticité contestable ; il recommanda partout la prière en commun
dans les familles, l'instruction chrétienne dans les
écoles et dans les paroisses, l'établissement de bibliothèques populaires sous la surveillance des curés ;

écrivait le 2 juin de cette même année : « Je suis responsable
à Dieu de mes soins pour conserver dans mon diocèse la piété
chrétienne, la pureté des mœurs, et l'attachement à la République. »

en un mot ce Fénelon montagnard fit en pleine Révolution française ce qu'avaient entrepris au XVIIe et au XVIIIe siècle un Pavillon, un Colbert, un Ségur, un Caylus et autres prélats disciples de Port-Royal ainsi que lui. Il parle lui-même avec émotion, dans son compte rendu [1], de la consolation qu'il a goûtée dans ce voyage. « Les expressions me manquent pour
« la peindre, dit-il en propres termes; elle a de
« beaucoup surpassé mes espérances. De toutes parts
« je vois que le peuple s'élance pour ainsi dire vers
« son Dieu. Il y a sans doute beaucoup à faire pour
« rectifier, rétablir, améliorer; mais l'élan est pré-
« cieux; il est inspiré par le sentiment de la religion.
« Outre les motifs de joie qui résultent pour moi de
« faits notoires, j'ai recueilli dans les épanchements
« de la confiance individuelle des preuves multipliées
« d'un retour sincère à la vertu : j'aime à espérer
« que cette piété n'aura pas d'intermittence, que Dieu
« continuera de bénir mes travaux et ceux de mes
« dignes coopérateurs..... »

Grégoire revint à Paris en décembre 1796, chargé de bénédictions, — et aussi de commissions que ses ouailles lui avaient confiées avec un sans façon tout à fait républicain. Il dut remettre « par centaines » des demandes de congés pour des militaires, des lettres et des pétitions sans nombre; il avait jusqu'à une commande de potasse, et il dut faire plusieurs courses pour remettre à la tante du député Savary... un vieux fer à repasser [2]. « Le travail et les commis-

---

[1]. *Compte rendu aux évêques réunis à Paris, par le citoyen Grégoire, évêque de Blois, de la visite de son diosèse.* Imprimé d'après leur avis. — 48 pages in-8°.
[2]. *Lettres, passim.* Il fit jusqu'à huit lieues dans Paris pour

« sions me tuent », écrivait-il le 20 mars 1797 ; mais il ne savait pas s'y refuser, car il y voyait un moyen de faire aimer son caractère de prêtre et d'évêque. Sa visite dans le département de Loir-et-Cher avait produit les plus heureux résultats, et toutes les lettres de cette époque en sont la preuve manifeste. A Contres, « les gens qui fuyaient l'église y reparaissaient avec édification » le lendemain même de sa venue [1]. C'était bien autre chose encore en mai 1797 : quatre dimanches ne suffisaient pas pour les pâques, et soixante enfants suivaient assidûment le catéchisme [2]. A Romorantin on se mariait à l'église, et six cents personnes faisaient publiquement leurs pâques [3] ; à Blois de même « les pâques étaient consolantes » ; les prêtres continuaient à offrir leurs services au conseil épiscopal, lequel admettait après examen ceux qui paraissaient dignes du ministère. Grégoire était charmé, le 9 janvier 1797, des nouvelles que ses conseillers lui donnaient « concernant la fréquentation des sacrements, le zèle des fidèles, l'ornement de la cathédrale ». En un mot, la situation était très bonne pour le clergé patriote ; malgré la réapparition des insermentés et malgré les élections royalistes de l'an VI, la grande majorité des habitants « suivaient le parti grégorien », et l'évêque put faire procéder à la division du diocèse en archiprêtrés [4]. Il y en eut treize, et les élections d'ailleurs

---

obliger des amis en leur procurant des mandats en échange de numéraire.

1. *Lettre du curé Petit*, 5 novembre 1796.
2. *Ibid.*, 9 mai 1797.
3. *Lettres du curé Biet*, 9 février, 4 mai 1797.
4. La seconde encyclique de 1795, 5ᵉ édit., p. 57, disait : L'archiprêtré est la réunion de douze à vingt paroisses sous la

très incomplètes qui se firent en juillet 1797 montrent quelle était la vitalité du nouveau clergé. Celle de Mer fut particulièrement sérieuse ; les curés et desservants de l'arrondissement, au nombre de douze, coopérèrent à l'élection d'un archiprêtre et d'un député pour le concile national qui allait se tenir à Paris le mois suivant. « Profondément affligés des « divisions qui déchirent l'Eglise de France et la « patrie, dirent-ils en présence d'une foule nom- « breuse, nous formons les vœux les plus ardents « pour la réunion des deux partis... ; pour obtenir « cette réunion si désirée et si nécessaire, nous décla- « rons être disposés à faire tous les sacrifices con- « formes à la religion, à la charité et aux lois de « notre pays... ; mais nous déclarons avoir horreur de « ces rétractations flétrissantes qui, en avilissant le « sacerdoce, ne peuvent être regardées que comme « des parjures inutiles [1]. »

L'impulsion était donnée, dans le département de Loir-et-Cher comme à Paris et dans toute la France ; il n'y avait qu'à laisser faire, et avant peu d'années on aurait vu fleurir un christianisme républicain ; mais le Directoire se montra plus intolérant que la Convention de 1793, et après le coup d'Etat du 18 fructidor des persécutions odieuses assaillirent la jeune Eglise gallicane. Le ministre de la police interdit absolument l'usage des cloches, si nécessaires à

surveillance de l'un des curés de ces paroisses. Dans le Loir-et-Cher, en 1797 douze paroisses réunies comptaient à peine quatre ou cinq curés en moyenne. — Grégoire fit célébrer en juin 1797 une fête séculaire de la fondation de l'évêché de Blois ; il composa même à ce propos une pastorale pleine d'érudition (36 pages in-8°).

1. *Procès-verbal ms.*

l'homme qui travaille aux champs [1]; le gouvernement paya en papier sans valeur les pensions ecclésiastiques que le régime précédent acquittait d'une manière assez régulière, ou même il ne les paya pas du tout; il prétendit empêcher par tous les moyens possibles la célébration du dimanche et imposer à toute la France le décadi avec son cortège de fêtes ridicules; il exigea une observation rigoureuse de ce calendrier républicain que Lanjuinais avait si joliment critiqué en pleine Convention [2]; il signala enfin son zèle pour la théophilanthropie « réveillèrement révélée [3] » par toutes sortes de vexations dignes des plus mauvais jours de 1794. « O gouvernement! s'écriait un curé du Loir-et-Cher à ce propos, veux-tu donc sérieusement la République [4]! » En plusieurs endroits on enleva aux malheureux curés la seule ressource qui leur fût demeurée, la possibilité de gagner leur pain en instruisant les enfants. « Plu-
« sieurs ministres du culte catholique, disait à Ouzain
« le commissaire du pouvoir exécutif près l'admini-
« stration centrale du département, ont surpris aux
« jurys d'instruction des places d'instituteurs; les
« uns guidés par le désir de conserver un presbytère,
« les autres par l'ambition de faire prépondérer un
« genre exclusif d'éducation qui tendrait à bercer la
« jeunesse de vieux préjugés que les principes répu-
« blicains proscrivent. » — Suivait un arrêté forçant les prêtres à opter entre leurs diverses fonctions et livrant aux seuls instituteurs les presbytères non

---

1. *Arrêté du 29 frimaire an VI, 20 décembre* 1797.
2. *Opinion de Lanjuinais*, thermidor an III, 4 pages in-8°.
3. *Lettre d'un curé à Grégoire.*
4. *Lettre de Monrocq*, 24 avril 1798.

vendus [1]. Une autre fois le curé de cette commune recevait une circulaire qui commençait ainsi : « Le « ministre de la police générale me mande, par sa « lettre du 3 nivôse (an VII), qu'il est informé que le « fanatisme reprend de nouvelles forces dans ce « département, que des ci-devant prêtres, accompa- « gnés de sacristains, parcourent les campagnes, « quelquefois conduisant une charrette ou un cheval « pour porter la quête qu'ils y vont faire [2]...., et se « rangent par cette conduite dans la classe des men- « diants valides. D'autres prennent soin d'exposer à « la vue, soit dans les temples décadaires, soit dans « les chapelles sur les routes, tous les objets de leur « superstition ; des troncs y sont établis, où l'igno- « rance et la crédulité viennent déposer leurs offrandes « pour l'entretien du culte..... Quelques particuliers « qui ont acquis plusieurs ci-devant églises affectent « de les entretenir dans leur ancien état, d'en renou- « veler les décorations et de les tenir exposées à la « vue des citoyens, etc. Ceux-là sont bien coupables « qui souffrent sous leurs yeux de pareilles infrac- « tions [3]..... »

On espérait décourager par ces tracasseries ou intimider par ces persécutions les prêtres soumis aux lois, et en effet le désarroi fut grand dans toute la France. Ceux du Loir-et-Cher implorèrent la protection de leur courageux évêque, et Grégoire fit un très beau discours aux Cinq-Cents pour réclamer contre ces mesures aussi maladroites que tyranni-

---

1. *Lettre du curé Morel* (29 mars 1797).
2. Une charrette, un cheval ! Les malheureux ne recevaient pas une botte de paille de leurs paroissiens.
3. *Lettre du 11 pluviôse an VII* (1799).

ques [1]. Quelque temps auparavant il avait rédigé, de concert avec ses amis, une *Consultation sur cette question : Doit-on transférer le dimanche au décadi* [2] ? et sa réponse, comme bien on pense, était un appel énergique à la résistance légale. Grégoire se plaignait que la persécution religieuse fût aussi « atroce » qu'en 1794 ; il en accusait non pas « l'autorité suprême », mais des « autorités subalternes » qui « tentaient de franchir les limites de la loi. Enfants « de l'Évangile, disait-il en finissant, Jésus-Christ « vous a tracé vos devoirs dans ce livre divin..... Si « la persécution sourde qui s'exerce contre vous écla-« tait de nouveau, réclamez courageusement la « liberté du culte que vous assurent la nature et la « loi. Comptez sur la justice des législateurs et des « gouvernants ; du reste, rappelez-vous que les apôtres « se réjouissaient d'avoir été trouvés dignes de souf-« frir pour le nom de Jésus ; que les premiers chré-« tiens, en bravant les empereurs, les proconsuls et « les tourments pour défendre leur religion, furent « constamment soumis dans tout ce qui était du res-« sort de l'autorité civile..... » Il ranima ainsi le courage de ses curés, et l'on voit par sa correspondance que l'état du culte dans le département de Loir-et-Cher était encore assez satisfaisant au commencement de 1798, surtout à Blois, où la municipalité,

1. *Moniteur,* an VI, p. 93. — *Annales de la religion,* VI, 197. Le discours de Grégoire est une réponse à la diatribe violente de Duhot contre les prêtres (4 germinal an VI).
2. 23 pages in-4°, 3 décembre 1797. — Grégoire y rapporte l'anecdote suivante : L'ambassadeur de Turquie ayant été invité à un grand banquet, on eut soin de lui préparer une chambre afin qu'il pût faire ses ablutions aux heures prescrites par le Coran.

redevenue sage en 1795, s'efforçait de concilier tous les intérêts [1]. Mais en prairial an VII (juin 1798) Grégoire quitta le conseil des Cinq-Cents, dont tous les membres devaient être réélus à tour de rôle d'après la Constitution de l'an III, et comme il ne fut pas réélu, il se trouva durant quelques mois sans position officielle. Loin de pouvoir protéger ses diocésains persécutés, il était alors impuissant à se protéger lui-même; il serait tombé dans la plus affreuse misère si François de Neufchâteau ne l'eût nommé, au mois d'avril 1799, administrateur de la bibliothèque de l'Arsenal. Pendant qu'il luttait ainsi péniblement contre le plus redoutable de tous les maux, ses curés étaient à la merci de leurs ennemis, et la situation du diocèse devint de plus en plus triste jusqu'au 18 brumaire. « On fait l'impossible pour anéantir « le culte, et on travaille le peuple en tous sens pour « l'en détourner », écrivait Boucher à son évêque, à la fin de 1799. A Romorantin, la persécution exaspérait les habitants, qui se feraient justice si le curé Biet ne les en empêchait [2]. Dans le district de Saint-Aignan, l'exercice du culte était plus entravé en 1799 que pendant la Terreur [3], et les malheureux curés transportaient les offices au décadi, ce qui équivalait à une apostasie, ou finissaient par renoncer à cette vie de luttes perpétuelles. Aussi bien ces pauvres gens étaient, comme leur évêque, réduits à la misère; leurs paroissiens trouvaient bon de les avoir et d'assister en foule à leurs offices, mais ils ne songeaient pas à

---

1. *Lettre de Grégoire*, 10 février 1798.
2. *Lettre du 18 nivôse an VIII.*
3. *Lettre de Pioche* (17 février).

les nourrir [1]. Presque toutes leurs lettres de 1799 sont navrantes : les uns se rétractent et passent aux royalistes, qui du moins leur donneront du pain ; d'autres cherchent des occupations plus lucratives et abandonnent le sacerdoce ; à peine restera-t-il quatre-vingts prêtres « soumis aux lois » à la fin de cette année désastreuse, et cela parce que le Directoire lutte avec rage contre le christianisme renaissant. Ces faits sont importants à connaître si l'on veut s'expliquer le cri de satisfaction qui accueillit d'un bout de la France à l'autre le coup d'Etat du 18 brumaire.

1. Ils sacrifient jusqu'à leur pain pour les besoins du culte (lettre de Boucher). Chenu, curé de Saint-Nicolas, écrit sur la misère des prêtres une lettre admirable (13 juillet 1798). Le curé d'Épuisé, paroisse où l'église et le cimetière sont trop petits pour la foule, écrit le 5 mai qu'il n'a pour vivre que ses messes. Tout irait bien, dit un autre, si le gouvernement payait les curés. En 1799, la chouannerie étendit ses ravages jusqu'à Blois, et ce fut une nouvelle cause de misère.

CHAPITRE V

LE DIOCÈSE DE BLOIS SOUS LE CONSULAT; DÉMISSION DE GRÉGOIRE

(1799—1801)

Le 18 brumaire an VIII est dans l'histoire ecclésiastique de la Révolution une date de la plus haute importance. Ce jour-là, pour la première fois depuis 1790, les catholiques de France ont pu respirer et considérer comme vraiment finie l'odieuse persécution qu'ils subissaient. Bonaparte songeait en 1799 à « se faire sire », comme dit Paul Louis, « à se faire casser la petite fiole sur la tête », comme lui disait à lui-même un de ses généraux ; la chose n'est plus douteuse aujourd'hui, bien que M. Thiers l'ait niée dans son histoire [1], et sa première pensée fut de se faire pro-

---

1. « Il n'avait pas d'autre ambition que de faire le bien en toutes choses », dit en propres termes l'historien du Consulat. C'est inadmissible aujourd'hui. On serait même porté à croire que Bonaparte avait lu et médité cette lettre facétieuse que le *Journal du Bonhomme Richard* prêtait au pape le 29 décembre 1795 : « Mes bons enfants, battez-vous, échinez-vous promptement pour le choix de votre roi ; que ce soit l'imbécile Monsieur, ou le prodigue d'Artois, ou Gautier, ou Garguille, il vous faut toujours de l'huile, et moi seul j'en tiens. »

clamer le restaurateur du culte. Dès le début de sa carrière politique, il avait senti la nécessité de compter avec les opinions religieuses; libre penseur quand il écrivait au Directoire, Bonaparte savait être catholique à Milan et musulman au Caire, mais au fond il n'avait point de religion [1]. Il ne pouvait pas, comme il l'a prétendu en 1801, être ému par le son d'une cloche de village, car il disait alors même à Grégoire, qui a consigné ce propos dans ses notes manuscrites, que la religion était « nécessaire pour garantir les grandes fortunes »; qu'il était, lui, « de la religion de l'Institut, mais que rien n'était plus atroce à ses yeux que d'attaquer la pensée de l'homme [2] ». Consul provisoire et bientôt après premier consul, Bonaparte fit cesser immédiatement les tracasseries que La Réveillière et ses amis avaient imaginées pour entraver le libre exercice du culte; c'est une des raisons qui lui ont fait pardonner son coup d'Etat à une époque où l'on ne comptait plus les attentats de cette nature. Les *Annales de la Religion*, organe du clergé républicain, ne virent dans « cette étonnante journée du 18 brumaire que l'es-

---

1. Il souriait quand on lui parlait du salut de son âme et disait : « Pour moi, l'immortalité c'est le souvenir laissé dans la mémoire des hommes. » Il faut voir dans les Mémoires de Bourrienne la façon dont il entendait la messe à Saint-Cloud ; on la disait en 12 minutes dans sa salle de bain; et il travaillait pendant ce temps dans son cabinet. « Les journaux répétaient à l'envi : le premier consul a entendu la messe dans ses appartements. » *Bourrienne*, 1829, IV, 277 et sq.

2. *Notes autogr. de Grégoire.* — Un an après le Concordat, en 1803, l'Institut refusait d'accompagner à l'église le corps de Laharpe; il attendait à la maison mortuaire et le convoi venait l'y reprendre pour aller au cimetière. — *Annales de la Religion*, XVI, 516.

« poir consolant qu'elle peut annoncer aux ministres
« du culte catholique. C'est sans doute, ajoute le
« rédacteur, aux excès de l'intolérance du théophi-
« lanthrope La Réveillière et du dernier Directoire,
« encore plus stupide et plus féroce que tous les
« dépositaires de l'autorité qui l'avaient précédé, que
« nous devons les changements qui viennent d'avoir
« lieu [1]. » L'immense majorité des Français pensait
alors de même, et l'on ne voit pas que les plus fermes
républicains aient alors tremblé pour la liberté.

A cette époque, Grégoire était en Lorraine, car il
venait de perdre sa mère, et c'est un fait assez curieux
à noter que l'absence forcée de cet homme à principes dans les circonstances politiques les plus difficiles. Au mois de janvier 1793, il était absent par
commission; le 31 mai 1793 il était obligé par la
maladie de céder à Hérault-Séchelles la présidence
de la Convention; le 18 brumaire enfin il se trouvait
à cent lieues de Paris. A son retour de Lorraine, Grégoire se vit donc en présence d'un fait accompli; il
ne sacrifia rien de son indépendance républicaine,
mais il chercha tout de suite à tirer parti de la situation en faveur du catholicisme. Une ère nouvelle
s'ouvrait pour le clergé de France, l'ère de la tolérance et de la liberté, mais ce n'étaient pas les
prêtres soumis aux lois qui devaient gagner le plus
à ce nouvel état de choses. Les persécutions n'avaient
pu leur enlever ce qui faisait leur véritable force, la
confiance et l'amour de populations foncièrement
chrétiennes; le régime de tolérance inauguré par
Bonaparte mit encore une fois leur constance à

---

1. *Annales de la Religion*, X, 46.

l'épreuve. Le jour où les serments impolitiques de 1791 et des années suivantes firent place à une simple promesse de fidélité à la Constitution [1], les insermentés revinrent en foule dans leurs anciennes résidences ; bientôt ils furent rejoints par leurs confrères sortis de prison ou ramenés de l'exil, et partout, en 1800 comme en 1790, les deux clergés se retrouvèrent en présence, les insermentés avec l'intention bien arrêtée de chasser du sanctuaire les *intrus* et les *jureurs;* les constitutionnels avec la prétention très naturelle de conserver leurs places et de ne point se retirer devant ceux qu'ils nommaient ironiquement les *bons prêtres*. L'histoire de ce fâcheux conflit est aussi instructive qu'intéressante, et sans doute on en suivra volontiers les péripéties à Blois et dans le département de Loir-et-Cher, l'un de ceux où la lutte a été le plus vive.

On a pu se convaincre par tout ce qui précède que l'Eglise constitutionnelle comptait de nombreux adhérents dans le diocèse de Blois ; le seul fait que Grégoire y confirma près de cinquante mille personnes sur deux cent mille, c'est-à-dire le quart de la population, en est la preuve irréfutable. En 1795, les insermentés avaient reparu, mais en très petit nombre, et l'immense majorité des habitants s'attachait à leurs adversaires [2] ; les riches, les ci-devant nobles et les contre-révolutionnaires déclarés fré-

---

1. *Décret du 7 nivôse an VIII.*
2. Les mandataires de l'évêque Thémines convenaient en 1800 (*Instruction aux fidèles au sujet du synode....* 32 pages in-8°) que le peuple attaché au culte voulait bien fréquenter les temples de l'église constitutionnelle pour avoir la messe ; mais de confession et de communion, disaient-ils, à peine en est-il question.

quentaient presque seuls les oratoires et les chapelles des « grangistes ». Ces derniers s'étaient emparés en 1797 de quelques paroisses dépourvues de curés, et on les voyait exercer furtivement leur culte ; mais en définitive, jusqu'au 18 brumaire, ils ne comptaient à Blois et dans tout le département qu'un fort petit nombre d'adhérents. Au contraire, Grégoire avait sous ses ordres environ cent prêtres dévoués qui rivalisaient de zèle pour desservir les trois cent dix paroisses du diocèse [1]. Les incursions des chouans en 1799 et la connivence des autorités en 1800 modifièrent sensiblement cet état de choses, et les constitutionnels durent redoubler d'ardeur pour conserver leurs avantages. Ils étaient toujours dans le plus grand dénuement, car le trésor public leur donnait à chacun huit cents livres à une époque de cherté excessive, et les paroissiens ne faisaient rien pour empêcher leurs curés de mourir de faim. Cette ingratitude des paysans décourageait ces malheureux prêtres, et elle ulcérait l'âme de Grégoire ; elle contribuait à lui donner dès lors cette misanthropie qui attrista les trente dernières années de sa vie. « Je dispense tous mes diocésains de me parler de leur attachement pour moi, s'écria-t-il un jour à ce propos, parce que je n'y crois pas, et que je suis loin d'avoir à me louer d'eux [2]. » Dans ces tristes conjonctures, il soutenait son clergé par tous les moyens

---

1. En juillet 1800, après bien des rétractations et des défections causées surtout par la misère, ils étaient encore 82, plus un acéphale ou indépendant, et 2 prêtres mariés qui exerçaient en dépit de tout le monde. (*Lettre de Boucher à Grégoire,* 7 juillet 1800.)

2. *Lettre du 25 juin* 1800.

possibles ; il eût souhaité de lui envoyer de l'argent, mais lui-même alors était réduit à « l'indigence », et ses diocésains l'ignoraient ou « feignaient de l'ignorer »[1] ; du moins il écrivait sans cesse, tantôt à celui-ci, tantôt à celui-là, et ses lettres étaient, on peut le dire, un baume versé à propos sur les blessures de ces braves gens. Bien plus, il fit à Blois, vers le milieu de l'année 1800, une visite pastorale qui devait être la dernière, et il y présida, les 2, 3 et 4 septembre, un synode diocésain où se trouvèrent un grand nombre de ses curés, ceux que la misère n'empêcha point de voyager. Ce synode aurait dû avoir lieu vers le 15 août 1800, mais Grégoire en retarda l'ouverture parce que Bonaparte lui avait « demandé officiellement un travail d'une haute importance pour la religion et pour l'Église gallicane en particulier »[2]. En effet, Bonaparte, voulant mettre un terme aux troubles qui agitaient la France depuis dix ans, s'était adressé d'abord, non pas à l'ancien clergé, qu'il trouvait trop royaliste, mais au clergé constitutionnel et à son patriarche Grégoire ; il eut avec l'évêque de Blois de longues entrevues, et il lui demanda même plusieurs mémoires sur ces questions délicates. Le premier consul s'aperçut bientôt, comme nous aurons occasion de le montrer plus loin, que le clergé constitutionnel était sincèrement et résolument républicain ; dès lors il aima mieux s'appuyer sur l'ancien clergé ; le trop célèbre Bernier, l'ancien aumônier des chouans, conquit en un moment la faveur que perdit par son républicanisme le fougueux mais honnête Grégoire.

1. *Lettre pastorale pour annoncer sa démission*, 8 octobre 1801.
2. *Lettre à Boucher*, 25 juin, 11 jours seulement après Marengo.

Le synode de Blois fut annoncé officiellement aux fidèles le 20 juillet 1800 par une circulaire ou pastorale imprimée [1] qui est assez curieuse. Grégoire y faisait un éloge pompeux de ses « vénérables coopé-« rateurs que la séduction, les promesses, les me-« naces, les calomnies, les injures, la misère, les « tourments, n'avaient pas ébranlés, et qu'il ne « craignait pas d'appeler la gloire et la consolation « de son épiscopat ». Il y flétrissait avec énergie « ces « prétendus fidèles qui osent parler d'attachement à « leurs pasteurs quand ils refusent le strict néces-« saire à ceux qui leur donnent le pain spirituel ». Il disait incidemment, ce qu'il aurait dû se dire à lui-même en 1792, que « les assemblées ecclésiastiques « étant par leur nature étrangères à la politique, on « ne parlerait de la République dans le synode que « pour lui exprimer son amour, proclamer l'obéis-« sance à ses lois et l'attachement à son gouverne-« ment ». La foi, la discipline et les mœurs, tel devait être le triple objet de cette assemblée, et Grégoire terminait sa pastorale par un appel chaleureux et sincère à ses « frères divisés », c'est-à-dire aux insermentés du Loir-et-Cher. « Quittez vos oratoires « clandestins, leur disait-il non sans quelque naïveté, « venez dans nos églises, où la publicité facilite la « surveillance du magistrat ; nos temples sont ouverts ; « nos voix vous y appellent, nos cœurs vous y atten-« dent. Nous vous répéterons que si vous échappez à « nos embrassements, vous n'échapperez pas à notre « amour ; et nos démarches vous prouveront que la « charité est toujours là où se trouve la vérité. Si

---

1. 8 pages in-8°.

« vous croyez que la vérité est de votre côté, ayez le
« courage et la franchise de venir en synode, sous les
« yeux des fidèles, discuter les points qui nous
« divisent. Si vous vous refusez à cette demande,
« n'aura-t-on pas sujet de dire que vous ne croyez
« pas vous-mêmes à la bonté de votre cause, et que
« par là vous donnez la mesure de votre bonne foi,
« de votre amour pour l'union et la paix [1]? »

Les actes et statuts de ce synode furent imprimés en 1800, comme ceux de trente ou quarante assemblées analogues dont les historiens de la Révolution n'ont jamais parlé [2], et l'on peut voir en lisant ces procès-verbaux, signés souvent par cent cinquante prêtres, s'il est vrai que le Concordat ait rétabli la religion en France. Mais cette religion, c'était celle de Bossuet et des gallicans de 1682 ; voici en effet les statuts du synode de Blois qui concernent le pape :
« L'Eglise de J.-C. ne peut subsister sans un chef vi-
« sible. — Le pape, successeur de saint Pierre, est
« nécessairement ce chef visible. — Selon la doctrine
« des conciles œcuméniques de Bâle et de Constance,
« les décisions du pape ne sont irrévocables qu'autant
« qu'elles sont admises et reçues par toute l'Eglise
« assemblée ou dispersée. — Le synode croit ferme-
« ment et professe que le Saint-Siège est le centre de
« l'unité catholique auquel tous les vrais enfants de
« l'Eglise doivent rester inviolablement attachés. —

---

1. *Convocation du synode du diocèse de Blois.* 7 pages in-8°.
2. *Actes du synode diocésain tenu dans l'église cathédrale de Blois,* etc. 94 pages in-8°; prix, 24 sous. — On imprima de même ceux de Reims, de Lille, d'Évreux, de Rouen, etc..... A Cahors, en 1797, il y avait autour de l'évêque 138 prêtres constitutionnels.

« Le synode reconnaît et déclare qu'il donne une
« adhésion pleine et entière aux libertés de l'Eglise
« gallicane, ainsi qu'aux autres articles de la célèbre
« assemblée du clergé de France en 1682. »

Les devoirs de l'Église envers l'État n'étaient pas définis avec moins de netteté par Grégoire et ses curés. « Le synode, lisons-nous quelques lignes plus
« bas, reconnaît comme un article fondamental de la
« morale évangélique le précepte de la soumission
« aux puissances dans tout ce qui ne contrarie évi-
« demment ni la foi ni les mœurs. — Tout chré-
« tien donc, comme tel, doit se soumettre à la con-
« stitution du pays qu'il habite, aussitôt qu'elle est
« admise par la majorité du peuple, et lorsqu'elle
« sert de base à la puissance qui gouverne. — Dis-
« ciple d'un Dieu qui lui-même obéit aux hommes et
« paya le tribut à César, un vrai chrétien ne peut
« oublier l'obligation qu'a tout citoyen de payer
« exactement les contributions, d'observer les lois,
« et de respecter ceux qui sont choisis pour en être
« les organes [1]. »

On se figure aisément l'effet que devait produire sur les habitants du Loir-et-Cher l'apparition de ces statuts et règlements rédigés en séance publique par cinquante curés groupés dans le chœur d'une cathédrale autour de leur évêque; aussi Grégoire les fit-il imprimer aussitôt, en y joignant une réponse vigoureuse aux libelles qu'avait fait éclore la seule annonce du synode. L'un de ces libelles, composé selon toute apparence par un prêtre marié du diocèse

---

1. *Actes du synode*, p. 48 et sq. — Cette déclaration mériterait d'être affichée à la porte de tous les édifices consacrés au culte.

de Tours ¹, était véritablement infâme, et Grégoire eût mieux fait de le mépriser ; l'autre, plus modéré dans la forme, avait été composé par les insermentés du département, qui redoutaient avec raison la tenue du synode ². Tous les arguments ressassés en 1790 contre la Constitution civile du clergé se retrouvaient dans cet écrit, et les injures théologiques, les termes de larrons, de voleurs, de sarments arides, etc., s'y mariaient aux citations de l'Écriture. Grégoire répondit à toutes les objections de ses adversaires, et à son tour il leur reprocha d'admettre aux sacrements tous les mauvais sujets que ses curés en éloignaient. « Les « ignorants et les libertins, disait-il, trouveront chez « eux une prompte absolution. Il leur suffira de « croire que trente millions de Français sont un « troupeau d'esclaves dont le propriétaire est un « imbécile résidant à Mittau ; de détester la Répu- « blique ; de calomnier les prêtres qui l'aiment ; d'ap- « plaudir aux massacres commis par les chouans ; de « refuser aux pauvres des aumônes, aux ouvriers de « l'occupation, s'ils sont patriotes... A ces conditions « tous vos crimes seront effacés. On oubliera même « que votre piété est de fraîche date ; que jadis vous « outragiez le christianisme, pour lequel aujourd'hui « vous simulez tant de zèle. D'ailleurs, on exige de « vous non pas la piété de la religion, mais celle de « la contre-révolution, et vos vœux, en apparence « adressés à l'autel, s'adressent réellement au trône ³. »

1. *Lettre au citoyen Grégoire, ci-devant évêque constitutionnel du département de Loir-et-Cher.* 24 pages in-8°. Grégoire attribuait ce pamphlet à Bruslon, ci-devant curé de Vouvray.
2. *Instruction aux fidèles du diocèse de Blois au sujet du synode*..... 32 pages in-8°.
3. *Actes du synode,* p. 5. Peut-être qu'en 1814 une âme cha-

Ces reproches étaient malheureusement fondés, car la plupart des ecclésiastiques rentrés étaient des royalistes plus ou moins déclarés ; mais la polémique n'était guère courtoise, et il faut convenir qu'une réconciliation entre « frères » qui se traitaient de la sorte ne semblait pas facile à opérer.

Malgré tout, l'effet produit par la tenue du synode fut considérable ; les curés reprirent courage, et les fidèles qui n'entendent pas finesse aux discussions théologiques allèrent plus que jamais en sûreté de conscience aux grand'messes des constitutionnels. Quant aux insermentés, ils ne firent jusqu'à la fin de l'année 1800 que très peu de prosélytes ; sans le vouloir ils avaient donné des armes contre eux-mêmes. Ils avaient pris tout à fait au sérieux le synode de Blois ; bientôt après ils répandirent dans le diocèse un catéchisme anticonstitutionnel dans lequel on disait « que J.-C. n'est pas avec l'église constitution« nelle ; qu'il n'y est dans l'eucharistie que contre « son gré, et comme entre les mains des Juifs qui « l'insultaient et l'accablaient d'outrages, etc. » Ils convenaient de même que la confirmation donnée par les évêques constitutionnels était bonne, mais que le confirmé devait faire pénitence [1]. N'était-ce pas avouer que la messe des intrus était une messe véritable, et reconnaître à leur chef le titre d'évêque ? Aussi les paysans et les gens du peuple se contentèrent de cette déclaration, et ils se dispensèrent d'aller chercher bien loin la messe qu'ils pouvaient

ritable montra au roi Louis XVIII la phrase qui était relative à « l'imbécile de Mittau ».

1. Extraits du catéchisme envoyés à Grégoire par Chenu, curé de Saint-Nicolas. *Lettre du 29 novembre* 1800.

entendre dans leur église. La chouannerie d'ailleurs, qui sévissait alors avec fureur jusqu'aux portes de Blois, contribuait à éloigner les populations des oratoires et des chapelles « royalistes ».

Grégoire n'avait pas vu de près cet heureux résultat de ses efforts ; il s'était rendu à Bourges pour assister à un concile métropolitain (14-21 septembre 1800 [1]), et il était revenu en toute hâte à Paris, où l'attendait le vainqueur de Marengo. L'année 1801 fut occupée tout entière par les négociations difficiles qui précédèrent ou suivirent la signature du Concordat, et nous verrons quel fut en cette circonstance le rôle de Grégoire. Il fallait bien, pendant la durée de ces négociations, accorder à tous les cultes une égale liberté ; aussi les insermentés se virent-ils singulièrement encouragés dans les départements où se trouvaient des préfets royalistes. On sait, en effet, que le Premier Consul, après s'être assuré le concours du ci-devant Talleyrand et celui du régicide Fouché, avait nommé préfets et sous-préfets des hommes de tous les partis [2], ici un jacobin converti, là un émigré rallié, en sorte que, suivant le hasard des nominations, c'étaient les prêtres en général, ou seulement les constitutionnels, ou enfin les seuls insermentés qui avaient la faveur ou la défaveur de l'administration. Le citoyen Corbigny, préfet du département de Loir-et-Cher, tenait pour l'ancien clergé, et l'on ne tarda pas à s'en apercevoir. « La sécurité est parfaite pour les dissidents, écri-

1. *Impr.* 43 pages in-8°.
2. « Le Premier Consul a réuni tous les partis et choisi dans toutes les opinions. » *Lettre de Cacault à Portalis*, citée par M. d'Haussonville, I, 153.

« vait à Grégoire un de ses meilleurs curés [1], ils
« semblent autorisés ; aussi le nombre de leurs adhé-
« rents grossit, et nous perdons quelques-uns des
« nôtres. — Les réfractaires n'ont jamais joui d'une
« aussi grande liberté, disait un autre [2], presque à
« toutes les portes on dit des messes ; on est tenté de
« croire que le gouvernement les autorise... Il n'y a
« qu'une voix, c'est qu'il faut qu'il y ait des ordres
« secrets pour protéger les réfractaires... Si les
« réfractaires et leurs partisans étaient partout aussi
« nombreux qu'ici, je cesserais de croire à la Répu-
« blique. » Cette liberté dégénérait même quelquefois
en licence, car les insermentés et leurs partisans en
venaient aux menaces et aux voies de fait contre
les constitutionnels ; ils sommaient l'archidiacre
Dupont de se rétracter et de renoncer « à monsieur
« Grégoire. Ils ne veulent pas me faire du mal, me
« disent-ils, je suis un honnête homme, c'est un grand
« malheur que j'ai (sic) fait mon serment » [3]; et en
attendant ils jetaient de grosses pierres dans son
église pendant qu'il y disait la messe.

Trois mois plus tard, le 31 mars 1801, les vicaires
généraux de M. de Thémines adressèrent à tout le
diocèse de Blois un mandement imprimé [4] qui avait
pour objet de faire chanter partout un *Te Deum* pour
la paix. Ils invitèrent même le préfet à se rendre
chez l'abbé Villain pour y assister [5]; mais le citoyen
Corbigny s'y refusa et conduisit les autorités consti-

1. Chenu, lettre du 25 déc. 1800.
2. Dupont, 11 janvier 1801.
3. *Ibid.*
4. 4 pages in-12.
5. *Lettre de Dupont,* mars 1801.

tuées au *Te Deum* des constitutionnels. L'effervescence était très grande; le conseil du département et celui de la commune, présidés l'un et l'autre par un nommé Turpin, étaient en lutte ouverte avec toutes les administrations républicaines. Ils faisaient l'impossible pour rendre la cathédrale aux « Théminiens », et le brave Dupont, second adjoint au maire de Blois, était menacé constamment de « coups de bâton »; on le rendait responsable, dit-il, des demi-mesures adoptées par le préfet pour empêcher que les lois ne fussent complètement violées.

S'il en était ainsi même à Blois, c'était bien autre chose dans les communes éloignées. Les « bons prêtres » rebaptisaient et remariaient à qui mieux mieux; ils disputaient ouvertement aux constitutionnels en exercice la possession des édifices religieux; enfin ils se vantaient avec raison, dès le mois de juin 1801, que le Concordat se faisait pour eux, et qu'ils reviendraient à Pâques de l'année 1802 [1]. Grégoire fut obligé d'intervenir pour protéger ses curés; il se plaignit au ministre de la police, et le préfet Corbigny reçut un jour de Fouché une lettre des plus « vertes [2] ».

---

1. *Lettre de Dupont*, 5 juin 1801.
2. *Lettre de Grégoire*. Voici, d'après un duplicata signé de Fouché et adressé par lui à Grégoire, le texte de cette lettre :

Liberté, Égalité.

Paris, le 28 Thermidor an VIII de la République une et indivisible.

Le ministre de la Police Générale de la République au Préfet du département de Loir-et-Cher.

Je suis informé, citoyen préfet, que les ministres du culte catholique domiciliés dans une commune où ils ont fait la promesse de fidélité à la Constitution prescrite par la loi sont

Malgré tout, le trouble et la désorganisation augmentaient chaque jour. « Plus de religion, s'écriait « amèrement le curé d'Epuisé, plus de foi, plus de « mœurs, autel contre autel ; les uns sont à Céphas, « les autres à Apollo ; le nouveau siècle va-t-il nous « rendre tous à J.-C. [1] ? » Les négociations que l'on savait entamées avec Rome empêchaient Grégoire d'agir en évêque, et d'autre part la mort faisait des vides irréparables dans la petite phalange des constitutionnels. C'était un jour le bon curé de Chitenay, un autre jour l'excellent Boucher, l'ami particulier

fréquemment obligés de répéter cette promesse dans les communes où ils se trouvent accidentellement et où ils veulent exercer des fonctions religieuses.

Ce n'est que par une extension abusive de la loi qu'une autorité municipale oblige le ministre d'un culte qui exerce momentanément des fonctions sous sa surveillance, à répéter une promesse qu'il a faite dans la commune de son domicile. Une déclaration unique et générale de fidélité à la Constitution suffit pour constituer la garantie que les lois exigent des ministres des cultes. Les forcer à renouveler cette déclaration partout où ils exercent momentanément des fonctions, c'est faire une chose étrangère au but de la loi. Tout ce que l'autorité municipale doit exiger du ministre d'un culte dans le cas dont il s'agit, c'est qu'il justifie de la déclaration qu'il a dû faire dans la commune de sa résidence.

Empressez-vous, citoyen préfet, de transmettre cette observation aux sous-préfets, et par eux aux maires et adjoints de votre arrondissement.

J'aime à penser que l'abus que je vous dénonce n'est que le produit d'un zèle pour l'exécution des lois qui, pour devenir louable, n'a besoin que d'être éclairé et mieux dirigé. Cet abus doit cesser dès que vous aurez transmis les instructions convenables aux autorités qui vous sont subordonnées. Rappelez-leur que, de toutes les vexations, les plus douloureuses pour les bons citoyens sont celles qui s'exercent au nom des lois.

Salut et fraternité.
Fouché.

1. *Lettre du* 20 *mai* 1801.

de Grégoire, et si l'on pouvait lui faire une oraison funèbre [1], on ne pouvait pas le remplacer; les « incommunicants » s'emparaient aussitôt des places vacantes; leur nombre augmentait toujours et ils étaient soixante ou quatre-vingts dans la seule ville de Blois au mois d'août 1801 [2].

Cependant les négociations pour le Concordat suivaient leur cours; le concile national de 1801, librement convoqué dès le milieu de l'année 1800 par les évêques constitutionnels, se réunit à Saint-Sulpice le 29 juin, et se sépara sur l'invitation quelque peu militaire du Premier Consul [3], en apprenant le 14 août la ratification du Concordat par le pape. Tous ses membres offrirent aussitôt de se démettre pour faciliter la réorganisation religieuse de la France, et ces démissions, décidées en principe le 14 août [4], furent données en octobre. Mais les évêques constitutionnels stipulèrent qu'ils resteraient en fonctions jusqu'à l'arrivée de leurs successeurs concordataires. Grégoire remit sa démission non pas au pape, ni au gouvernement, qui, disait-il, n'était pas compétent, mais à son métropolitain Dufraisse, évêque de Bourges, et il la notifia ensuite à ses diocésains, en l'accompagnant d'une pastorale. Cette pastorale, ou lettre d'adieux, témoigne surtout du peu de regret qu'il éprouvait en quittant l'évêché de Blois. Il avait fini par prendre

1. *Impr.* 8 pages in-8°.
2. *Lettre de Dupont.*
3. MM. Thiers et Lanfrey disent que Bonaparte convoqua le concile pour faire peur au pape, et qu'après la ratification il envoya un commissaire de police pour le dissoudre. Tout cela est contraire à la vérité; d'ailleurs l'histoire du Concordat n'est pas encore faite.
4. *Procès-verbal ms. du Concile de* 1801.

l'humanité en dégoût, et il trouvait les habitants du Loir-et-Cher on ne peut plus entachés des vices inhérents à la nature humaine. On voudrait pouvoir extraire de cette pastorale quelques lignes touchantes ; mais, si l'on excepte un paragraphe relatif à ses curés, tout le reste est sur un ton de reproche et d'acrimonie qui fait peine au lecteur [1].

L'effet produit par cette démission fut tel qu'on peut se le figurer. Les habitants du Loir-et-Cher la reçurent avec leur indifférence ordinaire, et l'accusation d'ingratitude que Grégoire leur intentait ne fit sur eux aucune impression ; un évêque était à leurs yeux un fonctionnaire comme un autre, et ils se préparaient à recevoir successivement tous ceux qu'il plairait au gouvernement de leur donner. Les insermentés furent très satisfaits de cette démission, mais il est à remarquer qu'ils ne cherchèrent pas même à prendre en main l'administration spirituelle du diocèse. Et cependant M. de Thémines était bien décidé à demeurer évêque de Blois, puisqu'il refusa sa démission aux instances de Pie VII, protesta contre le Concordat, et mourut sous la Restauration après avoir déclaré qu'il était le seul évêque orthodoxe du monde chrétien. Il semble que son ancien clergé devait, du moins en 1801, soutenir ses prétentions : il n'en fut rien, et les insermentés du Loir-et-Cher continuèrent jusqu'en 1802 à officier dans leurs oratoires et à troubler la paix des familles. Les curés constitutionnels, au nombre de quatre-vingts, regrettèrent vivement Grégoire [2], qui leur avait toujours témoigné

---

1. *Impr.*, 20 pages in-8°.
2. « Un père si tendre, un pasteur si bon, un supérieur si

beaucoup de bonté, et leurs regrets n'étaient pas diminués par l'appréhension de voir monter sur le siège de Blois un nouvel évêque, peut-être un insermenté, peut-être même un prélat de l'ancien régime qui ne leur pardonnerait jamais ce fâcheux serment de 1791. « Où sont les belles promesses du Premier « Consul? s'écriaient-ils avec tristesse; il ne faut « donc que lever l'étendard de la révolte pour avoir « des protections et des places [1] ! » Ils ne pouvaient croire que le gouvernement les abandonnât après ce qu'ils avaient fait depuis dix ans pour la conservation du catholicisme en France. « Je ne peux pas m'ima- « giner, disait l'un d'entre eux [2], que Bonaparte sa- « crifie des hommes dont la contenance ferme et cou- « rageuse a cimenté les bases de son gouvernement « et de son autorité. Il est sans doute trop ami de la « justice pour agir avec autant de déloyauté. » Presque tous écrivaient à leur évêque des lettres analogues, et la nomination de Grégoire au sénat en décembre 1801, nomination qui déplut si fort au Premier Consul, leur rendit pour un moment l'espérance de le conserver, peut-être même, disait le curé d'Ouzain, avec le chapeau de cardinal [3]

Mais Grégoire, qui savait mieux que personne à quoi s'en tenir sur les dispositions de Bonaparte, s'attachait à détruire ces illusions de ses curés; il

---

vigilant, un ami si fidèle et si obligeant. » — Lettre de Noirot, curé de la Trinité de Vendôme (24 novembre 1801).

1. *Lettre de Chenu* (25 oct. 1801). « Au reste, ajoutait ce bon curé, je me résigne à la volonté de la Providence, et j'attends tout de sa bonté paternelle. »
2. *Ibid.*
3. *Lettre de Morel,* 13 janvier 1802.

évitait soigneusement de répondre à leurs lettres, parce que l'on colportait en tous lieux ses réponses, et les indications qu'il donnait à son secrétaire se réduisaient presque toujours à ces mots : « Estimable « curé de mon diocèse, l'encourager, lui dire des « choses amicales [1]. » Lorsque les « dames de la société chrétienne de Blois », les citoyennes Buache, Pitron, Isambert, Férand et Guérin-Cousin, lui adressèrent au sujet de sa démission une lettre affectueuse, il écrivit en marge ces simples mots : « Société de « dames chrétiennes infiniment respectable. Leur « écrire en mon nom une lettre de consolation et « d'amitié qui durera autant que moi. Nous nous « reverrons dans l'éternité ; je me recommande à « leurs prières. » L'estimable Dupont lui-même, ne recevant plus de réponse à ses lettres, craignait d'avoir perdu la confiance et l'amitié de son évêque ; il s'en plaignait doucement, et Grégoire était obligé de lui faire connaître en confidence les raisons de sa conduite. Comme il ne devait pas rester évêque de Blois (ce siège était supprimé dans la nouvelle circonscription des diocèses), et qu'il avait déclaré en toute occasion qu'on ne le verrait jamais passer à un autre siège, il ne pouvait rien pour ses pauvres curés, et les convenances ne lui permettaient pas d'entretenir avec eux une correspondance ecclésiastique. Il était donc réduit à leur donner rendez-vous dans l'autre monde, comme il avait fait pour les dames chrétiennes ; agir d'une manière différente, c'eût été mériter le reproche que Thémines s'était attiré en 1794 ; Grégoire avait trop le sentiment de ses devoirs de

---

1. *Notes marginales, passim.*

prêtre et de citoyen pour créer ainsi des difficultés à son successeur.

Ce successeur, que Grégoire ne connaissait pas encore, ce fut l'agent principal de Bonaparte dans ses négociations tortueuses avec Rome, ce fut l'homme qui, le 13 juillet 1801, présentait à la signature de Consalvi un concordat falsifié [1], l'homme qui, moyennant 30 000 francs, attesta contre toute vérité que les évêques constitutionnels promus à de nouveaux sièges avaient rétracté leur serment de 1791 [2], ce fut le célèbre abbé Bernier, ancien curé de Saint-Laud à Angers. Bernier succédant à Grégoire, un ancien « agent de Louis XVIII auprès des armées catho- « liques » prenant la place d'un conventionnel montagnard, il est difficile d'imaginer un plus grand contraste, et les curés constitutionnels du Loir-et-Cher furent très affectés en apprenant cette nouvelle au mois d'avril 1802. « On s'attendait bien à le voir « évêque, écrivait l'un d'eux [3], mais sa nomination « au siège d'Orléans étonne bien du monde. — Quelle « différence entre votre successeur et vous! s'écriait « un autre [4]. — Qu'espérer, disait un troisième [5], de « celui qui a toujours eu en horreur les principes « républicains, qui investit de sa confiance un prêtre « émigré, M. Blin, grand pénitencier de l'ancien « diocèse d'Orléans? » Un autre enfin, le citoyen Pioche, curé de Saint-Aignan, allait jusqu'à dire en

---

1. Voy. *Mém. de Consalvi*, II, 374.
2. *Ibid.*, 389. — Cf. d'Haussonville, *l'Église romaine et le premier empire*, I, 190.
3. *Lettre de Monrocq, curé de Mer*, 16 avril 1802.
4. *Morel, curé d'Ouzain*, 25 avril.
5. *Biet, curé de Romorantin*, 10 avril.

juillet 1802, après l'installation de Bernier : « Mon
« dessein est de fuir un diocèse qui perd un chef que
« j'adorais et reçoit pour successeur un être que
« j'abhorre. Je ne sais quelles données il a acquises
« sur mon compte ; celles que je conserverai à jamais
« pour lui sont écrites de sang... » En effet, cet homme
dont l'habileté en matière de négociations n'est pas
contestable était justement exécré de tous les honnêtes gens. Il avait joué dans la guerre de Vendée un
rôle odieux ; il s'était montré toujours partisan des
mesures de rigueur ; il avait fait souvent fusiller des
prisonniers républicains ou des prêtres constitutionnels ; on l'accusait de vivre avec une femme dont il
avait fait assassiner le mari [1] ; on lui reprochait même
assez généralement d'avoir livré Stofflet, et sa conduite équivoque après le 18 brumaire n'était pas de
nature à lui attirer l'estime publique. Mais Bernier
avait contribué plus que personne à l'heureuse conclusion du Concordat, et il fallait bien l'en récom-

---

1. *Lettre ms. signée B.* L'anonyme, qui était connu de Grégoire, promettait de donner le nom du mari et de la femme.
— Rangeard, ex-constituant, écrivait en 1795 dans le même sens. — MM. de Barante et d'Haussonville montrent bien quel homme c'était ; M. Crétineau-Joly avoue (*Mém. de Consalvi*, I, 347) que des accusations graves pèsent sur sa mémoire. Bernier était trop méprisé de ceux mêmes qui l'avaient employé pour obtenir les faveurs qu'il ambitionnait ; il en mourut de chagrin en 1806, deux ans avant M. de Belloy. Le P. Theiner, qui n'était pas Français, a parlé en termes élogieux de Bernier, « cet illustre prêtre si indignement calomnié aujourd'hui par ses compatriotes, qui devraient bénir sa mémoire ». *Histoire des deux Concordats* (Paris, 1869). Les renseignements qu'il m'a été possible de faire prendre à Orléans même auprès de vieillards qui avaient connu l'évêque Bernier permettent d'établir que ce prélat y a laissé les plus tristes souvenirs ; on l'y méprisait, on y parlait de lui comme d'un « scélérat ».

penser. Il voulait être archevêque de Paris et cardinal, et c'était pour l'encourager à la patience qu'on avait placé sur le premier siège de France un homme de quatre-vingt-treize ans, le vénérable de Belloy [1]. En attendant cette mort, qu'il ne devait pas voir, et pour être plus à même de surveiller les événements, Bernier avait accepté l'évêché d'Orléans, auquel on avait réuni celui de Blois, et qui était alors le plus considérable des évêchés avoisinant Paris.

Grégoire, qui connaissait et méprisait depuis longtemps l'ancien curé de Saint-Laud, avait refusé de le voir en 1800 ; il s'était indigné l'année suivante parce que certains évêques constitutionnels faisaient visite à cet homme dans l'espérance d'être replacés [2] ; il dédaigna en 1802 de conférer avec lui au sujet de ce diocèse de Blois qui allait devenir le sien [3]. Toutefois il se garda bien de laisser voir à ses curés le dégoût profond que lui inspirait leur nouveau pasteur ; plus que jamais il évita de répondre à leurs lettres, ou il ne répondit que par des phrases banales ; il évita de même d'insérer dans les *Annales de la religion*, l'une des rares feuilles qui conservèrent leur franc parler jusqu'en 1803 [4], des articles ou fragments de corres-

---

1. « Il avait un bref pour gouverner l'archevêché de Paris. Emery l'a lu ; il devait succéder à l'archevêque de Paris ; Caprara avait choisi le plus vieux. Il avait fait faire chez Quatremère un costume de cardinal qui fut acheté par Caprara ; déjà même il s'était fait peindre en cardinal. » *Notes ms. de Grégoire.*
2. *Notes ms. de Grégoire sur le concile de* 1801.
3. Thémines considérait Bernier comme intrus au même titre que Grégoire, et par conséquent le nouvel évêque dut organiser tout seul cette moitié de son diocèse.
4. Elles disparurent en novembre 1803, probablement par ordre de Bonaparte, car le dernier numéro contenait un article des plus vifs contre les manœuvres intolérantes de l'ancien clergé.

pondance relatifs au département de Loir-et-Cher ; il se fit renvoyer une partie de ses effets et donna l'ordre de vendre le reste ; il revendiqua secrètement comme étant sa propriété des registres et des lettres contenant le détail de son administration depuis 1791 ; ensuite il interdit à ses anciens coopérateurs toute correspondance avec lui [1]. Il poussa même la délicatesse plus loin ; il quitta la France pour quelque temps et fit un voyage en Angleterre pendant que les nouveaux évêques prenaient possession de leurs sièges.

A peine sacré, ce qui, paraît-il, souleva bien des difficultés [2], car aucun prélat ne voulait être le consécrateur de ce nouveau Dubois, Bernier parut d'abord à Orléans, dont les habitants le reçurent, dit-il dans sa première pastorale [3], « avec des larmes d'atten-« drissement ». De là il se rendit à Blois, et voici, au sujet de son entrée dans cette ville, les propres termes de sa pastorale : « La ville de Blois, digne émule « de celle d'Orléans, conservait aussi dans son sein « le dépôt précieux de la foi catholique. Avec quelle « joie n'a-t-elle pas reçu le pontife que la voix de « l'Église et la nomination du Premier Consul lui « avaient destiné ! Quel jour heureux pour elle que « celui où, voyant s'évanouir les semences funestes « des dissensions qui l'avaient agitée, elle a pu con-

---

1. C'est au mois de mai 1802, aussitôt après la nomination de Bernier, que Grégoire fit cette défense ; il la rendit publique en l'imprimant dans les *Annales de la Religion*. Dans cette même lettre il conseillait à ses curés de se refuser à toute rétractation. *Annales*, t. XV, p. 88.

2. C'est, il est vrai, Grégoire qui le dit. (*Notes ms. sur le Concordat.*)

3. 28 juillet 1802, 8 pages in-4º.

« templer ses prêtres, réunis de cœur et d'intention,
« se donnant mutuellement le baiser de paix, et ou-
« bliant aux pieds des autels qu'ils avaient été si
« longtemps divisés! Elle a pu dire alors avec vérité :
« Je n'ai plus qu'une foi, qu'un culte et qu'un esprit.
« Que faut-il de plus dans l'ordre de la religion, pour
« son repos et sa félicité [1]? » Bernier exagérait évidemment pour les besoins de sa cause, car il se trouvait à Blois, au mois de juillet 1802, en face de trois
clergés différents : les insermentés concordataires qui
le reconnaissaient pour évêque légitime et se dispo-
saient à lui obéir, les Théminiens obstinés qui le re-
poussaient comme un intrus et refusaient de quitter
leurs oratoires parce que M. de Thémines, qui n'avait
pas voulu donner sa démission, était à leurs yeux le
véritable évêque de Blois [2]; et enfin les constitutionnels, très disposés à voir en lui le successeur légitime
de Grégoire, mais justement inquiets et remplis de
défiance.

Cependant la situation de Bernier en 1802 n'était
pas, à beaucoup près, aussi difficile que celle de Grégoire en 1791 : Grégoire laissait le champ libre à son
successeur; Thémines, retiré en Espagne, ne songeait
point à quitter la terre d'exil, et le gouvernement
consulaire, qui se sentait fort, avait l'intention bien

---

1. Bernier a omis de parler de la réception que lui firent à Angers ses anciens paroissiens. Il fallut des gendarmes pour le protéger contre leur indignation.
2. En 1828, le diocèse de Blois était encore un de ceux où la *Petite Église* avait le plus de prosélytes, surtout à Vendôme et dans le voisinage; on n'y reconnaissait pas d'autre évêque que Thémines, et ce dernier, paraît-il, se considérait comme l'évêque de toute la France. Voy. Grégoire, *Histoire des sectes* (1828), II, 505.

arrêtée de réduire les récalcitrants à l'obéissance. Bernier commença par adresser à ses diocésains un certain nombre de pastorales et de mandements assez médiocres où les louanges de Bonaparte et la glorification du Concordat tenaient toujours la première place; ensuite il établit en vertu de ce même Concordat une nouvelle division des paroisses et des succursales, et il profita de l'occasion pour inviter ses prêtres à vivre en paix les uns avec les autres. « Ou-
« bliez, leur disait-il, qu'il exista parmi vous de lon-
« gues dissensions. Ne vous rappelez jamais les maux
« qu'elles ont produits que pour bénir le ciel d'y avoir
« mis un terme, et le remercier de l'heureuse union
« qui règne parmi vous. Malheur à celui qui, préfé-
« rant sa répugnance personnelle à la voix de l'Église
« et aux ordres du premier pasteur, voudrait encore
« se séparer de ses frères quand ils sont, par leur
« union au légitime évêque, dans la communion de
« l'Église et de son chef! Nous vous conjurons d'éviter
« en ce genre tout ce qui pourrait nous rappeler des
« temps malheureux ou renouveler au milieu de nous
« une scission qui n'existe plus [1]. » Et comme pour montrer qu'en effet il n'y avait plus de scission, Bernier avait la maladresse de dire quelques lignes plus bas : « Nous défendons à tous prêtres résidant dans
« notre diocèse de célébrer le saint sacrifice de la
« messe dans un oratoire particulier..... s'ils n'en ont
« obtenu la permission expresse et légale. »

Mais il ne s'agit point ici de raconter en détail l'histoire de Bernier; évêque d'Orléans en attendant mieux,

---

[1]. *Mandement de M. l'évêque d'Orléans*..... 16 *septembre* 1802, 7 pages in-4°.

il s'intéressait fort peu à l'administration de son diocèse ; il attendait impatiemment la mort de l'archevêque de Paris, qui vécut quatre-vingt-dix-neuf ans, et il demandait avec instance ce chapeau de cardinal qu'on lui avait fait espérer. C'étaient ses grands vicaires qui gouvernaient pour lui, et les malheureux constitutionnels du Loir-et-Cher étaient à la merci de quelques prêtres émigrés. On avait commencé par vouloir exiger d'eux des rétractations humiliantes ; mais le gouvernement s'y opposa résolument, et l'on se contenta de les molester par tous les moyens possibles. L'archidiacre Dupont fut nommé, grâce à ses amis de Paris, curé de Montrichard, et il devint en même temps le précepteur des jeunes de Freycine ; la plupart de ses confrères furent déplacés et envoyés le plus souvent à l'autre extrémité du département. Quelques-uns s'exilèrent et demandèrent à passer comme curés de village dans les diocèses de Dijon, de Besançon, de Cambrai, de Strasbourg, d'Avignon même, dont les évêques concordataires étaient comme eux des assermentés de 1791, se refusant à toute espèce de rétractation.

Ainsi se termina la crise religieuse qui s'était produite dans le département de Loir-et-Cher, comme dans tous les autres, à la suite des fâcheux décrets de la Constituante sur la Constitution civile du clergé. A Blois comme ailleurs, l'histoire ecclésiastique de ces douze années de trouble comprend deux périodes très distinctes l'une de l'autre, la période constitutionnelle, depuis la fin de 1790 jusqu'au mois de novembre 1793, et la période de réorganisation spontanée, depuis la fin de 1794 jusqu'à l'entière exécution du Concordat en mai 1802 ; toutes deux sont dignes de la plus grande attention si l'on veut enfin connaître ce que les historiens de la Révolution ont malheureusement laissé dans l'ombre : l'esprit public et les sentiments de la nation française. La Constitution civile du clergé peut être attaquée plus ou moins vivement au point de vue de l'orthodoxie ; et pourtant le pape Pie VII lui donna sans le vouloir une sorte de consécration le jour où il conféra l'institution canonique à dix prélats constitutionnels qui refusaient de se rétracter et qui protestaient publiquement contre ses absolutions. On peut néanmoins juger avec sévérité cette réforme d'un nouveau genre opérée par des laïcs avec une précipitation sans pareille ; mais il me semble que tous les hommes de bonne foi devraient être d'accord pour rendre justice aux uns comme aux autres, aux insermentés qui ont tant souffert pour ne point mentir à leurs consciences, et aux constitutionnels qui, se croyant orthodoxes, ont tout sacrifié pour préserver la France de l'anarchie religieuse. Si la Constitution civile du clergé avait été repoussée par tous les prêtres français, comme l'espérait, dit-on, Mirabeau, et comme le demandaient les évêques de la Constituante, c'en était fait du catholicisme dans notre pays. Peut-être aussi, car la France était alors bien plus chrétienne qu'elle ne l'est aujourd'hui, la France entière eût imité la Vendée ; les conquêtes de la Révolution eussent été perdues sans retour, et la terreur blanche eût commencé en 1791, couvrant le sol de ruines et versant des torrents de sang [1]. Mais

---

[1]. Il faut lire dans Theiner (I, 381) le plan de restauration que Maury avait dressé en 1793. Maury triomphant eût de beaucoup dépassé Robespierre en cruauté. Il admettait en principe que tous les évêques constitutionnels fussent con-

il se trouva environ soixante mille prêtres, une armée entière, pour accepter, quoique sans enthousiasme, cette fâcheuse Constitution civile, et l'on conviendra sans peine que ces soixante mille hommes n'étaient pas tous des scélérats. Dans le département de Loir-et-Cher, comme ailleurs, des intrigants sans foi et des hypocrites sans mœurs, des Tolin, des Chabot, des Rochejean, s'empressèrent d'adhérer au nouvel ordre de choses dans l'espérance de satisfaire leurs convoitises ; mais ils ne tardèrent pas à voir que l'état ecclésiastique ne pouvait plus conduire aux honneurs et à la fortune, et ils se retirèrent. Les prêtres qui restèrent, et le nombre en fut considérable, puisque les neuf dixièmes des paroisses étaient pourvues de curés en novembre 1793, n'étaient ni ambitieux ni cupides ; c'étaient pour la plupart des hommes simples et vertueux, des congruistes de l'ancien régime habitués à tous les genres de privations, aimant des paroissiens qui les chérissaient, et ne pouvant se résoudre à abandonner leurs familles spirituelles, car un bon prêtre se fait bientôt une véritable famille. Presque tous sont demeurés à leur poste par dévouement, et lors même qu'ils se seraient trompés en acceptant la Constitution civile que Rome n'avait pas encore condamnée, l'histoire devrait tenir compte à ces braves gens de leur abnégation. Réduits à la mendicité par la Convention nationale qui faisait banqueroute au clergé après l'avoir complètement dépouillé, ils ont continué l'exercice du ministère ecclé-

---

damnés à mort ; mais il ne jugeait pas cette mesure avantageuse ; l'emprisonnement perpétuel ou la déportation produiraient sans doute de meilleurs résultats.

siastique jusqu'au jour où la Terreur les a chassés des églises, incarcérés, déportés ou guillotinés avec autant de fureur que les insermentés leurs frères. Au lendemain du 9 thermidor, on a vu reparaître peu à peu le plus grand nombre d'entre eux; dociles à la voix de leur évêque et de ses courageux vicaires, les curés du Loir-et-Cher ont prêché l'alliance intime du patriotisme et de la foi religieuse; ils ont encouragé, consolé, calmé souvent des populations entières; ils ont bravé jusqu'à la fin de 1799 la prison, l'exil, les outrages de toute nature, et surtout la misère, pour contribuer dans la mesure de leurs forces au rétablissement du catholicisme. « Dieu nous dédommagera dans l'éternité, » écrivait l'un d'entre eux à Grégoire, et celui-là, comme beaucoup d'autres, ne pensait qu'à accomplir son devoir, qu'à écouter, suivant l'expression d'un autre de ses confrères, « le cri de sa conscience ». On a pu se convaincre que les curés du Loir-et-Cher, ainsi que leurs confrères des autres départements, avaient restauré le culte avant même que Bonaparte pût songer à négocier le Concordat. Il est donc juste de rendre à ces constitutionnels dont pas un n'a émigré un hommage mérité; et quant à leur évêque Grégoire, malgré sa fougue parfois irréfléchie et son exaltation condamnable en certaines circonstances, tout le monde avouera que c'était du moins un parfait honnête homme et un chrétien profondément convaincu. « Que mes diocésains disent ce
« qu'ils ont vu et ouï de leur évêque, lisons-nous dans
« ses Mémoires, comme Samuel en face du peuple
« hébreu, quoique pécheur, je puis invoquer leur
« témoignage sur ma conduite. » Les habitants du Loir-et-Cher n'ont point répondu à cet appel de leur

évêque ; mais on vient d'entendre leurs dépositions posthumes, et l'on conviendra sans doute qu'elles sont favorables à Grégoire, dont la conduite comme évêque de Blois est véritablement admirable.

LIVRE III

GRÉGOIRE ET L'ÉGLISE DE FRANCE SOUS LA CONVENTION

(1792—1795)

CHAPITRE PREMIER

DÉBUTS DE LA CONVENTION; GRÉGOIRE EN MISSION A CHAMBÉRY ET A NICE

On a vu, dans les deux premiers livres de ces *Etudes*, quel fut le rôle religieux de Grégoire à l'Assemblée constituante jusqu'en septembre 1791, et dans son diocèse du Loir-et-Cher jusqu'à l'entière conclusion du Concordat; mais la force des choses avait fait du curé d'Embermesnil beaucoup plus qu'un simple législateur et un évêque de département; il était devenu en 1791, grâce à son indomptable énergie, à l'étendue de son savoir et à la sincérité de ses convictions, le patriarche de l'Eglise constitutionnelle. Amis et ennemis reconnurent en lui, dès le premier jour [1], ceux-ci le coryphée de la nouvelle secte [2],

---

1. Déjà, au mois d'août 1789, le cardinal de Rohan, écrivant à Grégoire, lui parlait de sa réputation, de ses ouvrages, de ses qualités personnelles, et il finissait en disant : « Rendez toute justice, monsieur, aux sentiments d'attachement et de haute considération que vous m'avez inspirés. » (*Lettre ms.*, Saverne, 1er août 1789.)
2. « Récitez le *Confiteor*. — Je me confesse à l'Assemblée

ceux-là au contraire l'apôtre d'un catholicisme épuré qui devait, pensaient-ils, ramener les beaux jours de la primitive Église. Mais c'est surtout à dater du 21 septembre 1792, lorsqu'il entre à la Convention comme député du Loir-et-Cher, que Grégoire appartient d'une manière toute particulière à l'histoire religieuse de la Révolution française : sa parole et ses exemples guident à travers les difficultés les plus inextricables cinquante évêques et des milliers de prêtres soumis aux lois; il arrête les défections et détruit l'effet des plus grands scandales; il montre aux adversaires du christianisme qu'une foi très vive peut s'allier même avec un républicanisme exalté; il « empêche des Vendées », comme il a pu le dire avec un légitime orgueil, et c'est grâce à lui surtout que le sentiment chrétien, caché pour ainsi dire sous la cendre durant la Terreur, se ranime avec une force étonnante dès la fin de 1794. Telle est la très curieuse histoire qu'il nous faut étudier maintenant, non plus seulement, comme l'a fait Bordas Demoulin[1], d'après les mémoires imprimés de Grégoire lui-même, mais en remontant pour la première fois aux véritables sources, en compulsant les nombreuses brochures du temps, les procès-verbaux de conciles et de synodes, les registres et minutes de toute sorte, et finalement les milliers de lettres autographes qui constituaient dans la bibliothèque de Grégoire les *Archives de l'Église constitutionnelle*.

---

toute-puissante... aux apôtres saint Grégoire et saint Camus, à tous les saints de la Constitution, etc... » (*Livre de prières dédié aux vrais patriotes*, pamphlet royaliste, 1792, 73 pages in-8°.)

1. *Essai sur la Réforme catholique*, p. 261, 394 et sq.

Personne n'ignore dans quelles conditions se réunit
la Convention nationale au mois de septembre 1792 :
le sang des nobles et des prêtres massacrés par centaines fumait encore dans les prisons ; tout présageait
une lutte acharnée entre les mandataires du peuple
souverain et les partisans de l'ancien régime. Les
esprits froids, comme Sieyès, ne se faisaient aucune
illusion et désespéraient de la chose publique [1] ; les
exaltés, et Grégoire était alors du nombre, attendaient tout de la nouvelle assemblée qui allait abolir
enfin la royauté. La joie de se sentir en République
leur ôtait le sommeil [2], et ils s'imaginaient que l'âge
d'or devait renaître comme par enchantement ; ils ne
tardèrent pas à être détrompés. Loin de châtier les
septembriseurs qui avaient assassiné surtout des
prêtres, la Convention n'osa même pas flétrir cet
épouvantable forfait ; Grégoire put entendre lire à la
tribune le rapport de Tallien sur les « événements »,
sur « l'expédition » du 2 septembre ; il put lire dans
ce rapport imprimé [3] par ordre de ses nouveaux collègues que c'étaient des « événements terribles sans
doute, qui dans un temps de calme eussent dû provoquer toute la vengeance des lois, mais sur lesquels,
dans un temps de révolution et d'agitation, il faut

1. *Mémoires de Grégoire,* I, 410.
2. *Ibid.*
3. *Convention nationale.* Impr. nationale, 6 pages in-8°. —
On y lit entre autres cette phrase horrible, relative à l'infor-
tunée princesse de Lamballe : «. Une seule femme périt dans
cette circonstance ; mais, nous devons le dire, ses liaisons avec
l'ennemie la plus acharnée de la Nation, avec Marie-Antoinette
(*sic*), dont elle a toujours été la compagne de débauche, justi-
fient en quelque sorte les excès auxquels on s'est porté à cet
égard. » — Après le 9 thermidor, Chénier et les autres montagnards ne parlaient plus de ces massacres qu'avec horreur.

tirer un voile et laisser à l'histoire le soin de consacrer et d'apprécier cette époque de la Révolution, *qui a été beaucoup plus utile qu'on ne pense* ».

C'était une déclaration de guerre au catholicisme, et cependant six mois s'écoulèrent sans que la Convention rendît un seul décret contre les prêtres : elle se contenta d'appliquer dans toute sa rigueur la loi du 26 août 1792, qui contraignait les ecclésiastiques insermentés ou rétractés à sortir du royaume dans la quinzaine. Les insermentés n'exerçaient plus leur culte dans aucune église ou chapelle publique; ceux qui n'avaient pas émigré se tenaient soigneusement cachés, et il ne restait plus en France que trente ou quarante mille curés ou vicaires [1] prêchant la soumission la plus entière au gouvernement républicain. Il semble donc que la Convention avait intérêt à conserver de tels auxiliaires et même à leur prodiguer les encouragements; loin de là, elle se retourna contre eux avec fureur. Montagnards et Girondins rivalisèrent de zèle pour les persécuter, et l'on put voir que les philosophes triomphants se proposaient bien, comme l'avait souhaité Voltaire, « d'écraser l'infâme », d'anéantir le christianisme. La guerre commença, suivant la coutume, par des escarmouches, par des pamphlets ou par des discours de toute sorte. Ainsi l'on publia le 20 septembre 1792, avant même que la République eût été proclamée, une *Messe nationale des Français* [2] où se lisait l'évan-

---

1. L'abbé de Pradt estime que le nombre des assermentés, en 1791, s'éleva à 60 000. *Les quatre concordats*, II, 34.
2. *Messe nationale des Français, dédiée à Pie VI par Grandidier de Moyenvic*, in-4°. Grégoire a écrit en marge : *pièce impie*. Le dernier évangile de la messe était parodié de la

gile suivant : « En ce temps-là la stupidité des peuples engendra les rois; la mollesse des rois engendra le luxe des cours; le luxe des cours engendra le déficit; le déficit engendra l'Assemblée nationale; l'Assemblée nationale engendra la prise de la Bastille; la prise de la Bastille engendra la liberté; la liberté engendra l'abolition de la royauté; l'abolition de la royauté engendra la République, de laquelle naîtra la félicité du peuple français. » Neuf jours plus tard, la Commune de Paris, la même qui le 3 ou 4 septembre avait payé « des ouvriers pour avoir travaillé dans une prison », déclara qu'à partir du 1ᵉʳ janvier 1793 les gens d'Eglise ne seraient plus rétribués, qu'ils auraient par conséquent à se pourvoir ailleurs d'une profession plus utile. « La religion est aussi mûre que la royauté, dit alors même je ne sais plus quel conventionnel à la tribune, l'une doit être abolie et proscrite comme l'autre. »

Mais ce n'étaient encore que des attaques isolées, sur le caractère desquelles bien des gens se méprirent, car en novembre 1792 le ministre de l'intérieur, Roland, adressait « aux pasteurs des villes et des campagnes » une circulaire (on serait tenté de dire un mandement, car cette pièce étrange a pour épigraphe un verset du psaume XIX ¹) pour les

---

manière suivante : « Il a été un homme envoyé par le Seigneur, cet homme s'appelait Voltaire; il n'était pas la liberté, mais il en était le précurseur et l'apôtre, etc. »

1. *Reges obligati sunt,* etc. Imprimé, 3 pages in-4°. — C'est un chef-d'œuvre de pédantisme; Roland parle de « l'imperturbable viation du pouvoir exécutif sur la ligne de la loi »; il veut qu'on *incite* le peuple; il espère enfin qu'on ne tardera pas à faire l'office en français dans les paroisses, et que l'influence de la religion sur les mœurs deviendra, sous la sanc-

exhorter à entretenir et à propager autour d'eux
« l'esprit public, le respect et le maintien des principes, du sein desquels doit sortir un gouvernement sage et durable, et avec lui l'amour et la nécessité de l'ordre, la religion des lois ». Il avait surtout pour but de demander aux curés la suppression du *Domine salvum fac regem* [1], et il ajoutait : « Ministres de l'Evangile, votre mission est sublime, si vous l'amalgamez en quelque sorte avec celle de nos infatigables législateurs. »

Vers la même époque, et sans doute pour faciliter cet *amalgame*, le député Cambon reprit la motion faite naguère à la Législative par Ramond, Jean Debry et Torné ; il proposa, au nom du Comité des finances, de « décharger la nation des frais du culte catholique et de l'entretien de ses ministres ». Ce projet de loi fut déposé seulement le 16 novembre, mais on en parlait depuis quelque temps déjà, et il se trouva des orateurs et des écrivains pour défendre à la Convention, aux Jacobins et dans les journaux le clergé patriote que Cambon et ses amis voulaient réduire au désespoir. Daubermesnil, député du Tarn, homme « indépendant », dont le culte était « l'adoration pratique d'un Dieu », et qui proposait à la

---

tion de la philosophie, une vérité pratique, etc. C'est à coup sûr une pièce à laquelle Mme Roland n'a pas mis la main.

1. Le 4 septembre 1870, jour où le second empire fut renversé à la suite du désastre de Sedan, était, comme l'on sait, un dimanche. A Notre-Dame on chanta le matin à la grand'messe le *Domine salvum fac imperatorem;* le soir, au salut, on ne chanta rien du tout ; le dimanche suivant, à la messe et au salut, on chanta *Domine salvam fac Rempublicam*. — Récit d'un témoin. — Le clergé patriote de 1792 a dû agir de la même manière dès le 23 septembre, deux jours après la proclamation de la République.

nation d'honorer ce Dieu avec quelques grains d'encens, des libations et des hymnes, Daubermesnil intervint dans la discusssion et prouva que les prêtres étaient utiles à la République. « Ils ont, disait-il, prêché l'amour des lois, l'obéissance aux autorités ; ils ont embrasé les cœurs de leurs concitoyens du feu de la liberté ; nous leur devrions par reconnaissance ce que nous ne devons pas leur ôter sans injustice [1]. » Le 18 novembre, c'étaient des « citoyens catholiques de la ville de Paris » qui adressaient une pétition à la Convention nationale pour demander contre Cambon le maintien du budget des cultes [2]. La discussion publique fut renvoyée au 19 novembre, puis à une date ultérieure, puis enfin au 30 novembre, le jour même où Grégoire devait occuper pour la quinzième et dernière fois le fauteuil de la présidence. Cette discussion fut intéressante, et l'on vit des hommes comme Bazire, qui aimait mieux « l'enfer avec Voltaire que le paradis avec saint Labre [3] », comme La Planche, qui se vantait de n'être pas un Maury subalterne, déclarer que le projet de Cambon était impolitique, injuste et immoral. « Après les rois, disait le prêtre apostat La Planche, les mauvais prêtres sont, selon moi, les plus terribles fléaux du genre humain. » Il faisait ensuite un grand éloge

---

1. Imprimerie nationale, 1792, 11 pages in-8°. Daubermesnil évaluait le budget des cultes à environ 60 000 000 pour 84 évêchés et 44 000 curés ; mais, disait-il, la moitié seulement des paroisses a des prêtres salariés, et la somme à répartir ne dépasserait pas 33 000 000. Il constatait que dans les campagnes les riches seuls étaient dissidents.

2. 4 pages in-4° ; chez la veuve Hérissant, rue Neuve-Notre-Dame.

3. « Assimilez si vous voulez les dévots à des fous, disait Bazire, la législation n'a jamais détruit les fous. »

des constitutionnels, et se plaisait à reconnaître que
« les succès si difficiles de cette étonnante révolution
étaient en partie leur ouvrage, parce qu'ils avaient
appris aux peuples séduits ou chancelants à chérir
la patrie et à respecter la loi »; il concluait en
demandant la question préalable [1]. Philippe Druhle,
enfin, se plaçant au cœur même du sujet, se déclarait
partisan, « non pas de la tolérance, car ce mot est
un reste d'esclavage qui doit disparaître de notre
langue [2], mais du libre exercice de tout culte qui
prêche la soumission aux lois, la pratique des vertus
morales et l'amour des devoirs ». « Supprimer le
budget des cultes, disait-il ensuite, ce serait, après
avoir aboli la royauté, en garder le plus odieux apa-
nage, celui de manquer impunément à sa parole...
Les prêtres ont, dans l'ascendant de leur ministère,
un moyen puissant de faire aimer notre Révolution;
faisons qu'ils l'aiment eux-mêmes; plaçons-les dans
la loi pour ne pas avoir hors de la loi des agents
dangereux et cachés [3]. » Comme les précédents,
Druhle concluait au maintien du budget des cultes;
Robespierre fut de cet avis [4], et, malgré les démarches
de la Commune, malgré les déclamations de quelques
feuilles révolutionnaires, la Convention fit preuve de
sagesse; elle déclara le 30 novembre 1792 qu'elle ne

1. *Opinion...* impr. 28 novembre, an Ier de la Rép.
2. On ne tolère en effet que ce qu'on aurait le droit d'empêcher.
3. *Opinion...*, 4 décembre 1792, an Ier de la Rép., 11 pages in-8º.
4. Cf. de Pressensé, *l'Église et la Révolution française*, p. 262.
— Buchez et Roux, XV. — *Moniteur*, 1792, 337. Robespierre,
comme plus tard Napoléon, avait ses raisons pour ne pas
admettre l'émancipation du clergé, qu'il considérait comme un
instrumentum regni.

supprimerait pas le traitement des ecclésiastiques. Un certain nombre de députés avaient, comme Danton, apporté quelques restrictions à leur vote : ils demandaient que l'on conservât les prêtres jusqu'au jour où l'on aurait, pour instruire le peuple, « des officiers de morale ».

Mais le peuple, qui ne peut saisir ces distinctions par trop subtiles, tenait à son culte et à ses prêtres. Quelques mois auparavant, il avait suivi dévotement les processions de la Fête-Dieu : malgré le mauvais temps et les excitations perfides de la Commune, on avait tendu beaucoup de maisons et interrompu de tous côtés les travaux; les voituriers avaient laissé le passage libre, et l'on avait pu voir des protestants, comme l'ambassadeur de Hollande, tapisser à leurs frais les murs de leur hôtel ou payer spontanément leur part de la musique militaire qui accompagnait le cortège. Le 24 décembre de cette même année, Manuel et la Commune ayant notifié vers sept heures du soir, lorsque les cierges étaient allumés et l'office déjà sonné, l'ordre de fermer toutes les églises durant la nuit de Noël, il y eut dans Paris une sédition vraiment populaire : la foule assiégea les édifices du culte et exigea des curés la célébration solennelle de la messe de minuit [1]. On sait enfin que Manuel, traîné à l'échafaud l'année suivante comme fédéraliste, fut insulté par des fruitières et par des blan-

---

1. Ce fait est rapporté partout, notamment dans les *Nouvelles ecclésiastiques* ou *Mémoires pour servir à l'histoire de la Constitution Unigenitus*, numéro du 20 mars 1793. Cette feuille, très suspecte de partialité quand il s'agit des Jésuites, contient au sujet des événements de cette époque quelques renseignements qu'on ne trouverait pas ailleurs.

chisseuses qui criaient : « C'est bien fait, c'est lui qui voulait nous empêcher d'aller à la messe [1] ! » La Convention, de complicité avec la Commune, se proposait d'anéantir le christianisme ; mais en cela elle agissait contre la volonté formelle de la nation [2], et les conventionnels sensés espéraient qu'elle n'oserait pas commettre un pareil crime et une si grande faute.

Telle était la situation lorsque Grégoire, après avoir présidé la redoutable Assemblée durant quinze jours et contribué peut-être, au moins par sa présence en costume d'évêque, au maintien des traitements ecclésiastiques, partit pour Chambéry avec ses trois collègues : Hérault-Séchelles, Jagot et Simond. Ils étaient chargés d'organiser les départements du Mont-Blanc et des Alpes-Maritimes, nouvellement réunis à la France, et ils s'acquittèrent de cette mission difficile avec zèle et avec intégrité [3]. C'est de Chambéry, comme l'on sait, que ces quatre députés écrivirent à la Convention, le 20 janvier 1793, la lettre malencontreuse qui a donné lieu à cette accusation de régicide souvent réduite à néant par Grégoire et par ses amis, mais toujours reprise avec une

---

1. *Du fanatisme et des cultes,* par Baudin, représentant du peuple. Paris, an III, 80 pages in-8°. « Je l'ai entendu », dit en propres termes l'auteur de ce charmant opuscule, qui mériterait les honneurs d'une réimpression.

2. « Sur l'objet de la religion, la Convention fut en révolte ouverte contre la volonté du peuple. » Grégoire, *Compte rendu au Concile...*, p. 1.

3. Grégoire et Jagot ont publié le compte rendu de leur mission ; ils avaient dû emporter beaucoup plus de numéraire que d'assignats ; ils économisèrent l'argent de la patrie avec une parcimonie toute républicaine ; souvent les déjeuners de Grégoire coûtaient juste deux sous à la République ; il se contentait d'un morceau de pain et d'une orange.

insigne mauvaise foi par ses ennemis politiques ou par ses adversaires religieux. Grégoire s'était montré en plusieurs circonstances, et nous avons saisi l'occasion de l'en blâmer, bien dur et bien injuste pour l'infortuné Louis XVI; à la Convention même, en novembre 1792, il avait réclamé la mise en accusation du « parjure »; mais il demandait en même temps que la peine de mort disparût à jamais de nos lois, et que Louis fût le premier à bénéficier de cette abolition. Comme prêtre et comme législateur, il ne se croyait pas le droit d'ôter la vie à son semblable, et, dans le cas particulier dont il s'agit, il voulait condamner le roi, « ce grand coupable », comme il ne craignait pas de l'appeler, à contempler longtemps le bonheur d'un peuple libre. L'évêque Fauchet disait en pleine Convention : « Le ci-devant roi est jugé. Il a mérité plus que la mort. Les vrais principes de l'éternelle justice condamnent le tyran déchu au long supplice de la vie au milieu d'un peuple libre. » Grégoire ne se serait pas exprimé autrement; il a signé, lui quatrième, la lettre que son collègue Hérault *de* Séchelles avait rédigée pour faire oublier sa naissance aristocratique, mais il ne l'a signée qu'après avoir exigé la radiation des mots *à mort*. La lettre existe aux Archives nationales; les mots *à mort* sont bel et bien rayés; pourquoi donc employer si légèrement l'expression de « prélat régicide », au lieu d'ouvrir les yeux à l'évidence et de s'en rapporter au moins suspect de tous les juges, au roi Louis XVIII en personne? La seconde Restauration a exilé tous les régicides, à l'exception du ministre Fouché; elle n'a jamais inquiété Grégoire, qui s'est vu seulement exclure de l'Institut comme indigne, et repousser au même titre de la Chambre des députés où les électeurs de l'Isère l'avaient envoyé en 1819.

Mais il faut laisser une fois pour toutes ces discussions inutiles et revenir à ce qui fait uniquement l'objet de ces études, au rôle religieux de Grégoire après 1792. Il n'oublia pas, lors de son voyage à Chambéry et à Nice, ce qu'il considérait comme la partie la plus importante et la plus délicate de sa mission; il mêla du religieux aux affaires politiques, de même que Louvois mêlait jadis du militaire aux affaires de religion ; il se conduisit en commissaire de la Convention nationale, mais aussi en prêtre et même en missionnaire [1]. Sa tâche, à ce dernier point de vue, pouvait être particulièrement embarrassante, puisque la Savoie était encore soumise à l'ancien régime ecclésiastique ; mais Grégoire ne rencontra pas de difficultés insurmontables. La presque unanimité des Savoisiens s'étaient jetés librement dans les bras de la République française, et la petite *Assemblée nationale des Allobroges* adoptait par avance toutes les parties de la Constitution de 1791 [2]. Elle

---

[1]. Les exaltés de la Savoie se plaignaient qu'on leur eût envoyé « deux calotins (Grégoire et Simond), un ci-devant (Hérault) et un individu que personne ne connaît (Jagot) ». *Réponse du citoyen Simond à un imprimé*, etc. Annecy, 20 pages in-8°.

[2]. *Adresse de la Société allobroge des amis de la liberté et de l'égalité séante à Chambéry aux Savoisiens*, 20 pages in-8°. — *Les députés de Savoie à l'Assemblée nationale des Belges*, 4 pages in-8°. — *Procès-verbaux de l'Assemblée nationale des Allobroges*, 78 pages in-8°. Le 3 décembre 1792, on lut à la Commission provisoire d'administration du département du Mont-Blanc une pétition du citoyen Arnaud, ci-devant capucin, « qui demande qu'il soit offert le jour suivant un sacrifice à l'Être suprême en action de grâces de l'incorporation à la République française, et d'être en même temps admis à jurer le premier, dans le département du Mont-Blanc, qu'il gardera et

avait, relativement au clergé, les mêmes idées que la plupart des philosophes français, et voici en quels termes les « députés des Allobroges auprès de la Convention nationale de France », les citoyens Doppet, Favres, Dessaix et Villar, s'adressaient en octobre 1792 à l'Assemblée nationale des Belges : « ... Vos prêtres, les nôtres, ceux du monde entier, en couvrant leur ignorance du voile absurde de la superstition, ont su prendre sur la faiblesse des hommes un tyrannique empire ; les fastes les plus reculés dans la nuit du temps nous présentent une longue énumération des scènes sanglantes causées par la fureur et l'ambition de la gent sacerdotale ; il est temps de détruire le prestige vain qui fascinait les yeux de nos crédules ancêtres ; comme tous les peuples qui veulent devenir libres, renfermez dans les bornes étroites de leur ministère ceux entre les mains de qui une imbécile crédulité plaçait le destin général ; qu'ils apprennent, par une longue étude des vertus civiques, à mériter le titre de citoyen ; alors la confiance que vous accorderez ne deviendra plus dangereuse ; alors seulement vous serez sans troubles et pourrez penser qu'un prêtre peut être utile dans un Etat. » C'était demander en termes peu courtois une Constitution civile du clergé savoisien, et les actes suivirent de près les paroles. Un membre de l'Assemblée demanda, le 25 octobre, que les biens du clergé fussent déclarés nationaux, que la subsistance des prêtres fût assurée

---

défendra au péril de sa vie, s'il le faut, la Constitution civile du clergé. Cette pétition, convertie en motion par plusieurs membres, est adoptée *à l'unanimité*, avec mention civique de l'offre du pétitionnaire quant au serment. — *Procès-verbal de la séance de ce jour*, 31 pages in-8°.

par la sagesse de ses confrères, et qu'enfin la dîme fût supprimée. On renvoya ces différentes motions au Comité de législation. Le lendemain, 26, l'évêque de Chambéry, accompagné de son chapitre et de plusieurs ecclésiastiques, fut admis à la barre de l'Assemblée et prononça le discours suivant :

« Citoyens,

« Le clergé de cette ville vient offrir ses hommages
« à la Nation et l'assurer de son zèle à maintenir les
« vrais principes de la religion ; il n'emploiera la con-
« fiance que les peuples pourraient lui accorder que
« pour leur inspirer la soumission aux lois qui carac-
« térisera toujours le vrai citoyen. Nous sommes per-
« suadés que cette glorieuse époque sera celle du
« bonheur et de la félicité de la nation allobroge, et
« que la postérité la plus reculée sera pénétrée de la
« plus vive reconnaissance pour le bienfait signalé
« que la République française vient de lui procurer. »

En s'exprimant ainsi, l'évêque de Chambéry souscrivait par avance à tous les changements, ou prenait du moins l'engagement de se retirer sans faire d'opposition ; le vice-président Doppet prit acte de cette déclaration dans sa réponse au clergé :

« ... Si, dans la révolution à laquelle la France
« doit sa liberté, tous les ecclésiastiques se fussent,
« comme vous, rappelé les vérités de l'Évangile, les
« presses de Coblentz n'eussent pas vomi tant de
« mandements incendiaires et ridicules... Si le peuple
« souverain vient à réclamer ce que des usages mal-
« entendus lui ravirent, croyez que l'homme ver-

« tueux, qui sait distinguer la religion du religieux,
« est bien payé de quelques sacrifices qu'il lui en
« coûte par l'estime, la confiance et l'amitié de tous
« ses concitoyens. »

Aussi la petite assemblée des Allobroges rendit-elle le 26 octobre un certain nombre de décrets relatifs à la sécularisation des biens du clergé. Voici les principaux :

Art. XVII. — Les nominations aux bénéfices qui appartenaient au ci-devant duc de Savoie, aux ci-devant seigneurs, patrons laïques, ou autres que l'évêque diocésain, sont dévolues à la Nation.

Art. XVIII. — La commission provisoire d'administration en reste seule chargée, et ne pourra y procéder qu'en cas d'urgence.

Art. XIX. — Lorsqu'il s'agira d'une cure vacante à laquelle l'évêque est en coutume de nommer, les communes pourront lui présenter trois individus ecclésiastiques domiciliés dans le diocèse, entre lesquels il sera tenu de choisir pour faire le remplacement.

Art. XX. — Les curés des communes au-dessous de 500 individus ne pourront être remplacés que sur l'avis de la Commission d'administration provisoire, etc.

C'était, comme on le voit, une petite Constitution civile à l'image de celle qui troublait la France depuis deux ans. Aussi les quatre commissaires de la Convention n'étonnèrent-ils personne quand ils firent afficher, le 8 février 1793, près de deux mois après leur arrivée à Chambéry, l'Instruction de l'Assemblée

constituante sur la Constitution civile du clergé [1].
L'évêque de Chambéry lui-même, le vénérable Conseil, subit sans murmurer la loi du plus fort; il se considéra comme destitué, et M. H. Carnot nous apprend que Grégoire et lui, deux hommes du monde en définitive, vécurent en fort bonne intelligence [2]. Etant donné le petit discours qu'on vient de lire, la chose ne paraît pas douteuse; Conseil peut très bien avoir dit qu'il était « trop vieux pour changer de religion [3] » et avoir néanmoins autorisé Grégoire à célébrer la messe dans sa cathédrale. Mais en Savoie, comme partout ailleurs, le mauvais arbre porta de mauvais fruits; la Constitution civile suscita des oppositions très vives, et beaucoup de Savoisiens, par scrupule de conscience ou par calcul intéressé, ne voulurent point accepter cette partie de la Constitution française. Il y eut çà et là de graves désordres; un grand nombre d'ecclésiastiques, entraînés par des émigrés français et notamment par Juigné, archevêque de Paris, et par Thémines, ancien évêque de Blois, émigrèrent à leur tour, emportant les objets du culte et les ornements sacerdotaux. Des femmes ameutées arrachèrent les proclamations et « égratignèrent avec rage les arbres de la liberté ». Il fallut employer la persuasion pour les calmer, et parfois même recourir à la force. Grégoire fit venir des départements voisins quelques assermentés connus

---

1. Un placard. Bibl. nat., Lb[11], 443. On trouve sous la même cote presque tous les documents relatifs à l'annexion de la Savoie et de Nice.
2. *Mémoires de Grégoire*, I, 62.
3. Ce mot est rapporté, d'après un article de journal très hostile à Grégoire, par M. H. Carnot. — *Mémoires de Grégoire, ibid.*

pour leur éloquence, et répandit à profusion les apologies imprimées de la Constitution civile ; son collègue Simond, Savoisien et jadis prêtre, fit une propagande très active ; Hérault-Séchelles enfin ne dédaigna pas d'intervenir et publia un joli *Dialogue entre un électeur du département du Mont-Blanc et un des commissaires de la Convention sur le serment civique* [1]. Il est vrai qu'en venant ainsi au secours de la Constitution, Hérault lui décochait une flèche de Parthe, car il disait en finissant, et cela aux applaudissements de son interlocuteur : « Citoyens, voulez-vous des prêtres ? payez-les. Les spiritualisations ne sont pas de notre compétence, nous ne connaissons que des hommes et des citoyens » ; et il concluait en exhortant les Savoisiens à élire un évêque.

Ces différents moyens ne suffisant pas, les commissaires se virent contraints de requérir la force armée pour expulser les perturbateurs, et la Constitution civile fut établie. On réduisit à un seul les quatre diocèses de l'ancienne Savoie, et, comme les anciens titulaires se refusaient à prêter serment, l'assemblée des électeurs nomma d'office, mais seulement en avril, après le départ de Grégoire, un évêque du Mont-Blanc : ce fut le citoyen François-Thérèse Panisset, homme sans consistance, qui devait apostasier l'année suivante sous le proconsulat d'Albitte, et rétracter ensuite son serment lorsque les constitutionnels de France prétendirent lui imposer une pénitence canonique en expiation de ses scandales [2].

1. 47 pages in-8°. Bibl. nationale. — Imprimerie de l'armée des Alpes.
2. Il avait un fonds de piété, de vertu, et même d'érudition, mais il était d'une simplicité inouïe. — *Lettre ms. d'un prêtre d'Annecy à Grégoire* (7 messidor an III).

Les choses se passèrent de la même manière dans les Alpes-Maritimes, où Grégoire et Jagot se rendirent au commencement de mars 1793. Là encore la révolution religieuse avait été adoptée en principe bien avant l'arrivée des commissaires français, car la ville et le ci-devant comté de Nice disaient dans leur *Adresse à la Convention nationale* [1] : « On nous a demandé au nom de la nation les trésors qui lui appartenaient, les richesses des églises, les biens des couvents, ces dépôts sacrés des peuples, ces ressources fécondes dans les calamités ; nous les avons fidèlement consignées à la nation qui nous avait adoptés. » La Constitution civile du clergé fut donc implantée, en mars 1793, sur le littoral de la Méditerranée, avec moins de difficultés qu'elle ne l'avait été dans les montagnes de la Savoie. L'évêque de Nice, Valperga de Maglion [2], refusa le serment prescrit et quitta la France ; mais la guerre et la Terreur empêchèrent de lui donner un successeur, et si la fameuse Constitution de 1793 ne fut pas appliquée en France, la Constitution civile ne le fut pas davantage dans le département des Alpes-Maritimes. Le diocèse fut administré tant bien que mal, jusqu'au Concordat, par un vicaire général, plus italien que français, dont il existe quelques lettres affectueuses dans les papiers de Grégoire [3].

---

1. 4 novembre 1792, 10 pages in-8º, impr. par ordre de la Convention. Le passage cité a été souligné par Grégoire.
2. Grégoire a conservé la *Traduction française de la lettre pastorale de Mgr l'évêque de Nice*, du 22 août 1793. C'est un mandement très vif contre la France et contre l'Église constitutionnelle. — 16 pages in-8º.
3. Il se nommait Garidely, et ses lettres sont d'un français très chargé d'italianismes.

Ainsi se termina la mission politico-religieuse de l'évêque de Blois dans le sud-est de la France; il en a publié un compte rendu en 1793, mais on conçoit qu'il ne pouvait s'étendre comme il l'aurait voulu sur la manière dont il avait traité les questions religieuses. Ce qu'il n'osa pas dire à la Convention, ses mémoires posthumes nous l'apprennent : Grégoire ne négligea rien pour « faire aimer la religion »; missionnaire convaincu autant que patriote fougueux, il glorifia la République et prêcha l'Évangile, sa parole et ses exemples entraînèrent les populations et il fit partout de nombreux adeptes. Dix mois plus tard, le misérable Albitte parcourut à son tour le département du Mont-Blanc, détruisant les églises, incarcérant les prêtres, provoquant des apostasies; l'œuvre de Grégoire fut anéantie.

CHAPITRE II

PERSÉCUTION RELIGIEUSE ; INTERDICTION DU CULTE ; LA TERREUR

Revenu de Nice à Paris, le 21 mai 1793, Grégoire trouva la Convention tout autre qu'il ne l'avait laissée six mois auparavant. Ce n'était plus, dit-il dans ses Mémoires, cette assemblée majestueuse qui fondait la République sous le feu des batteries prussiennes ; c'était une sorte de club, une succursale des Jacobins où régnaient « deux ou trois cents individus qu'il faut bien n'appeler que *scélérats*, puisque la langue n'offre pas d'épithète plus énergique ». Déjà, lors du procès de Louis XVI, on avait pu voir ces forcenés à l'œuvre. « On courait risque de la vie, si l'on ne votait pas la mort du roi, dit le courageux évêque Wandelaincourt, qui vota le bannissement après la paix ; un nommé Robert, mon voisin, tenait un pistolet, et me menaça de me tuer si je ne votais la mort [1]. »

---

1. *Le citoyen Wandelaincourt au citoyen Sicard* ; impr., 56 pages in-8°. Il y avait deux conventionnels du nom de Robert : l'un d'eux avait été envoyé par le département des Ardennes ; l'autre, mari de Mlle Kéralio, faisait à Paris le commerce de l'épicerie ; on le désignait sous le nom de *Robert-*

Ce fut bien pis encore après le 21 janvier, et surtout après les néfastes journées du 31 mai et du 2 juin. A dater de ce dernier jour jusqu'au 9 thermidor, la Convention cessa d'avoir même l'apparence de la liberté, et tous les maux de cette année vraiment terrible doivent être imputés à ceux qui ont assassiné les Girondins. Désespéré, le républicain Grégoire abandonna le Comité diplomatique dont il faisait partie, et après avoir protesté courageusement contre les insultes dont la représentation nationale avait été abreuvée, après avoir demandé vainement qu'on en fît mention au procès-verbal pour bien montrer à toute la France que la Convention n'était pas libre [1], Grégoire se réfugia pour ainsi dire au Comité d'instruction publique, le seul qui eût conservé, dit-il, quelques lueurs de bon sens.

Durant son absence, le caractère antichrétien de la Révolution s'était révélé chaque jour par des indices nouveaux. Le 14 décembre 1792, le député Jacob Dupont, un malheureux qui mourut fou, se vanta en pleine Convention de professer l'athéisme, et cette déclaration souleva des applaudissements. Le 1er mars 1793, on rendit contre les prêtres émigrés qui rentreraient un décret rigoureux. Les 21 et 23 avril, il fut décidé que l'on déporterait à la Guyane tous les ecclésiastiques qui n'auraient pas prêté le

---

Rhum; c'est probablement ce député de Paris que désigne ici Wandelaincourt.

1. *Souvenirs de Dulaure.* — Le *Moniteur* et les procès-verbaux imprimés de la Convention ne relatent point ce fait; mais le *Moniteur* est plus que suspect, et les procès-verbaux de ces fameuses séances ont été rédigés après coup par le Comité des décrets et adoptés seulement le 1er septembre 1793, c'est-à-dire trois mois après.

serment de liberté et d'égalité, ainsi que tous les prêtres dénoncés pour incivisme par six citoyens de leur canton [1]. Plus tard enfin, le 17 septembre 1793, et le mois suivant, le 29 vendémiaire an II, la Convention décréta que tout ecclésiastique, même assermenté, qui serait dénoncé pour incivisme par six citoyens, serait déporté sur la côte d'Afrique, entre le 23° et le 28° degré de latitude (art. 12). Les prêtres cachés qui ne se livreraient pas dans le délai d'une décade devaient être punis de mort dans les vingt-quatre heures (art. 15) ; on promettait 100 livres de récompense à quiconque dénoncerait et ferait arrêter un de ces malheureux (art. 18) ; enfin ceux qui les auraient cachés étaient, en vertu de l'article 19, passibles de la déportation.

Dans un autre ordre d'idées, la marche avait été la même ; la Convention ne s'attaquait plus seulement à la personne des ministres du culte, elle prétendait détruire toute manifestation religieuse. Le 30 décembre 1792, Manuel avait demandé qu'on supprimât la fête des Rois ; il n'avait pas obtenu de réponse, mais le même jour, sur la proposition de Chaumette, la Commune institua la fête des Sans-Culottes. Le 28 janvier 1793, Réal dénonça le principal du collège des Quatre-Nations, parce que ses élèves, ne voulant

---

[1]. *Pièce du temps*, 3 pages in-4°. — Il y est dit que le serment prêté par des ecclésiastiques postérieurement au 23 mars sera considéré comme nul. Détail curieux à noter, les *aumôniers de régiments et de bataillons* sont exceptés de cette mesure générale : « Art. VI. Les évêques, curés et vicaires élus par le peuple ou conservés dans leurs places au moyen de la prestation du serment exigé par la loi ; les professeurs, les ecclésiastiques appelés aux fonctions administratives et les aumôniers de régiments et bataillons actuellement aux armées ou casernés ne sont pas compris dans le présent décret. »

pas perdre un jour de congé, avaient célébré la Saint-Charlemagne. Ce principal, nommé Forestier, se retrancha derrière les ordres du vice-recteur Binet, et l'affaire s'arrangea; on décida qu'à l'avenir la ci-devant Saint-Charlemagne serait conservée sous le nom républicain de fête de l'Émulation. Quelques semaines plus tard, l'évêque constitutionnel des Ardennes, le citoyen Philbert, fut mandé à la barre de la Convention pour avoir fait un mandement contre le mariage des prêtres; mais Brissot le sauva en demandant à ses collègues s'ils voulaient transformer une assemblée politique en concile [1].

Lors des grandes discussions qui eurent lieu relativement à la Constitution de 1793, les philosophes ne voulurent point qu'on fit mention du christianisme, le conventionnel Audrein, prêtre régicide, soutint avec vigueur les droits imprescriptibles de la conscience, et son *Opinion* fut imprimée par ordre de la Convention; le fait est curieux à noter, car il se produisit alors pour la dernière fois [2]. Le 18 juin, quarante jours après que Gobel eut installé solennellement à Saint-Augustin le curé marié Aubert, Fonfrède et Barrère demandèrent à la Convention de proclamer la liberté des cultes; Robespierre s'y opposa de tout son pouvoir. Il jugeait que ces simples mots : « Tout homme est libre dans l'exercice de son culte », constituaient un effroyable danger pour la républi-

---

1. *Nouvelles ecclésiastiques* de 1793, *passim*. Jusqu'au 1er janvier 1794 cette feuille s'imprima librement à Paris, et l'on pouvait lire à la quatrième page : « On souscrit à Paris, chez Leclère, libraire, rue Saint-Martin. » A dater du 1er janvier 1794, il fallut souscrire à Utrecht, et les *Nouvelles* ne parurent plus qu'à de longs intervalles.
2. Avril 1793.

que ; il redoutait, disait-il, les funestes effets de la superstition combinée avec le despotisme [1]. Danton intervint à son tour, et traita les prêtres, sans distinction aucune, de charlatans et d'imposteurs dont on réclamait partout la déportation ; la liberté des cultes fut néanmoins reconnue.

Les églises de Paris étaient encore ouvertes à cette époque et desservies régulièrement par leurs trente-deux curés constitutionnels [2] ; si les processions ne sortaient pas dans les rues pour les Rogations, parce que Gobel s'y était opposé, elles se déroulaient librement, malgré sa défense, le jour de la Fête-Dieu et le jour de l'octave ; on conservait enfin au cœur même de Paris l'antique usage de porter le viatique aux mourants sous un dais, avec une clochette et des flambeaux, et les gardes nationaux que l'on rencontrait suivaient dévotement le cortège [3]. Toutefois l'orage commençait à gronder ; ce n'étaient plus seulement les réfractaires que la Révolution persécutait sans relâche, les constitutionnels eux-mêmes étaient en butte à ses coups, et elle considérait ces patriotes si dévoués comme ses pires ennemis. On dénonçait à la Convention les évêques Fauchet, Philbert et Thuin, qui interdisaient le mariage à leurs prêtres au moment où des prévaricateurs comme Lindet, Gobel et

---

1. Vergniaud avait dit la même chose au mois d'avril, et Audrein l'avait réfuté dans plusieurs factums imprimés.
2. Non compris l'évêque, curé de Notre-Dame, qui avait un conseil épiscopal de vingt-deux vicaires, fort mal choisis pour la plupart. — *Almanach national* de 1793, p. 179 et sq.
3. *Nouvelles ecclésiastiques*, N° postdaté du 26 septembre 1794. Les prêtres, dans ces circonstances, se montraient dans les rues en soutane ou même en surplis. Tout cela fut interdit par un arrêté de la Commune le 14 octobre 1793.

Torné mariaient des curés ou des vicaires; Thuin, évêque de Seine-et-Marne, ayant privé un prêtre marié de son traitement, Danton ne dédaigna pas de faire entendre sa grosse voix, et de transformer ainsi la Convention, non plus en concile, mais en consulte du Saint-Office ou en tribunal de l'Inquisition. « Il devrait être rayé du livre des vivants, s'écria-t-il, celui qui ne veut pas que le genre humain prospère, et c'est faire grâce à cet impie (c'est-à-dire à l'évêque) que de se borner à le punir par la destitution. Apprenons aux prêtres à nous respecter; un temps viendra où le seul culte des Français sera celui de la liberté[1]. » Telles étaient les bases du nouveau droit canon que la Convention nationale prétendait substituer aux anciens règlements sur l'appel comme d'abus et autres du même genre. Destituer ou rayer du livre des vivants un homme qui croyait faire son devoir, voilà quels étaient les procédés en usage l'an second de la République française[2]!

Si tel était, à la tribune, le langage des représentants, on n'aura nulle peine à se figurer ce que pouvaient dire les déclamateurs de clubs; jamais peut-

---

1. *Journal du soir*, 19 juillet 1793.
2. L'évêque de Rouen, J.-B. Gratien, avait fait imprimer l'année précédente, le 24 juillet 1792, une *Instruction pastorale sur la continence des ministres de la religion* (60 pages in-8°) dans laquelle il se proposait de faire savoir : 1° que l'Église a toujours défendu aux prêtres d'allier les fonctions du sacerdoce avec la vie conjugale; 2° que rien n'est plus sage que cette défense; 3° qu'elle n'a rien de contraire à l'acte constitutionnel; 4° que les curés qui la violent doivent être déposés; 5° que l'on doit pourvoir à leurs cures comme aux autres cures vacantes. Il finissait en disant qu'il était « fermement résolu de procéder canoniquement contre tout prêtre de son diocèse qui entreprendrait de se marier ». Gratien ne paraît pas avoir été inquiété pour ce fait.

être la religion chrétienne et ses ministres ne furent outragés de la sorte. J'en citerai seulement un exemple choisi entre mille pour montrer en quelle estime étaient aux yeux des révolutionnaires les constitutionnels, les prêtres soumis aux lois qui prêchaient l'amour de la République. En mai 1793, un clubiste de province, le citoyen Lonqueue, s'exprimait de la manière suivante dans un *Discours familier et préparatoire à des instructions contre la religion des prêtres, prononcé dans le club révolutionnaire des vrais sans-culottes séant à Chartres, et réimprimé le 25 brumaire par ordre du ministre de l'intérieur* [1] :

« ... Supprimez vos prêtres, et ne m'objectez plus
« que ceux qui ont fait le serment sont patriotes; car
« je vous répliquerai qu'ils ne valent pas mieux les
« uns que les autres... Dans la chaire, ils ne rabâ-
« chent que des prônes insipides, ils ne lamentent
« que de misérables capucinades... Je passe à leur
« serment, auquel la malveillance, de concert avec la
« sottise, a donné une importance ridicule et funeste;
« mais au lieu de discuter sur cet article, je me bor-
« nerai aux questions suivantes : Combien l'ont prêté
« pour narguer ceux de leurs confrères qui les mé-
« prisaient dans le régime précédent? Combien l'ont
« prêté parce qu'ils espéraient, sinon d'être évêques,
« au moins de remplacer les chanoines? Combien
« l'ont prêté en lui donnant une interprétation men-
« tale dans un sens particulier? Combien l'ont prêté
« pour conserver la confiance du peuple, et mani-
« gancer plus efficacement contre la Révolution?...
« Ils ont sauvé la France? Ils ont au contraire en-

---

1. 27 pages in-8°.

« travé la marche de la Révolution. Qu'ils eussent
« tous refusé ce serment, que serait-il arrivé?... Ils
« n'auraient pas eu le temps de séduire et de fana-
« tiser leurs paroissiens crédules... Si tous les prê-
« tres avaient refusé le serment, jamais la supersti-
« tion n'aurait causé tant de maux à la France. Leur
« serment, au lieu de la sauver, lui a donc été funeste.
« Quant à leur patriotisme, je ne sais de quelle cou-
« leur il est... Supprimez donc vos prêtres... Les prê-
« tres sont dangereux, leur religion est absurde, le
« peuple doit l'abandonner, la Convention doit sup-
« primer tous les prêtres [1]... »

A Paris, au mois de juin, le citoyen Tobie, qui réprouvait les « dragonnades », voulait au lieu de
prêtres des « missionnaires de la raison », c'est-à-dire
des acteurs et des auteurs dramatiques. « Il faut,
disait-il, opposer Molière à Tartuffe, il faut se travestir en saltimbanques de tout genre pour semer la
tolérance et la morale [2]. » Le citoyen Tobie n'était
que grotesque, les autres faiseurs de motions contre
les prêtres étaient odieux.

---

1. Dans une motion d'ordre faite à la Convention, Turreau (de l'Yonne) prononça la phrase suivante, qui fait songer à celle de Grégoire lui-même sur Louis XVI : « Le prêtre est au « moral ce qu'est le poison au physique, ses actions tuent sans « être aperçues... Ne croyons pas à leurs serments, l'hypocrisie, « comme le crime, est un besoin chez eux. » Turreau accusait les prêtres de tous les crimes. « Ils se glissent, disait-il, dans « les tribunaux révolutionnaires pour faire périr les patriotes et « acquitter les aristocrates. »

2. *Essai sur l'extirpation du fanatisme, par le citoyen Tobie*, 10 pages in-4°. — Fabre d'Églantine proposa de même à la Convention de considérer les comédiens, acteurs et auteurs dramatiques comme les organes, les magistrats, les *prêtres* de la morale publique. Le Comité d'instruction publique eut à s'occuper de cette proposition, mais Anacharsis Clootz la fit rejeter. (*Annales de la Religion*, I, 29.)

C'était de tous côtés comme une folie contagieuse, et rien ne saurait justifier les révolutionnaires qui foulaient ainsi aux pieds les droits les plus sacrés de l'homme et du citoyen. Mais l'histoire qui veut expliquer tout, et qui recherche, à défaut de circonstances atténuantes, les mobiles du crime, doit ajouter que les dangers de la patrie exaltaient alors toutes les têtes. La guerre sévissait avec une violence inouïe aux quatre coins de la France, sur les frontières du Nord et de l'Est, aux Pyrénées, en Vendée, à Lyon, à Toulon; partout la Convention trouvait parmi ses ennemis des nobles et des prêtres bien résolus à faire contre elle, si les chances de la lutte devenaient favorables, autant et plus qu'elle ne faisait contre eux. Les Vendéens et les Chouans ont assassiné plus de républicains sans défense que la Terreur n'a immolé de royalistes innocents [1]. Qu'on lise d'ailleurs le singulier mémoire que Maury adressait au pape le 23 juin 1793, et l'on jugera si la *Terreur blanche* eût été moins sanguinaire que l'autre. « Les progrès de « la contre-révolution, disait Maury, s'accélèrent de « jour en jour avec une rapidité qui peut bientôt de- « venir incalculable... Il ne faut plus compter désor- « mais par mois; on peut heureusement compter par « jours la durée du règne expirant de cette longue et

---

1. Je me propose d'en fournir la preuve, dans la suite de ces *Études*, car il serait aisé de citer plus de cinq cents lettres inédites où l'on peut voir le détail de ces horreurs, femmes assommées, curés constitutionnels crucifiés, prisonniers fusillés après qu'on leur a fait creuser leur fosse, etc., etc. L'histoire de la Vendée et celle de la chouannerie ne sont pas encore connues; les études locales qui se succèdent sans interruption depuis quelques années permettront bientôt de savoir la vérité.

« désastreuse anarchie. » La victoire étant si proche, Maury songeait aux réformes à opérer immédiatement ; il fallait d'après lui rétablir la royauté, persécuter sans relâche les protestants, les jansénistes et les francs-maçons, faire rendre gorge aux acquéreurs de biens nationaux, restituer Avignon au Saint-siège, et rétablir dans son antique splendeur « l'édu-
« cation sacerdotale ». La Convention et tous ses agents pouvaient s'attendre à un châtiment exemplaire, et Maury, qui n'oubliait personne, se demandait quelle devrait être la punition du clergé constitutionnel, de ce clergé que la Révolution protégeait et aimait comme on vient de le voir. Ici nous citerons, au lieu d'analyser, la chose en vaut la peine :

« Il me semble, dit l'archevêque de Nicée, qu'on
« ne peut pas laisser [les évêques jureurs, ou consé-
« crateurs, ou intrus] cabaler en liberté dans le
« royaume, et qu'il y aurait même du danger à leur
« permettre d'en sortir... Il est très possible que les
« Parlements obligés de signaler le retour de la jus-
« tice par de terribles exemples de sévérité, et que le
« plus grand nombres des évêques intrus ayant par-
« ticipé à des complots criminels, et commis ou
« conseillé des délits capitaux, indépendamment du
« *crime de leur intrusion* ; il est, dis-je, très possible
« que les Parlements les condamnent presque tous à
« la mort ; et cette voie de proscription générale
« pourrait être approuvée, si on les jugeait par con-
« tumace. Je ne voterais pas, je l'avoue, pour toutes
« ces exécutions effectives. Je craindrais qu'elles ne
« rendissent odieux le clergé catholique. Je crain-
« drais que l'apparence du martyre n'excitât de l'in-
« térêt en faveur de ces apostats. L'expédient le plus

« désirable, à mon gré, serait de les renfermer dans
« des monastères, etc. [1]. »

Ainsi, la contre-révolution triomphante eût couvert
la France de ruines ; est-il étonnant que la Révolution
menacée se soit défendue en 1793 d'une manière si
terrible ? Mais les gens qui sont affolés par la peur
frappent en aveugles autour d'eux : Charles VI, dans
la forêt du Mans, courait sus aux hommes de son
escorte ; durant la Terreur, les innocents payèrent
pour les coupables ; les plus fidèles soutiens de la
Révolution furent traités par elle en ennemis. Les
nobles qui n'avaient pas émigré, les insermentés que
l'on tenait depuis deux années entières entassés dans
les cachots, enfin les assermentés paisibles que le
gouvernement affectait de confondre avec d'abominables charlatans ou avec de francs scélérats qui
avaient accepté la Constitution civile, telles furent
les victimes que frappa sans pitié la fureur révolutionnaire.

Mais, dira-t-on, que faisaient alors les quarante-deux constitutionnels, évêques ou prêtres, qui siégeaient à la Convention, et qui avaient le devoir de
défendre leur foi jusqu'à la mort ? Que faisait leur
chef Henri Grégoire, dont on vante l'intrépidité ? Grégoire et ceux de ses collègues qui étaient encore chrétiens gardaient alors un profond silence. Surveillés

---

[1]. *Mémoires de Mgr Maury...* Rome, 23 juin 1793. Theiner, I,
381. — Déjà, en 1792, on pouvait lire dans un pamphlet royaliste
intitulé : *Livre de prières dédié aux patriotes*, les quelques
lignes que voici : « Nous nous adressons aussi au vertueux
Grégoire et au petit papa Voidel, ainsi qu'au respectable Target
et au vénérable Barnave pour qu'ils vous engagent à prendre
comme eux la fuite, si vous ne voulez pas être redressés à la
lanterne, ce qui, comme nous l'espérons, ne tardera pas. Amen. »

de très près par les Terroristes qui cherchaient une occasion de les faire périr, ils ne pouvaient aborder la tribune, et tous les autres moyens de parler à la France leur étaient interdits. Fauchet, l'un d'entre eux, s'était élevé avec une grande véhémence contre les persécutions odieuses dont le catholicisme était l'objet, mais son discours avait été plus nuisible qu'utile à la cause qu'il voulait défendre.

« Le fanatisme, s'était-il écrié en pleine Conven« tion, le 20 avril 1793, je le vois du côté des persé« cuteurs... Nous avons entendu, nous entendons « continuellement des hommes qui ne savent ce que « c'est que la philosophie législative, déclamer sans « restriction contre les ministres de tous les cultes, « les vouer à la proscription, déclarer que les prêtres « sont mûrs comme les tyrans, que prêtre et répu« blique sont incompatibles. Citoyens, ces hommes« là servent l'anarchie et le royalisme; ils veulent « rendre la république impossible : car l'anéantisse« ment de toute religion est, heureusement pour la « société, d'une impossibilité absolue [1]... »

La réponse à cette courageuse exposition de principes ne s'était pas fait attendre; proscrit avec les Girondins, Fauchet monta sur l'échafaud le 31 octobre 1793. Royer, Lamourette et quelques autres furent incarcérés comme suspects vers le milieu de 1793, d'autres enfin durent se cacher et Grégoire demeura seul. Durant plus de quinze mois, ce vrai républicain eut à redouter, comme son ami Carnot, les fureurs de Robespierre, et l'histoire se demande encore aujourd'hui pourquoi ces deux hommes furent épargnés

---

1. *Claude Fauchet à la Convention nationale...* 16 pages in-8°.

par le tyran. Grégoire ne cessa jamais de porter la tonsure ecclésiastique, et la couleur de ses vêtements montrait à tous qu'il se considérait toujours comme évêque ; mais il jugeait inutile d'irriter les ennemis du catholicisme par des réclamations intempestives ou par de vaines bravades. Vienne le moment de protester contre une apostasie presque générale et de courir au-devant du martyre, on verra Grégoire prouver qu'il ne craint personne et acquérir en pleine Convention, comme le dit un témoin oculaire, « le titre de confesseur de Jésus-Christ [1] ».

La fameuse journée du 17 brumaire an II est trop connue pour qu'il soit nécessaire de la raconter à nouveau dans tous ses détails. On sait comment la Commune de Paris [2], de connivence avec plusieurs conventionnels qui n'avaient pas consulté Robespierre et qui payèrent de leur tête cette audacieuse équipée, traîna le lâche Gobel à la tribune de la Convention, et lui fit faire une abdication que la perfidie transforma aussitôt en apostasie. Mais presque tous les historiens de la Révolution ont dénaturé ces faits, sciemment ou non, et M. Thiers lui-même s'est mé-

---

1. Durand de Maillane, *Histoire de la Convention*, I, 9. On lit dans une lettre autographe et inédite de Durand de Maillane (Aix, 6 messidor an IX) : « Ce qui vous assure pour toujours mon estime et mon attachement, c'est votre fermeté pour la défense de notre sainte religion ; vous avez résisté pour elle aux caresses et aux menaces, je le sais, je l'ai vu... »
2. La Commune de Paris prétendit l'année suivante que c'étaient les prêtres qui avaient élevé des temples à la Raison et travaillé à créer une religion sans Dieu, et cela pour réveiller le fanatisme, parce qu'ils ne trouvaient plus de dupes pour les payer et de spectateurs pour les *entendre* (sic). — *Adresse de la municipalité de Paris à la Convention;* impr. par ordre de la Convention, 27 floréal an II, 8 pages in-8°.

pris sur le caractère de cet événement; il est donc nécessaire de mettre la vérité dans tout son jour. Aux yeux de M. Thiers, historien philosophe qui accepte si volontiers les faits accomplis, la révolution religieuse du 17 brumaire, « la plus difficile, la plus accusée de tyrannie », a été la conséquence nécessaire de toutes celles qui l'avaient précédée.

« L'emportement des esprits augmentant chaque
« jour, dit-il en propres termes, on se demandait
« pourquoi, en abolissant toutes les anciennes super-
« stitions monarchiques, on conservait encore un fan-
« tôme de religion à laquelle presque personne ne
« croyait plus, et qui formait le contraste le plus tran-
« chant avec les nouvelles institutions, les nouvelles
« mœurs de la France républicaine. Déjà on avait de-
« mandé des lois pour favoriser les prêtres mariés et
« les protéger contre certaines administrations locales
« qui voulaient les priver de leurs fonctions. La Con-
« vention, très réservée en cette matière, n'avait rien
« voulu statuer à leur égard, mais par son silence même
« elle les avait autorisés à conserver leurs fonctions
« et leurs traitements. Il s'agissait en outre, dans cer-
« taines pétitions, de ne plus salarier aucun culte, de
« laisser chaque secte salarier ses ministres, d'inter-
« dire les cérémonies extérieures, et d'obliger toutes
« les religions à se renfermer dans leurs temples. La
« Convention se borna à réduire le revenu des évêques
« au maximum de 6000 francs, vu qu'il y en avait dont
« le revenu s'élevait à 70 000 [1]. Quant à tout le reste,

---

[1]. Ce chiffre de 70 000 francs était vrai sous l'ancien régime, mais les évêques constitutionnels avaient 12 ou 15 000 francs au maximum. Cambon demanda et obtint, le 18 septembre 1793, la réduction à 6000 liv. des traitements d'évêques; il fit sup-

« elle ne voulut rien prendre sur elle, et garda le
« silence, laissant la France prendre l'initiative de
« l'abolition des cultes. Elle craignait, en touchant
« elle-même aux croyances, d'indisposer une partie de
« la population, encore attachée à la religion catho-
« lique. La Commune de Paris, moins réservée, saisit
« cette occasion importante d'une grande réforme, et
« s'empressa de donner le premier exemple de l'abju-
« ration du catholicisme [1]. »

On ne saurait croire combien il y a d'erreurs dans cette simple page d'histoire. La suite de ces études montrera s'il est permis de dire que presque personne, en 1793, ne croyait à la religion, et si 36 000 paroisses ont été rouvertes en quelques mois par des populations indifférentes. Mais en outre, il est faux que la Convention ait dû protéger les prêtres mariés contre certaines administrations locales ; c'est contre certains prélats constitutionnels que Danton et ses

---

primer, en accordant à chacun d'eux une pension de 1200 liv., tous les vicaires épiscopaux ; enfin il opposa la question préalable à toute demande de réduction du traitement des curés. *Journal des Débats*, n° 365.

1. *Histoire de la Révolution.* Il y a dans ce passage quelques contradictions choquantes ; après avoir dit que presque personne ne croyait plus à la religion, M. Thiers affirme que la Convention craignait d'indisposer une partie de la population, encore attachée à la religion. C'est la même chose dans la suite du récit : M. Thiers parle, à propos des bustes de Marat et de Le Pelletier, de « scènes de recueillement » ; tournons la page, et nous verrons ces propres mots : « On voit sans doute avec dégoût ces scènes sans recueillement. » M. Thiers écrivait de verve, sous la Restauration, et ses premiers volumes sont plutôt des œuvres de polémique courageuse que des œuvres historiques dans toute l'acception de ce mot. Tous les historiens conviennent que son *Histoire* aurait grand besoin d'être revue, sinon refaite.

amis protégèrent ces individus [1]. Il est faux que la
Convention ait voulu ne rien statuer sur cette matière, car nous l'avons vue accueillir avec une faveur
marquée les dénonciations faites contre les évêques,
et encourager les prêtres à violer le premier de leurs
vœux [2]. Il est faux que la suppression du budget des
cultes ait été simplement demandée par de certaines
pétitions, puisque le conventionnel Cambon en fit
l'objet d'une motion, et que Robespierre intervint
pour conserver aux ecclésiastiques leurs traitements [3].
Enfin, et ceci est important à signaler, il est faux que la
Convention ait laissé la France prendre l'initiative de
l'abolition des cultes. Si l'on eût procédé ainsi, comme
devait le faire une représentation vraiment nationale,
les cultes n'auraient pas été détruits en 1793. La France
voulait garder et son culte quatorze fois séculaire,
et ceux d'entre ses prêtres qui aimaient la Révolution; mais il y eut alors comme une vaste conspiration contre le catholicisme français. Les administrateurs de la Commune, beaucoup de représentants
en mission et quelques députés montagnards étaient
du complot; la preuve en est qu'il éclata simultanément à Paris et sur tous les points de la République.
Déjà, au mois de septembre 1793, le député La Planche
et son digne acolyte Parmentier avaient défendu aux
Orléanais tout culte extérieur. Avant même que Chaumette l'eût fait à Paris, ils avaient interdit les processions, abattu les croix, ordonné à tous les curés
de se marier sous peine d'encourir la disgrâce de la

---

1. Voir ci-dessus, p. 191.
2. Voir ci-dessus, p. 193.
3. Voir ci-dessus, p. 174-177.

nation entière [1]. A Moulins, lors du passage de Fouché dans cette ville, c'est-à-dire le 26 septembre, le club éloigne pour jamais des fonctions publiques « tout prêtre qui ne sera pas marié, ou qui n'aura pas adopté un enfant, ou enfin qui ne nourrira pas un vieillard à sa table d'ici au 1er novembre prochain ».

A Reims, le 7 octobre, on vit le conventionnel Ruhl, qui avait témoigné peu de jours auparavant son respect pour la religion [2], briser sur le piédestal de la statue de Louis le Fainéant la sainte ampoule, « hochet sacré des sots ». A Lunéville, le 14e jour du second mois de l'an II, on célébra une fête civique en l'honneur du calendrier républicain, inauguré, comme l'on sait, le 6 octobre, et cette fête consista en une « procession » où l'on remarquait un garçon de douze ans représentant le génie de la France, des jeunes filles qui portaient « le feu sacré du patriotisme » et un « bramine » sur la poitrine duquel se lisait une « prière philanthropique ».

A Metz, le 15 brumaire, le citoyen Gieb déclamait au club contre les prêtres, « ces êtres de sang, ces

---

1. « Une vingtaine m'ont promis de se marier avant deux mois, et j'ai des procurations pour leur chercher des femmes », disait Parmentier, qui se vantait d'avoir incarcéré sept prêtres dont « un faux sans-culotte », plus un enfant de dix ans. — La Planche lui répondit gravement qu'il avait bien mérité de la patrie. *Suite du procès-verbal des séances tenues dans l'église de Saint-Paterne d'Orléans...*, impr., 84 pages in-4º, 1793.

2. Voici en effet comment s'exprimait Ruhl : Question 59. Le service divin se fait-il partout régulièrement avec exactitude et décence à l'édification et à l'instruction du peuple? — 60. La liberté des opinions religieuses est-elle soigneusement respectée et contenue dans ses justes bornes? — Append. 13. Qu'est devenue la sainte ampoule? (*Questions posées par Ruhl, en septembre 1793, au directoire du district de Reims.*) Évidemment, Ruhl avait eu ensuite communication du mot d'ordre.

« monstres formés de tous les vices. On vous a proposé,
« ajoutait-il, de consacrer dans cette cité le plus beau
« temple à l'Être suprême, d'y élever une statue à la
« liberté entourée des emblèmes de toutes les vertus.
« Gardons-nous de donner dans cette erreur... Il faut
« laisser l'Être suprême dans le vague ; on ne le connait
« pas, on sait seulement qu'il existe [1]. » A Nancy, le
lendemain, le procureur-syndic Jeandel s'exprima
publiquement en ces termes : « Ce fanatisme qui
« depuis tant de siècles a été la plate-forme et la cui-
« rasse d'un clergé despote, tyrannique, scandaleux,
« hypocrite, charlatan, turbulent, enfin ce foyer de
« toutes les atrocités ne distillera plus son venin pesti-
« lentiel dans les âmes faibles... Le peuple n'hésitera
« pas un instant à accepter la religion nationale que
« lui offre la *raison* et nos lois nouvelles [2]. »

A Strasbourg enfin, le 17 brumaire, c'est-à-dire le jour même où la Commune de Paris traînait Gobel à la Convention, les « représentants du peuple près l'armée du Rhin » rendirent un arrêté dont voici les principaux articles :

Article Premier. — L'exercice du culte est restreint dans des bâtiments particuliers qui lui sont destinés.

Art. II. — Tout signe extérieur d'opinion religieuse quelconque disparaitra des rues, des places et chemins publics.

Art. III. — Les ornements scandaleux d'or et d'argent qui ont trop longtemps insulté à la misère du peuple et déshonoré la simplicité de la véritable religion seront enlevés de tous les temples et de tous les

---

1. Imprimé du temps.
2. Impr. in-8°.

édifices où ils pourraient se trouver, et portés aux départements pour être ensuite déposés sur l'autel de la patrie.

Art. VI. — Les ministres du culte qui par l'acte sublime du mariage et par le concours de leurs lumières briseront le bandeau de l'erreur, apprendront au peuple la sainte vérité et tâcheront de réparer les maux affreux que l'hypocrisie de leurs prédécesseurs a vomis sur la surface de la terre, seront regardés comme apôtres de l'humanité et recommandés à la générosité nationale.

Art. VII. — Ceux qui, soit par leurs discours, soit par leurs actions, retarderont le triomphe de la *Raison* et la destruction des préjugés, seront traités comme ennemis du genre humain et déportés dans les déserts destinés aux prêtres réfractaires [1].

C'était la même chose dans le nord et dans le centre de la France, à Lille, à Bourges, à Marseille, à Montpellier, à Toulouse, à Bordeaux, à Nantes, à Brest et à Rouen, partout enfin où se trouvaient alors des représentants en mission, et à leur suite des armées révolutionnaires. Peut-on dire, en présence de pareils faits, attestés par cent cinquante procès-verbaux imprimés, que la Convention laissa la France abolir elle-même son ancien culte? Toutefois, Robespierre et ses amis n'étaient pas du complot, car ils se proposaient d'asservir le catholicisme, comme fera plus tard Napoléon, et non pas de le détruire; les véritables chefs du mouvement furent les Hébertistes. Robespierre vit avec colère ces « mascarades », le mot est de lui; et ce n'était pas, comme le dit encore

---

1. Impr. Strasbourg, 17 brumaire, an II.

M. Thiers, le peuple français qui les faisait, c'était la lie du peuple, les massacreurs de septembre, les hommes à grandes moustaches que l'on retrouvait chaque jour aux Jacobins, dans les tribunes de la Convention et aux abords de la guillotine. Robespierre s'efforça, quelques mois plus tard, de réparer la faute commise, et plusieurs de ses contemporains ont cru qu'il avait l'intention de rétablir peu à peu non seulement le catholicisme, mais même l'ancien régime ecclésiastique [1].

Quoi qu'il en soit, la grande comédie que Chaumette, Anacharsis Clootz, Vincent et leurs amis de la Commune révolutionnaire avaient préparée de longue main, fut jouée le 17 brumaire (7 novembre) en pleine Convention [2]. L'évêque Gobel, prélat de l'ancien régime que la Révolution avait porté sur le siège métropolitain de Paris, et qui avait déclaré la veille au soir « qu'il ne connaissait point d'erreurs dans sa religion, qu'il n'en avait point à abjurer, et

---

1. *Journal ms.* de Claude Lecoz, évêque constitutionnel de Rennes, cité dans une Vie ms. de cet évêque par l'ex-bénédiction dom Grappin.
2. C'est la Commune de Paris qui a pris l'initiative de ces « mascarades », et voici comment l'auteur de la *Notice sur la vie de Sieyès* (1795), probablement Sieyès lui-même, s'exprimait sur le compte de cette fameuse assemblée : « Cette Commune municipale, où les événements de septembre 1792 avaient transporté toute la force réelle, où les idées les plus incohérentes qui aient déshonoré le cerveau humain passaient pour un système de démocratie digne du peuple français, où les formes sales, les mœurs abjectes, le langage corrompu, les appétits brutaux sortis des cloaques les plus impurs, les plus *bicêtriques,* étaient regardés comme le signe d'un patriotisme ardent, comme la seule preuve d'un amour sincère de l'égalité.... » Ne s'aperçoit-on pas, en lisant ces lignes vieilles de quatre-vingt-dix ans, que l'histoire est, comme on l'a dit, un perpétuel recommencement?

qu'il s'y tiendrait collé » [1], parut à la tribune et prononça le discours suivant, que nous rapporterons d'après le *Procès-verbal officiel* imprimé par ordre de la Convention pour être envoyé aux autorités constituées et aux armées [2].

« Gobet (*sic*), évêque de Paris, prie les Représen-
« tants du peuple d'entendre sa déclaration. Né plé-
« béien, j'eus de bonne heure dans l'âme les principes
« de la liberté et de l'égalité. Appelé à l'Assemblée
« constituante par le vœu de mes concitoyens, je n'at-
« tendis pas la Déclaration des droits de l'homme pour
« reconnaître la souveraineté du peuple. J'eus plus
« d'une occasion de faire publiquement ma profession
« de foi politique à cet égard, et depuis ce moment
« toutes mes opinions ont été rangées sous ce grand
« régulateur. Depuis ce moment, la volonté du peuple
« souverain est devenue ma loi suprême ; mon premier
« devoir, la soumission à ses ordres. C'est cette volonté
« qui m'avait élevé au siège de l'évêché de Paris, et
« qui m'avait appelé en même temps à trois autres.
« J'ai obéi en acceptant celui de cette grande cité, et
« ma conscience me dit qu'en me rendant au vœu du
« peuple du département de Paris, je ne l'ai pas
« trompé ; que je n'ai employé l'ascendant que pouvait
« me donner mon titre et ma place qu'à augmenter
« en lui son attachement aux principes éternels de la
« liberté, de l'égalité et de la morale, bases néces-
« saires de toute constitution vraiment républicaine.
« Aujourd'hui que la Révolution marche à grands pas

---

1. *Nouvelles ecclésiastiques* de 1794, p. 132, d'après le *Bulletin du tribunal révolutionnaire*.
2. Paris, Impr. nationale, 34 pages in-8°.

« vers une fin heureuse, puisqu'elle emmène toutes les
« opinions à un seul centre politique, aujourd'hui qu'il
« ne doit plus y avoir d'autre culte public et national
« que celui de la liberté et de la sainte égalité, parce
« que le souverain le veut ainsi ; conséquent à mes
« principes, je me soumets à sa volonté, et je viens
« vous déclarer ici hautement que dès aujourd'hui je
« renonce à exercer mes fonctions de ministre du culte
« catholique. Les citoyens mes vicaires ici présents se
« réunissent à moi ; en conséquence nous vous remet-
« tons tous nos titres. »

Signé : Gobet, Denoux, Laborey, Delacroix, Lambert, Priqueler, Voisard, Boulliot, Genais, Deslandes, Dhabès *dit* Saint-Martin[1].

1. Ce discours de Gobel, ou, pour mieux dire, ceux de Lindet, Gay-Vernon, Torné et autres apostats, furent mis en vers, avec une certaine verve, par Léonard Bourdon : *le Tombeau des imposteurs et l'inauguration du temple de la Vérité*, sans-culottide dramatique, acte III, sc. v.

L'évêque aux citoyens :

... Asservis trop longtemps, apôtres de l'erreur,
Nous courbâmes nos fronts sous un culte imposteur.
Trompés dès le berceau par des sots ou des traîtres,
L'ordre de nos parents nous fit devenir prêtres.
Au nom d'un dieu vengeur nos mains rivaient vos fers,
Et pour mieux l'asservir nous trompions l'univers.
Dieu, c'est la vérité, la raison, la nature.
Jésus ne fut qu'un homme, il fut législateur,
Mais n'enseigna jamais un dogme destructeur.
Il fut ami du peuple, ennemi du despote,
Il fut peut-être aussi le premier sans-culotte ;
Mais il ne fut pas Dieu... Raison, Égalité,
Liberté, citoyens, voilà la Trinité. Etc.

Cette pièce, dont les auteurs étaient Léonard Bourdon, Moline et Valcour, avec musique de Foignet et Porta, fut imprimée à Paris en l'an II, 100 pages in-8°.

12.

« Je déclare que mes lettres de prêtrise n'étant pas en mon pouvoir, je les remettrai dès que je les aurai reçues. »   Telmon.

« Je fais la même déclaration, et je signe, Nourmaire [1]. »

« Les mots de Vive la République! ont été répétés par tous les spectateurs et les membres de la Convention au milieu des plus vifs applaudissements [2]. »

Telle fut la véritable déclaration de Gobel, et l'on peut voir que ce malheureux avait pris la peine de l'écrire, de la faire signer à ses vicaires ; qu'on relise ce chef-d'œuvre de platitude, et l'on se persuadera, comme l'a très bien fait observer Grégoire, que l'ancien évêque de Lydda avait simplement *abdiqué*, sans ajouter un seul mot qui pût froisser le dogme ni la morale [3].

Néanmoins Chaumette demanda que, pour fêter le jour où la Raison reprenait son empire, on donnât dans le nouveau calendrier une place au jour de la Raison. Ensuite le curé de Vaugirard, « revenu des préjugés que le fanatisme avait mis dans son cœur et dans son esprit », déposa ses lettres de prêtrise, et le président Laloi fit un petit discours qui se terminait par ces mots : « ... L'Être suprême ne veut de culte que celui de la Raison, il n'en prescrit pas d'autre, et ce sera désormais la religion nationale. » Gobel aurait dû bondir en entendant ces derniers mots ; mais la

---

[1]. C'est Tournaire qu'il faut lire. Les vicaires Girard, Baudin, Lothringer, Mille, Blondeau, Daunou et Mévolhon ne s'étaient pas joints à leurs collègues, mais il paraît que trois seulement s'y refusèrent ; les autres s'étaient sans doute déjà *déprêtrisés*.
[2]. *Procès-verbal*, p. 21.
[3]. *Histoire des sectes*, t. Ier, p. 71.

peur s'était rendue maîtresse de ce lâche ; il garda le silence et déposa sur l'autel de la patrie sa croix et son anneau. Plusieurs membres demandèrent au président de donner l'accolade à l'évêque de Paris, mais Laloi observa qu'après l'abjuration qui venait d'être faite, l'évêque de Paris était un être de raison ; il embrassa le citoyen Gobel, et ce nouveau Judas quitta la salle au milieu d'un tumulte indescriptible, « d'un tapage épouvantable », comme dit Grégoire.

Coupé (de l'Oise), Lindet, ci-devant évêque du département de l'Eure, Julien de Toulouse, ministre protestant, Gay-Vernon, ci-devant évêque, Villers, curé, et enfin l'ex-vicaire épiscopal Gomers firent la même déclaration aux cris répétés de vive la République ! vive la liberté ! comme si la République et surtout la liberté devaient recueillir quelque avantage de ces honteuses palinodies. Le procès-verbal officiel ajoute ces simples mots : « Plusieurs membres ont « observé que cette journée, marquée par le triomphe « de la raison sur le fanatisme, était trop mémorable « pour n'en pas consacrer le souvenir dans les fastes « de la République, et, en conséquence, la Conven- « tion nationale a décrété l'impression du procès- « verbal de ce jour et l'envoi aux autorités constituées « et à l'armée. — La séance est levée. »

Voilà tout ce qu'on peut lire dans cet important document, et cependant les journaux de l'époque, le *Moniteur* entre autres, ont raconté la suite de cette fameuse séance. « Cette apostasie éclatante, dit un historien récent de la Terreur [1], devait avoir des imi-

---

1. H. Wallon, *La Terreur, études critiques sur l'histoire de la Révolution française*, t. Ier, p. 260.

tateurs dans la Convention. Grégoire, *évêque de Blois*, comme dit avec une intention marquée le compte rendu de la séance, survenant après la sortie de Gobel, dit :

« J'arrive en ce moment dans l'assemblée. On vient
« de m'apprendre que plusieurs évêques avaient ab-
« diqué. S'agit-il de renoncer au fanatisme? Cela ne
« peut me regarder. Je l'ai toujours combattu; les
« preuves en sont dans mes écrits, qui respirent tous
« la haine des rois et de la superstition. Parle-t-on des
« fonctions d'évêque? Je les ai acceptées dans des
« temps difficiles, et je suis disposé à les abandonner
« quand on le voudra.

« *Plusieurs voix* : On ne veut forcer personne.

« Thuriot : Que Grégoire consulte sa conscience
« pour savoir si la superstition est utile aux progrès
« de la liberté et de l'égalité. (Séance du 17 brumaire.
« *Moniteur* du 19.)

« Grégoire se tut, et ce silence lui fut imputé à cou-
« rage. C'était un évêque constitutionnel. »

Un évêque constitutionnel! ce simple mot ne dit-il pas tout? Ne suffit-il pas de le prononcer au risque de calomnier un honnête homme? et faut-il prendre la peine d'aller chercher la vérité autre part que dans le *Moniteur* [1]? La vérité, c'est que Grégoire a bravé l'échafaud ce jour-là, c'est qu'il a résisté aux caresses et aux menaces de ses collègues qui se flattaient de voir le coryphée du clergé patriote donner l'exemple

---

[1]. Le *Moniteur* n'était point alors ce qu'il est devenu sous Bonaparte, un journal officiel. C'était assurément le mieux renseigné de tous les journaux, mais il flattait les puissances du moment, et, dans les circonstances délicates, on doit le consulter avec les plus grandes précautions.

de la « déprêtrisation » ; c'est qu'il a fait à la tribune un très beau discours pour déclarer qu'il entendait demeurer prêtre, c'est enfin que la Convention n'a point osé faire mention de ce discours dans le procès-verbal, et que le *Moniteur*, moins scrupuleux, l'a reproduit en le dénaturant de la manière la plus perfide. Grégoire a protesté contre cette odieuse falsification dans son *Histoire des sectes* [1], et ensuite dans ses *Mémoires* [2]; les témoignages multipliés de ses contemporains, amis ou ennemis, ont prouvé surabondamment qu'il avait raison, et il semble qu'on devait tenir compte de sa réclamation. Voici d'ailleurs le véritable discours de Grégoire, tel qu'il déclare l'avoir transcrit de souvenir au sortir de la séance :

« J'entre ici n'ayant que des notions très vagues de
« ce qui s'est passé avant mon arrivée. On me parle
« de sacrifices à la patrie, j'y suis habitué; d'attache-
« ment à la cause de la liberté? j'ai fait mes preuves;
« s'agit-il du revenu attaché à la qualité d'évêque? je
« vous l'abandonne sans regret. S'agit-il de religion?
« cet article est hors de votre domaine et vous n'avez
« pas droit de l'attaquer. J'entends parler de fana-
« tisme et de superstition..., je les ai toujours com-
« battus : mais qu'on définisse ces mots, et l'on verra
« que la superstition et le fanatisme sont diamétrale-
« ment opposés à la religion. Quant à moi, catholique
« par conviction et par sentiment, prêtre par choix,
« j'ai été désigné par le peuple pour être évêque;
« mais ce n'est ni de lui ni de vous que je tiens ma
« mission. J'ai consenti à porter le fardeau de l'épi-

---

1. Édit. de 1828, t. Ier, p. 71.
2. T. II, p. 32.

« scopat dans un temps où il était entouré de peines :
« on m'a tourmenté pour l'accepter; on me tourmente
« aujourd'hui pour faire une abdication qu'on ne
« m'arrachera pas. J'ai tâché de faire du bien dans
« mon diocèse; agissant d'après les principes sacrés
« qui me sont chers et que je vous défie de me ravir,
« je reste évêque pour en faire encore. J'invoque la
« liberté des cultes. »

Il est donc vrai de dire, après avoir lu ce discours, que Grégoire a fait preuve d'héroïsme le 17 brumaire [1], et qu'il a mérité ce jour-là le bel éloge que lui adressait en 1801 l'un de ses adversaires religieux, l'abbé de Siran : « Grégoire, évêque de Blois, « eut seul alors le courage de résister au torrent; il « exposa sa tête pour ne point compromettre les prin- « cipes; et quand on est si pur dans la cause de Dieu, « on devrait bien lui pardonner de s'être montré si « indiscret dans la cause des rois [2]. » Grégoire exposait véritablement sa tête, comme dit l'abbé de Siran, car il ignorait alors que les saturnales du 17 brumaire déplaisaient fort à Robespierre et devaient amener la proscription de Chaumette, de Clootz et de Gobel, accusés d'athéisme [3]; les avertissements, les repro-

---

1. En 1815, l'ex-conventionnel Rouyer écrivant à Grégoire lui disait : « D'après les principes ou les préjugés dont on a imbu votre enfance, et qu'en 1793 vous avez eu le courage ou plutôt l'héroïsme de professer à la tribune au péril de vos jours... »

2. *Lettre autographe*, 16 décembre 1801.

3. On lit dans le *Grand Dictionnaire du* XIXe *siècle* (Fêtes de la Raison, t. XIII, p. 654) : « Grégoire, évêque de Blois, *poussé peut-être par le parti de Robespierre,* vint à la tribune déclarer nettement qu'il était chrétien et qu'il refusait de se démettre. Sa fermeté ne souleva aucune objection. » Il y a dans ces quelques lignes une grosse erreur et une insinuation calomnieuse, il suffit de les mentionner.

ches, les menaces et les injures que lui prodiguèrent le jour même et les jours suivants ses collègues de la Convention et du Comité d'Instruction publique, sans compter les clubistes et les folliculaires que sa résistance exaspérait, n'étaient nullement pour le rassurer. Il fut interpellé vivement par Fourcroy, dénoncé aux Jacobins et admonesté publiquement par le *Sans-Culotte observateur* [1]; trois individus se rendirent même chez lui pour lui faire sentir la nécessité d'une abjuration, et l'un de ces énergumènes alla jusqu'à lui dire en propres termes : « Tu viens de « monter deux degrés de l'échafaud, tu monteras « le dernier [2]. » Grégoire répondit sans se troubler qu'il était prêt, et au lieu de fuir comme tant d'autres, il resta courageusement à son poste. On le vit assister aux séances du Comité d'Instruction publique et prendre une part active aux magnifiques travaux qui seront toujours l'honneur de ce Comité. C'est au plus fort de la Terreur qu'il prépara, de concert avec ses collègues, les projets de loi qui donnèrent naissance à l'École polytechnique, aux Écoles normales, au Conservatoire des arts et métiers, au Bureau des longitudes, au Conservatoire de musique et à tant d'autres établissements du même genre [3]. Mais là encore, comme il le dit dans ses Mémoires, Grégoire était réduit à lutter sans cesse contre le fanatisme antichrétien des philosophes, et il s'estimait heureux quand il avait pu « empêcher le mal », car c'était déjà « faire quelque bien [4] ». Ses collègues

---

1. Cf. *Mémoires de Grégoire*, II, 132.
2. *Ibid.*, I, 90.
3. Cf. Despois, *le Vandalisme révolutionnaire*, passim.
4. *Mémoires de Grégoire*, I, 342.

du Comité d'Instruction publique savaient tous que cet homme aux bas violets récitait chaque jour son bréviaire et disait la messe dans son oratoire domestique ; mais il faut dire à leur louange qu'ils ne l'en estimaient que plus et ne l'en chérissaient pas moins. Ils évitaient même de le contrister à ce sujet, et c'était pendant son absence, lorsqu'il était malade ou en instance auprès du Comité de sûreté générale pour obtenir l'élargissement d'un savant ou d'un prêtre, que le Comité d'Instruction publique manifestait par des actes son opposition au catholicisme [1].

S'il était assidu aux séances de son Comité, en revanche Grégoire se montrait le moins possible à la Convention, et beaucoup de ses collègues faisaient de même : ils rougissaient d'appartenir à une assemblée d'esclaves. Il y reparut, et même avec éclat, le 9 pluviôse an II (28 janvier 1794), pour lire un très remarquable rapport au sujet des livres élémentaires ; mais on ne le vit ni dans le temple de la Raison, le 20 brumaire, ni au Champ de Mars, le 20 prairial suivant, lors des fêtes absurdes que Robespierre daigna consacrer à l'Être suprême [2]. Le dictateur fut

---

1. D'autres fois ils s'associaient à ses vues patriotiques et généreuses ; c'est sur sa proposition que fut pris, le 28 messidor an III (16 juillet 1795), l'arrêté suivant, que je transcris sur l'Extrait officiel du registre de leurs délibérations :

« Le Comité d'Instruction publique, considérant que les « bonnes mœurs sont la base d'un gouvernement républicain, « arrête que les préposés aux Bibliothèques nationales ne pré- « teront point à la jeunesse les livres qu'ils croiront capables « de compromettre les mœurs.

« Pour extrait conforme,
« Grégoire, Creuzé-Pascal, Lalande,
« Villar, Massieu, Drulhe. »

2. On connaît cette fameuse fête du 20 prairial dont le plan,

informé de cette façon d'agir, et cependant, pour des raisons que l'histoire n'a pas encore pénétrées, Grégoire, qui avait Robespierre en horreur et qui affecta toujours de le nommer Robertspierre, pour insinuer qu'un tel monstre ne pouvait pas être d'origine française, Grégoire demeura libre en 1793 et en 1794 [1].

Et pourtant la Terreur était alors plus violente que jamais; on avait enlevé aux accusés leurs derniers moyens de défense, et les Comités de Salut public et de Sûreté générale pouvaient faire jeter en prison tous les députés qu'ils jugeraient suspects. Robespierre envoyait les athées à la guillotine et se déclarait partisan du déisme tel que le concevait Rousseau; il disait à tout propos que la Convention reconnaissait la liberté des cultes, et il forçait Chaumette lui-même à proclamer en plein Conseil de la Commune ces beaux principes de tolérance; mais ce n'était de sa part qu'une comédie. Les cultes étaient si peu libres que toutes les églises de Paris furent fermées en moins de quinze jours, sans que Robespierre en fît rouvrir une seule, et qu'au mois d'avril 1794 il

---

proposé par David, commence ainsi : « L'aurore annonce à peine le jour, et déjà les sons d'une musique guerrière retentissent de toutes parts et font succéder au calme du sommeil un réveil enchanteur. A l'aspect de l'astre bienfaisant qui vivifie et colore la nature, amis, frères, époux, enfants, vieillards et mères s'embrassent et s'empressent à l'envi d'orner et de célébrer la fête de la Divinité... » *Rapport fait au nom du Comité de Salut public par Max. Robespierre*, etc. 45 pages in-8°.

1. Il dit même dans ses *Mémoires* (II, 52) « qu'en 1794 il confessa quelques-uns des terroristes les plus acharnés, que d'autres le prièrent de confesser leurs femmes ou de baptiser leurs enfants ». N'a-t-on pas vu, en mai 1871, un membre de la Commune assister dévotement, à Saint-Etienne du Mont, à la première communion de son fils?

ne restait pas en France cent cinquante paroisses où l'on dît publiquement la messe. Sur les 2700 victimes que la guillotine fit à Paris seulement jusqu'au 9 thermidor, on compte environ 200 prêtres, dont la moitié, ou peu s'en faut, étaient des constitutionnels accusés « de propos fanatiques », comme dit en plusieurs endroits l'horrible *Liste des Guillotinés* [1]. Il était permis, disait Chaumette, de louer des maisons pour les transformer en chapelles, et de payer des ministres pour y célébrer sans désordre n'importe quel culte; mais il arrivait toujours malheur à ceux qui prétendaient arguer de cette permission. A Paris, au dire d'un journal très bien informé [2], deux ou trois chapelles s'ouvrirent en décembre 1793, et l'on y vit durant tout l'hiver une foule considérable.

« La chapelle de l'Institution de l'Oratoire, située
« à l'extrémité méridionale de Paris [3] ne désemplis-
« sait pas les jours de fêtes d'obligation, qui étaient
« les seuls où on y fit l'office. Pendant qu'une messe
« se disait, il y avait dehors à peu près autant de
« monde que dedans, attendant que cette messe fût

---

1. Cette feuille parut régulièrement jusqu'après le 9 thermidor. La guillotine fit périr à Paris environ 600 nobles, moins du quart du nombre total des victimes; 200 marchands, dont 15 imprimeurs, 30 brocanteurs, 22 marchands de vin et 16 épiciers, 112 magistrats, 100 officiers de tous grades, y compris les généraux comme Custine, Houchard et Westermann, 70 soldats, 25 médecins, 50 hommes de loi, 16 hommes de lettres, 130 ouvriers, 76 domestiques, 23 perruquiers, 29 tailleurs ou couturières, 2 femmes publiques, etc., etc. D'après une note autographe de Grégoire, les frais d'inhumation s'élevèrent à 17 000 liv., et l'on acheta pour 6 ou 7000 liv. de chaux vive.

2. *Nouvelles ecclésiastiques* de 1794, p. 134. Cette feuille, si intéressante pour l'histoire de 1794, est d'une extrême rareté.

3. Rue d'Enfer, là où se trouve aujourd'hui l'hôpital des Enfants assistés.

« finie pour entendre la suivante. Des gens de la
« campagne, qui s'en retournaient après avoir vendu
« leurs denrées, profitaient avec joie et attendrisse-
« ment de cette occasion d'assister au saint sacrifice
« dont ils étaient privés dans le lieu de leur domicile.
« D'autres y venaient exprès de deux ou trois lieues,
« comme on allait, pour le même sujet, du faubourg
« Saint-Antoine à Bercy, à Charenton, à Saint-Maur,
« à Chelles, distant de quelques lieues, et jusqu'à
« Lagny, qui est au moins à six lieues. L'après-midi,
« à vêpres, il y avait autant de monde que la cha-
« pelle pouvait en contenir. »

Qu'arriva-t-il? Après des vexations de tout genre,
les persécuteurs du catholicisme eurent recours à la
violence, leur arme favorite.

« Il s'y présenta quelques-uns de ces hommes que
« Robespierre, qui ne valait pas mieux qu'eux, mais
« qui les connaissait bien, a si bien peints ; qui use-
« raient, comme il le disait, cent bonnets rouges
« plutôt que de faire une bonne action. Ils affectaient
« de semer des bruits effrayants contre ceux qui fré-
« quentaient la chapelle de l'Institution. Des détache-
« ments de l'armée révolutionnaire et de la garde
« nationale devaient venir pour la foudroyer à coups
« de canon lorsqu'on y serait assemblé. Des gens
« étaient apostés dans les rues qui y conduisaient
« pour vomir des injures contre ceux qui s'y ren-
« daient, et ils leur imputaient de vouloir former une
« nouvelle Vendée. Une femme insultée par de sem-
« blables propos se retourna fixement vers l'aboyeur,
« et dit tout haut aux personnes qui passaient avec
« elle : « Voulez-vous voir un contre-révolutionnaire?
« — Le voilà! » L'aboyeur déconcerté demeura muet.

« Il se souvint sans doute de Robespierre, qui dénon-
« çait les ennemis déclarés du culte comme suspects
« d'être les ennemis secrets de la Révolution. Le
« comité révolutionnaire de l'Observatoire, et surtout
« celui du Finistère faisaient un crime d'aller à cette
« chapelle, et, pour cette unique raison, refusaient des
« certificats à ceux qui leur en demandaient. Ils fai-
« saient même avertir dans les maisons qu'on eût
« à s'en abstenir sous peine d'être traité comme
« suspect.

« Voyant que, malgré toutes ces menées, la chapelle
« de l'Institution réunissait toujours une grande foule
« de peuple, ils en vinrent aux voies de fait.

« Le comité révolutionnaire de l'Observatoire,
« excité par d'autres, ferma cette chapelle dans la
« semaine de la Sexagésime (23 fév. 1794), et mit en
« arrestation à Saint-Lazare celui des deux prêtres
« qui la desservaient dont on redoutait davantage
« le zèle et l'activité, le citoyen Durand, avec le
« citoyen Éloy, marchand mercier plein de religion,
« de courage et de patriotisme. C'était ce vertueux
« laïc qui avait loué la chapelle, en observant les for-
« malités nécessaires pour pouvoir y exercer le culte
« divin en toute sûreté.

« Il n'en bougeait point tant que duraient les offices,
« afin de répondre à quiconque pourrait venir pour
« les troubler. Il y vint en effet de ces gens à bonnet
« rouge et à moustaches à qui il ferma la bouche en
« leur montrant les papiers qui l'autorisaient. Une
« autre fois, six soldats s'y présentèrent le sabre au
« côté et le chapeau sur la tête. Éloy s'approcha
« d'eux et leur représenta que c'était un lieu con-
« sacré au culte catholique, où l'on n'entrait point la

« tête couverte. Comme ils faisaient quelques diffi-
« cultés, Éloy leur repartit que les cultes étaient
« libres, que personne n'avait le droit d'y mettre ob-
« stacle, et que, pour s'en convaincre, ils n'avaient qu'à
« lire l'affiche collée à la porte. C'était la lettre du
« Département pour notifier à toutes les autorités
« constituées le décret de la Convention du 16 fri-
« maire, qui leur défendait de mettre aucun empê-
« chement à la liberté des cultes. Les soldats se reti-
« rèrent [1].

« Avant qu'on eût fermé la chapelle de l'Institution,
« un pieux laïc avait entrepris, à l'exemple d'Éloy, de
« rétablir le culte catholique dans la ci-devant cha-
« pelle des religieuses de la Conception, à l'extré-
« mité de la rue Saint-Honoré [2]. Le comité de la
« section y envoya des gens qui prirent les noms,
« qualités et demeures de toutes les personnes qui
« s'y trouvèrent, ce qui les intimida assez pour
« qu'elles n'y revinssent plus. Peu de jours après, le
« bon citoyen qui avait loué cette chapelle fut empri-
« sonné. Le comité de la section du Finistère en usa
« de même à l'égard d'un autre honnête laïc qui avait
« tenté de rétablir le culte dans la chapelle des reli-

---

[1]. Eloy avait pris une sage précaution pour éviter les tracasseries, il avait déclaré publiquement qu'aucune femme ne
serait admise dans la chapelle *sans la cocarde nationale*; « des
« gens apostés pour insulter au culte catholique faisaient quit-
« ter ces cocardes aux femmes assez simples pour les écouter,
« et d'autres, également apostés, arrêtaient ensuite celles qui
« ne les avaient pas ». Eloy fut inculpé d'avoir empêché des
citoyennes de porter la cocarde aux trois couleurs ; il ne paraît
pas avoir été condamné à l'échafaud, il l'avait pourtant bien
mérité.

[2]. Aujourd'hui détruite, elle se trouvait en face de l'église
dite de l'Assomption, non loin de la place de la Concorde.

« gieuses anglaises de la rue de Lourcine... Il manda
« celui à qui la chapelle avait été cédée, le força de
« résilier le bail, et finit par l'envoyer en prison pour
« avoir voulu profiter de la liberté des cultes. »

La Convention tolérait ces attentats, bien qu'elle eût à plusieurs reprises décrété cette même liberté des cultes ; mais il suffira de citer quelques-uns de ces décrets pour montrer l'hypocrisie de Robespierre et la manière dont il comprenait la liberté.

1° *Décret relatif à la liberté des cultes.*

1. Toutes violences et mesures contraires à la liberté des cultes sont défendues.

2. La surveillance des autorités constituées et l'action de la force publique se renfermeront à cet égard, chacun pour ce qui le concerne, dans les mesures de police et de sûreté publiques.

3. La Convention par les dispositions précédentes n'entend déroger en aucune manière aux lois ni aux précautions de salut public contre les prêtres réfractaires ou turbulents, ou contre tous ceux qui tenteraient d'abuser du prétexte de religion pour compromettre la cause de la liberté [1].

2° *Le Comité de Salut public aux autorités constituées :*

... Les représentants en mission ont l'initiative de la solution de toutes les questions concernant le gouvernement révolutionnaire.

... La liberté des cultes doit être l'objet de votre

---

1. Convention nationale, décret n° 432 (16-18 frimaire an II), 14 pages in-8°.

sollicitude; le fonctionnaire public n'appartient à aucune secte, mais il sait qu'on ne commande point aux consciences, il sait que l'intolérance et l'oppression font des martyrs; que la voix seule de la raison fait des prosélytes... Ménageons les consciences faibles; ne caressons point les préjugés, mais loin de les attaquer de front, qu'ils s'évanouissent devant le flambeau de la raison; laissez-le luire aux yeux de tous... Il ne reste plus qu'à laisser grossir ce torrent de lumière; bientôt il balayera les préjugés; bientôt le fanatisme n'aura plus d'aliment. A le bien prendre, ce n'est déjà plus qu'un squelette qui, réduit chaque jour en poussière, doit insensiblement tomber sans effort et sans bruit, si, assez sages pour ne pas remuer ces restes impurs, on évite tout ce qui peut lui permettre d'exhaler tout à coup des miasmes pestilentiels et orageux qui, inondant l'atmosphère politique, porteraient en tous lieux la contagion et la mort.

Signé : Robespierre, Billaud-Varennes, Carnot, Prieur, Lindet, Saint-Just, Barère, Couthon [1].

3° *Le Comité de Salut public aux sociétés populaires.*

... Plus les convulsions du fanatisme expirant sont violentes, plus nous avons de ménagements à garder. Ne lui redonnons pas des armes en substituant la violence à l'instruction. Pénétrez-vous bien de cette vérité qu'on ne commande point aux consciences. Il est des superstitieux de bonne foi, parce qu'il existe

1. Impr., 4 pages in-4°, 28 nivôse an II.

des esprits faibles...; ce sont des malades qu'il faut préparer à la guérison en les rassurant, et qu'on rendrait frénétiques par une cure forcée.

Sociétés populaires, voulez-vous anéantir le fanatisme, opposez aux miracles de la légende les prodiges de la liberté; aux victimes de l'aveuglement les martyrs de la raison; aux mômeries du cagotisme la conduite sublime des Marat, des Pelletier, des Châlier; aux mascarades églisières la pompe de nos fêtes nationales; au chant lugubre des prêtres les hymnes de la liberté; aux oremus insignifiants l'amour du travail, les belles actions et les actes de bienfaisance... Jetez l'épouvante dans l'âme des fanatiseurs, versez le baume dans l'âme des fanatisés. Surtout, dans vos discussions, attachez-vous moins aux individus qu'aux principes... Ne développez point d'autre pouvoir que celui de l'instruction; le raisonnement est l'arme la plus forte de l'homme de bien... Bientôt les tempêtes et les nuages du fanatisme disparaîtront devant le soleil de la raison.

Signé : Robespierre, Carnot, Couthon, Lindet, etc. [1].

---

1. Impr., 4 pages in-4°, ventôse an II (mars 1794). A Chaalons, chez Pinteville-Bouchard. — La liberté des cultes était si grande en ventôse que dans le seul département du Gard la présence du conventionnel Borie amena 169 abdications de prêtres ou de ministres; il y en avait eu 1 en brumaire, 9 en frimaire, 5 en nivôse et 20 en pluviôse. — Arrêtés des 16 et 17 prairial... par Jean Borie, 22 pages in-8°. Sur les 2000 prêtres qui se marièrent pendant la Révolution, 1750 environ prirent femme en 1794 pour éviter la guillotine; il y a dans les papiers de Grégoire un certain nombre de lettres touchantes écrites par ces malheureux; l'un d'entre eux, âgé de soixante-dix ans, avait épousé sa gouvernante, qui en avait soixante-cinq, etc. — *Histoire du mariage des prêtres*, par Grégoire. *Lettres mss.*

Ainsi parlaient à la France les membres du gouvernement révolutionnaire, et si l'on prend la peine de creuser, que trouvait-on sous cette mauvaise phraséologie de rhéteur? L'hypocrisie et le mensonge. La Convention proclame la liberté des cultes, mais ses émissaires ferment toutes les églises et chapelles ; les représentants en mission emprisonnent, guillotinent, noient ou mitraillent sur tous les points du territoire les prêtres qui refusent de se marier et d'apostasier ; quiconque se permet de réclamer l'exécution de la loi est immédiatement traité comme un suspect, comme un agent de Pitt et Cobourg, ou comme un complice de la Vendée [1]. Dix prêtres assermentés de Lorient, sommés par le club de cette ville de déposer leurs lettres de prêtrise et d'abjurer leurs erreurs, écrivent au conseil de la Commune la belle lettre que voici :

« Prêtres pour le peuple qui nous a appelés, son
« refus unanime seul peut nous faire retirer. Quant
« aux erreurs qu'on nous impute, nous n'en recon-
« naissons ni dans le culte que nous exerçons, ni
« dans la conduite que nous tenons, dont la base fut
« et sera toujours la paix, l'union et l'obéissance aux
« lois. Le peuple ne peut nous en refuser son témoi-
« gnage, n'ayant jamais trompé sa confiance ni trahi

---

1. Le discours de Robespierre sur les idées religieuses et sur les fêtes nationales montre mieux que tout autre document l'hypocrisie du dictateur. « Les prêtres sont à la morale ce que les charlatans sont à la médecine, etc. » L'article X du projet de décret qui suit ce rapport est ainsi conçu : « La liberté des cultes est maintenue conformément au décret du 18 frimaire. — Art. XI. Tout rassemblement aristocratique et contraire à l'ordre public sera réprimé. » *Rapport et projet de décret du 18 floréal an II.*

« nos serments. Veuillez, citoyens, prendre en consi-
« dération notre adresse, nous en délivrer acte,
« agréer notre refus de comparaître à la société po-
« pulaire pour nous épargner les huées qu'on nous y
« prépare, et être assurés que nous serons toujours,
« comme nous l'avons été jusqu'à présent, dévoués à
« la République française. »

   Signé : Brossière, curé ; La Salle, curé ;
   Halley, Launay, Gautier, vic. ; Even, pr. ;
   Plaudrin, pr. ; Riguidel, vic. ; Piron, pr. ;
   Besancenet, vic. [1].

Ces dix prêtres sont aussitôt décrétés d'accusation et « traînés de prisons en prisons comme des scélérats jusqu'à Paris ». Ce fut partout la même chose en 1793 et en 1794 ; nous en fournirions, s'il le fallait, mille preuves au lieu d'une [2], et dès lors on ne peut plus dire avec M. de Pressensé : « La liberté des cultes

---

1. *Lettre ms. de Besancenet à Grégoire.*
2. Les papiers de Grégoire contiennent par centaines des rapports sur les persécutions locales. A Saint-Brieuc, le culte ne fut aboli que le 10 mars 1794. A la Selle, près de Verneuil (Eure), le culte cessa seulement le 25 mars, et 5 ou 600 personnes assistaient à la messe ; il y eut même une commune du département de la Moselle, celle de Mécleuves (aujourd'hui annexée), où le culte ne cessa pas du tout. « Le curé Longpré, âgé de quatre-vingt-quatre ans, avait été envoyé par Mallarmé à la prison de Verdun ; il s'y rendait à cheval ; ses paroissiens l'arrêtèrent, le ramenèrent, le gardèrent. Ils étaient tous républicains. » *Lettre autographe de Francin, évêque de Metz.* « A Tournans (Doubs), la fermeté du curé Guillemin, vieillard plus que septuagénaire, a tellement déconcerté les tyrans que le culte public n'a pas férié un seul instant dans sa paroisse. » *Lettre de Roy*, président du presbytère de Besançon 1797. De telles exceptions étaient rares. — A Dax, en 1794, le carnaval fut interdit, comme servant à alimenter le fanatisme ; les bœufs gras furent confisqués et les bouchers punis, etc.

« votée par la Convention se réduisait au maintien
« de l'ordre de choses qui existait avant le carnaval
« inauguré par Chaumette et Hébert; elle souffrait,
« même dans ce cadre restreint, de nombreuses
« exceptions. Cependant, ce pas en arrière avait de
« l'importance. La proscription de la religion ne pou-
« vait plus s'étendre indéfiniment, mais ce n'en était
« pas moins la liberté comme en 1793 [1]. » Au contraire, la proscription s'étendit indéfiniment, et nous
aurons plus d'une occasion de montrer les plaies horribles qu'elle fit à la France.

Que pouvaient faire en de telles circonstances les
hommes qui chérissaient à la fois, comme le dira
en 1795 un vénérable prélat constitutionnel [2], la religion et la Révolution, la religion simple « qui croit,
aime, pardonne, soulage et récompense », et la Révolution bienfaisante et sage « qui rend à l'homme ses
droits, sa dignité, qui brise le sceptre de l'arbitraire,
les liens de la féodalité, qui ne reconnaît de distinctions que les vertus, les talents, le mérite, qui ne
respire, qui n'inspire que la tendre fraternité, etc. »?
que pouvaient-ils faire, ces chrétiens patriotes dont
Grégoire était le chef? Ils voyaient, suivant l'expression du bon évêque de l'Orne, « la religion refoulée
au fond des consciences, et la sublime Révolution de
1789 déshonorée, anéantie pour un temps ». Élever
la voix, c'eût été courir inutilement au-devant du
martyre, ce que l'Évangile leur défendait, et redou-

---

1. *L'Église et la Révolution française,* p. 289. L'ouvrage de
M. de Pressensé est d'ailleurs aussi bien fait que possible, étant
donnés les documents que l'auteur pouvait consulter.

2. Le Fessier, évêque de l'Orne, ex-constituant : *Lettre pastorale* du 1er mai 1795 (vieux style), 12 floréal an III, 14 pages in-4º.

bler la rage des persécuteurs. Ils ne pouvaient donc que donner l'exemple de la constance et attendre patiemment l'heure marquée par la Providence. « Que faire dans une telle nuit? disait un contemporain [1]; attendre le jour! » C'est ce que fit Grégoire depuis le 17 brumaire jusqu'au 9 thermidor.

1. *Notice sur la vie de Sieyès*, 1795.

CHAPITRE III

LES THERMIDORIENS ET LA LIBERTÉ DES CULTES

(1794 — 1795)

Les Thermidoriens appartenaient presque tous au parti de la Montagne ; leurs chefs, Tallien, Barras, Fréron, Legendre, Merlin de Thionville et Bourdon de l'Oise, avaient même été naguère au nombre des terroristes et des persécuteurs les plus redoutés. En attaquant Robespierre, ils se proposaient surtout d'échapper eux-mêmes à la guillotine, et après la victoire ils ne songèrent nullement à ralentir la marche de la Révolution [1]. Mais l'immense majorité du peuple français inclinait dès lors vers la modération, et l'on se répétait en tous lieux ce mot de quelques Parisiens aux détenus du Plessis : « C'est fini, Robespierre est mort ! » C'était fini, sans doute ; mais pouvait-on se flatter d'un retour immédiat au règne de la justice et de la loi ? Les passions étaient encore trop

---

1. Durand de Maillane, faisant observer que le 9 thermidor (27 juillet 1794) était un *dimanche*, dit dans ses *Mémoires* que Tallien et les autres terroristes thermidoriens « n'avaient eu que le courage du désespoir ». La postérité ne pense pas autrement.

animées, la situation était trop difficile. Les ennemis de la Révolution n'ayant pas désarmé, il fallait ou les déconcerter en montrant une nouvelle énergie, ou leur céder la victoire et s'exposer à leurs vengeances. Aussi voyons-nous que les lois de rigueur contre les émigrés et contre les prêtres ne furent point rapportées en thermidor ; on avait ouvert précipitamment les portes des prisons, on s'empressa de les refermer, et l'on comptait encore, à Paris seulement, 5679 détenus le 10 fructidor [1]. La liberté de la presse fut néanmoins reconnue, sinon proclamée, et l'on put espérer que la liberté des cultes, bien autrement précieuse aux yeux de la nation, ne tarderait pas à l'être à son tour.

Il y avait à la Convention trois évêques constitutionnels qui ne s'étaient point souillés par l'apostasie : Grégoire, évêque de Loir-et-Cher, Royer, évêque de l'Ain, Saurine, évêque des Landes. On a vu que le premier n'avait jamais été inquiété durant la Terreur, mais il n'en était pas de même de ses deux confrères : Royer subit une longue détention, et Saurine, exclu de la Convention avec les Girondins, se tint caché pour éviter la mort. Sitôt qu'il fut possible de se réunir, ces trois évêques formèrent le hardi projet de restaurer le catholicisme et de relever les autels. Républicains sincères, ils n'avaient aucune arrière-pensée, aucune ambition personnelle, et le catholicisme qu'ils voulaient rétablir devait être en harmonie parfaite avec les institutions démocratiques de la France. Ils s'adjoignirent bientôt un quatrième auxiliaire, le

---

1. Le 21 ventôse an III (10 mars 1795) ce nombre était réduit à 2188. *Journal du matin...*, 24 ventôse.

citoyen Desbois de Rochefort, évêque de la Somme, que le Comité de Sûreté générale venait d'élargir, et leur plan fut arrêté sans délai. Le voici tel que l'a retracé Grégoire dans un de ses opuscules les plus curieux [1] : « Obtenir la liberté du culte, le réorganiser dans toute la République, travailler à la réunion du clergé dissident, rétablir les communications tant avec le saint-siège qu'avec les églises étrangères, tel fut le plan de nos travaux. »

Il s'agissait avant tout de conquérir la liberté du culte; or la Convention n'était nullement disposée à céder sur ce point. Elle ne persécutait plus directement, mais elle applaudissait aux arrêtés tyranniques que prenaient de tous côtés les représentants en mission [2], et ses orateurs les plus écoutés se déchaînaient avec fureur contre le « fanatisme » et contre « la caste impure des prêtres ». Le 20 septembre 1794, elle fit un acte de justice en décrétant, sur la proposition de Cambon, que l'État ne salarierait aucun culte et accorderait néanmoins un secours annuel à tous les ci-devant ministres des cultes, qu'ils eussent abdiqué ou non; mais le rapporteur Cambon, ancien prieur du Saint-Sacrement, s'excusait d'avoir à parler des prêtres, et accusait les opinions religieuses d'avoir « fait verser des flots de sang dans le XVIII° siècle ». La Convention était tellement hos-

1. *Compte rendu au Concile national de* 1797, 84 pages in-8°.
2. En voici un exemple entre mille : Le Fessier, évêque constitutionnel de l'Orne, écrivit secrètement au représentant Genissieu pour lui demander l'autorisation d'accéder au vœu de ses diocésains qui le réclamaient; deux gendarmes apportèrent la réponse; c'était un mandat d'amener, et Le Fessier subit à Alençon un emprisonnement de quarante-sept jours. — *Lettre ms. de Le Fessier à Grégoire.*

tile à toute espèce de restauration du catholicisme que Grégoire, malgré son intrépidité et son audace bien connues, dut garder en poche durant cinq mois un discours sur la liberté des cultes qu'il avait soumis à ses collègues les « évêques réunis ». Et cependant l'évêque de Blois parut souvent à la tribune durant ces cinq mois : le 14 frutidor, le 8 brumaire et le 24 frimaire, il lut ses beaux rapports sur le vandalisme; le 8 vendémiaire, il fit créer le Conservatoire des arts et métiers, et neuf jours plus tard, la Convention vota, sur ses conclusions, 300 000 francs de gratification aux gens de lettres, aux artistes et aux savants dont il avait dressé la liste avec une grande largeur d'esprit et un patriotisme véritable. Il n'était nullement question du catholicisme dans ces différents rapports, mais leur auteur parlait avec véhémence des églises dévastées, et c'était en quelque sorte préparer le terrain.

Une autre difficulté embarrassait Grégoire et l'empêchait de s'exprimer avec autant de force qu'il l'aurait souhaité. Beaucoup de conventionnels se plaignaient que leurs départements respectifs fussent travaillés par des prêtres réfractaires sortis de prison ou revenus de l'exil sous tous les déguisements [1]. Borie et Barré dénonçaient les manœuvres de ces prêtres dans l'Aveyron et dans la Lozère, et la Société montagnarde républicaine de Saverdun (Ariège) signalait à la Convention l'audace des ci-devant prisonniers qui affectaient, disait-elle, des propos menaçants.

---

1. Ils se déguisaient en ferblantiers, en canonniers, quelques-uns même en femmes. *Lettres ms.* de 1794 et 1795.

« A les entendre, eux et leurs nombreux partisans,
« on dirait qu'au régime oppressif établi par les tyrans
« abattus [Robespierre et ses complices] l'intention
« du législateur est de substituer un système de mo-
« dérantisme et de clémence. De clémence pour des
« aristocrates, des royalistes ou des traîtres! Des ré-
« publicains ne le souffriront jamais... Que les prêtres
« apprennent que cette justice qu'ils invoquent avec
« tant d'arrogance et de perfidie ne doit être pour
« eux que la *déportation* ou la *mort*[1] ! »

Des récriminations analogues arrivaient chaque jour de tous les points du territoire, et Grégoire savait par sa correspondance particulière que ces plaintes étaient en partie fondées ; cent lettres qui lui furent adressées alors lui prouvaient que l'ancien clergé commençait à rentrer et à miner sourdement le gouvernement républicain. Le moyen de réclamer dans ces conditions une liberté qui pouvait allumer la guerre civile aux quatre coins de la France !

Mais, d'autre part la Convention, redevenue populaire depuis qu'elle avait abattu le tyran, était littéralement accablée de lettres et de pétitions par lesquelles on lui demandait la liberté des cultes. Grégoire en a conservé un certain nombre, et rien ne prouve mieux que la France tenait à son antique religion, que la destruction du culte en 1793 fut à la fois un grand crime et une grande faute politique. En juin 1794, dit l'une de ces pétitions, « des bandes de moissonneurs s'arrêtaient sous les portiques des églises, en passant dans les villes, pour y faire leur prière. Dans bien des endroits on les a laissés faire,

---

1. *Pièce ms.* 20 fructidor an II, 6 septembre 1794.

en quelques autres on les a empêchés ; partout on les applaudissait. » Un autre pétitionnaire, qui citait pêle-mêle Cicéron, Plutarque, Voltaire et Rousseau, s'exprimait en ces termes :

« En vain vous efforceriez-vous de persuader au
« peuple français que vous désirez sincèrement le
« rendre libre et heureux ; tant que vous ne le remet-
« trez point dans la jouissance et dans le plein exer-
« cice du culte de ses pères, il se regardera toujours,
« et avec raison, comme le triste et le vil esclave du
« plus honteux et du plus détestable de tous les des-
« potismes... Abolir en France la religion chrétienne,
« c'était enlever à la nation entière la plus chère et
« la plus sacrée de ses propriétés... Législateurs, ré-
« tablissez en France le culte catholique, restituez au
« peuple français, vos commettants, leurs temples,
« leurs autels, etc. L'allégresse universelle que vous
« pouvez répandre sur toute la surface de la France
« par ce seul décret séchera toutes les larmes, rendra
« le peuple heureux, et vos noms immortels [1]. »

---

1. Ce pétitionnement dura longtemps, et voici une lettre qu'adressèrent à Grégoire, le 8 ventôse an III (26 février 1795), plus de soixante habitants de la commune de Luhier (départ. du Doubs). Cette lettre est curieuse ; elle provient d'une commune que M. J. Sauzay maltraite fort dans son importante, mais très partiale *Histoire de la persécution révolutionnaire* dans le Doubs :

« Les patriotes soussignés, membres de la Société populaire de Luhier, département du Doubs, district d'Hypolite, au citoyen Grégoire, représentant du peuple à la Convention nationale.

« Citoyen représentant,

« Depuis plus d'un an un des droits sacrés de l'homme, celui du libre et paisible exercice des cultes, est indignement violé. Les vexations commises à cet égard soulèvent l'indignation de toute âme droite, et partout l'on remarque qu'elles ont été

Plusieurs mois s'écoulèrent de la sorte sans que la Convention voulût obéir à la volonté nationale si formellement exprimée, sans que Grégoire et ses amis pussent élever la voix en faveur du christianisme si injustement persécuté. Durant ce temps, Grégoire fit tout ce qui dépendait de lui pour rendre possible une prompte revendication, comme aussi pour adoucir les maux dont souffraient encore tant de malheureux. On ne saurait croire à combien de prêtres, assermentés ou non, car sa charité ne les distinguait pas les uns des autres, il fit alors rendre la liberté. Beaucoup de ceux qui l'ont anathématisé depuis seraient morts de misère dans les cachots ou sur les pontons s'il n'avait fait pour leur sauver la vie les démarches les plus actives et les plus courageuses. Le 19 fructidor an II (5 septembre 1794), l'ancien évêque d'Orange, du Tillet, lui adressa de Provins, où il était incarcéré, une lettre touchante pour implorer sa protection. Grégoire courut aussitôt au Comité de Sûreté générale, et bientôt le célèbre David écrivit au prélat réfractaire pour lui annoncer qu'il était libre. Du Tillet se montra re-

exercées par les agents de la faction agonisante qui d'ailleurs ne respiraient que sang et que terreur. Le temps est enfin venu d'anéantir toutes les traces de ce système désorganisateur. Il faut remporter sur ces partisans une victoire complète.

« Nous envoyons par la même poste une pétition à la Convention nationale au sujet du culte; crainte que quelque factieux ne la dérobe, nous t'envoyons un double également signé, pour que dans ce cas tu trouves le moyen de l'envelopper et de la reproduire. Notre adresse te fournira une occasion d'insister de nouveau sur le libre exercice des cultes, sans paraître avoir été prévenu.

« Agrée nos remerciements pour le beau discours que tu as prononcé le 1er nivôse. Le Dieu de la religion de nos pères bénira tes efforts.

« Salut et fraternité. »   (Suivent les signatures.)

connaissant et s'empressa d'écrire à son libérateur le petit billet que voici :

« Blunai, par Provins, ce 6 brumaire an 3 de la Rép. fr.

« Citoyen représentant du peuple,

« Je viens de recevoir ma mise en liberté, et mal-
« gré la fièvre qui me tourmente et une extrême fai-
« blesse, je ne me pardonnerais pas de tarder un
« instant à vous faire tous les remerciements que je
« vous dois. Jouissez du plaisir d'avoir arraché un
« malheureux, et je l'ose dire un innocent, à un dé-
« sœuvrement, un ennui et une langueur fébrile plus
« cruelle infiniment que la mort. Je n'oublierai jamais
« de ma vie cette preuve que vous m'avez donnée de
« la bonté de votre cœur. Dans l'état de vieillesse, de
« maladie et d'humiliation dans lequel je suis, je ne
« suis bon à rien, mais si vous me jugiez propre à
« vous servir en quelque chose, je serais à vos ordres
« avec un bien grand zèle; et je vous consacre pour
« toute ma vie les sentiments d'attachement, de
« reconnaissance et de fraternité bien tendre et bien
« sincère. — Du Tillet [1]. »

Quelques semaines plus tard Grégoire eut une occasion beaucoup plus belle d'exercer son ardente
charité envers des réfractaires; il sauva d'une mort

---

[1]. Grégoire écrivait à son conseil épiscopal le 21 messidor an III : « ... Il paraît que l'on a incarcéré le cit. Le Vilain comme réfractaire; ce sera pour vous comme pour moi une raison de plus pour accélérer son élargissement et lui obtenir au plus tôt sa liberté. J'ai déjà rendu le même service à d'au-tres; il me sera doux de saisir cette occasion de prouver que la disparité d'opinion n'altère en aucune manière la charité chrétienne. » — *Lettre ms.*

affreuse plus de deux cents prêtres qui se gardèrent bien de lui témoigner leur gratitude [1]; voici le fait, il est peu connu et mérite de l'être. Le 15 frimaire an III (5 décembre 1794), un brave officier de marine, appelé Ph. Séguin, lui écrivit à bord de *la Gloire*, frégate de la République, une lettre amphigourique, mais pleine de cœur, où il dénonçait au « protecteur des arts et au défenseur de l'humanité » les horribles tortures de 500 malheureux, presque tous prêtres, qui gémissaient depuis longtemps sur les deux navires de l'État *les Deux Associés*, capitaine Lally, et *le Washington*, capitaine Gibert. Au reçu de cette lettre, Grégoire, indigné, signala ce fait à la Convention, et bientôt il reçut d'un protestant de Rochefort, nommé Elie Thomas, une autre lettre non moins pressante au sujet de ces prêtres.

« Il a été jeté dans ces deux cachots, à la fois fétides
« et flottants, écrivait le citoyen Thomas, 763 prêtres,
« sous prétexte de les déporter; on les a tenus alter-
« nativement en rade et en rivière, et 535 y sont
« morts de misère [2]... Depuis la mort de Robespierre,
« leur sort est moins dur, mais c'est surtout depuis
« l'arrivée du dieu tutélaire de cette commune (Butel,
« représentant du peuple) qu'ils commencent à res-
« sentir les effets de la justice et de l'humanité. Au-
« jourd'hui on leur permet d'écrire à leur famille et

---

1. Plusieurs d'entre eux ont composé des Relations qui sont imprimées; les noms de leurs libérateurs ont été soigneusement passés sous silence; pouvaient-ils devoir quelque reconnaissance à un prélat constitutionnel et à un protestant?

2. Ils n'étaient plus que 228; quatre jours plus tard il arriva de Bordeaux à Rochefort deux navires ayant à bord 600 prêtres. — *Lettre de Thomas à Grégoire*, 3 nivôse an III.

« d'en recevoir des lettres ; il est question de les dé-
« barquer et de les transférer à Brouage. Je t'observe
« à cet égard que Brouage est malsain, que ces
« hommes sont déjà rongés du scorbut de mer qui ne
« pardonne point si l'on néglige de se traiter en arri-
« vant à terre ; et comment le pourront-ils ? Ils sont
« sans ressources ! Oui, si le gouvernement ne vient à
« leur secours, pas un d'eux ne verra floréal pro-
« chain. »

Il s'engagea dès lors entre l'évêque constitutionnel et le protestant, « à la famille duquel le clergé fit jadis éprouver bien des maux », une correspondance active [1]. Grégoire ne cessa d'intercéder pour ces malheureux auprès du Comité du Sûreté générale ; Thomas ne cessa de stimuler Grégoire, et tous deux finirent par obtenir, après dix mois de lutte, l'élargissement de tous les prêtres de Rochefort.

Quelques jours après la réception de la lettre de Séguin, Grégoire reçut la suivante, qui dut lui arracher des larmes, eu égard à l'âge et à la situation des trente-sept infortunés qui l'ont écrite et signée :

1. La plupart des lettres de Thomas ont disparu ; il n'en reste que cinq dans les papiers de Grégoire. Détail touchant : lorsque l'évêque de Blois eut fait insérer dans les *Annales de la Religion* le nom de cet admirable négociant, Thomas se plaignit : « Que ma main gauche ne sache pas ce que fait ma droite, voilà ma félicité ; aujourd'hui je n'y peux plus prétendre ! »

« *Au citoyen Grégoire, député à la Convention nationale et membre de son comité d'Instruction publique, à Paris.*

« Landerneau, le 28ᵉ frimaire, l'an 3ᵉ de la République française [28 décembre 1794].

« Citoyen représentant du peuple français,

« Du fond de notre prison nous avons appris par
« les papiers publics, nous avons admiré l'énergie
« avec laquelle vous vous êtes élevé contre la haine
« et la persécution qu'on exerce à l'égard d'une cer-
« taine caste d'hommes, et nous nous sommes écrié :
« Dieu soit béni! il est encore des âmes sensibles qui
« ont le courage de prendre en main la défense de
« l'innocence opprimée. Quel peut être, en effet, le
« crime qui nous prive depuis plus de trois ans de
« notre liberté? Est-ce d'avoir refusé le serment sur
« la Constitution civile du clergé? La loi nous don-
« nait l'option ou de quitter nos places ou de prêter
« le serment prescrit par l'Assemblée constituante.
« Est-ce, sous la Législature (*sic*), d'avoir renoncé au
« traitement que cette même Assemblée constituante
« nous avait décrété, plutôt que de prêter ledit ser-
« ment? Est-ce de nous être volontairement rendus,
« au désir d'une loi de cette même Législature, au
« chef-lieu de notre département, et dans la prison
« qu'on nous destinait? Vous êtes trop éclairé, trop
« juste, citoyen représentant, pour imputer à crime
« une opinion religieuse que l'Assemblée constituante,
« la Législature, la Convention nationale ont déclarée
« libre. Cependant c'est l'unique crime qu'on nous
« impute, crime que nous devons avoir expié par une
« longue et dure captivité, privés de tout secours, de
« toute consolation, de toute communication avec

« nos parents les plus chers, réduits à un repas par
« jour suffisant à peine à casser la grosse faim,
« logés dans une maison ouverte à tous les vents,
« sans feu, sans chandelle, sans même aucun moyen
« de nous procurer les soulagements nécessaires à
« nos âges et à nos infirmités. Quelle ressource peut-
« on avoir, et quel soulagement peut-on se procurer
« avec vingt sols par jour que le concierge de notre
« maison de détention touche pour chacun de nous,
« dans un temps surtout où les denrées de première
« nécessité sont hors de prix?

« Ah! si la justice, l'humanité, comme nous l'ap-
« prennent les papiers publics, sont aujourd'hui à l'or-
« dre du jour, ne pouvons-nous pas espérer, citoyen
« représentant, que, touché de notre situation, atten-
« dri sur notre misère, nos infirmités, vous voudrez
« bien prendre en main notre cause, être le défen-
« seur de vos frères auprès de la Convention natio-
« nale, leur libérateur de la captivité, et leur procurer
« la consolation d'aller mourir dans le sein de leur
« famille? Vous êtes auprès du Comité de Sûreté géné-
« rale, nous ne doutons pas de notre délivrance pro-
« chaine si vous voulez bien vous en mêler, et nous
« comptons pour cela sur les sentiments d'humanité
« et de bienfaisance qui vous ont toujours caractérisé. »

« Nous sommes vos frères et concitoyens, les prê-
« tres détenus dans la maison des ci-devant capucins
« de Landerneau, département du Finistère.

« Lanlay, prêtre, 73 ans, caduc et infirme ; — Au-
« thueit, pr., 63 ans, infirme ; — Mévet, pr., 57 ans,
« infirme ; — Kmarec, pr., 84 ans ; — L.-L. Lannuren,
« pr., âgé de 74 ans ; — de la Rue, paralytique ; — Père
« Antoine, capucin, infirme, âgé de 68 ans ; — La

« Tour, pr., infirme, âgé de 70 ans; — Picart, pr.,
« infirme, âgé de 67 ans; — Le Sénéchal Pennanguer,
« pr., infirme, âgé de 61 ans; — Le Roux, âgé de
« 65 ans, pr., paralytique; — De la Rüe, pr., âgé de
« 73 ans, infirme; — Frère Léon, capucin, âgé de
« 70 ans, goutteux et infirme; — Poho, pr., infirme;
« — J. Troniou, pr., âgé de 68 ans; — Pedel, âgé de
« 76 [ans], infirme; — Le Court, âgé de 60 ans, para-
« lytique; — Quenunuer (?), âgé de 67 [ans], infirme;
« — Bodenez, infirme, âgé de 69 ans; — Hourmant
« (ou Lourmant), pr., infirme; — Breton, pr., 65 ans;
« — Le Michel, âgé de 72 [ans]; — Le Bihan, pr., âgé
« de 76 ans; — Levenez, âgé de 66 ans; — Lemoan,
« âgé de 61 ans; — Demelou, pr., infirme; — Frère
« Constance Tual, âgé de 73 ans; — Picart, pr.,
« infirme, âgé de 67 ans; — Boczedan, pr., âgé de
« 69 ans; — Le Rouzic, 67 ans; — Yves Guillard,
« pr., infirme; — P. Maurice, carme déchaussé, âgé
« de 70 ans, infirme à ne pouvoir être que porté,
« habillé, etc., de la ci-devant comté de Brest; — Le
« Hurz, chanoine régulier, infirme, âgé de 68 ans; —
« Jeznec, pr., 67 ans; — J.-L. Danet, pr., infirme; —
« P. Magloire, pr., âgé de 65 ans; — Cole, prêtre, âgé de
« 62 ans, attaqué de la gravelle et de la sciatique [1]. »

Ces malheureux lui durent encore leur liberté, et Grégoire n'eut même pas la satisfaction de rencontrer parmi eux le Samaritain de l'Évangile, le lépreux guéri qui remercie son bienfaiteur.

Sur ces entrefaites, l'occasion que Grégoire cherchait vainement depuis cinq mois se présenta enfin.

1. *Lettre autographe.* Les signatures sont parfois difficiles à déchiffrer.

Pour donner à l'opinion, de plus en plus exigeante, un semblant de satisfaction, la Convention chargea son Comité d'Instruction publique de lui présenter, dans la décade, c'est-à-dire dans un délai de dix jours, un rapport et un projet sur les fêtes décadaires. Elle voulait substituer aux religions positives je ne sais quel sentimentalisme vague, et décerner une sorte de culte à des abstractions telles que la pratique des vertus, l'invention des arts, les révolutions du globe, les révolutions des États politiques, etc. Chénier proposait même de rendre obligatoires pour tous les citoyens ces fêtes décadaires, que l'on voulait substituer à ce qu'on appelait « cet ennuyeux dimanche, avec sa messe latine, son prône à dormir debout et ses vêpres [1] ». Tout le monde se disait, même à la Convention : « Il faut quelque chose, l'inquiétude est générale [2]; » c'est alors que Grégoire, membre du Comité d'Instruction publique comme Chénier, parut à la tribune, le 1er nivôse (21 décembre 1794), et lut à ses collègues stupéfaits les premières lignes de son Discours sur la liberté des cultes. Mais bientôt, voyant quel objet se proposait l'orateur, les « philosophes » couvrirent sa voix par de véritables hurlements ; durant trois quarts d'heure il essaya de lutter, et il se cramponna pour ainsi dire à la tribune ; il dut se retirer vaincu, et l'on décréta l'ordre du jour aux cris répétés de *Vive la République* et en agitant les chapeaux comme l'on faisait pour célébrer une victoire. Et cependant le discours de Grégoire était d'un libé-

---

1. *Le Décadaire du Haut-Rhin,* n° 26, du 19 frimaire an III.
2. *Réflexions sur la Festomanie, ou Observations de Didier B..., membre de la Convention nationale, sur les divers projets d'établissement des fêtes politiques,* 18 pages in-8°. Nivôse an III.

ralisme à satisfaire les démocrates les plus exigeants.

« Le Gouvernement, disait-il, ne doit adopter, en-
« core moins salarier, aucun culte, quoiqu'il recon-
« naisse dans chaque individu le droit d'avoir le
« sien... Il doit les tenir tous dans sa juste balance,
« et empêcher qu'on ne les trouble et qu'ils ne trou-
« blent. Il faudrait cependant proscrire une religion
« persécutrice, une religion qui n'admettrait pas la
« souveraineté nationale, l'égalité, la liberté, la fra-
« ternité dans toute leur étendue; mais dès qu'il
« conste qu'un culte ne les blesse pas, et que tous ceux
« qui en sont sectateurs jurent fidélité aux dogmes
« politiques, qu'un individu soit baptisé ou circoncis,
« qu'il crie Allah ou Jéhova, tout cela est hors du
« domaine de la politique. Si même il était un homme
« assez insensé pour vouloir, comme dans l'ancienne
« Égypte, adorer un légume et lui ériger un autel, on
« n'a pas droit d'y mettre obstacle; car ce qui n'est
« pas défendu par la loi est permis... Mais la guerre
« de la Vendée. — La Vendée, c'est la plaie la plus
« hideuse que des monstres aient faite à la Révolu-
« tion, c'est la réunion de tous les maux et de tous
« les forfaits; et l'on pourrait sans inconvenance
« demander par qui ont été commis les plus atroces,
« ou des prêtres scélérats qui, au nom du ciel, prê-
« chaient le carnage, ou des faux patriotes qui ont
« abreuvé de sang et couvert de deuil cette contrée
« malheureuse... Nous aussi nous méprisons les
« légendes fausses, les reliques controuvées, les four-
« beries monacales et les pratiques puériles qui ré-
« trécissent l'esprit et dégradent la religion...

« Projet de décret : Les autorités constituées sont

« chargées de garantir à tous les citoyens le libre
« exercice de leurs cultes, en prenant les mesures que
« commandent l'ordre et la tranquillité publique. »

Tels sont les principes que repoussèrent à une immense majorité les législateurs de 1794; quinze jours plus tard, le 18 nivôse an III (7 janvier), ils votèrent un décret très sévère contre les insermentés qui rentreraient en France, et la discussion des projets de loi sur les fêtes décadaires fut constamment à l'ordre du jour; Picqué, Barailon, Veau de Launay, Lanthenas, Rameau, Creuzé-Latouche, Lequinio, Leclerc de Maine-et-Loire, Rallier, Genissieu et d'autres encore proposèrent à l'envi les projets les plus fantaisistes, tandis que Coupé de l'Oise, Rabaut le jeune, Durand de Maillane, Faure et Didier-Boissieu s'efforcèrent de montrer l'ineptie d'une pareille institution [1].

Grégoire voulut au moins faire imprimer son discours, puisque, par une étrange anomalie, la presse était plus libre que la tribune; l'imprimeur Crapelet s'entendit avec lui et commença l'impression; mais bientôt pris de peur il brisa la planche et aima mieux perdre sa composition que d'assumer une pareille responsabilité. Maradan fut plus hardi, et le discours fut répandu à profusion par Grégoire et par ses amis [2]. Le *Moniteur* et beaucoup d'autres journaux en avaient, au reste, publié des fragments, avec ou sans commentaires, et l'effet produit fut immense. Mercier déclara que l'ordre du jour voté par la Convention

---

1. On ferait un gros volume de tous ces projets et contre-projets; Grégoire les avait conservés, et ils forment deux tomes de ses *Recueils de pièces*.

2. 16 pages in-8°. Voy. à l'appendice le texte même du discours de Grégoire; c'est un document de premier ordre pour l'histoire de cette époque.

n'était qu'un ajournement : le *Journal de Perlet,* du
5 nivôse an III (25 décembre 1794), s'exprima en ces
termes :

« Ce n'est pas dans une matière comme la liberté
« des cultes qu'un ordre du jour peut être une déci-
« sion. Il n'est propre qu'à alarmer une multitude de
« gens faibles et crédules, qui croiront y voir le refus
« de les laisser jouir d'un droit que la nature et la
« Constitution leur accordent... La Vendée eût-elle été
« si terrible, si dans le reste de la République et dans
« ce pays-là même on eût été plus tolérant ? .. Si vous
« voulez la paix intérieure, soyez justes envers tous,
« laissez à chacun le légitime exercice de ses droits. »

Presque toutes les feuilles modérées, et le nombre
en était beaucoup plus grand qu'on ne se l'imagine,
tenaient un langage analogue, et Grégoire reçut par
centaines des lettres de félicitations et d'encouragement ; prêtres, laïcs, fonctionnaires de tout rang et
jusqu'à des militaires lui témoignèrent leur sympathie et leur admiration. Beaucoup de ces correspondants n'osaient signer, tant on craignait un retour
de la Terreur! Presque tous exprimaient les sentiments les plus généreux et les idées les plus sages.
« Parler de liberté et défendre celle des cultes est
une contradiction révoltante », disait l'un d'eux; et
un autre ajoutait à sa lettre d'encouragement ces paroles prophétiques : « Un ambitieux qui proclamerait
la liberté des cultes dans le centre et dans le midi
aurait des sectateurs par centaines de mille. »

A la Convention même on vit un certain nombre
de députés, enhardis par l'exemple de Grégoire,
élever la voix en faveur de la tolérance. Le fougueux
abbé Audrein, ce prêtre régicide qui, l'année précé-

dente, avait si énergiquement plaidé la cause du catholicisme, se jeta de nouveau dans la lice et publia une série de brochures très originales en faveur de la liberté des cultes. Le célèbre boucher Legendre, celui-là même qui avait parlé d'assommer Lanjuinais et qui s'était attiré cette spirituelle réplique : « Fais d'abord décréter que je suis bœuf », avait interrompu Grégoire, le 1er nivôse, en criant que la religion consiste à être bon époux, bon père et bon citoyen. Audrein lui adressa une courte réponse imprimée où se lisent ces lignes :

« Si je ne connaissais tes intentions civiques, je t'ac-
« cuserais d'avoir voulu tromper le peuple, lorsque
« t'indignant contre le discours de Grégoire que
« je suis loin d'approuver (il y avait pour le moins
« de la maladresse à entreprendre l'apologie d'un
« culte particulier devant des hommes à qui, en leur
« qualité de législateurs, il fallait parler seulement
« Être suprême, droits de l'homme en général), lorsque,
« dis-je, t'indignant contre le discours de Grégoire,
« tu criais avec une sorte de prétention que la reli-
« gion consiste à être bon père... Moi aussi, j'ai
« un discours sur la liberté des cultes dont la poli-
« tique et la philosophie trouveront, je l'espère, des
« approbateurs. Si des circonstances de bien public
« nous y ramènent, je te défie de me répondre, du
« moins si tu parles principes, et je t'en préviens afin
« que tu aies le temps de t'y préparer [1]. »

Une preuve que Grégoire n'avait pas été si *maladroit*, c'est que la Convention ne cessa depuis ce

---

1. *Un mot du cit. Audrein, député, à son collègue Legendre, de Paris.* 3 pages in-8°.

moment de rencontrer sur son chemin cette grave question de la liberté des cultes. Le 12 nivôse an III (1ᵉʳ janvier 1795), le Comité de Sûreté générale décréta que les administrations départementales seraient tenues de s'opposer à tout rassemblement fanatique ou royaliste [1] ; mais trois jours plus tard le député Lanthenas, publiant son ridicule *Projet de loi ou cadre pour l'instruction des fêtes décadaires* [2], éprouva le besoin d'y introduire les articles suivants, qu'il croyait « dans les vues d'une sage politique » :

Art. VII. — La Convention, fidèle à la Déclaration des droits, n'entend en aucune manière gêner les consciences ni les cultes. Elle honore la bonne foi de tous les citoyens, quelle que soit leur croyance, quand elle a pour objet de resserrer les liens de la société et de développer les sentiments d'humanité et de bienveillance mutuelle.

Art. IX. — Les cultes ne sont soumis qu'aux lois de la police ; il suffit qu'ils soient publics, et que ceux qui les établissent ou les suivent soit connus ; donnant des répondants de leur soumission aux lois et de leurs bonnes intentions, ils doivent avoir part à toute la protection du gouvernement.

Terral, député du Tarn, publia vers la même époque ses *Réflexions sur les fêtes décadaires* [3], et cet ouvrage très sensé commençait par ces mots : « Grégoire vous a dit certaines vérités, chers collègues, sur les opinions religieuses... » Terral montrait ensuite l'absurdité des fêtes décadaires, se plaignait

1. *Bulletin de la Convention* du 13 nivôse an III.
2. 47 pages in-8°. 16 nivôse an III.
3. Imprimées par ordre de la Convention, 15 pages in-8°. Nivôse an III.

du caractère religieux qu'on prétendait leur donner, et réclamait la liberté des cultes « à la paix ou à telle autre époque que le bien de la République le permettra. On a dit, ajoutait l'auteur des *Réflexions*, que le christianisme, le catholicisme étaient incompatibles avec le régime républicain ; cela est faux, car, outre les vrais principes de cette religion, l'exemple de la Suisse, de l'Amérique et d'autres républiques réfute cette assertion. »

Après lui, ce fut Durand de Maillane, un des membres les plus honorables de la Convention, qui reprit incidemment les principales idées de Grégoire, et publia, lui aussi, un beau discours sur les fêtes décadaires et sur la liberté des cultes [1]. Enfin le vertueux Baudin, des Ardennes, fit imprimer au même moment son charmant opuscule intitulé : *Du fanatisme et des cultes* [2]. Il hésitait d'autant moins, disait-il, à s'expliquer sans réserve qu'on lui avait dit naguère : « En
« ce moment, c'est RISQUER SA TÊTE que de traiter
« une pareille question ; s'il survient quelque revers
« à la Vendée, on ne s'en prendra pas à l'impéritie des
« généraux, on n'accusera pas les négociateurs de ma-
« ladresse, on dira : C'est le discours de Grégoire,
« c'est la motion ou l'écrit d'un tel qui nous attirent
« ce malheur ! » Ce n'est pas ici le lieu d'étudier comme il mériterait de l'être cet important document, mais il est impossible de ne pas citer le passage que voici :

« Quel est l'ami sincère de la liberté, pour peu
« qu'il ait réfléchi sur les besoins et les habitudes

---

1. 10 pages in-8º; réimprimé bientôt avec un autre discours. Paris, chez Maret, cour des Fontaines, 20 pages in-8º.

2. Paris, chez Leclerc, rue Martin, près celle aux Ours, an III, 80 pages in-8º.

« des hommes, qui puisse ne pas frémir en voyant à
« quoi nous expose l'indiscrète persécution des cultes ?
« Un ambitieux sans génie était parvenu à l'accrois-
« sement de sa puissance colossale seulement en
« laissant entrevoir un espoir vague qu'il serait per-
« mis à chacun d'adorer la divinité comme il croit
« devoir le faire. *Ah! craignez qu'un usurpateur, ca-
« pable de concevoir et d'exécuter de grands desseins,
« ne sente toute l'efficacité du moyen terrible qu'on lui
« laisserait entre les mains ; hâtons-nous de briser cette
« arme funeste...* »

Baudin, comme Grégoire, proposait un projet de décret portant que le gouvernement français protège également tous les cultes et n'en salarie aucun. Si donc la Convention n'eût pas alors été aveuglée par sa haine contre le christianisme, la séparation de l'Église et de l'État pouvait s'accomplir sans secousse, et à la plus grande satisfaction des catholiques de France. Les conventionnels ne voulurent pas se prêter à cette transaction ; Bonaparte s'empressera de rétablir le culte officiel et salarié.

Ainsi, malgré le fameux ordre du jour du 1er nivôse, Grégoire avait, on peut le dire, remporté une véritable victoire ; les députés parlaient ou écrivaient en faveur de la liberté des cultes, les journalistes la réclamaient avec une énergie croissante [1], l'immense majorité du peuple français la demandait avec instance. Elle était déjà proclamée en principe, grâce à la courageuse initiative de Grégoire ; dès le mois

---

1. *Tableau de Paris; Journal de Perlet; Orateur du peuple,* par Fréron, etc. On lit dans cette dernière feuille, à la date du 7 pluviôse an III : « Soyez tolérants, et le fanatisme ne s'armera ni de poignards ni de crucifix. »

de janvier 1795, les populations rassurées commencèrent à reprendre l'exercice public de leur culte sans que l'autorité s'y opposât d'une manière sérieuse. Nous avons déjà montré que les vicaires épiscopaux de Grégoire rouvrirent les églises en janvier 1795 [1] ; il en fut de même dans toute la France. Le conventionnel Jean Debry écrivait de Montélimar, le 16 nivôse an III (6 janvier 1795), que d'anciens terroristes devenus dévots relevaient nuitamment les croix, lisaient des psaumes aux vieilles femmes et chantaient des messes de maîtres d'école. Dans beaucoup de communes, surtout en Normandie, les instituteurs et les anciens chantres se mettaient au lutrin et faisaient le plus sérieusement du monde un simulacre de grand'messe et de vêpres ; c'était l'instituteur qui récitait au cimetière, sur le bord de la fosse, les prières du rituel [2]. Dans la Nièvre et dans les départements voisins, le peuple affectait de travailler les jours de décadi et de se reposer le dimanche ; ce jour-là seulement les campagnards endossaient leurs beaux habits. « Ils ne sont point assez « philosophes, disait le correspondant de Grégoire,

---

1. Voy. ci-dessus, p. 118.
2. *Lettres mss.*, passim. Voici le début de l'une de ces lettres : « En notre commune, pendant l'absence de l'office divin qui a duré seize mois, moi, maître d'école, j'ai toujours dit les matines et vêpres les dimanches, que le peuple y assistait avec joie.... L'église a été dévastée...; le banc des femmes ont (*sic*) resté seul dans l'église, que nous en avons profité pour nos matines. Les enterrements ont toujours été faits avec les prières de l'Église, que les parents de chaque mort m'invitait (*sic*) à le faire ainsi. » C'est après le 9 thermidor qu'on empêcha ce brave instituteur de « continuer ses matines ». — *Lettre du citoyen Fruchart, maître d'école à Tavaux, en Picardie*, 21 vendémiaire an IV (13 octobre 1795).

« pour se passer de religion, ni assez dupes ou assez
« inconséquents pour troquer leur vieux culte pour un
« de nouvelle fabrique [1]. » En Alsace, dès la fin de janvier, le peuple renversait les fameuses *montagnes* de
l'année précédente; il brisait les bustes de Marat, de
Le Pelletier, de Voltaire, demandait à grands cris
des autels, disait publiquement le chapelet devant la
porte de ses églises fermées, etc. [2]. A Auch, en pluviôse an III, il y avait même un couvent de femmes,
comptant quatre-vingt-seize religieuses avec une
supérieure, une prieure et une économe. La Convention s'en émut et rendit un décret qui renvoyait ces
filles dans leurs familles [3]. C'était partout la même
chose, la conscience publique reprenait peu à peu ses
droits, et dans le centre, dans le midi, mais surtout
dans l'est, les prêtres réfractaires, plus zélés ou plus
audacieux que les constitutionnels, reparaissaient en
grand nombre et reprenaient l'exercice du culte. Le
seul département du Doubs, département tout dévoué
aux aristocrates et d'après lequel on aurait grand
tort de juger le reste de la France [4], comptait le

1. *Lettre ms.* du 9 pluviôse an III. Les paysans de la Meuse
passaient la frontière pour aller entendre la messe à l'étranger;
rentrés chez eux, ils sonnaient et chantaient les vêpres. *Lettre
ms.* du 5 pluviôse.
2. *Lettre ms. de Blanchard, commissaire des guerres à Colmar*,
3 pluviôse an III.
3. *Le Décadaire du Haut-Rhin*, p. 507.
4. Le très curieux ouvrage de M. Jules Sauzay, *Histoire de
la persécution révolutionnaire dans le département du Doubs de
1789 à 1801, d'après les documents originaux inédits*, Besançon, 10 vol. in-12 (1867-1873), doit être réduit à ses véritables
proportions; il prouve uniquement que le département du
Doubs fut, de 1789 à 1801, un véritable foyer de réaction,
une sorte de Vendée en miniature, une Vendée sans héroïsme,
si ce n'est chez un très petit nombre d'individus. Plusieurs

15 ventôse plus de quatre cents prêtres insermentés [1].

Telle était la situation quelques semaines après que Grégoire eut réclamé si vivement la liberté des cultes ; mais la Convention ne voulait pas s'avouer vaincue. Tout en déclarant, le 22 nivôse, qu'elle ne permettrait jamais au « système atroce de la terreur » de comprimer de nouveau les citoyens [2], elle ne prenait point de mesures pour empêcher les représentants en mission ou les autorités locales de terroriser les populations, et il en résultait des tiraillements on ne peut plus fâcheux. Ainsi les conventionnels Garnier de Saintes, Pelletier, Laurençot, Delacroix et vingt autres continuaient à persécuter les prêtres [3] ; et ce furent deux conventionnels, Guesno et Guermeur, personnages d'ailleurs très obscurs, qui eurent le mérite de céder les premiers à la nécessité et de proclamer la liberté des cultes.

Ces deux représentants se trouvaient alors à Lorient avec une mission auprès des armées des côtes de Brest et Cherbourg, et dans les départements de leur arrondissement. Ils arrêtèrent, le 24 nivôse an III (13 janvier 1795), de « regarder comme non avenus « tous les actes et arrêtés qui auraient précédem- « ment ordonné l'arrestation comme suspects des ec-

---

centaines de lettres ou pièces fort importantes, que Grégoire tenait de ses correspondants dans le Doubs, permettraient de rectifier beaucoup d'affirmations très contestables de M. Sauzay.

1. *Lettre de Vernerey*, curé constitutionnel du Luhier (Doubs).
2. *Bulletin de la Convention nationale*, 22 nivôse an III.
3. Ils ne guillotinaient presque plus, on doit leur rendre cette justice, mais les emprisonnements et les vexations de tout genre étaient encore à l'ordre du jour ; les archives de Grégoire contiennent beaucoup d'arrêtés émanant de ces proconsuls.

« clésiastiques qui n'ont point abdiqué leurs fonc-
« tions, s'ils se sont d'ailleurs soumis aux lois de la
« République; » et ils déclarèrent « que conformé-
« ment aux droits de l'homme et aux lois, nul indi-
« vidu ni aucune section quelconque de citoyens ne
« peuvent être troublés ni inquiétés dans le libre et
« paisible exercice de leur culte. Il est expressément
« recommandé aux autorités civiles, ainsi qu'aux
« commandants de la force armée, de tenir la main
« à l'exécution du présent arrêté, lequel est imprimé,
« lu, publié et affiché dans les départements du Mor-
« bihan, des Côtes-du-Nord et de l'Ille-et-Vilaine. —
« Signé Guesno, Guermeur, Dubourg, secrét. [1]. »

Cet arrêté produisit les meilleurs effets dans toute la Bretagne; on en jugera par ce fragment d'une lettre de Claude Le Coz, évêque constitutionnel de Rennes :

« La proclamation des représentants Guesno et
« Guermeur sur le libre exercice a ranimé les citoyens
« des campagnes et ceux des villes où elle est mise à
« exécution. Un homme, philosophe éclairé autant
« que zélé républicain, me mande de Quimper : Les
« 13 et 14 de ce mois, la messe a été chantée dans
« l'église cathédrale; il s'y est trouvé un peuple
« immense, et spécialement des cultivateurs. A l'issue
« de la messe, ceux-ci ont dit aux Quimperrois :
« Depuis un an, nous ne pouvions voir en vous que
« des monstres altérés de sang et de crimes. Désor-
« mais nous allons vous considérer comme des
« frères, et nous partagerons avec vous le reste de
« nos subsistances. On s'est en conséquence embrassé,
« on s'est juré fraternité, amitié, tendresse, assis-

---

[1]. *Copie ms.* — *Journal de Perlet* du 24 pluviôse an III.

« tance mutuelle. — A Vannes et à Saint-Brieuc la
« même cause a produit les mêmes effets. A Rennes,
« le représentant Boursault ne veut pas qu'on nous
« donne un temple, même provisoirement. Les ci-
« toyens en gémissent; ils demandent pourquoi on
« les traite si différemment de leurs frères des autres
« villes [1]... »

Guesno et Guermeur ne furent point désavoués par la Convention, et leur conduite à Lorient leur valut un moment de véritable popularité. « Nous le dirons
« hautement, lit-on dans le *Journal de Perlet* du 24
« pluviôse an III, la Convention n'eût pas dû se laisser
« enlever par deux de ses membres la gloire de pro-
« clamer un des droits les plus sacrés des citoyens.
« Elle doit au moins s'empresser de suivre leur exem-
« ple, et d'étendre à toutes les parties de la Répu-
« blique des mesures qui seront plus efficaces pour
« empêcher les troubles que des armées entières et
« tout l'art de la tyrannie. » En vain les journaux avancés, comme la *Décade philosophique*, luttaient de toutes leurs forces; en vain le *Journal des hommes libres de tous les pays* s'écriait d'un ton prophétique : « Vous rappelez le dimanche; bientôt on rappellera le
« jour de la Vierge, et bientôt le jour des Rois. Oui,
« les Rois; rien n'est plus propre à les rappeler que
« de raviver le sacerdoce [2]. » Le sort en était jeté, il fallait, pour éviter une explosion terrible, accorder à la France ce qu'elle exigeait, et la Convention fut

---

1. *Numéro du 4 pluviôse an III* (2 février 1795).
2. *Lettre du 23 pluviôse an III.* Grégoire lui avait écrit peu de jours auparavant qu'il avait bon espoir, et Le Coz répondit : « Puisse l'annonce que vous me faites se réaliser, se réaliser bientôt! Hélas! de combien de crimes et de maux je suis sans cesse témoin! »

réduite à décréter enfin la liberté des cultes sur la proposition du calviniste philosophe Boissy d'Anglas, dont le rapport était une diatribe de mauvais goût contre toutes les religions. Mais peu importaient les considérants; l'essentiel c'était la teneur même du décret du 3 ventôse (21 février 1795), dont voici les douze articles :

La Convention nationale, après avoir entendu le rapport de ses Comités de Salut public, de Sûreté générale et de Législation réunis, décrète :

Article Premier. — Conformément à l'art. VII de la Déclaration des droits de l'Homme, et à l'art. CXXII de la Constitution, l'exercice d'aucun culte ne peut être troublé.

Art. II. — La République n'en salarie aucun.

Art. III. — Elle ne fournit aucun local, ni pour l'exercice des cultes, ni pour le logement des ministres.

Art. IV. — Les cérémonies de tout culte sont interdites hors de l'enceinte choisie pour leur exercice.

Art. V. — La loi ne reconnait aucun ministre du culte. Nul ne peut paraître en public avec les habits, ornements ou costumes affectés à des cérémonies religieuses.

Art. VI. — Tout rassemblement de citoyens pour l'exercice d'un culte quelconque est soumis à la surveillance des autorités constituées. Cette surveillance se renferme dans des mesures de police et de sûreté publique.

Art. VII. — Aucun signe particulier à un culte ne peut être placé dans un lieu public, ni extérieurement, de quelque manière que ce soit. Aucune inscription ne peut désigner le lieu qui lui est affecté. Aucune proclamation ni convocation publique ne peut être faite pour y inviter les citoyens.

Art. VIII. — Les communes ou sections de commune, en nom collectif, ne pourront acquérir ni louer de local pour l'exercice des cultes.

Art. IX. — Il ne peut être formé aucune dotation perpétuelle ou viagère, ni établi aucune taxe pour en acquitter les dépenses.

Art. X. — Quiconque troublerait par violence les cérémonies d'un culte quelconque, ou en outragerait les objets, sera puni suivant la loi du 22 juillet 1791, sur la police correctionnelle.

Art. XI. — Il n'est point dérogé à la loi du 2 sansculottide, 2ᵉ année, sur les pensions ecclésiastiques, et les dispositions en seront exécutées suivant leur forme et teneur.

Art. XII. — Tout décret dont les dispositions seraient contraires à la présente loi est rapporté, et tout arrêté opposé à la présente loi, pris par les représentants du peuple dans les départements, est annulé [1].

C'était beaucoup pour la Convention, qui deux mois auparavant s'était refusée à toute déclaration de ce genre; aussi le décret de ventôse fut-il accueilli avec des cris de joie par l'immense majorité des Français, et les journaux célébrèrent à l'envi ce « juste et

---

[1]. Chénier demandait l'ajournement; Laporte s'y opposa, car il était temps, disait-il, de donner une boussole invariable aux administrations. Cambon, André Dumont et Thuriot opinèrent pour l'adoption. — *Moniteur*. — *Journal des hommes libres de tous les pays*, 4 ventôse an III.

sublime décret, ce décret salutaire » qui devait assurer enfin le bonheur du peuple et réjouir les « âmes sensibles [1] ». Les insermentés et leurs partisans reprirent immédiatement l'exercice du culte, et, comme ils étaient riches, il ne leur fut pas difficile de trouver des chapelles particulières. On vit les prêtres rentrés montrer en toute occasion un zèle extraordinaire, rebaptiser, reconfesser et remarier ceux qui, depuis 1791, avaient eu recours au ministère des « jureurs »; ils firent tant que le décret de ventôse faillit être rapporté au bout de quelques semaines. Quant aux constitutionnels, leur satisfaction fut moins vive et leur empressement beaucoup moins grand.

« Nous bénissons de plus en plus la liberté triom-
« phante depuis le 9 thermidor, écrivait l'un d'entre
« eux. Le décret du 3 ventôse met le comble à notre
« joie; il nous tarde de pouvoir nous rassembler pour
« bénir tous ensemble la Convention, notre glorieuse
« libératrice; mais où et comment pourra se faire
« notre rassemblement? Les articles III et VIII nous
« embarrassent terriblement au milieu des pièges que
« l'impiété nous tend de tous côtés [2]. — Je vous avoue
« sincèrement, écrivait à Grégoire l'évêque constitu-
« tionnel de Metz, Francin, que je n'occuperais mon
« poste que quand la Convention aurait donné un dé-
« cret clair et net sur la liberté des cultes. Celui du

---

1. Voy. l'*Orateur du peuple*, par Fréron (n° 80, 5 ventôse), le *Journal des municipalités*, du même jour, le *Décadaire du Haut-Rhin*, etc. La *Feuille villageoise* elle-même, tout en évaluant à neuf millions six cent soixante-huit mille huit cents le nombre des hommes que le christianisme a fait périr (n° 35), déclarait (n° 44) que le décret était sage. « L'opiniâtreté, disait-elle, c'est la foi, donc il faut tolérer toutes les sectes. »
2. *Lettre ms.*

« 3 ventôse est rempli d'entraves, et l'on ne peut s'y
« fier... La loi de ventôse paraît plutôt dirigée contre
« le culte qu'en sa faveur; j'en prévois même des
« suites fâcheuses. Appuyés de ce décret, les prêtres
« réfractaires reviennent en foule sur la scène, et
« érigent autel contre autel... La Lorraine allemande
« en est pleine [1]. »

Au dire d'un pétitionnaire anonyme, le décret aurait dû s'appeler de son vrai nom : « Empê-
« chements du culte ou moyens infaillibles de le dé-
« truire, puisqu'on le rend impossible faute de local,
« faute de ministres, faute de fonds. » — « Comment deux ou trois mille individus peuvent-ils se réunir dans un lieu particulier ? » demandait à Grégoire le citoyen Demandre, futur évêque constitutionnel du Doubs. C'était partout la même chose, et la Convention ne pouvait ignorer, car on le lui répétait sur tous les tons, que son décret sur la liberté des cultes avait besoin d'être revisé. L'abbé Audrein, faisant imprimer un *Cinquième mot, ou réponse à Pautrizel*, disait avec raison que cette loi était impolitique et avait dû nécessairement déplaire au peuple; il faisait le pari que ses collègues de la Convention ne tarderaient pas à la modifier, et l'on verra qu'il prophétisait vrai. « Votre décret de ventôse, disait-il
« encore, n'a pas rendu la paix ; il a trop favorisé les
« insermentés qui prêchent le royalisme ; il a trop peu
« protégé les prêtres républicains ; enfin il a refusé au

1. Il en était de même de l'Alsace, de la Franche-Comté, de la Provence, du Bas-Languedoc, de la Bretagne et d'une partie de la Normandie ; dans le nord et dans le centre, c'était le contraire en général. — *Lettres mss., passim* (lettres de Moïse, de Grappin, de Le Fessier, de Sermet, de Le Coz, etc.).

« peuple ses églises... Revisez donc la loi de ventôse;
« faites-vous des amis des prêtres républicains; qu'ils
« rentrent dans leurs églises, et que le peuple soit
« content [1]. »

Grégoire et ses amis, qui savaient attendre et qui montrèrent dans cette circonstance un très grand sens politique, ne récriminèrent pas contre le décret de ventôse; ils jugèrent qu'avec un peu de sagesse on obtiendrait prochainement une liberté plus complète. Ils patientèrent encore et crurent, suivant leurs propres expressions, « ne devoir rien précipiter, ne pas compromettre le sort de la religion par des mesures indiscrètement employées, quelque légitimes et utiles qu'elles fussent en elles-mêmes [2] ». L'évêque du Loir-et-Cher, que ses collègues avaient spontanément placé à la tête de ce petit comité de salut public du catholicisme français, donna encore l'exemple : il n'avait pas ouvert la bouche pour répondre à Boissy d'Anglas; il publia, le 12 mars 1795 (22 ventôse an III), une *Lettre pastorale* adressée à ses diocésains, mais destinée, dans la pensée même de son auteur, aux diocèses qui n'avaient pas d'évêques. C'est un mandement dans toute la force du terme, et comme tel ce petit écrit ne devrait pas appartenir à l'histoire; mais l'apparition d'une telle lettre pastorale adressée par un évêque à « ses vénérables coopérateurs dans le saint ministère et à tous les fidèles de son diocèse » avec ordre d'en donner lecture « au prône de la messe paroissiale, le dimanche qui en suivra immédiatement la réception »; l'apparition d'une pareille lettre

---

1. *Audrein à ses collègues*, 8 pages in-8º.
2. *Lettre circulaire des évêques réunis...*, 22 juin 1797, 8 pages in-8º.

produisit en France une impression profonde. Il fallut la publier à plusieurs milliers d'exemplaires ; certains évêques constitutionnels, au lieu d'en composer une semblable, se contentèrent de la reproduire [1], et des journaux comme le *Mémorial français, ou le Nouveau Pierre de l'Estoile* parlèrent avec éloge et de la pastorale et du pasteur.

« Ce n'est pas une main amie qui va tracer cet
« extrait, lisons-nous dans ce journal, mais, ce qui
« importe au lecteur, c'est une main juste ; c'est celle
« d'un homme qui, en se réservant le droit qui appar-
« tient à tout citoyen de censurer plusieurs opinions
« publiques de Grégoire, et ne respectant aucune-
« ment son épiscopat, partagea dans le temps l'estime
« qu'inspirèrent pour ce député son refus d'apostasie
« et son discours en faveur de la liberté des cultes. »
— Suit un éloge de Grégoire écrivain et orateur ; le journaliste lui applique la définition de Cicéron : *Vir bonus dicendi peritus*. « Ceux qui ne reconnaissent pas
« en lui l'autorité d'évêque avoueront qu'il en a le lan-
« gage, et, pour finir par une comparaison de Massil-
« lon, qu'avec les mains d'Esaü il a la voix de Jacob [2]. »

1. Entre autres Pouderoux, évêque de l'Hérault (*Lettre à Besaucèle, évêque de Carcassonne*, 8 mai 1795). Le 5 germinal, Thuin, évêque de Seine-et-Marne, écrivait à Grégoire et le priait de lui faire passer un exemplaire de sa pastorale et de lui marquer quelle conduite il devait tenir. *Lettre ms.* — La pastorale fut réimprimée dix fois dans les départements. — Voy. aux Pièces justificatives le texte de cette Lettre pastorale.
2. N° *de ventôse-germinal*, mars 1795. Sermet, métropolitain de Toulouse, écrivait à Grégoire le 26 germinal an III : « On s'extasie ici à la lecture de votre Instruction pastorale, mais elle ne convertit, elle n'affermit même personne. Quel dommage, dit-on, que cet homme-là ne soit pas des nôtres ! Un imprimeur très intéressé n'a osé, tout enchanté qu'il en était, la réimprimer à ses dépens. » *Lettre ms.*

CHAPITRE IV

RÉORGANISATION DU CULTE; PREMIÈRE ENCYCLIQUE; LES PRÊTRES MARIÉS; SOCIÉTÉ DE PHILOSOPHIE CHRÉTIENNE; ANNALES DE LA RELIGION

Après avoir fait ce premier pas dans la voie de la réorganisation religieuse, Grégoire et ses amis se mirent en devoir de continuer, et ils firent une enquête sérieuse sur l'état des esprits en France. « Ils se ré-« pandirent en prières devant Dieu, disent-ils eux-« mêmes dans leur *Lettre circulaire* de 1797, ils « s'assemblèrent fréquemment, se livrèrent à des « recherches laborieuses, appelèrent les secours de « toutes parts, et consultèrent tout ce que la France « pouvait encore compter d'hommes distingués par « leurs lumières et leur piété [1]... Le premier objet de « leur travail fut de sonder les plaies de la religion.

1. La société janséniste de Paris leur fournit un contingent assez important d'hommes distingués, Adrien Le Paige, Duvivier, Poan Saint-Simon, Agier, Saillant, Pingré, etc.; toutefois Grégoire et ses amis se mirent en garde contre les exagérations où des sectaires auraient pu les faire tomber; ils se montrèrent gallicans déterminés, mais nullement jansénistes; le presbytère de Paris et l'évêque constitutionnel de Versailles, Clément, jansénistes militants, leur causèrent bien des tribulations dont nous aurons à parler dans la suite de ces Etudes.

« Ils ne craindront pas de publier qu'à leurs yeux ce
« ne fut ni la spoliation des temples, ni l'interruption
« presque totale du culte public, ni la misère de ses
« ministres qui leur parurent avoir blessé plus pro-
« fondément leur mère commune. Ils reconnurent
« que les coups les plus funestes portés à la religion
« catholique avaient frappé sa croyance, sa morale,
« sa discipline. Ils furent consternés en voyant la
« désorganisation de son ministère, la profanation
« des objets les plus sacrés, la dépravation presque
« générale des cœurs et des esprits. »

Assurément la nation française n'avait pas abandonné la religion de ses pères, les preuves de ce fait sont innombrables, et l'on sait qu'elle n'a jamais pardonné aux terroristes la destruction du culte ; mais il n'en est pas moins vrai qu'en 1795 le désarroi était grand. Insermentés ou constitutionnels, les prêtres avaient pour la plupart accumulé fautes sur fautes depuis 1789 ; la haine déclarée des uns pour le régime républicain, les odieuses pratiques de quelques autres pour imposer à la France une restauration monarchique dont elle avait horreur ; enfin la conduite abominable de plusieurs apostats et de certains clubistes forcenés avaient diminué le respect que le peuple professait de temps immémorial pour le clergé. Les philosophes et les orateurs de clubs profitèrent habilement de ces dispositions nouvelles, et il est certain que dans la classe moyenne, en bien des endroits, et là même où l'on réclamait avec énergie le rétablissement des cérémonies religieuses, l'opinion publique « était hostile aux prêtres » [1]. Les

---

1. *Lettre circulaire* de 1797.

évêques réunis voulurent remédier à ce fâcheux état de choses et réconcilier les fidèles avec les prêtres ; le procédé qu'ils employèrent pour obtenir ce résultat est digne de la plus grande attention. Au lieu de plaider la cause du clergé et de chercher à dissiper les préventions du peuple, Grégoire et ses collègues s'attaquèrent résolument aux mauvais prêtres ; ils entreprirent de les chasser du sanctuaire et de n'y conserver que des hommes éprouvés, dignes de l'estime et de la confiance publiques. Tel fut l'objet de leur première encyclique, donnée « le dimanche 15 mars de l'an de J.-C. 1795, 3ᵉ de la République française » [1]. Pour éviter tout malentendu, les évêques faisaient une profession de foi très catégorique, et ils disaient en propres termes :

« Nous croyons que l'Église est l'assemblée de
« fidèles qui, sous la conduite des pasteurs légitimes,
« dans la profession d'une même foi et la participa-
« tion aux mêmes sacrements, forment un même
« corps dont Jésus-Christ est le chef invisible, *et le*
« *Pape le chef visible.*

« Nous croyons de cœur et d'esprit tout ce que croit
« et enseigne l'Église catholique, apostolique *et ro-*
« *maine.*

« Nous professons sa doctrine telle qu'elle a été dé-
« finie par les conciles œcuméniques.

« Nous adoptons l'Exposition de la doctrine de
« l'Église catholique, par Bossuet.

---

1. *Lettre encyclique de plusieurs évêques de France à leurs frères les autres évêques et aux églises vacantes*, 19 pages in-4º ; 3ᵉ édit., 32 pages in-8º. Voy. aux Pièces justificatives le texte intégral de cet important document, ainsi que quelques-unes des adhésions d'évêques conservées dans les papiers de Grégoire.

« Nous reconnaissons que le gouvernement de
« l'Église est tout spirituel, et qu'il ne peut s'étendre
« ni directement ni indirectement sur le tempo-
« rel, etc.

« Nous reconnaissons que les mariages autorisés
« par la puissance publique doivent avoir tous leurs
« effets civils. Mais nulle puissance humaine ne peut
« altérer la pureté de la morale évangélique. La
« doctrine de l'Église catholique ne permet pas le
« divorce; elle défend à ses ministres de donner la
« bénédiction nuptiale aux fidèles divorcés.

« Sa discipline ancienne, constante, universelle,
« interdit les fonctions spirituelles à ceux de ses mi-
« nistres qui se marient après leur ordination.

« Nous rejetons toute innovation dans la discipline
« générale de l'Église. Nous sommes profondément
« affligés des divisions qui déchirent l'Église de
« France, et nous exprimons notre ardent désir d'une
« prompte et solide réunion. Pour accélérer cet
« heureux événement, nous adopterons toutes les
« voies de conciliation conformes à la charité, à la
« justice, et aux libertés de l'Église gallicane. »

Les hommes qui parlaient de la sorte avaient
bien véritablement la voix de Jacob, s'ils avaient les
mains d'Esaü; voici maintenant, mais en abrégé, les
règles de discipline provisoires que les évêques réunis
« soumettaient à la sagesse de leurs frères et adressaient aux presbytères des églises veuves » : ils déclaraient « indignes de leur état et de la confiance
des fidèles », en matière « de religion », les prêtres
ou évêques apostats et sacrilèges; ceux qui avaient
livré leurs lettres d'ordre durant la persécution, les
abdicataires et fauteurs d'abdications, et enfin les

prêtres mariés, *quand même ils renonceraient au mariage*. Aucun des ecclésiastiques compris dans ces diverses catégories ne devait, sous quelque prétexte que ce fût, reprendre l'exercice du ministère ; les évêques entendaient qu'à leur égard la discipline des premiers siècles fût observée dans toute sa rigueur.

Passant ensuite à des règlements d'un autre ordre sur l'administration des diocèses et des paroisses, sur les sacrements et sur le culte, les évêques réunis témoignaient qu'ils abandonnaient volontiers la constitution civile de 1791. Toutefois, pour « suivre l'esprit de l'Église », ils adoptaient « la distribution qui s'est faite des arrondissements ecclésiastiques conformément aux distributions civiles ». Ils considéraient l'élection comme la seule manière canonique de pourvoir aux évêchés vacants, mais ils se proposaient de présenter le plus tôt possible un mode d'élection conforme aux règles canoniques de la primitive Église. Ils souhaitaient que les prêtres ne fussent pas ordonnés avant l'âge de trente ans ; ils prescrivaient de refuser le sacrement de mariage aux fidèles qui ne seraient pas mariés civilement ; ils rejetaient toute espèce de casuel, c'est-à-dire les rétributions données au prêtre « pour prières ou bénédictions, et particulièrement pour la célébration de la messe » ; enfin, après avoir parlé en termes fort sages contre l'abus des prétendues reliques et contre le luxe des églises, ces chrétiens des anciens jours invitaient les prêtres à la pratique des vertus de leur état. « Nous leur rappelons, disaient-ils, « l'obligation qu'ils ont contractée de cette pureté « qui doit les rendre plus semblables à des anges

« qu'à des hommes ; de cette charité qui imite celle
« de J.-C. mourant pour le salut des hommes et
« même de ses ennemis ; de cette douceur qui per-
« suade ou désarme, de cette tolérance véritable qui
« n'appartient qu'à l'Évangile. Ils doivent vivre dans
« la retraite, dans l'exercice continuel de la prière et
« des bonnes œuvres, vaquer assidûment à l'étude
« des divines Écritures et des saints pères, et se ren-
« fermer le plus qu'ils pourront dans le cercle de
« leurs devoirs. Enfin c'est à eux que sont principa-
« lement adressées ces paroles de J.-C. : *Soyez par-
« faits comme votre Père céleste est parfait.* »

Signée par les évêques réunis auxquels venait
d'être adjoint le savant et pieux Gratien, métropolitain de Rouen, l'encyclique fut envoyée dans tous les
départements, et sa publication produisit aussitôt les
effets qu'en avaient espérés Grégoire et ses collègues.
Il s'engagea entre le comité de Paris et tous les diocèses de France une correspondance très active dont
il est nécessaire de dire au moins quelques mots [1].

---

1. Ce fut un véritable déluge de lettres ; Grégoire en reçut
plus de vingt mille en 1795. La lettre que voici montrera bien
ce que produisit cette correspondance ; elle fut adressée à Grégoire du fond du département de la Creuse par un inconnu.
Grégoire répondit, et ses conseils furent suivis.

A Ahun, département de la Creuse, 24 floréal,
4° année de la République française (13 mai 1796).

« Monsieur,
« Vous qu'on nomme à juste titre le restaurateur du culte
« catholique en France et qui êtes si digne de la reconnais-
« sance des fidèles, vous ne refuserez pas, j'espère, à un ecclé-
« siastique sexagénaire votre avis sur le parti à prendre dans
« les circonstances. Mon cœur et ma conscience m'appellent à
« la tête d'une paroisse que j'ai gouvernée pendant trente ans ;

Les prélats constitutionnels qui n'avaient ni apostasié ni abandonné leurs fonctions s'empressèrent d'envoyer leur adhésion, et les éditions de l'encyclique parues vers la fin de 1795 étaient revêtues de trente et une signatures d'évêques. Maudru (des Vosges) adhérait avec joie et avec empressement ; il baisait avec respect toutes les pages de l'encyclique et en demandait trois ou quatre cents exemplaires dont il avait besoin dans son diocèse [1] ; Besaucèle (de l'Aude), prélat plus qu'octogénaire, la saluait comme un ou-

« mes paroissiens me réclament, je crains que Dieu ne me
« demande compte des âmes qui peuvent se perdre à défaut
« de secours spirituels que je devais leur apporter depuis le
« décret sur la liberté des cultes. Mais la crainte de m'exposer
« à une nouvelle persécution après m'être transporté dans une
« commune fort éloignée de ma famille me retient, surtout à
« mon âge. Je sens la futilité de cette objection quand il s'agit
« de son devoir, du salut des âmes, de la gloire de mon Dieu,
« et n'ose me décider. Ah ! au nom de ce Dieu que j'adore,
« donnez-moi un conseil d'ami; dites-moi ce que je dois faire.
« Depuis un an je suis bourrelé nuit et jour, et je ne puis me
« décider. Les mesures toujours générales qu'on prend contre
« les réfractaires me font appréhender qu'on ne veuille [pas]
« nous laisser tranquilles, surtout d'après les entraves qu'on
« nous met dans notre exercice et les recherches multipliées
« sur notre serment et notre soumission. Je m'en rapporte à
« vous, monsieur, me conseillez-vous de rejoindre ma paroisse,
« ou dois-je attendre? Votre avis fera la règle de ma conduite.
« Je vous le demande dans la sincérité de mon âme, pour ma
« tranquillité et le repos de ma conscience. Dérobez un mo-
« ment à vos travaux, et le donnez à un malheureux dont la
« confiance semble le mériter.
  « Je suis avec une respectueuse considération,
     « Votre concitoyen, Marioton, de Chéniers.
« Plus promptement vous me ferez réponse et plus tôt vous
« abrégerez mes doutes et mes peines. »
Sur le conseil de Grégoire, le curé Marioton revint dans sa cure de Chéniers; il y était encore au moment du Concordat et correspondait affectueusement avec Grégoire.
1. *Lettre à Grégoire*, 30 germinal an III.

vrage « descendu du ciel »; De Bertier, de Rodez, offrait de contribuer aux frais de cette publication; Molinier, Philbert, Jacob, Périer, Constant, Le Coz et beaucoup d'autres adhérèrent de la même manière, mais la plupart d'entre eux faisaient leurs réserves sur un ou deux points. Ces prélats jugeaient trop sévère l'exclusion portée contre les traditeurs et contre les abdicataires.

« Vos principes sont vrais, écrivait Le Coz à Gré« goire, mais sont-ils applicables dans tous les « pays?... Il y a peu de prêtres qui aient parfaite« ment résisté à la tempête; la crainte d'attirer de « nouveaux malheurs sur leurs paroissiens a fait « fléchir plusieurs... J'ai cru pouvoir user d'indul« gence envers plusieurs, en les obligeant néanmoins « à faire auprès des autorités constituées les décla« rations que vous exigez[1]. Je crains que la publication

---

1. « Je vous l'ai déjà dit, votre rigoureuse décision sur les prêtres abdicataires est mal vue. J'en reçois beaucoup de plaintes; aussi ne m'y suis-je pas tout à fait conformé dans mon diocèse. Les insermentés s'en prévalent pour tourmenter des hommes qu'ils auraient imités s'ils s'étaient trouvés dans leur position. Après quelques épreuves et des témoignages de repentir d'une faiblesse qui, dans plusieurs, a eu pour motif d'éloigner de plus grandes horreurs, je les admets à reprendre leurs fonctions, et le peuple n'en est pas mal édifié. » *Lettre de Le Coz à Grégoire* (29 floréal an III).

— Les *abdicataires*, qu'il faut distinguer des *apostats*, étaient dans une situation singulière, même aux yeux du gouvernement; on en jugera par le document que voici :

Extrait du registre des délibérations du directoire du district d'Indremont (Châtillon-sur-Indre, — Indre), séance publique tenante le 5 germinal de l'an 2e de la Rép. fr. une et indiv. (25 mars 1794).

Un membre a représenté que la présence des ci-devant curés qui ont abdiqué et remis leurs lettres de prêtrise dans les

« de vos règles canoniques ne diminue la confiance
« qu'ils paraissent gagner sensiblement. D'un autre
« côté, les insermentés, qui dans ces jours d'horreur
« étaient dans les prisons, ont du moins l'apparence
« d'avoir été plus courageux et plus fidèles à leur
« religion... J'en ai chez moi plus de deux cents qui
« continuent d'égarer le peuple... Vos principes, en

différentes communes où ils résident encore entretient les citoyens de ces communes dans les habitudes du fanatisme, dans lequel ils n'ont été que trop longtemps bercés.

Ouï le rapport du substitut de l'agent national,

Nous, administrateurs du district d'Indremont,

Considérant que la saine partie des citoyens des communes de ce district, revenus des erreurs frénétiques que leur avait jusqu'ici inspirées le charlatanisme des prêtres, ont nettoyé leurs églises de toutes les marques de la stupide superstition qui y présidait depuis trop longtemps sous la garde du rigotisme (*sic*, lisez *bigotisme*), et ont fermé les portes de ces temples de l'erreur ;

Considérant que le fanatisme a été un des principaux motifs que les prêtres ont employés dans le dessein perfide d'ensevelir dans leur rage la République sous ses ruines, et que l'on doit mettre en usage tous les moyens les plus prompts pour éloigner de toutes les communes de ce district les prêtres, dont l'ombre même doit être considérée comme dangereuse et capable d'inspirer le fanatisme,

Avons arrêté que dans la huitaine à compter des jours de la réception du présent arrêté, tous les ci-devant curés, vicaires, desservants et autres prêtres *ayant abdiqué et remis leurs lettres de prêtrise* et qui ont précédemment exercé les fonctions du culte catholique dans toutes les communes de ce district, et ceux enfin dont l'âme gangrenée, cachés (*sic*) sous l'ombre d'un patriotisme hypocrite, n'ont (*sic*) point encore abdiqué ni remis leurs lettres, qui les habitent encore, seront tenus de se retirer dans leurs familles respectives, à peine d'être regardés comme suspects, et, comme tels, mis en état d'arrestation et conduits à la maison de réclusion. Sont néanmoins exceptés des présentes dispositions *tous les prêtres qui ont contracté mariage*, et ceux qui, par un patriotisme reconnu, ont obtenu des places dans les bureaux d'administration. — *Copie certifiée, pièce manuscrite du temps.*

« augmentant leur présomption, ne leur donneront-ils
« pas de nouveaux moyens d'égarer les gens sim-
« ples ? »

La suppression du *casuel* était de même vue avec
déplaisir par le plus grand nombre des adhérents.

« Comme vous, disait encore Le Coz, je n'aban-
« donnerai jamais les principes ; mais la proscription
« des honoraires des messes, par exemple, ne tient à
« aucun principe... Toutes les choses essentielles
« pour la célébration du saint sacrifice sont ici telle-
« ment chères qu'elles reviennent pour chaque messe
« à six ou sept sous. Comment voulez-vous qu'un
« prêtre à qui son modeste traitement suffit à peine
« pour se procurer du pain[1] fasse cette dépense jour-
« nalière ? Les aumônes des fidèles pour les autres
« objets du culte sont bien médiocres. Ils ont vu les
« linges et les ornements d'église qu'ils avaient payés
« fort cher, prodigués à des prostituées, employés à
« faire des housses et à d'autres usages plus révol-
« tants encore. Ils craignent qu'il n'en soit de même
« de ce qu'ils achèteraient aujourd'hui pour le culte,
« et cette crainte, oseriez-vous dire qu'elle est abso-
« lument déraisonnable ? Ils préfèrent donc de donner
« pour des messes et pour d'autres prières[2]. »

Presque tous les évêques s'exprimaient en des
termes analogues, et Flavigny, de la Haute-Saône,
demandait en outre qu'on supprimât je ne sais quelle
citation de saint Paul pour empêcher les malveillants,

---

1. Il s'agit des 800 livres que la Convention accordait aux
ci-devant ministres des cultes ; payée en assignats, cette somme
finit par ne pas représenter 50 francs, et plus tard même
12 francs en numéraire. *Lettres mss.*

2. *Lettre autogr. du 3 floréal an III.*

« les gens à lunettes de jésuites, de crier au jansénisme. Comme on ne songe point, disait-il, à ressusciter de vieilles querelles, il faut éviter toute tracasserie [1]. » Enfin la plupart des évêques assermentés, en adhérant à l'encyclique, demandèrent à ses auteurs d'en adresser un exemplaire au pape, « avec une affectueuse invitation, disait Le Coz, de se joindre à nous pour relever le christianisme dans ce vaste empire ». Presque tous soupiraient après la paix religieuse et déclaraient déjà, ce qu'ils ne cessèrent de répéter depuis, qu'ils étaient prêts à se démettre de leurs sièges, prêts à tout sacrifier, excepté les droits imprescriptibles de l'État et les libertés de l'Église gallicane.

Mais ces trente adhérents constituaient à peine le tiers de l'épiscopat constitutionnel de 1794, et l'on se demandera peut-être si les cinquante autres évêques assermentés n'apportèrent point leur concours à l'œu-

---

[1]. *Lettre ms.*, 3 floréal an III. On a prétendu que le clergé constitutionnel était composé principalement de jansénistes; voici comment s'exprimait le savant Moïse, évêque du Jura, dans une lettre à Desbois de Rochefort, évêque de la Somme : « Ces prétendus successeurs de Port-Royal m'ont paru des valets de chambre qui ont hérité de la garde-robe de leurs maîtres. Ce sont des intrigants qui ont beaucoup de moyens parce qu'ils ne sont pas délicats sur le choix des moyens; des gens de parti qui, ne pouvant réussir que par le désordre, ont constamment tout tenté pour l'exciter; des hommes dangereux... en un mot des hommes qui réunissent presque tous les vices des jésuites sans en avoir les talents. » Ce jugement est exagéré, et qui plus est très injuste; il n'en est que plus intéressant pour établir que le clergé constitutionnel n'était pas janséniste. Le Coz n'était pas moins opposé au jansénisme, et les *Nouvelles ecclésiastiques* reprochèrent amèrement aux constitutionnels de n'avoir rien fait contre la bulle *Unigenitus*. Grégoire lui-même se montra dur pour les jansénistes purs, et j'ai sous les yeux quelques lettres curieuses à ce sujet.

vre de restauration qu'entreprenaient leurs confrères. La réponse est aisée, car Grégoire a fait à ce sujet un petit travail de statistique [1]. Dix ou douze évêques étaient morts naturellement et n'avaient pas été remplacés; huit avaient péri sur l'échafaud; huit ou dix s'étaient mariés et ne pouvaient plus être comptés; six avaient abdiqué pendant la Terreur [2], et six autres témoignèrent en 1795, comme Séguin, de Besançon, qu'ils renonçaient définitivement à leurs fonctions; c'est un total d'environ quarante prélats qui n'appartenaient plus au clergé constitutionnel. Parmi les dix ou douze qui restent pour arriver au chiffre de 83, il s'en trouva, comme Héraudin, Pouderoux, Wandelaincourt, Tollet et Sermet, qui ne voulurent pas donner leur adhésion, parce qu'une restauration du culte leur paraissait impossible; ces derniers n'en étaient pas moins de cœur avec leurs frères de Paris, qu'ils secondèrent ensuite de tout leur pouvoir. Sermet cherchait à démontrer, le 26 germinal an III (15 avril 1795), que les constitutionnels ne pouvaient pas rétablir le culte.

« Lors de la Révolution, disait-il, on vit à Tou-
« louse, sur cent catholiques, soixante au moins
« tourner le dos aux évêques et prêtres constitution-
« nels, et ceux-là ont tenu bon dans la foi. Sur les
« quarante autres, il faut aujourd'hui compter au

1. *Compte rendu au concile de* 1797, p. 7.
2. Voici les noms des évêques mariés : Lindet, Massieu, Minée, Porion, de Jarente, Joubert, Pontard et l'ancien recteur de l'Université de Paris, Dumouchel. Ceux qui montèrent sur l'échafaud sont Fauchet, Marolles, Martin, Gobel, Expilly, Lamourette, Gouttes, Roux. Parmi les abdicataires non mariés sont Gay-Vernon, Torné, Loménie, Lalande, Savine et Huguet, fusillé comme complice de Babeuf en 1796.

« moins vingt-cinq apostats ; reste donc quinze de
« notre bord. De notre bord? — Je me trompe; il
« faut les subdiviser encore. Sur ces quinze il y en a
« dix et peut-être douze très indifférents pour Céphas
« ou pour Apollo, et qui ne tiennent qu'à la foi de
« leurs pères, quel qu'en soit le ministre. Serez-vous
« surpris après cela que nous n'ayons encore ici au-
« cune église ouverte, et que tout le service se fasse
« en chambre? Les anticonstitutionnels seuls font
« foule et chantent à tue-tête... On a de l'argent en
« abondance, et des vicaires apostoliques; aussi les
« abjurations vont-elles grand train dans la ville et
« surtout à la campagne... On a beau dire; jamais
« sans le concours du pape nous n'aurons la paix
« intérieure. Plus on s'aigrira contre lui, plus il ga-
« gnera du terrain, piano, piano. Rome ne meurt
« jamais. Ce qu'elle veut, elle le désire avec ardeur,
« mais avec patience [1]... »

1. Lettre à Grégoire, 26 germinal an III. Toute la lettre est sur ce ton, et l'ancien carme y dit en propres termes : « J'étais plus qu'évêque, même à Toulouse, pendant que je portais des sandales; je cessai de l'être lorsqu'on m'affubla de la mitre. » Mais on aurait tort de juger d'après les habitants de Toulouse de tout le reste du Languedoc. Sermet d'ailleurs finit par ouvrir les yeux et par se rendre à l'évidence; voici en effet, transcrit sur l'autographe, le texte de son adhésion tardive à l'Encyclique des évêques réunis :

Je soussigné adhère d'esprit et de cœur à la Lettre encyclique adressée le 15 mars dernier par plusieurs évêques de France réunis à Paris à leurs frères les autres évêques et aux églises vacantes; et j'y adhère d'autant plus fortement qu'elle est l'expression fidèle de la doctrine et des sentiments que j'ai toujours professés et dont je suis bien résolu de ne me départir jamais.

A Cazères [Cazères est un ch.-l. de c. de la Haute-Garonne, arr. de Muret, 2600 hab.], où je remplis les fonctions d'évêque-

Persuadé que la France entière était aussi « ultramontaine » que le département de la Haute-Garonne, Sermet s'abandonnait au désespoir, et il en fut de même en 1795 de quelques autres prélats constitutionnels.

D'autres enfin, comme Panisset, évêque du département du Mont-Blanc, offrirent leur adhésion, qui fut rejetée avec mépris. Ce dernier écrivit à Grégoire qu'il adhérait « à ce précieux monument du zèle, de la charité et des lumières de la respectable assemblée dont il était émané [1] ». La respectable assemblée lui écrivit pour l'engager à expier par la pénitence le scandale de son apostasie de 1794. « La chute, lui disait-on, est une faute sur laquelle la discipline des premiers siècles est inexorable, et vous ne pouvez mettre trop d'énergie à témoigner votre repentir [2]. » Piqué au vif, Panisset passa immédiatement aux réfractaires, qui se montrèrent plus accommodants, et il rétracta avec fracas son serment de 1793.

D'autres que l'évêque du Mont-Blanc avaient été, durant la Terreur, un sujet de scandale ; ainsi le métropolitain de Reims, Nicolas Diot, avait marié, secrètement il est vrai, un de ses vicaires ; et l'ex-jésuite Volfius, de la Côte-d'Or, avait abdiqué et remis ses lettres de prêtrise. Tous deux se soumirent à une pénitence canonique, — Diot fit même plus tard une confession publique de sa faute [3], — et les adhésions de

---

curé, le 21 novembre 1795, l'an 4ᵉ de la République française une et indivisible.
A. H. Sermet, évêque métropolitain de Toulouse.
1. *Lettre autographe du 12 brumaire an IV.*
2. *Notes autographes de Grégoire* en marge de la lettre de Panisset.
3. Elle est imprimée dans les Actes du synode tenu à Reims en 1801.

ces deux pénitents furent inscrites avec les autres. L'ancien évêque de Viviers, Laffont de Savine, devenu en 1791 évêque constitutionnel de l'Ardèche, prélat des deux régimes par conséquent, refusa la sienne, parce que, disait-il, son intention bien arrêtée était de ne jamais souscrire un manifeste collectif, mais en réalité parce qu'il était heureux d'avoir obtenu, grâce à la protection de Grégoire, une place à la bibliothèque de l'Arsenal. Savine engageait son confrère à ne jamais aliéner sa liberté d'action, et ce singulier personnage faisait à l'encyclique certaines objections assez sérieuses.

« Avons-nous, disait-il, l'autorité d'exclure des
« fonctions saintes les prêtres mariés? Après nous
« être affranchis d'une grande partie de l'ancienne
« discipline respectée par nos pères, pourrions-nous
« ordonner impérieusement le maintien d'une autre
« partie? Avons-nous une juridiction? Cette juridic-
« tion s'étend-elle sur toute la République, et par
« conséquent sur toute la terre? Si nous ordonnons
« quelque chose, les anciens évêques ne peuvent-ils
« pas en ordonner aussi? Si nous tenons des conciles,
« ne peuvent-ils pas en tenir en Italie ou en Angle-
« terre[1]? »

Enfin l'ancien évêque d'Angers, l'insermenté Couët-Lorry, auquel on avait envoyé l'encyclique, répondit d'une manière évasive qu'il l'avait lue avec autant d'attention que d'intérêt. « Je désire bien vivement,
« disait-il, que la religion et le culte reprennent leur
« pureté et leur ancien éclat. J'espère que Dieu ré-

---

1. *Lettre autogr.* (il y en a plusieurs de lui, et elles sont intéressantes).

« pandra sur ses ministres les dons d'unité, de cha-
« rité et de paix dont ils doivent l'exemple aux
« fidèles [1]. »

Voilà pour les évêques ; dans les diocèses qui
n'avaient plus de chef, il se trouva des prêtres de
bonne volonté pour constituer des presbytères dont
les adhésions furent enregistrées à mesure qu'on les
reçut. Grégoire et ses amis recueillirent avec soin
toutes ces lettres de communion qui leur donnaient
sur le clergé patriote une autorité si grande, mais
leur rigorisme ne tint aucun compte des objections
qu'on leur adressait au point de vue disciplinaire.
Grégoire en particulier ne cessait de répéter qu'un
mauvais prêtre est pire qu'une méchante femme, et
qu'il valait mieux n'en pas avoir du tout, si l'on n'en
pouvait trouver de bons. L'événement prouva contre
toute attente que les évêques réunis avaient raison,
et l'on verra par la suite de ces études que cette épuration si hardie du clergé constitutionnel produisit en
peu de temps des résultats extraordinaires ; ils avaient,
comme Gédéon [2], réduit leur petite phalange à quelques braves éprouvés, et ils pouvaient entreprendre
l'œuvre de réorganisation qu'ils avaient tant à cœur [3].

---

1. *Lettre autogr. du 18 mai 1795.*
2. « *Nolite timere, pusillus grex.* Gédéon vainquit avec trois cents braves ! » *Lettre ms. de Grégoire à son conseil épiscopal,* 30 messidor an III.
3. « Notre correspondance nous offre une multitude presque incroyable de rétractations dans toutes les parties de la France. Ainsi le clergé constitutionnel s'épure. Il ne comptera désormais parmi ses membres que des hommes purs, désintéressés, fermes et dignes de leur ministère. Quand ces rétractations eussent été l'œuvre de notre propre politique, nous n'aurions pu rendre à nos adversaires un plus mauvais service que de renvoyer dans leur camp les lâches et les hommes corrompus

Quelque jugement que l'on porte sur les actes de Grégoire et des autres assermentés en 1795, on conviendra qu'ils firent preuve d'une foi ardente et qu'ils déployèrent une habileté consommée. Le gouvernement ne pouvait plus les inquiéter d'une manière sérieuse, puisqu'ils faisaient profession d'aimer la République, et le Vatican même ne pouvait être éternellement en guerre avec des hommes qui ne cessaient de se dire catholiques romains, de proclamer en toute occasion non pas l'infaillibilité dont il n'était pas question à cette époque, mais la primauté d'honneur et de juridiction du successeur de Pierre. Les insermentés, au contraire, bien qu'ils se donnassent alors beaucoup de mouvement et qu'il s'en trouvât dans tous les départements un nombre considérable, agissaient de telle sorte qu'il était impossible à un gouvernement républicain de traiter avec eux. Ils faisaient partout de la contre-révolution; ils tonnaient en chaire contre les acquéreurs de biens nationaux, ils réprouvaient le mariage civil, et appelaient de tous leurs vœux une restauration monarchique. Ce n'était pas, comme on l'a tant de fois répété, leur dévouement à l'orthodoxie, c'était leur haine persistante pour le régime issu de la Révolution qui empêchait le gouvernement de les reconnaître; quoique très portée à la tolérance depuis le 9 thermidor, la Convention dut édicter en 1795 de nombreux décrets contre les réfractaires, qui ne cessaient de conspirer avec les émigrés.

Il serait intéressant d'étudier en détail la réorganisation du culte par les assermentés, et de montrer

---

dont nous n'avions encore pu réussir à purger le sein de l'Église. » *Lettre de Desbois à Grégoire*, 22 octobre 1796.

comment Grégoire, stimulant le zèle des uns, gourmandant la paresse des autres et prodiguant à tous les encouragements, parvint à ranimer un culte que les philosophes de la Convention déclaraient mort; mais ce détail serait infini, et dix volumes n'y suffiraient pas; nous nous contenterons donc d'étudier un point particulier, et de prouver d'une manière irréfragable que le clergé de 1795 était loin de compter, comme l'a affirmé M. Thiers et comme l'ont répété après lui MM. Lanfrey et Henri Martin, *dix mille prêtres mariés* [1]. On a vu que l'article 9 de l'encyclique rédigée par les évêques déclarait « indignes « de leur état et de la confiance des fidèles, en ma- « tière de religion, les ecclésiastiques qui se seraient « mariés sous prétexte d'éviter les persécutions, ou « par quelque motif que ce fût, quand bien même ils « renonceraient au mariage »; cet article souleva des récriminations ou des réclamations nombreuses, et les archives de Grégoire contiennent à ce sujet les documents les plus curieux. Grégoire y fait allusion dans son *Histoire du mariage des prêtres*, mais discrètement, comme il convient à un prêtre qui a reçu des confidences. D'après lui, on peut élever à deux mille le nombre des prêtres qui se sont mariés pendant la Révolution; les sept huitièmes de ces mariages dataient de la Terreur, et la plupart des malheureux qui les contractèrent pour se soustraire à des persécutions odieuses furent au désespoir après la promul-

---

1. « Le clergé constitutionnel avait dans son sein, comme le clergé non assermenté, un sujet de division; c'était la question des prêtres mariés. On en comptait jusqu'à 10 000. Grégoire et les jansénistes purs étaient très opposés au mariage des prêtres. » Henri Martin, III, 163.

gation du décret de ventôse. L'encyclique les troubla profondément, et ils écrivirent aux évêques réunis, mais surtout à Grégoire, un grand nombre de lettres, les uns pour demander que le mariage des prêtres fût consacré, les autres pour implorer leur pardon et pour se soumettre à telle pénitence qu'on leur imposerait. De courts extraits de ces lettres montreront quel souci les constitutionnels, ces prétendus révoltés, avaient de la dignité du prêtre. Le citoyen Curbelier, instituteur prêtre, était dans les ordres depuis trente ans, menant une vie chaste, probe et laborieuse. Il fut dénoncé au club de Toulouse comme séditieux et perturbateur ayant témérairement déclamé contre le divorce et le mariage des prêtres.

« J'avais déjà, dit-il, fait des démarches pour me
« marier; ma cervelle troublée et ne sachant plus
« que devenir, c'est ce que je fis le 3 thermidor an II,
« mais avec la plus grande répugnance. Depuis ce
« consentement fatal, qui n'a pas été fait en face de
« l'Église, j'ai resté trois ans avec la fille que je pris,
« qui était ma servante âgée de cinquante et un ans,
« vivant, comme j'ai toujours fait, dans la plus en-
« tière continence. Depuis quatre années, d'un com-
« mun accord, nous avons resté séparés à quatre
« lieues de distance. Elle restait à Toulouse, où elle
« est morte il y a trois mois. »

Les habitants de Roqueferrière l'avaient supplié de reprendre ses fonctions de curé, mais il s'y était refusé, de l'avis de M. Sermet, son évêque. Curbelier se comparait à saint Pierre reniant son maître, il implorait son pardon et demandait la permission de remonter à l'autel[1].

1. Cette lettre est de 1801.

Un autre curé constitutionnel, nommé Gasson, s'était laissé marier au plus fort de la Terreur, avec une fille qu'on lui vantait et qu'il n'avait jamais vue. Il était encore à la mairie quand un de ses amis lui apprit que cette fille était une prostituée. Il s'empressa de quitter le domicile conjugal et divorça. Il avouait qu'il avait grandement péché, mais se disait grandement repentant [1].

Molet, ancien curé d'Abaucourt en Lorraine, était âgé de soixante-six ans, lorsque la Terreur l'a poussé, malgré sa répugnance et ses larmes, à épouser la citoyenne Protte, qui a bien voulu le sauver de l'abîme ouvert sous ses pas. Ce malheureux attestait sur son âme et sur son salut, comme s'il était au moment de paraître devant Dieu, qu'il avait été convenu entre la citoyenne Protte et lui, avant de contracter, qu'ils vivraient comme frère et sœur. Ils avaient tenu parole, d'autant mieux que, « si à soixante-six ans les feux de la concupiscence ne sont pas éteints, ils ne le seront jamais » [2]. Calmon, de Cahors, demandait à Grégoire un conseil qui serait à son égard un grand acte de charité ; il promettait de faire ce que lui dirait l'évêque de Blois [3]. Carrière, de Castres, dévoré de chagrins et bourrelé de remords, quoique son mariage n'eût été qu'un contrat civil, écrivait le 24 germinal an III que son unique ambition serait d'expier sa faute et de la faire oublier. Girard, de Saint-Étienne, marié pendant la persécution et devenu père, demandait lui aussi quel parti il pouvait prendre dans son malheur. « Soyez persuadé, disait-il à la fin d'une

---

1. *Lettres du 8 nivôse an IV et du 8 ventôse an V.*
2. *Lettre sans date.*
3. *Lettre du 2 fructidor an III.*

lettre navrante, de la sincérité de mes dispositions à suivre la route que vous voudrez bien me tracer, et le règlement que vous voudrez bien me donner [1]. »

La plus curieuse de ces lettres était intitulée : « Pétition d'un prêtre marié civilement, sans aucune cohabitation et séparé de son épouse quelques jours après son mariage, tendante à être réintégré dans les fonctions ecclésiastiques. » L'auteur de cette pétition au Concile de 1801, le citoyen Collignon, ex-curé de Bettlainville, près de Metz, avait épousé une religieuse, mais quelques jours après ce simulacre de mariage il l'avait quittée pour ne plus la revoir. Les parents de sa femme attestaient la même chose, et c'est uniquement parce qu'ils connaissaient « l'horreur extrême que leur fille avait toujours eue pour la consommation du mariage », qu'ils avaient consenti à cette union, qui n'était qu'une « simple grimace ». « J'espère, disait un autre, que vous ne consulterez dans vos décisions que la grandeur de la moisson, le peu d'ouvriers, et la facilité que le premier ministre de J.-C. (l'évêque) a dans ses mains de faire d'un vase d'opprobre un vase d'élection. » Mais Grégoire et ses collègues furent inflexibles, en 1795 comme en 1797, comme en 1801 ; suivant une expression de Grégoire lui-même, ils fermèrent irrévocablement la porte du sanctuaire aux prêtres mariés. Parmi ces malheureux,

---

1. *Lettre du 19 juin 1796.* — Un autre, nommé Doulhac, jurait par tout ce qu'il y a de plus sacré « qu'il ne savait pas physiquement de quel sexe pouvait être sa femme », qu'il avait instituée son héritière, et qui pour cette raison ne voulait plus le quitter. — Un autre, appelé Bellote, s'était marié par peur, après avoir perdu en moins de huit jours la moitié de ses cheveux, etc. Le comique se mêle constamment au tragique dans les lettres de ces malheureux.

16.

les uns se résignèrent chrétiennement, tandis que
d'autres eurent recours aux insermentés, renvoyèrent leurs femmes comme des concubines, abandonnèrent leurs enfants, et purent, moyennant une rétractation de leur serment de 1791, reprendre dans
d'autres paroisses les fonctions du ministère [1]. Telle
est l'exacte vérité sur le prétendu mariage des prêtres constitutionnels.

Ainsi, dès la fin de germinal an III, c'est-à-dire en
avril 1795, les évêques réunis avaient fait un grand
pas dans la voie de la réorganisation religieuse. Autour d'eux se groupaient trente prélats et plusieurs
milliers d'ecclésiastiques dont les uns marchaient
sous la bannière de leurs évêques respectifs, tandis
que les autres obéissaient au Comité national, comme
ils l'appelaient, ou aux évêques voisins, ou enfin à
des presbytères rapidement constitués au chef-lieu
du diocèse. C'était un beau commencement, et les
évêques réunis avaient quelque droit d'en être fiers.
Encouragés par le succès, ils redoublèrent d'activité
et mirent au service de leur cause deux puissants
moyens d'action : ils créèrent une *Société de philo-*

---

1. Il arriva cependant que des prêtres mariés prétendirent
continuer leurs fonctions ; dans ce cas les évêques constitutionnels interdisaient le prévaricateur, mais là se bornait évidemment leur pouvoir. Ainsi le citoyen Bruslon, curé de Vouvray,
écrivit à Grégoire en 1795 : « J'irai mon train, j'administrerai
les sacrements dans les communes qui ne sont pas les miennes ;
j'agirai comme autrefois dans les temps de peste ; je serai le
pasteur de tous ceux qui auront confiance en moi ; je suis assez
riche pour faire des sacrifices ; si on est injuste envers moi, sans
me séparer de l'Église, je serai mon évêque à moi-même. »
Lettre ms. — L'évêque de Tours, Suzor, écrivit plus tard à Grégoire que Bruslon avait tenu parole ; il était son évêque à lui-
même dans le diocèse de Tours ; il imprimait des Mandements.

sophie chrétienne, et fondèrent un journal, les *Annales de la Religion*. La Société de philosophie chrétienne, établie sur le modèle de quelques académies italiennes, et très analogue par de certains côtés à la Société teyleirienne de Harlem ou à la Société théologique de la Haye, était composée d'hommes « dont quelques-uns étaient voués à l'enseignement de la religion, et qui tous en avaient fait un objet particulier de leurs études » [1]; c'étaient des chrétiens citoyens dans toute la force du terme, et l'on n'y recevait point les ennemis de la République. La Société avait pour objet principal de répandre partout de bons livres; elle divisa ses travaux en quatre parties ; — 1° réimpression ou traduction d'ouvrages utiles; — 2° continuation d'œuvres inachevées ; — 3° réfutation de livres jugés dangereux ; — 4° composition de livres ou de brochures. Elle se proposait de continuer le *Recueil des Bollandistes*, le *Gallia christiana*, l'*Histoire ecclésiastique* de Fleury, les différents travaux des Bénédictins, le *Bossuet* de Déforis, etc. Elle mettait au nombre des ouvrages à réfuter l'*Origine des Cultes*, de Dupuy, le *Siècle de la Raison*, par Thomas Payne, et la *Philosophie de l'Univers*, par Dupont de Nemours. Elle dressait enfin une liste de plus de quarante sujets de dissertation que ses membres avaient l'intention de traiter. En publiant ces différents ouvrages, elle voulait « prémunir les fidèles contre les assauts

---

1. *Annales de la Religion*, IV, 566. — Il y a là un plan des travaux de la Société qui est curieux à étudier. Cette Société ne fut constituée que l'année suivante, sous le Directoire. « Nous allons former une Société des sciences ecclésiastiques », écrivait Grégoire le 23 pluviôse an IV (février 1796). Mais en mai 1795 les *Annales* étaient rédigées par une « société d'amis de la religion et de la patrie ».

de l'impiété, fournir à la raison de nouveaux motifs pour se féliciter du bienfait de la révélation, et resserrer les nœuds qui, en unissant l'amour de la religion à celui de la République, identifient les qualités de chrétien et de citoyen ». Cette phrase du programme paraît être de Grégoire, qui fut, on peut le dire, l'âme de la Société de philosophie chrétienne. Affable et modeste, quoi qu'en ait dit M. Thiers, qui lui a reproché l'excès de sa vanité [1], l'évêque de Blois exerçait une très grande influence sur les personnes qui l'entouraient; on respectait la noblesse de son caractère et la profondeur de ses convictions, on admirait la prodigieuse variété de ses connaissances, et l'on n'avait pas à se mettre en garde contre des prétentions que ce vrai républicain ne connut jamais. Je ne vois pas, en effet, que Grégoire ait cherché à dominer, ni dans les assemblées politiques, ni dans les réunions littéraires, ni dans les conciles de 1797 et de 1801, ni même dans son diocèse. Loin de songer à se mettre en avant, il refusa constamment les honneurs qu'on lui offrait, et ne prétendit pas même à être le premier entre ses égaux, *primus inter pares;* c'est un des côtés les plus curieux de son caractère. J'ai sous les yeux une liste dressée par lui des membres de la Société de philosophie chrétienne; il a suivi l'ordre alphabétique et s'est placé lui-même à

---

1. *Histoire du Consulat,* M. Thiers, qui a consulté avec tant de fruit Jomini, le baron Louis et Talleyrand, ne paraît pas avoir cherché à connaître Grégoire; ce dernier, dans la préface de son *Histoire du mariage des prêtres,* publiée en 1829, adresse quelques encouragements à M. Thiers, mais il lui reproche avec raison d'avoir négligé tout un côté de la Révolution française, l'histoire des passions qui furent la cause véritable des événements.

son rang. Il y a sur cette liste bien des noms célèbres ou illustres, et l'on y trouve parmi les membres résidant à Paris les conventionnels Baudin, Camus, Durand de Maillane, Royer, Saurine et Lanjuinais ; le savant jurisconsulte Agier, président du tribunal révolutionnaire régénéré, qui fit alors son beau *Traité du mariage*, Adrien Le Paige, presque nonagénaire alors, le P. Minard, l'astronome Pingré, l'ingénieur Pasumot, l'hébraïsant Rivière, professeur au Collège de France, Anquetil Duperron, le médecin Saillant, le littérateur Poan Saint-Simon, et même des militaires distingués, comme l'ex-lieutenant-colonel Toustain et l'ancien chef d'état-major Edme de Sauvigny. Parmi les associés étrangers ou résidant en province sont les évêques constitutionnels Le Coz, Moyse, Constant, Périer, Maudru, etc., le savant dom Grappin, l'évêque de Pistoie, Scipion de Ricci, le célèbre abbé Guénée, auteur des *Lettres de quelques Juifs*, Paullevé, etc. C'était donc une réunion d'hommes fort distingués dans tous les genres, une sorte d'Institut à la fois catholique et républicain, et l'existence d'une pareille société en avril 1795 suffirait à montrer que notre France n'était pas alors un pays barbare, comme on s'est plu à le répéter. Sept ans avant Chateaubriand l'on faisait à Paris même des apologies du christianisme, moins poétiques, mais plus solides que la brillante amplification du célèbre auteur d'*Atala* [1].

1. Il parut en 1795, chez le libraire Le Clère, une vigoureuse *Apologie de la religion chrétienne et catholique contre les blasphèmes et les calomnies de ses ennemis* (152 pages in-8º). Cette brochure anonyme était du P. Lambert, qui réfutait avec une généreuse indignation les insultes dont Boissy d'Anglas avait émaillé son rapport concluant à la liberté des cultes.

Non contents de publier ainsi, malgré « l'état de stagnation dans lequel se trouvait alors la librairie »[1], des ouvrages considérables dont quelques-uns sont encore estimés, Grégoire et ses amis avaient résolu d'avoir un journal. L'évêque d'Amiens, Desbois de Rochefort, avança les sommes nécessaires, et les *Annales de la Religion* parurent régulièrement tous les samedis, à dater du 1er mai 1795; la collection de ses quatre cents numéros forme dix-huit volumes aujourd'hui très recherchés. Le prospectus que les évêques firent imprimer au mois d'avril montre bien quelle fut l'importance de ce *Moniteur ecclésiastique* de la Révolution :

« Conserver la mémoire des faits qui auront quel-
« que rapport au christianisme et à ses ministres.
« recueillir ceux de la même espèce qui se sont suc-
« cédé avec rapidité dans le cours de la Révolution
« française, et dont la plupart, malgré leur impor-
« tance, courent le risque d'être perdus pour l'his-
« toire, tel est le principal objet des *Annales de la*
« *Religion*, que nous écrivons pour nos contempo-
« rains, et où la postérité puisera la connaissance de
« l'état exact de l'Église gallicane pendant cette mé-
« morable époque. Nous aurons le courage de faire
« l'histoire fidèle de la persécution. Les noms, les
« vices et les fureurs des persécuteurs seront transmis
« aux races futures. A l'infidélité, à l'apostasie de
« quelques prêtres, nous opposerons les exemples
« de fermeté et d'héroïsme donnés par un grand
« nombre d'autres, et surtout par les simples fidèles.
« Le récit des troubles religieux entre nécessaire-

---

1. *Annales de la Religion*, IV, 571.

« ment dans le plan de cet ouvrage. Nous remonte-
« rons à leur source. Nous décrirons leurs progrès,
« leurs effets et leurs dangers. L'une de nos vues est
« de faire servir nos *Annales* à une pacification en-
« tière dont l'Église a le plus grand besoin, et que
« tous les hommes de bien désirent ardemment. Nous
« analyserons les discussions froides et profondes
« sur les questions controversées. Nous ferons con-
« naître tous les plans de paix et tout ce qui pourra
« y contribuer. Mais surtout nous ne laisserons igno-
« rer ni les actes de schisme ni leurs auteurs, et nous
« ne négligerons rien pour les rappeler à l'unité.
« Nous réclamerons devant le peuple français les
« droits de l'homme et du citoyen, indignement
« violés dans la personne et l'état des prêtres catho-
« liques. Nous citerons à son tribunal toutes les
« injustices sous lesquelles on ne cesse de les oppri-
« mer, et cette multitude de petits tyrans incrédules
« et intolérants qui inondent les autorités consti-
« tuées, les commissions et les bureaux. Nous appel-
« lerons à lui de tous les dénis de justice, des actes
« arbitraires exercés contre les chrétiens, et qui par-
« viendront à notre connaissance. Nous lui peindrons
« l'état de misère et d'avilissement dans lequel,
« contre la foi des engagements les plus solennels,
« on a précipité des hommes qu'on avait toujours
« jugés utiles, qui n'ont jamais cessé de l'être, et qui,
« lorsqu'ils avaient le nécessaire, le partageaient
« avec l'indigent, etc. »

Les *Annales* furent d'abord imprimées chez Le Clère, rue Saint-Martin, près celle aux Ours, mais les propriétaires du journal ne tardèrent pas à se brouiller avec leur imprimeur ; ils l'accusèrent publiquement de mauvaise foi, pour ne pas dire de vol[1], et, à dater du 14 thermidor an III (1ᵉʳ août 1795), le bureau d'abonnement fut transféré à l'*Imprimerie-librairie chrétienne* que Grégoire et ses amis venaient d'établir rue Saint-Jacques, nᵒˢ 278 et 279, près de la rue des Noyers. Grégoire était le véritable fondateur des *Annales*, mais il n'avait pas assez de loisirs pour diriger lui-même cette publication ; il se contenta d'y insérer quelques articles et de fournir au directeur de nombreux extraits de sa correspondance. Presque tous les *faits* consignés dans ce journal sont empruntés à des lettres dont Grégoire a conservé les originaux, et voilà pourquoi les *Annales* auront toujours aux yeux de l'historien une véritable importance. En 1795, elles rendirent des services immenses à la cause du catholicisme renaissant ; on dut réimprimer les premiers numéros et publier les autres à 1800 exemplaires, chiffre considérable pour une feuille de cette nature et qui ne paraissait que tous les huit jours. Les évêques et les curés des départements se les faisaient adresser par la poste et les répandaient autour d'eux ; ils étaient heureux de voir à l'occasion quelques lignes de leur prose insérées dans un journal de Paris, et s'empressaient de transmettre au directeur des *Annales*, mais surtout à Grégoire, les détails de toute sorte qui parvenaient à leur connaissance. Malheureusement l'esprit de parti ne tarda pas à se montrer là comme ailleurs : attaqués par les insermentés, qui essayèrent même, de complicité avec l'imprimeur Le Clère, de s'emparer de cette publication, les rédacteurs des *Annales* ripostèrent avec une acrimonie et

---

1. *Annales*, I, p. 479.

un manque de charité dont les vrais chrétiens ne tardèrent pas à se plaindre.

« Je crains, écrivait Sermet, évêque métropolitain
« de Toulouse, que vos *Annales de la Religion* ne
« soient une satire amère plus propre à attiser le feu
« qu'à l'éteindre. L'esprit de parti ne pacifiera
« jamais [1]. — Nous lisons avec intérêt les *Annales*,
« disait un curé des Ardennes [2]; nous rendons aux
« rédacteurs toute la justice que méritent leurs
« talents et leur zèle. Mais un sentiment que nous
« éprouvons, et que l'opinion publique manifeste,
« c'est que les sorties contre les réfractaires et les
« sarcasmes trop mérités qui se trouvent à l'article
« des *Faits* semblent nuire à la religion et au but des
« *Annales*. En effet, signaler ainsi périodiquement
« les excès des réfractaires n'est pas à coup sûr le
« moyen de les corriger et de les ramener. C'est
« contrister la charité aux dépens de la religion
« même. »

Beaucoup d'assermentés écrivirent à Grégoire des lettres analogues; lui-même sentait la force de ces justes réclamations et se plaignait à l'occasion, mais il n'était pas le maître; c'était Desbois de Rochefort, propriétaire du journal, qui en dirigeait la publication. La seule chose que put faire Grégoire, ce fut d'exhorter ses amis à la modération et de dégager sa responsabilité en déclarant qu'il n'était pas l'auteur des *Annales*, que même il ne consentirait pas à signer tout ce qu'on y imprimait [3]. Plus que personne il

---

1. *Lettre ms.*
2. Joseph, curé de Donchery, *lettre ms.*
3. « Il est essentiel que vous me communiquiez vos observations sur les *Annales;* je les transmettrai à ceux qui en sont les

souhaitait une pacification prompte et durable ; les résistances qu'il rencontra chez les réfractaires et les haines pieuses dont il eut à souffrir dès ce moment contribuèrent à aigrir son caractère, naturellement si affable, et à lui inspirer pour l'espèce humaine tout entière ce sentiment de répulsion profonde qu'il n'avait eu jusqu'alors que pour les rois.

auteurs et à qui je fournis des anecdotes. » *Lettre de Grégoire à son conseil épiscopal, 13 fléoral an III.*

CHAPITRE V

DÉCRETS DE PRAIRIAL ET DE VENDÉMIAIRE
LOI SUR LA POLICE DES CULTES; FIN DE LA CONVENTION

On peut juger par tout ce qui précède si la jeune Église gallicane élevée en 1795 sur les ruines de la constitution civile du clergé mérite ou non d'attirer les regards de la postérité. La Convention même paraît avoir été frappée du caractère de grandeur et de force qu'elle remarquait dans ce catholicisme républicain, si conforme aux traditions de la vieille France; durant les derniers mois de son existence orageuse, elle s'efforça de lui faire une situation tolérable; elle résolut de lui accorder la seule chose que réclamassent les évêques réunis : le libre exercice du culte dans les édifices destinés au culte. Le décret de ventôse parut insuffisant à ceux mêmes qui l'avaient promulgué de si mauvaise grâce; ils le revisèrent, comme le leur avait prédit leur collègue Audrein, et la loi du 11 prairial assura enfin la véritable liberté des cultes.

On n'a pas oublié que le décret de ventôse refusait au catholicisme ses églises; il en était résulté que les insermentés se trouvaient bien plus favorisés que les membres du clergé patriote. Incomparablement plus riches, puisqu'ils avaient pour adeptes les royalistes et les « gens comme il faut », ils s'étaient répandus en nombre considérable dans les villes et dans les campagnes. Il y en avait une infinité à Paris; l'évêque Le Coz en comptait plus de cent dans la seule ville de Rennes ; les départements de l'est, du centre et du midi en étaient littéralement inondés.

« On a mis en liberté tous les prêtres insermentés,
« écrivait Le Coz en germinal an III (avril 1795), cela
« était juste; mais on ne les a attachés à la Répu-
« blique par aucun lien; cela est à mon gré très
« impolitique. Déjà ils s'étudient à propager des
« maximes pernicieuses. Non contents de décrier
« tous les assermentés, ils éloignent de leur culte, et
« spécialement de la participation aux sacrements,
« tous les acheteurs de biens nationaux. Jugez de
« quelle conséquence cela peut devenir!... Vous eus-
« siez anéanti ce levier de la contre-révolution en ne
« donnant la liberté qu'à ceux qui par serment se
« seraient liés à la République. Plus des trois quarts
« eussent avec joie accédé à cette mesure, et les
« autres n'eussent plus été regardés que comme des
« têtes mal organisées ou comme des ennemis dé-
« clarés de l'ordre public. Aujourd'hui, ils ont telle-
« ment égaré les esprits qu'on ne s'attend de toutes
« parts qu'à la nomination prochaine d'un roi et à
« toutes les suites de cet événement[1]. »

Telles étaient les conséquences nécessaires du décret de ventôse; la Convention donnait des armes à ses ennemis irréconciliables, elle désarmait comme

---

1. *Lettre manuscrite adressée à Grégoire.*

de propos délibéré ses défenseurs les plus dévoués. Écoutons encore le sage et pieux Le Coz : « Je suis, dit-il, invité par le général que nous avons ici, Hoche, d'aller prêcher nos campagnards ; mais où les assemblerai-je, s'ils n'ont point de temples [1] ? » Ces temples, les campagnards les considéraient à juste titre comme leur propriété ; c'était la communauté, comme on disait alors, c'est-à-dire l'ensemble des citoyens de la ville ou du village, qui les avait bâtis de ses deniers, et il semblait à toute la France que la liberté des cultes proclamée en ventôse était dérisoire, si le gouvernement se refusait à restituer les églises. L'admirable Lanjuinais, qui, dans un récent voyage en Bretagne, avait pu voir les heureux effets d'une sage condescendance, insista vivement auprès de ses collègues ; il réussit, et la Convention nationale, après avoir entendu le rapport que lui fit Lanjuinais au nom des trois Comités de Sûreté générale, de Salut public et de Législation, rendit le célèbre décret du 11 prairial, dont voici les principales dispositions :

« Article Premier. — Les citoyens des communes et
« les communes de la République auront provisoire-
« ment le libre usage des édifices non aliénés destinés
« originairement aux exercices d'un ou de plusieurs
« cultes, et dont elles étaient en possession au pre-
« mier jour de l'an II de la République [2] ; ils pourront
« s'en servir sous la surveillance des autorités consti-
« tuées, tant pour les assemblées ordonnées par la loi
« que pour l'exercice de leurs cultes.
« Art. II. — Ces édifices seront remis à l'usage desdits

1. *Lettre à Grégoire*, 12 ventôse an III.
2. C'est-à-dire le 21 septembre 1793.

« citoyens, dans l'état où ils se trouvent, à la charge
« de les entretenir et réparer, ainsi qu'ils verront,
« sans aucune contribution forcée. »

L'article III accordait douze édifices pour le culte à Paris.

« Art. IV. — Lorsque des citoyens de la même com-
« mune ou section de commune exerceront des cultes
« différents ou prétendus tels, et qu'ils réclameront
« concurremment l'usage du même local, il leur sera
« commun; et les municipalités, sous la surveillance
« des corps administratifs, fixeront pour chaque culte
« les jours et les heures les plus convenables, ainsi que
« les moyens de maintenir la décence et d'entretenir
« la paix et la concorde.

« Art. V. — Nul ne pourra remplir le ministère
« d'aucun culte dans lesdits édifices, à moins qu'il ne
« se soit fait décerner acte, devant la municipalité du
« lieu où il voudra exercer, de sa soumission aux lois
« de la République. Les ministres des cultes qui auront
« contrevenu au présent article seront punis chacun
« de 1000 livres d'amende par voie de police correc-
« tionnelle [1]... »

Cet article V, si gros de conséquences, avait besoin d'être éclairci : Lanjuinais et ses collègues du Comité de Législation adressèrent à tous les départements une circulaire contenant quelques explications.

« Sur la manière de décerner acte de la soumission
« prescrite par l'art. V, le Comité vous doit quelques

---

1. « A la lecture du 5ᵉ et dernier article de ce projet, deux coups de sifflet sont partis de la grande tribune de droite. Isabeau et Blad ont demandé la punition de cette insulte, et le président (Mathieu) a donné sur-le-champ l'ordre d'arrêter les coupables. » *Journal du matin*, 12 prairial an III.

« éclaircissements, de crainte qu'en l'environnant de
« difficultés, vous n'apportiez un obstacle au libre exer-
« cice des cultes que la Convention nationale veut de
« plus en plus assurer et faciliter. Observez bien que
« cette soumission, exigée du déclarant, ne porte nulle-
« ment sur le passé ; ainsi il ne doit être question d'au-
« cune recherche ou examen sur la conduite ou les opi-
« nions politiques du déclarant : la loi n'exige de lui, à
« cet égard, qu'une seule chose, c'est qu'il demande acte
« de sa soumission aux lois de la République...

« Il serait inutile de vous observer que la constitu-
« tion civile du clergé n'est plus une loi de la Répu-
« blique, s'il ne s'était élevé à cet égard des préten-
« tions qui ne peuvent désormais être autorisées. »

Interprété de la sorte, le décret du 11 prairial, que Lanjuinais avait sollicité après en avoir conféré avec Grégoire et ses amis [1], produisit les meilleurs effets ; la plupart des communes redemandèrent leurs églises et les paroisses se réorganisèrent de tous côtés, les unes ayant pour curés de ci-devant constitutionnels, les autres sous la conduite de prêtres ci-devant insermentés, mais soumis aux lois de la République. C'était une nouvelle victoire, comme disaient avec raison les *Annales de la Religion* [2] ; et l'article V, très habilement ajouté au décret, rompait la coalition, si dangereuse pour la République, des insermentés de 1791 et des royalistes. On n'exigeait plus ce malheureux serment

1. Grégoire écrivait à son conseil épiscopal, un mois avant le 11 prairial : « Une foule de réclamations demandent des églises ; bientôt il y aura une décision définitive à cet égard... Je regarde comme sûr que les églises seront rendues ; les derniers troubles ont arriéré beaucoup d'affaires. » *Lettre ms.*, 11 floréal an III.

2. Tome I, p. 139.

qu'avaient dû refuser par scrupule de conscience des prêtres d'ailleurs patriotes; mais on exigeait de tous les ministres du culte une reconnaissance formelle du gouvernement républicain. Ceux qui firent la déclaration demandée cessèrent d'être inquiétés; les autres témoignèrent par leur refus que les considérations politiques l'emportaient à leurs yeux sur les intérêts sacrés de la religion; osons dire qu'ils justifièrent ainsi les mesures de rigueur que la Convention crut devoir prendre contre les réfractaires, c'est-à-dire contre les royalistes déguisés qui tramaient à l'ombre du sanctuaire la ruine du gouvernement existant. Le culte était donc vraiment libre; ceux que le décret de ventôse n'avait point rassurés perdirent toute crainte en prairial. « Je vous annonce que j'ai repris mes fonctions après le 11 prairial, écrivait à Grégoire l'excellent Francin, évêque de la Moselle. J'ai eu la consolation de voir que la cathédrale [de Metz] était trop petite pour contenir les fidèles [1]... » Il en fut de même d'une extrémité de la France à l'autre, et Grégoire avait raison d'écrire à son conseil épiscopal le 27 prairial an III : « Souvenez-vous bien que, plus que jamais, l'exercice du ministère est dégagé des entraves, et qu'en se soumettant, comme nous le devons, de cœur et d'esprit aux lois de la République, nous jouissons de la plus entière liberté pour l'exercice du culte [2]. »

C'était vrai dans les églises, et à de certaines heures de la journée, car les églises servaient aux réunions décadaires; c'était vrai dans les maisons particulières;

---

1. *Lettre ms.*, messidor an III.
2. *Lettre autographe.*

mais ce culte libre ne pouvait avoir la moindre publicité. Point de croix au fronton des églises, aucune inscription, que celle de Robespierre : *La Convention reconnaît l'Etre suprême et l'immortalité de l'âme* [1]; point de cloches pour appeler les fidèles, et défense aux prêtres de paraître dans les rues, je ne dis pas en étole et en surplis, mais même en soutane. Enfin, et c'était pour les catholiques des grandes villes la plus cruelle de toutes les privations, les ministres du culte ne pouvaient exercer leurs fonctions ni dans les hôpitaux, ni dans les prisons, ni dans les cimetières. Les inhumations conservèrent quelques années encore le caractère que leur avait imprimé la Terreur. Voici comment, à Paris même, on procédait en 1795 à l'ensevelissement des cadavres; le récit qu'on va lire, intitulé *Réflexions sur l'enterrement de ma mère...* [2], n'a pas besoin de commentaires.

« ... L'enterrement fut indiqué pour cinq heures de
« l'après-midi... On vint m'avertir que le commissaire
« civil était arrivé, et qu'il me priait de descendre,
« parce qu'il était de service au spectacle après l'enter-
« rement... Arrivé sous la porte de la rue, je vis que
« tout l'appareil funèbre consistait dans le cercueil cou-
« vert du drap tricolore et exposé sur un banc; les por-
« teurs s'en saisirent, et nous marchâmes [3]; à deux

---

1. Naguère encore, en 1872, on pouvait lire quelques fragments de cette inscription sur le portail latéral de l'église Saint-Pierre, à Montpellier.
2. Par G.-G. Delamalle, 2ᵉ édition, an IV de la République. 12 pages in-8°.
3. C'était déjà un progrès; sous la régime de la Terreur, quiconque accompagnait un mort au cimetière se rendait par là même suspect; « des républicains prétendus criaient au fanatisme en disant que c'était de l'ancien régime ». — *Observations ms. sur la liberté des cultes* (1794).

« détours de rue, j'aperçus un citoyen qui nous précé-
« dait à dix pas; c'était le commissaire civil. Les por-
« teurs enfilèrent une longue suite de rues, esquivant
« de droite et de gauche tous les embarras, et parais-
« sant entraîner plutôt que porter ce corps à travers
« la multitude affairée qui ne s'en souciait guère; quel-
« ques-uns seulement, qui vinrent se jeter au milieu de
« nous ou se heurter contre les porteurs, furent con-
« traints de nous apercevoir : Eh ! c'est un mort ! dit une
« femme à celle qui l'accompagnait; ah ! ah ! ah ! c'est
« un mort ! Un peu plus loin, un autre s'écria : Ah ! en
« voilà un bienheureux ! Un troisième : Laissez donc
« passer le mort ! Un homme, la tête courbée sous un
« paquet, donna tout à travers et faillit tomber des-
« sus... Mes réflexions me jetèrent dans une rêverie
« d'où je ne fus tiré que par une halte que le cortège
« fit sur une borne pour reposer les porteurs [1]; nous
« allions au cimetière de la Barrière-Blanche. Après
« encore une demi-heure de marche, les porteurs sif-
« flèrent à plusieurs reprises; une voix répondit d'une
« maison voisine. On lui cria : Oh eh ! oh ! allons donc !
« oh eh ! Je vis sortir une femme sale et déguenillée,
« véritable Canidie; elle secouait des clefs... Citoyen,
« me dit le commissaire civil, il est inutile que nous
« allions plus loin, on ne peut pas aborder. Déjà le
« serviteur qui m'accompagnait s'était engagé au mi-
« lieu des boues..., j'en fis autant, et avec beaucoup
« de peine nous gagnâmes un terrain clos de murs où
« j'avais vu les porteurs entrer; le commissaire civil
« nous attendit sur le pavé... Je cherchai des yeux une

---

1. « On voit souvent à Paris les porteurs aux enterrements laisser là le corps pour aller boire dans le cabaret voisin. » *Annales de la Religion,* 30 avril 1796, t. II, p. 606.

« tombe, un caveau, un recoin quelconque, une fosse
« au moins... Je ne vis rien ; la bière fut déposée tout
« uniment sur un terrain boueux ; on enleva le drap
« tricolore ; on détacha une courroie bouclée qui ser-
« rait la bière mal assurée... Ne pouvant croire que ce
« corps dût rester ainsi au milieu du terrain, et cher-
« chant toujours des yeux un autre lieu de repos,
« j'aperçus à l'autre extrémité, sur ma droite, une
« espèce d'échafaud, monté sur des morceaux de char-
« pente, et qui me parut établi sur un précipice qui
« occupait presque toute la largeur du terrain ; une
« odeur cadavéreuse qui s'en exhalait m'instruisit aus-
« sitôt ; je vis qu'on jetait les corps dans le trou, et je
« jugeai bien comment on les y jetait ; je vis ce qu'al-
« lait devenir, dès que la nuit le permettrait, et le simu-
« lacre de cercueil, et les vêtements dont la piété avait
« couvert le corps... Nous rejoignîmes le commissaire
« civil au milieu de la rue où nous l'avions laissé ; il
« nous dit que s'il croyait qu'il y eût du scandale à ne
« pas suivre le corps jusqu'à la fin, il ne l'abandon-
« nerait pas, mais que le lieu était inabordable ; puis
« il nous raconta qu'un de ses collègues revenant, il y
« avait peu de jours, d'un pareil office, avait été pris
« à son retour d'une maladie pestilentielle qui l'avait
« emporté en deux jours. »

Ainsi, les sentiments les plus respectables de nos pères continuaient à être froissés par la loi ; mais on souffrait sans murmurer, car on entrevoyait la fin de tant de maux ; on savait le gouvernement animé des meilleures intentions et retenu seulement par la crainte des prêtres royalistes.

Le décret du 11 prairial avait été rendu à titre provisoire, et le rapporteur annonçait une loi de police sur l'exercice des cultes à laquelle travaillaient déjà les Comités. Il s'écoula plus de trois mois avant que cette loi fût soumise à la discussion publique, et dans cet espace de temps les églises furent rendues par milliers aux communes qui les réclamèrent. A Paris même la municipalité en accorda quinze au lieu de douze, et l'on verra plus loin comment Grégoire et ses amis rétablirent le culte d'abord à Saint-Médard, puis à Notre-Dame, le 15 août 1795 [1]. Une loi sur la police des cultes était donc nécessaire; « on prépare un projet de loi, écrivait Grégoire à son conseil épiscopal, on a cru devoir me le communiquer, j'y ai fait des observations, et je pense que plusieurs au moins auront été accueillies [2] ». Présenté par Genissieu (de l'Isère), ce projet de loi fut voté sans difficulté le 7 vendémiaire, bien peu de temps avant la journée fameuse où Bonaparte écrasa sur les marches de Saint-Roch les royalistes insurgés. Il est on ne peut plus remarquable, et la plupart de ses articles ont été repris depuis par nos divers gouvernements.

« Considérant, dit Genissieu, qu'aux termes de la
« Constitution, nul ne peut être empêché d'exercer,
« conformément aux lois, le culte qu'il a choisi; que
« nul ne peut être forcé de contribuer aux dépenses
« d'aucun culte, et que la République n'en salarie
« aucun, etc., etc.

« Titre I. — *Surveillance de l'exercice des cultes*.....

« Titre II. — *Garantie du libre exercice de tous les*
« *cultes*.....

« (Amende de 50 à 500 livres et emprisonnement

---

1. Voy. à l'Appendice. — Le procès-verbal de tradition de l'église Notre-Dame compte 188 signatures.
2. *Lettre ms.* 3ᵉ jour compl. an III (19 septembre 1795).

« d'un mois à deux ans contre les perturbateurs du
« culte ¹.)

« Titre III. — *De la garantie civique exigée des minis-*
« *tres de tous les cultes.....*

« (La déclaration à exiger de tous les ministres des
« cultes était la suivante : Je reconnais que l'universa-
« lité des citoyens français est le souverain, et je pro-
« mets soumission et obéissance aux lois de la Répu-
« blique ².)

« Titre IV. — *De la garantie contre tout culte qu'on*
« *tenterait de rendre exclusif ou dominant.....*

« (Réglementation des frais du culte ; défense de pro-
« duire au dehors les signes d'un culte quelconque ; in-
« terdiction des cérémonies religieuses hors des églises
« ou des maisons particulières ; défense aux ministres
« du culte de tenir les actes de l'état civil.)

« Titre V. — *De quelques délits qui peuvent se com-*
« *mettre à l'occasion ou par abus de l'exercice du culte.....*

« (Emprisonnement de six mois à deux ans pour tout
« ministre du culte qui publierait des écrits émanant
« d'un ministre du culte résidant hors de France ; gêne
« à perpétuité pour les fauteurs de sédition, de meur-

---

1. Genissieu, comme s'il prévoyait la coupable intolérance du Directoire, réprouvait le fanatisme religieux qui voudrait contraindre les citoyens à observer le *dimanche* ou le *samedi*, et le fanatisme politique qui exigerait l'observation du *décadi*.
2. Le rapporteur ajoutait en note : « Il y aurait tyrannie de forcer à reconnaître pour vrais des principes qu'on croirait erronés, et pour justes des lois qu'on ne jugerait pas telles ; mais quiconque ne veut pas reconnaître que l'universalité des citoyens est le souverain, quiconque ne veut pas reconnaître ce principe éternel qui n'exclut que l'entier esclavage et se prête d'ailleurs à toute forme de gouvernement, puisque le peuple souverain est maître d'adopter celle qui lui plaît, est un esclave qui méconnaît les droits de l'homme..., il mérite d'être chassé comme l'ennemi déclaré de la société. ».

« tre, etc. ; amende de 500 livres et emprisonnement de
« six mois à deux ans pour quiconque troublerait un
« culte différent du sien.)

« Titre VI. — *De la compétence, de la procédure et*
« *des amendes* [1]..... »

Cette loi sur la police des cultes accordait aux catholiques, sauf les quelques desiderata que nous avons signalés, toutes les satisfactions raisonnables; l'immense majorité des Français se déclara contente de ce décret et accepta dans ces conditions la célèbre Constitution de l'an III, l'une des meilleures que la France ait jamais eues. Mais au moment même où la Convention cherchait à réparer le mal que les terroristes avaient fait à la patrie, les jacobins d'une part et les royalistes de l'autre lui suscitèrent les difficultés les plus graves. Aux journées du 12 germinal et du 1er prairial succédèrent l'expédition de Quiberon, les massacres du midi, la conspiration royaliste du 13 vendémiaire, et la Convention acquit bientôt la certitude que les prêtres insoumis fomentaient les troubles. L'abbé Audrein avouait à ses collègues que les plaintes d'André Dumont contre les prêtres étaient malheureusement fondées [2]. Garnier, de Saintes, les dénonçait le 29 germinal comme poussant à la sédition, et ce fougueux ennemi du catholicisme ajoutait pourtant :

1. *Projet de loi*, etc., 15 pages in-8°; 6e jour compl. an III.
2. *Audrein à ses collègues,* 8 pages in-8°. « Thibeaudeau a rappelé les vrais principes, disait Audrein; non, il n'est pas permis de prêcher chez un peuple républicain, lorsque c'est notoirement le royalisme qu'on prêche. Alors le salut public commande de grandes mesures; alors la loi doit sévir, et ce n'est point le culte qu'elle attaque, c'est le mauvais citoyen qu'elle punit. »

« Protection aux prêtres paisibles et amis des lois ;
« ils sont citoyens. Mesures de sévérité contre ceux qui
« ont des principes contraires ; ils sont des contre-ré-
« volutionnaires. Sans doute, ce n'est pas comme prê-
« tres qu'il faut les poursuivre, mais comme perturba-
« teurs de l'ordre [1].... »

Grégoire enfin, qui eut le bon goût de se taire et de ne pas accabler ses frères égarés, ne cessait d'écrire à ses amis pour se plaindre amèrement des réfractaires.

« Le Comité de Sûreté générale prend des mesures
« contre les réfractaires, écrivait-il le 1er floréal an III
« (10 avril 1795) [2] ; ces malheureux sont incurables ; ils
« prêchent partout la révolte contre la loi de la manière
« la plus effrontée et la plus criminelle. Pour nous, tra-
« vaillons sans cesse à faire aimer la religion et la
« liberté. — La marche des réfractaires est la même
« dans tous les diocèses, disait-il le 16 messidor (4 juil-
« let) [3] ; mon immense correspondance me prouve qu'il
« n'en est pas un seul qui soit à l'abri de leurs tenta-
« tives. Partout ils prêchent la révolte, mais partout
« aussi il est une foule d'excellents prêtres amis de la
« religion et de la patrie qui, comme vous, par leur
« exemple et leur conduite, prêchent amour et sou-
« mission à l'une et à l'autre. »

Il s'écriait enfin le 16 vendémiaire :

« Les nouvelles publiques vous auront déjà donné
« les détails des derniers événements ; tant de mal-
« heurs, tant de crimes, tant d'attentats contre la Ré-
« publique et la Convention nationale, voilà l'ouvrage

---

1. *Bulletin de la Convention*, séance du 29 germinal.
2. *Lettre au citoyen Dupont, 1er vicaire épiscopal.*
3. *Lettre ms. à son conseil épiscopal.*

« des royalistes et des réfractaires. Et comment se
« peut-il qu'enfin partout le peuple n'ouvre pas les
« yeux sur les manœuvres infâmes des prédicateurs
« de sédition et d'assassinat! J'ai été à portée de voir,
« en concourant à panser les blessés, combien est pure
« et sublime la sainte alliance de la religion et du pa-
« triotisme. Pour la première fois de la vie, j'ai donné
« des secours spirituels les armes sous le bras... »

Ainsi menacée dans son existence même par des hommes qu'elle aurait pu laisser dans les cachots [1], la Convention prit des mesures sévères ; en prairial, le 20 fructidor et enfin le 3 brumaire elle promulgua de nouveaux décrets contre les émigrés, contre les déportés qui rentreraient, contre les prêtres qui refuseraient d'accepter la République. Les lois portées contre eux en 1792 et 1793 devaient être exécutées dans les vingt-quatre heures, et la Convention recommandait « paternellement à tous les républicains, à tous les amis de la liberté et des lois, la surveillance et l'exécution du présent décret ». Mais ces lois de colère, comme on les a tant de fois nommées, ne visaient ni les prêtres constitutionnels, ni les insermentés qui donnèrent leur adhésion au gouvernement républicain ; elles étaient dirigées uniquement contre les prêtres notoirement royalistes dont les suggestions produisaient alors même les massacres du midi et les atrocités de la chouannerie ; elles n'empêchèrent pas le libre exercice du culte dans plus de trente mille paroisses. Il est donc inutile de plaider en faveur de la Convention les circonstances atténuantes, il faut dire qu'elle était vraiment dans le cas de légitime

---

1. C'était la Législative qui les y avait plongés pour la plupart.

défense; un de ses adversaires les plus déclarés, M. Jules Sauzay, l'a fait avec une grande sincérité dans les termes suivants :

« Pour rester juste envers ceux qui ne le furent pas,
« nous devons dire que tous les torts ne furent point
« du côté de la Convention, et qu'un trop grand nombre
« de prêtres, en mêlant la propagande royaliste à la
« propagande religieuse, travaillèrent eux-mêmes à
« pousser le gouvernement aux derniers excès. Si une
« nouvelle déclaration a été prescrite, écrivait quelque
« temps après un auteur ecclésiastique très digne de
« considération, si elle a jeté les ministres catholiques
« dans de nouvelles anxiétés, *si elle a altéré cette pré-*
« *cieuse tranquillité qu'ils commençaient à recouvrer, et*
« *qui était si favorable au rétablissement de la religion,*
« on doit accuser ces hommes inquiets et ardents qui,
« dans l'intervalle du 3 prairial au 7 vendémiaire, *ne*
« *surent user de cette liberté que pour agiter des ques-*
« *tions indiscrètes, pour faire un mélange grossier et in-*
« *cohérent des idées politiques et des principes religieux;*
« pour transporter le sanctuaire au sommet des vol-
« cans; qui ont fait, en un mot, tout ce qu'il fallait
« pour réveiller la haine mal assoupie d'un gouver-
« nement ombrageux, toujours prompt à s'alarmer, et
« affectant quelquefois de le paraître, lors même qu'il
« ne l'était pas, pour se faire un prétexte de revenir à
« ces mesures rigoureuses dont l'habitude lui avait fait
« une espèce de besoin. Ah! qu'il aurait bien mieux
« valu ne point affecter un zèle si inconsidéré pour la
« religion et la servir plus utilement! » — Ces repro-
« ches sont sévères, et nous n'aurions pas osé nous
« prononcer avec tant de vivacité contre des proscrits
« et des confesseurs de la foi; mais l'écrivain qui

« portait ce jugement était lui-même l'un des princi-
« paux membres de ce clergé si éprouvé; c'était le
« cardinal de Bausset, évêque d'Alais [1]. »

En 1793, un vertueux ecclésiastique retiré à Londres
traitait les émigrés de polissons [2]; l'ancien évêque
d'Alais traite de factieux les prêtres de 1795; en faut-il
davantage pour justifier les rigueurs de la Convention?

Quoi qu'il en soit, la situation religieuse de la
France était au mois d'octobre 1795, lorsque la Convention disparut de la scène politique, bien meilleure
à tous égards qu'au mois de septembre 1792. La Constitution civile du clergé n'existait plus, et si les
anciens constitutionnels affirmaient encore la légitimité du serment qu'ils avaient prêté et la canoni-
cité de leur élection de 1791, du moins abandonnaient-
ils sans regret cette assimilation malencontreuse des
ecclésiastiques à des fonctionnaires enrégimentés.
Satisfaits d'avoir sauvé le catholicisme que Mirabeau
et ses amis voulaient détruire [3], heureux de lui avoir
rendu après la Terreur une existence légale, les évêques constitutionnels offraient leur démission et se
déclaraient prêts à tous les sacrifices pour ramener

---

1. *Histoire de la persécution révolutionnaire dans le département du Doubs*, VII, 651.
2. *Archives du Vatican*. Lettre de M. de Chaumont (5 mars 1793).
Cette lettre a été copiée par les soins de M. Silvy, ainsi qu'une
infinité d'autres, en 1814, lorsque les archives de Rome étaient
encore à l'hôtel Soubise.
3. Une Revue ecclésiastique, publiée sous la Restauration, et
à laquelle Grégoire collaborait, prête à Mirabeau le propos
suivant : « Les prêtres qui m'embarrassent ne sont point les
réfractaires; ce sont ceux qui ont obéi à la loi du serment.
Que ne le refusaient-ils tous! Nous les aurions tous jetés au
delà des Alpes. » — *Chronique religieuse*, tome I, p. 128.

la paix religieuse. Cent lettres que je pourrais citer prouvent surabondamment que tous aspiraient en 1795 à une réconciliation sincère, à une entente complète avec Rome, centre de l'unité catholique, mais sur les bases de la déclaration de 1682. Danglars, évêque du Lot, demandait le 23 germinal an III « la paix avec le pape », et offrait de faire, pour l'obtenir, « toutes sortes de sacrifices, excepté celui de la patrie » [1]. La paix! la paix religieuse! s'écriaient presque tous les correspondants de Grégoire; et le pieux Le Coz proposait de recourir à Maury lui-même pour obtenir cette pacification tant désirée.

« L'abbé Maury lui-même, écrivait-il à Grégoire
« le 21 août 1795, peut-il avoir tellement abjuré ses
« sentiments de Français qu'il n'eût pas quelque désir
« de faire cesser les maux qui désolent sa première
« patrie? Son intérêt, son ambition, sa gloire même
« ne devraient-ils pas lui inspirer quelques vues de
« pacification? Cet homme, ou je me trompe, a beau-
« coup de vanité; l'idée de jouer un nouveau rôle, de
« devenir le pacificateur de la France, pourrait-elle ne
« point flatter cette vanité [1]? »

Un manifeste imprimé dont l'auteur était le citoyen Detorcy, ami de Grégoire et des évêques réunis, faisait appel à la concorde dès le mois de mars 1795.

« Qu'ils viennent avec confiance dans nos temples,
« qu'ils offrent avec nous et pour nous la victime de
« paix, ces vieillards vénérables, ces hommes d'une
« conscience faible et timorée qui n'ont pu se résoudre
« à un serment qu'ils regardaient non comme une

---

1. *Lettre ms.* Le Coz prophétisait en s'exprimant ainsi, on sait en effet quel rôle a joué Maury archevêque schismatique de Paris sous l'Empire.

« simple promesse de se conformer à l'ordre établi
« dans l'État, mais comme une approbation, comme
« un assentiment du cœur... »

« Laissons à la postérité le jugement de cette grande cause », disait-il encore, et il établissait nettement que les évêques assermentés avaient pris l'engagement de donner leur démission si jamais l'État rendait aux anciens sa confiance et le libre exercice de leurs fonctions [1]. Enfin, Grégoire et ses confrères les évêques réunis avaient projeté d'envoyer leur encyclique au souverain Pontife, en y joignant une lettre où se lisait le passage suivant :

« Nous exprimons [dans notre encyclique] le désir
« ardent que nous avons manifesté d'une prompte et
« solide réunion, vous protestant que, pour accélérer
« cet heureux événement, nous adopterons toutes les
« voies de conciliation conformes à la charité, à la
« justice, à la vérité, aux lois de la République et aux
« libertés de l'Église gallicane. Si, contre notre attente,
« nos adversaires ne se prêtaient pas aux sages tem-
« péraments que vous trouverez dans vos lumières et
« votre cœur paternel, nous déclarons que nous res-
« terons à nos postes tant que le bien des fidèles le
« demandera, et que, prenant Dieu à témoin de la
« pureté de nos intentions, nous y attendrons la mort,
« abandonnant aux décisions de l'Église universelle
« et à la justice incorruptible des siècles le jugement
« de cette grande cause [2]. »

Voilà pour le clergé constitutionnel ; n'ayant pas

---

1. *Aux Français catholiques amis de la paix et de l'unité*, 32 pages in-8°.
2. Copie d'un *Projet de lettre des évêques de France au pape en lui envoyant la 1re encyclique*; ms.

émigré, il se trouvait là pour ressaisir la direction des âmes, et il ne faillit pas à ce qu'il considérait comme un devoir. Ce clergé que nous avons vu si désintéressé, si digne d'estime à tous égards, le plus illustre de nos historiens l'a traité avec une sévérité, pour ne rien dire de plus, qui est bien étrange, et l'on a peine à comprendre comment un écrivain né sous le Directoire a pu accumuler tant d'erreurs. Ainsi M. Thiers affirme que le culte clandestin des réfractaires était plus suivi que l'autre; que les églises furent rendues aux catholiques sous le Consulat, etc. Le clergé constitutionnel comptait « un certain nombre de sujets respectables, mais en général ils avaient perdu la confiance des fidèles parce qu'on les savait en désaccord avec Rome, et parce qu'ils avaient, en se mêlant aux disputes religieuses et politiques du temps, perdu la dignité du sacerdoce. Plusieurs, en effet, étaient des clubistes violents et sans mœurs. Les meilleurs étaient des prêtres sincères que la fureur du jansénisme avait jetés dans le schisme, etc. [1]. » Autant de mots, autant d'erreurs, ainsi que l'on a pu s'en convaincre en lisant ce chapitre. Les constitutionnels au contraire, hommes très honorables pour la plupart depuis que Grégoire avait fait une épuration si sévère, et repoussant également « l'ultramontanisme, le jansénisme, le molinisme, ou tout autre parti, sous quelque nom qu'il paraisse » [2], avaient pour adhérents, jusqu'au jour où Bonaparte les a systématiquement abandonnés, les pauvres des villes et presque toute la classe

---

1. *Histoire du Consulat*, liv. XII. Il est vrai de dire que M. Thiers parle ici de l'année 1800, après la rentrée en masse des prêtres de l'ancien régime, et non de 1795.
2. *Annales de la Religion*, I, 399. L'article doit être de Grégoire.

moyenne, c'est-à-dire la majorité de la nation ; on le verra bien par la suite de ces études.

Auprès des assermentés, mais sans reconnaître l'autorité de leurs évêques, vinrent se placer, après le 11 prairial, beaucoup de prêtres tirés de prison par le 9 thermidor, ou sortis de leurs retraites, ou rentrés en France à l'insu du gouvernement. Les uns firent la promesse exigée par l'article 5 de la loi de prairial et purent exercer publiquement leur culte ; quand ils avaient pour eux les municipalités, on leur accordait sans difficulté les églises, sans jamais rechercher ce qu'ils avaient pensé de la Constitution en 1791. L'abbé Émery et le cardinal de Bausset encourageaient de tout leur pouvoir cette catégorie d'insermentés, mais le plus grand nombre des évêques émigrés réprouvait une soumission « incompatible avec la fidélité due au légitime souverain » et déclarait que les prêtres soumis « se rendraient ainsi complices des rebelles qui ont renversé le trône, et coupables de félonie ». Quant au pape, agissant plutôt en roi qu'en père commun des fidèles, il garda le silence, et l'histoire pourra toujours lui reprocher sa conduite en cette circonstance. Constitutionnels ou non, les prêtres soumis aux lois étaient si nombreux que plus de 30 000 paroisses furent desservies régulièrement à dater de 1795 [1].

1. Le chiffre exact, relevé par Grégoire au ministère des finances, était, pour l'année 1796, de 32 214, et l'on sait que la France comptait environ 40 000 communes. Grégoire, *Histoire du mariage des prêtres*, p. v. Au mois de septembre de l'année 1796, le culte public avait été repris dans 31 214 communes, Paris non compris et en comptant les grandes communes pour une église seulement. 4511 communes avaient redemandé officiellement l'exercice de leur culte. *Annales de la Religion*, tome V, p. 192.

Venaient enfin les réfractaires purs, les prêtres royalistes qui continuaient à dire la messe dans les granges ou dans les maisons particulières ; le nombre en était considérable, et la police cherchait plutôt à les intimider qu'à les réduire ; souvent même la connivence des municipalités leur assurait une sécurité parfaite.

En définitive, la situation religieuse de la France était vraiment bonne au mois d'octobre 1795 ; la Convention avait réparé en quelques mois le mal qu'avaient fait les terroristes ; la paix religieuse était imminente et la paix civile ne pouvait manquer de suivre bientôt, si le Directoire avait la sagesse de continuer l'œuvre réparatrice de la Convention ; voilà ce qu'avait produit en quelques mois l'admirable conduite de Grégoire et des évêques réunis. Ils semblaient sur le point de triompher complètement en octobre 1795 ; on verra les criminelles folies du Directoire remettre en question jusqu'à la liberté de conscience ; elle sera moindre en 1799, à la veille du Consulat, que sous le règne de la Convention.

APPENDICE

NOTRE-DAME DE PARIS APRÈS LA TERREUR
(1795 — 1803)

D'APRÈS LES REGISTRES ORIGINAUX DE LA SOCIÉTÉ CATHOLIQUE
DE CETTE ÉGLISE

Le régime de la Terreur religieuse n'a véritablement commencé à Paris et dans les départements qu'au mois de novembre 1793; le culte avait été libre jusqu'alors pour les assermentés, malgré les tentatives de la Commune et la honteuse faiblesse de l'évêque Gobel; les processions de la Fête-Dieu étaient même sorties dans les rues, cinq mois après la mort du roi, sans occasionner le moindre désordre [1]. Mais à peine la Convention nationale eut-elle décrété l'athéisme en proclamant le culte de la Raison, que les municipalités rivalisèrent d'ardeur pour fermer et dépouiller les édifices religieux. Toutes les paroisses de Paris étaient sous le séquestre le 24 novembre, et le conventionnel Grégoire nous ap-

1. Manuel voulut, mais en vain, s'opposer aux processions et à la messe de minuit en 1792. — Le principal du collège des Quatre-Nations, dénoncé pour avoir célébré la Saint-Charlemagne le 28 janvier 1793, ne fut pas inquiété (voir ci-dessus p. 190). Au mois d'août de la même année, la Convention fit imprimer un discours de l'abbé Audrein sur la liberté des cultes.

prend, dans sa très curieuse *Histoire des sectes*, que 2 346 églises furent transformées en temples de la Raison dans l'espace de vingt jours.

Cette profanation dura cinq mois à peine, parce que Robespierre guillotina les Chaumette, les Gobel, les Anacharsis Cloots et autres grands prêtres de la divinité nouvelle, et daigna reconnaître, le 18 floréal an II (7 mai 1794), l'existence de Dieu et l'immortalité de l'âme. Comme la fête de l'Être suprême et les trente-cinq autres solennités qu'avait instituées la Convention se célébraient en grande pompe sur la place publique, les temples désormais inutiles furent convertis en magasins ; la cathédrale de Paris dut à la fraîcheur de ses voûtes de recevoir 1500 tonneaux de vin que la République destinait à ses hôpitaux militaires.

Après la chute de Robespierre, le courageux Grégoire, qui avait osé, même au plus fort de la Terreur, présider la Convention en costume d'évêque et garder la tonsure ecclésiastique, réclama hautement, dans un discours à jamais célèbre, la liberté de tous les cultes [1]. Ses paroles furent accueillies par les vociférations de ses collègues, qui passèrent à l'ordre du jour, mais le signal était donné : deux mois plus tard, le 3 ventôse an III (21 février 1795), les mêmes législateurs furent obligés de promulguer, sur la proposition de l'incrédule Boissy d'Anglas, un décret dont voici les premiers articles :

« Article Premier. — Conformément à l'art. VII de
« la Déclaration des droits de l'homme et à l'art. XXCII

---

1. *Discours sur la liberté des cultes*. — Paris, chez Maradan, an III, 40 pages in-8°. Voyez ci-dessus, p. 242, et ci-dessous, aux Pièces justificatives, le texte même du discours de Grégoire.

« de la Constitution, l'exercice d'aucun culte ne peut
« être troublé.

« Art. II. — La République n'en salarie aucun.

« Art. III. — Elle ne fournit aucun local ni pour
« l'exercice du culte ni pour le logement des minis-
« tres, etc. »

En conséquence de ce décret, les églises et chapelles qui n'avaient pas été séquestrées par l'État ou
par les municipalités ne tardèrent pas à s'ouvrir, et
nous lisons dans une feuille du temps le premier-
Paris que voici :

« On s'aperçoit dans cette ville que la liberté des
« cultes n'est point illusoire ; plusieurs églises étaient
« ce matin (24 ventôse an III — 14 mars 1795) si
« pleines de fidèles, que leur surabondance formait de
« longues queues, comme aux portes des boulangers
« et des bouchers. Beaucoup de boutiques étaient fer-
« mées, et des citoyennes endimanchées remplis-
« saient les promenades. Il paraît que c'est la classe
« laborieuse qui est la plus attachée à la religion, à
« en juger par les personnes qui assistaient à la
« messe. La messe était pour certaines gens aussi
« nécessaire qu'un bon repas après un long jeûne ;
« mais comme tout est mode et affaire de circon-
« stance dans ce pays, il arrivera, comme par le
« passé, que le dimanche sera plutôt une occasion de
« plaisir et de dissipation que de véritable dévotion.
« Au surplus, cette liberté a calmé beaucoup de
« consciences timorées, elle a éteint le foyer d'un
« volcan prêt à éclater, et rattaché à la Révolution
« beaucoup d'individus que l'intolérance en éloigna
« plus que toute autre cause [1]. »

1. *Journal des municipalités*, rédigé par le cit. Lamiral, n° 13

La première église qui s'ouvrit à Paris d'une manière continue et comme paroisse fut Saint-Médard, dans le quartier populeux des Gobelins, et le conventionnel Saurine [1] y célébra la grand'messe le 1ᵉʳ mai 1795; ensuite la municipalité donna aux catholiques les monuments qui lui furent réclamés, jusqu'au nombre de douze, puis de quinze; enfin, le 24 thermidor an III (11 août 1795), les vingt-trois clefs de Notre-Dame furent officiellement remises par le comité civil de la section de la Cité à la *Société catholique,* qui en avait fait la demande. C'est encore à Grégoire que revient l'honneur d'avoir rendu au culte notre vieille cathédrale : non content de confesser sa foi au péril de ses jours, cet homme apostolique organisa la victoire du catholicisme sur les dispositions hostiles de la Convention; il publia des mandements et des lettres qui eurent un grand retentissement, il fit paraître le 12 floréal an III (1ᵉʳ mai 1795) un journal religieux, les *Annales de la Religion* [2], et son nom figure le premier sur la liste des

---

(28 ventôse an III). Le culte avait été solennellement rétabli à Sens le 1ᵉʳ mars; on avait fermé toutes les boutiques, et la municipalité tout entière assista aux offices. A Lille au contraire les églises n'étaient point rouvertes le 26 novembre. — *Annales de la Religion,* passim.

1. Évêque constitutionnel des Landes, et plus tard évêque concordataire de Strasbourg; c'est une des plus nobles figures du clergé constitutionnel, qui en compte beaucoup. Le 8 mars 1795, il avait rebéni « la chapelle du ci-devant monastère de la Visitation, rue et faubourg Saint-Jacques », il y avait célébré la messe, et le discours qu'il prononça à cette occasion est imprimé (Paris, Lottin, 4 p. in-8°).

2. Les *Annales de la Religion;* cette feuille curieuse, dont beaucoup d'articles sont très remarquables, parut sans interruption tous les samedis jusqu'en 1804. Elle est indispensable à qui veut connaître l'histoire religieuse de cette époque, car les faits qui

citoyens qui réclamèrent les clefs de Notre-Dame; il n'a pas craint, de même que ses deux collègues Royer et Saurine, de mettre la croix épiscopale devant sa signature.

Voici d'ailleurs le procès-verbal officiel de cette remise des clefs.

Égalité. — Liberté.
SECTION DE LA CITÉ
ASSEMBLÉE GÉNÉRALE

Aujourd'hui, vingt-quatre thermidor an 3e de la République française une et indivisible [1], en l'assemblée du Comité civil de la section de la Cité où tous les membres étaient réunis, s'est présenté le citoyen Joseph-Jean-Chrysostome Farcot, l'un des membres du Directoire du département de Paris, lequel a remis sur le bureau un extrait des registres des délibérations du département de Paris relatant un arrêté du 27 prairial an III [2] conçu en ces termes :

« Le Directoire, ouï le suppléant le procureur gé-
« néral syndic, nomme le citoyen Farcot, l'un de ses
« membres, commissaire pour l'exécution de son
« arrêté du 23 prairial portant désignation de douze
« églises conformément à la loi du 11 du même mois;
« le charge en conséquence de se transporter aux
« Comités civils des sections où sont situées les

---

s'y trouvent relatés sont en général d'une exactitude parfaite. On y trouve, d'après la correspondance de Grégoire, une foule de détails sur l'histoire de la Révolution en province. Voy. ci-dessus, p. 286.

1. 11 août 1795.
2. 15 juin 1795.

« églises désignées, à l'effet de les requérir de
« remettre les clefs desdites églises entre les mains
« des citoyens qui se présenteront pour y exercer le
« culte. »

Ledit arrêté signé, pour extrait :
Dupin, secrétaire général.

Ledit citoyen Farcot a déclaré qu'en conséquence dudit arrêté il se présente au Comité civil de la section de la Cité et le requiert de remettre les clefs de l'église Notre-Dame, l'une des quinze (*sic*) églises désignées par la loi pour l'exercice des cultes, entre les mains des citoyens qui se présenteront pour y exercer leur culte, et a signé.

Ainsi signé : J.-J.-C. Farcot.

Et à l'instant sont comparus les citoyens :

1° Adrien-Joseph Roux, commis de l'agence des salpêtres et poudres, demeurant à l'Arsenal, section de ce nom;

2° Pierre-Jean Agier, commissaire national du tribunal du 5° arrondissement du département de Paris, demeurant rue des Bernardins, n° 12;

3° Henri Grégoire, représentant du peuple, demeurant rue du Colombier, n° 16, évêque du département de Loir-et-Cher;

4° Jean-Baptiste Royer, évêque du département de l'Ain, représentant du peuple, demeurant à Paris, rue Nicaise, n° 12;

5° Jean-Pierre Saurine, représentant du peuple, évêque du diocèse des Landes, demeurant à Paris, rue du Faubourg-Saint-Jacques, n° 217, etc., etc.

[Les comparants sont au nombre de soixante-six.]

Lesquels ont dit qu'aux termes de la loi ils requièrent qu'il leur soit fait remise de toutes les clefs de l'église Notre-Dame à l'effet d'y exercer le culte catholique, dont ils ont déclaré faire profession, et après que le citoyen Oudet père a été désigné par un des citoyens présents à l'assemblée pour être le dépositaire des clefs de ladite église Notre-Dame, que cette proposition a été mise aux voix par le président du Comité civil, et qu'à l'unanimité ledit citoyen Oudet a été choisi pour être le dépositaire desdites clefs; les citoyens membres du Comité civil de la section de la Cité ont remis au citoyen Oudet père toutes les clefs de ladite église.

Et à l'instant ledit citoyen Oudet père, présent, a observé qu'il existe en ce moment dans la nef et les bas-côtés de ladite église 12 à 1500 pièces de vin destinées pour les hopitaires (sic) de l'armée du Nord. Que ce vin y a été conduit par ordre du Comité de Salut public; qu'il y est sous la surveillance immédiate des personnes qui ont été par lui préposées à sa garde; que tous les jours des tonneliers relient les pièces et les mettent en état d'être chargées et expédiées pour leur destination; que le citoyen Ymer, ancien suisse de l'église Notre-Dame, a été chargé des clefs; qu'il ouvre et ferme les portes de l'église lorsqu'il en est requis pour la vidange desdits vins; qu'il lui paraît convenable de laisser provisoirement les clefs de la grande porte extérieure et de celle latérale entre les mains dudit citoyen Ymer jusqu'à ce que la totalité des vins soit enlevée, ce qui ne doit pas occuper un long espace de temps; qu'il offre de se charger des clefs de toutes les autres portes extérieures et intérieures de ladite église pour les représenter à qui de droit; et a signé. Ainsi signé : Oudet.

Sur quoi le Comité civil de la section de la Cité a donné acte au citoyen Oudet père de ses observations, offres et réquisitions. En conséquence, ledit Comité civil remet au citoyen Oudet père 23 clefs que le citoyen Ymer a déclaré être toutes celles qu'il a en sa possession. Ledit citoyen Oudet père s'en charge comme dit est ci-dessus, et remet à l'instant audit citoyen Ymer 8 clefs nécessaires à l'ouverture de la grande porte ci-dessus et de celles latérales au nord pour par ledit Ymer ouvrir dans le cours de la journée les portes de ladite église aux ouvriers qui travaillent aux vins actuellement déposés en ladite église, à la charge pour lui de les remettre audit citoyen Oudet père sitôt l'évacuation finie desdits vins, se soumettant ledit Ymer de veiller pendant tout le temps que les portes seront ouvertes à ce qu'il n'y soit commis aucun dégât ni acte contraire à la décence. Et ont lesdits citoyens Oudet père et Ymer signé.

Ainsi signé : Oudet, Ymer.

Et ont les citoyens ci-dessus dénommés signé en cet endroit. Ainsi signé : † H. Grégoire, évêque du diocèse de Loir-et-Cher, représentant du peuple ; — † J.-B. Royer, évêque du département de l'Ain, représentant du peuple ; — † J.-P. Saurine, évêque du diocèse des Landes, représentant du peuple[1].

Fait au Comité civil de la section de la Cité les jour et an que dessus.

Signé : Lemoine, président ; J.-J.-C. Farcot.

Pour copie conforme,

Poureau (?), secrétaire.

1. Suivent les signatures des 66.

Suivent les signatures des citoyens et citoyennes qui ont déclaré être dans l'intention de participer aux droits résultant du procès-verbal ci-joint et d'accéder aux engagements y contractés [1].

Chose curieuse, les hommes sont en très grande majorité sur cette liste, et quelques-uns d'entre eux sont des hommes très distingués dans tous les genres, comme Agier, président du tribunal révolutionnaire après Fouquier-Tinville et jurisconsulte célèbre, comme le graveur Duvivier, comme le notaire Jacquinot, le littérateur Poan Saint-Simon, l'ingénieur Pasumot, et beaucoup d'autres encore.

Une fois en possession de l'église Notre-Dame, la nouvelle Société catholique ne perdit point de temps ; elle agit avec une telle entente et déploya une telle activité que l'on put célébrer solennellement l'office de l'Assomption le 15 août 1795, quatre jours seulement après la remise des clefs [2]. Et cependant la vieille basilique avait subi des dégradations considérables ; plus de vitres aux fenêtres, quelques plan-

---

[1]. Le total des signataires, y compris les 66, est de 188 dont 36 femmes. Parmi les signataires qui ont indiqué leur profession se trouvent : 8 négociants ou marchands, 3 orfèvres, 2 hommes de loi (dont le citoyen Oudet père), 2 libraires, 2 tailleurs, 2 peintres, 2 musiciens, 1 chirurgien, 1 tanneur, 1 marchand de vin, 1 épicier, 1 tapissier, 1 chapelier.

[2]. « Avant-hier la cathédrale de Paris a été ouverte pour la « première fois depuis la persécution. C'était le jour de la fête « patronale. Après avoir réconcilié l'église, nous y avons fait « l'office divin avec la plus grande solennité. Un concours im- « mense de fidèles remplissait toute l'étendue de cette basi- « lique, excepté dans les parties qui ne sont point encore dé- « barrassées de tout ce qu'on y a déposé. Hier, l'office s'y est « fait également, et l'on continuera. » — *Lettre de Grégoire à son conseil épiscopal de Blois* (30 thermidor an III — 17 août 1795).

ches mal jointes tenaient lieu de portes, les différentes parties de l'édifice étaient dans un état de délabrement complet, et l'on y chercha vainement alors un petit coin où pût se retirer le prêtre de garde. La Terreur avait porté partout la hache et le marteau, et les tonneaux de la République occupaient l'espace demeuré libre. C'est dans ces conditions difficiles que la Société catholique voulut faire de Notre-Dame non seulement une paroisse, mais encore, s'il était possible, une église cathédrale. Nous allons maintenant dépouiller les registres originaux de son conseil de fabrique, et suivre pour ainsi dire jour par jour les généreux efforts de cette poignée d'hommes; on se persuadera facilement, en parcourant les procès-verbaux de leurs assemblées générales ou particulières, que cette Église constitutionnelle tant maudite par certains catholiques a rendu au catholicisme français des services immenses : elle a singulièrement facilité la tâche de l'ambitieux qui s'est laissé proclamer le restaurateur du culte alors que 35 000 paroisses étaient régulièrement desservies en 1796, cinq ans avant le Concordat [1].

Grégoire et ses collègues avaient *réconcilié* l'église et y avaient officié pontificalement le 15 août 1795, mais d'autres soins réclamaient leur attention, et ils laissèrent la Société catholique s'organiser librement sous la direction d'une assemblée de prêtres formant ce qu'on nommait le *Presbytère* de Paris, car l'évêque Gobel n'avait pu être remplacé. Il y eut une première réunion générale dans le transept, « l'an de J.-C.

---

1. Le Premier consul a rétabli, non pas le culte, mais le budget des cultes; ce n'est pas du tout la même chose.

1795, 3ᵉ de la Rép. franç. une et indivisible, le jeudi 27 août, ou décadi 10 fructidor », et le bureau fut immédiatement constitué. On choisit pour président le citoyen Oudet, dépositaire des clefs, et pour secrétaire le jurisconsulte Agier [1]. Après avoir pourvu aux nécessités les plus pressantes et réglé la desserte de l'église, grâce au concours désintéressé des curés qui composaient le Presbytère et du conventionnel Royer, évêque de l'Ain, l'assemblée procéda séance tenante à la création d'un comité d'administration composé de six membres. Ce comité devait se réunir toutes les fois que besoin serait, et rendre compte de sa gestion aux assemblées générales des cent quatre-vingt-huit, qui se réunirent d'abord de dix en dix jours et bientôt tous les mois.

Les deux registres qui renferment les procès-verbaux de l'assemblée générale et ceux du comité ont été donnés après le Concordat à Grégoire, qui rassemblait soigneusement tous les matériaux d'une *Histoire ecclésiastique de la Révolution française*, et c'est dans les papiers de Grégoire qu'on les a retrouvés. Le premier de ces deux registres a moins d'importance que l'autre, car les assemblées générales ne faisaient guère que renouveler le comité ou approuver ses opérations, et d'ailleurs elles étaient peu fréquentées ; le 13 septembre 1800 (26 fructidor an III), les signataires du procès-verbal de tradition, qui seuls avaient droit de voter, n'étaient plus que vingt-trois au lieu de cent quatre-vingt-huit. Nous

---

1. Ce dernier avait commencé par organiser le culte à Saint-Étienne-du-Mont, et il fit imprimer en 1795 le règlement de la Société catholique de cette paroisse; c'est une pièce fort curieuse à étudier.

analyserons donc simplement les procès-verbaux du comité, le champ est encore assez vaste, et nous suivrons depuis 1795 jusqu'en 1802 cette petite société de gens honnêtes et convaincus qui luttèrent victorieusement, au prix des plus grands sacrifices, contre la misère, contre la mauvaise volonté du gouvernement, contre l'ingratitude et l'injustice de ceux mêmes dont ils faisaient si généreusement les affaires.

La Société catholique de Notre-Dame avait en caisse le 11 fructidor an III (28 août 1795) la modique somme de 1014 livres 15 sous, fruit de ses deux premières quêtes, et l'on devait alors aux menuisiers qui déblayèrent le chœur et firent les travaux d'aménagement indispensables plus de 1500 livres. Il fallait en outre solder à bref délai de gros mémoires qui n'avaient pas encore été donnés par les ouvriers maçons, tapissiers et serruriers; il fallait faire enlever au plus tôt les vins de la République [1], et payer les employés de l'église, savoir les citoyens Durand, sacristain, Ymer et Labail, gardiens, et Marie, bedeau; il fallait enfin s'assurer le concours de quatre chantres, de deux serpents et de cinq prêtres, car on ne pouvait pas assimiler Notre-Dame à une paroisse de village : l'affluence des fidèles y était considérable, et l'on avait besoin d'un personnel nombreux pour les baptêmes, mariages, enterrements, premières communions, confirmations et ordinations, qui eurent lieu dès ce moment comme par le passé. Le premier soin du comité fut donc de se

---

1. Cet enlèvement coûta 200 livres.

procurer de l'argent, la chose du monde la plus rare à cette époque de notre histoire. On sait en effet que les expédients financiers de la Convention et la mise en circulation de 10 milliards d'assignats au mois d'août 1795, émission qui fut portée en janvier 1796 à 45 milliards, avaient amené une crise monétaire épouvantable. L'or et l'argent se cachaient; on pouvait à grand'peine échanger contre un louis d'or de 24 francs 3600 livres en assignats [1]; en un mot la gêne était alors partout, et chez les malheureux rentiers plus que chez les autres; c'était bien le cas de les appeler « pauvres riches ».

Le comité ne se laissa pas décourager par ces difficultés; il fit appel à la générosité des fidèles et ordonna que ses membres quêteraient à tour de rôle aux deux portes de l'église; de cette façon il se crut en mesure de fixer le budget à 17 700 fr. par an, ou 1475 fr. par mois, répartis de la manière suivante : le « desservant en chef » ou archiprêtre, 3 600 fr., en assignats bien entendu; chacun de ses quatre coopérateurs, 2 100 fr.; les quatre chantres et le serpent, 600 fr.; le sacristain, 900; et enfin 1 200 fr. pour les deux gardiens. Mais aussi chacun faisait de son mieux pour seconder ces louables efforts; l'assemblée générale du 22 octobre 1795 offrait 614 livres 10 sous à son comité; la citoyenne Ymer, femme du suisse, faisait don d'un grand registre et d'un voile de calice;

---

1. En 1797 l'assignat n'était plus qu'au 344ᵉ de sa valeur. Le citoyen Farcot, dont on a vu le nom en tête du procès-verbal de tradition de Notre-Dame, avait établi dans Paris, à cette époque même, douze comptoirs d'échange; vu la rareté du numéraire, les artisans et les petits commerçants pouvaient échanger leurs denrées ou leurs produits contre des objets de même valeur.

le citoyen Magnier consentait à « prêter » une chaire à prêcher. Bientôt les dons se multiplièrent : l'Hôtel-Dieu prêta des pupitres, un bénitier, des cierges, des canons d'autel, etc.; le citoyen Bertrand, de l'hospice d'Humanité, « prêta » 3 confessionnaux ; différentes personnes donnèrent une foule d'objets dont l'énumération nous ferait sourire aujourd'hui : une nappe damassée, 2 nappes ordinaires, 8 serviettes offertes par le citoyen Philidor, 3 troncs pour les offrandes en numéraire, un gobelet d'argent qui fut vite échangé chez un orfèvre contre un calice en cuivre doré, 2 écus de 6 livres transformés aussitôt en 2200 livres d'assignats, un christ d'ivoire, un balai de crin qui fut très apprécié, car le sacristain se plaignait amèrement d'en manquer, deux flambeaux, une somme de 7 livres 4 sous pour acheter 12 bouteilles de vin, des lampes, de l'huile à brûler, etc., etc.

On trouva bientôt aussi les cinq prêtres qui avaient été jugés nécessaires pour la desserte de l'église; c'étaient : 1° le citoyen Clausse, ancien curé constitutionnel de Saint-André-des-Arts, qui se trouvait sans emploi depuis la « désaffectation » de cet édifice; 2° les citoyens Lévrard, ancien vicaire de Saint-Germain-l'Auxerrois, Fauchier, ancien curé de Sceaux-les-Chartreux, Boulanger, ancien gardien des capucins de Chartres, et enfin le citoyen Edme-Louis de Sauvigny, ancien vicaire épiscopal de Bordeaux. En même temps il se présenta des chantres, mais on refusa absolument « ceux qui étant dans les ordres
« se seraient mariés, ou les laïcs qui auraient pros-
« titué leur voix en chantant sur les théâtres »;
quelques fidèles s'offrirent à faire provisoirement l'office de chantres.

Ainsi la Société catholique de Notre-Dame semblait entrer dans une ère de prospérité ; mais de nouvelles difficultés ne tardèrent pas à s'élever. Le gouvernement s'opposait à la mise en œuvre des matériaux informes qui encombraient l'église, et l'on ne pouvait protéger contre le froid ni les fidèles, ni le prêtre de garde ; d'autre part, la susceptibilité de quelques personnes faisait naître une querelle fâcheuse. On voulait investir le citoyen Clausse, principal desservant, de toute l'autorité du Presbytère « pour établir dans « Notre-Dame un ordre fixe et invariable », c'est-à-dire qu'on le chargeait « de présider aux offices « publics, de faire, diriger et surveiller les instruc- « tions, d'assurer à tous les fidèles, et principalement « aux enfants et aux malades, tous les secours de la « religion ». La chose était très naturelle et très régulière ; cependant l'évêque de l'Ain, Royer, fort honnête homme au fond et tout dévoué à la cause que soutenait la Société catholique, mais d'un esprit borné et d'un caractère difficile, s'irrita de cette mesure, qu'il jugeait attentatoire à l'autorité des évêques. Il s'écria qu'il ne voulait pas de presbytérianisme ; « tant que l'église de Paris sera sans évêque, « dit-il en propres termes, j'irai exercer mes fonc- « tions à Notre-Dame. Qui que ce soit que le Presby- « tère y envoie n'y travaillera que sous moi. » Toutes les démarches du comité pour faire respectueusement entendre raison au révérendissime évêque furent inutiles, Royer déclara qu'il irait officier à Notre-Dame le 15 novembre. C'est alors que les administrateurs, pour éviter un esclandre, ordonnèrent au sacristain « de rassembler en un paquet tous « les effets appartenant au citoyen Royer, évêque

« de l'Ain, et de les lui porter le lendemain avant huit
« heures du matin ». Royer ne s'attendait pas à ce
coup de vigueur, il fut exaspéré, et l'affaire parut
s'envenimer encore davantage. Mais comme les uns
et les autres étaient animés d'un esprit véritablement
chrétien, chacun fit un retour sur soi-même : l'évêque
regretta sa vivacité, le comité convint que le renvoi
des effets était peu convenable, et dans ces conditions il ne fut pas difficile d'amener une réconciliation sincère. Le Presbytère, cause innocente de tout
le mal, fit une démarche auprès du citoyen Royer
pour le prier de venir faire à Notre-Dame, le samedi
19 décembre 1795, l'ordination des quatre-temps ;
l'entrevue se termina, dit le procès-verbal, « d'une
« manière singulièrement amicale et touchante », et
la paix intérieure fut aussitôt rétablie pour ne plus
être troublée.

Les derniers mois de l'année 1795 et l'année 1796
tout entière se passèrent sans incidents remarquables ; le comité s'efforça d'assurer la célébration du
culte avec toute la décence voulue, et il eut la satisfaction d'y parvenir. Il défendit absolument de venir
chanter au lutrin, comme le faisaient gratuitement
quelques amateurs, des motets ou morceaux de fan-
taisie qui allongeaient l'office et causaient du trouble ; il empêcha l'abus du *casuel* de se renouveler, et fit
placer, dans la chapelle des fonts baptismaux comme
dans la sacristie, des troncs pour la subsistance des
ecclésiastiques ; il ordonna enfin, pour empêcher
« des gens irréligieux d'entrer et de rester couverts
« dans l'église », que l'on afficherait aux deux portes
de Notre-Dame l'avis suivant :

« *Consigne pour les gardiens de l'église.*

« Les gardiens avertiront les citoyens qui entre-
« raient dans cette église le chapeau sur la tête
« qu'ils doivent y rester découverts, ou sortir. Ceux
« qui refuseraient de déférer à cet avis seront con-
« duits devant le juge de paix. »

Quant à la situation financière, elle mérite d'être
étudiée avec quelques détails, car les chiffres ont
aussi leur éloquence. Les dons en nature ou en es-
pèces que l'on faisait à l'assemblée générale ne pouvaient pas suffire, et il fallut recourir à tous les
moyens possibles de se procurer de l'argent; on
songea d'abord à placer des troncs dans l'église, puis
on fit quêter aux portes les membres du comité, mais
sur quinze personnes il y en avait à peine trois qui
donnaient, et l'on dut employer un moyen qui répu-
gnait fort au rigorisme des citoyens Agier et Audran :
on décida que les quêtes se feraient dans les rangs
des fidèles, au milieu des offices, « en prenant toute-
« fois les précautions nécessaires pour qu'elles se fis-
« sent dans un temps très court, pour que les fidèles
« ne fussent pas troublés dans le saint exercice de la
« prière, et que le respect dû à la maison de Dieu fût
« invariablement maintenu ».

Grâce à ces expédients, on avait en caisse, le
1er janvier 1796, une somme de 6519 livres, la dépense acquittée se trouva être de 3985 livres, et il
resta 2534 livres; cette avance permit de faire un
traitement au citoyen Marchand, vénérable ecclésiastique qui aidait les cinq autres, et d'augmenter de
25 livres par mois les honoraires du serpent. On put

en outre acheter deux confessionnaux, reconnus indispensables pour le prochain carême, engager deux nouveaux chantres [1] à raison de 100 livres par mois, porter de 50 à 75 livres par mois les émoluments des gardiens, et fournir gratuitement la cire pour les sacrements de baptême et de mariage [2], ainsi que pour les cérémonies funèbres. Enfin l'abondance des fonds permit de faire remplacer au corps de garde le citoyen Clausse, qui avait le dimanche précédent chanté la grand'messe et prêché deux fois, bien qu'il eût exercé toute la nuit ses fonctions de garde national au poste de sa section. Bientôt même on porta le traitement des ecclésiastiques à 800 livres par mois, c'est-à-dire à 14 francs environ, car les assignats étaient alors au cinquante-huitième de leur valeur; et l'on acheta un ciboire moyennant 1400 livres, ou 24 francs. Au 15 mai 1796, le comité possédait 61 767 livres, environ 1065 francs, et son passif ne dépassait pas 58 190 livres; la situation continuait donc à être bonne. Aussi le comité put-il se préoccuper de différentes questions d'un ordre plus relevé, s'opposer à la trop grande fréquence des saluts, défendre le payement des messes, et empêcher qu'on ne dît des messes basses pendant la messe paroissiale; l'esprit de réforme qui avait inspiré la constitution civile du clergé se maintenait dans toute sa

---

1. On versait à boire aux chantres dans la sacristie même pour les empêcher d'aller s'enivrer au dehors; le comité trouva qu'ils en abusaient et refusa tout crédit pour cet objet.

2. On mariait donc à Notre-Dame en février 1796, et Joséphine de Beauharnais, si elle s'en était souciée, aurait pu ne pas attendre la veille du sacre pour faire bénir son union avec le général Bonaparte.

APPENDICE 331

rigidité primitive, et les chrétiens du IV⁰ siècle n'auraient pas désavoué leurs pieux descendants.

L'année 1797 fut aussi calme que la précédente ; aussi ne mentionnerons-nous, pour éviter la satiété, que les incidents les plus remarquables. La pénurie d'argent commença par être très grande à cause de la dépréciation toujours croissante des assignats ; on ne trouvait dans les troncs que 12 ou 15 sous, et encore ils étaient mauvais pour la plupart ! Il fallut donc se résigner à louer les chaises de Notre-Dame à raison d'un sou par chaise, et seulement aux messes basses. On put ainsi équilibrer le budget pour quelques mois, et le comité fut en mesure de faire d'assez grosses dépenses [1]. Il voulait même débarrasser les bas-côtés du chœur pour les processions, mais il ne donna pas de suite à ce projet, parce que « le dépla-
« cement des décombres ne laisserait pas moins en
« évidence les affreuses déprédations qui rendent
« méconnaissable et horrible à voir cette partie de
« l'église ».

Au mois d'août, la vieille cathédrale fut mise par le Presbytère à la disposition des évêques de France réunis en concile, et le comité décréta que les quêtes de vêpres seraient toutes consacrées à venir en aide aux membres de ce concile ; quelques-uns d'entre eux n'avaient pu se mettre en route qu'après avoir

1. Il y eut un surcroît de dépense pour le balayage de l'église à la suite d'une inconcevable cérémonie ; il s'agissait de renouveler, le 21 janvier 1797, le serment de haine à la royauté que tout bon républicain devait prêter. Il ne faut pas oublier que les églises n'étaient pas la propriété exclusive des fidèles ; l'autorité y convoquait les citoyens toutes les fois qu'elle le jugeait nécessaire. L'église Notre-Dame avait sans doute été réquisitionnée ce jour-là.

vendu leurs draps de lit! En septembre on fit une descente dans les caves de l'église pour y chercher des reliques enterrées par le citoyen Ymer à l'époque du « vandalisme », et le procès-verbal de cette exhumation fut soigneusement dressé; il est dans les archives de Grégoire. Enfin, le 29 octobre, on chanta un *Te Deum* solennel « en » action de grâces de la conclusion de la paix avec « l'Empereur ». L'affluence des fidèles était considérable; depuis longtemps le chœur ne suffisait plus, bien qu'il pût contenir 500 personnes; il fallait le réserver exclusivement au clergé et aux hommes, en laissant aux femmes le transept et la nef. Les comptes du trésorier furent vérifiés le 31 août; il avait reçu depuis le 1er mai de l'année précédente 39 672 livres en assignats, 900 livres en mandats, 5013 livres 1 sol 3 deniers en numéraire. Les dépenses s'étaient élevées à la totalité des assignats et des mandats, et en outre à 4815 livres 13 sous en numéraire; il restait donc environ 200 francs au comité. C'était un fort beau résultat, et l'on commençait à prendre confiance; mais l'année 1798 ne devait pas s'écouler d'une manière aussi tranquille.

Les difficultés commencèrent à surgir dès le mois de janvier : le commissaire de police exigea que les clefs de Notre-Dame lui fussent toutes remises, les jours de semaine à deux heures de l'après-midi, les dimanches et fêtes à six heures du soir. C'est qu'en effet le Directoire, beaucoup plus hostile au catholicisme que la Convention elle-même, ne négligeait rien pour entraver l'exercice du culte. Après avoir décrété la translation du dimanche au *décadi*, dont les chevaux même et les autres bêtes de somme ne voulaient pas [1], Rœderer, La Réveillère-Lépeaux et leurs amis imaginèrent d'introduire à Notre-Dame la secte bizarre des théophilanthropes. Un théophilanthrope se présenta donc le 26 février 1798 pour savoir quand ses coreligionnaires pourraient venir « s'en-« tendre avec les administrateurs du culte catholique « de l'église Notre-Dame relativement aux arrange-« ments à prendre concernant l'exercice de chaque « culte en particulier, et aussi concernant différents « points de localité ». On lui donna rendez-vous au 5 mars, et ce jour-là en effet cinq délégués de la Société théophilanthropique se présentèrent, le prêtre apostat Chassant, l'un d'entre eux, portant la parole. Ce dernier exhiba ses papiers, qui étaient parfaitement en règle, et témoigna l'intention « de faire l'exer-« cice de son culte dans ledit édifice concurremment « avec les citoyens qui exerçaient le culte catholique, « et aux heures qui lui étaient assignées par l'arrêté « de l'administration centrale du département de la « Seine en date du 20 pluviôse an VI (8 février 1798) ». Il avait l'intention de prendre le chœur de l'église, et il demandait à se servir pour l'exercice de son culte de l'autel des catholiques, « si toutefois l'assemblée « n'y trouvait point de répugnance »; dans le cas contraire, l'intention de la Société était d'en faire construire un derrière celui qui existait, et les administrateurs catholiques seraient tenus de faire enlever le leur chaque fois que la Société théophilanthropique viendrait exercer son culte dans le « Temple de la Raison ».

Le comité catholique se trouvait dans un cruel em-

---

1. Grégoire, *Mém.*, II, 85.

barras ; il ne pouvait refuser sans voir aussitôt la persécution renaître, mais il ne pouvait pas davantage partager la possession de l'église avec une secte antichrétienne. On voit tous les jours des catholiques et des protestants officier à tour de rôle dans le même édifice, mais je ne sache pas qu'une pareille entente soit jamais possible entre chrétiens et juifs ou musulmans. Le comité prit donc une résolution digne à la fois de sa prudence et de son dévouement aux principes : il abandonna aux théophilanthropes le chœur et la nef, et se réserva exclusivement le croisillon nord, qui peut contenir 600 ou 800 personnes ; il se fit pour ainsi dire une église à part dans la vaste basilique. L'autel fut adossé à la grande porte latérale, que cachaient des tapisseries ; on plaça des deux côtés les six anges de bronze qui décorent aujourd'hui le sanctuaire ; l'orgue fut abandonné, parce que les théophilanthropes s'en servaient pour leurs offices ; enfin les deux gardiens Ymer et Labail furent sommés d'opter pour l'une ou pour l'autre des deux sociétés : leur choix fut bientôt fait, et on les conserva.

Au reste, les théophilanthropes ne furent pas longtemps un embarras pour le comité. Malgré la protection du gouvernement, ils ne purent faire de prosélytes, et l'année 1798 n'était pas écoulée qu'ils avaient dû se retirer et laisser le champ libre aux catholiques. Le procès-verbal ne s'étend guère, comme on le pense bien, sur les faits et gestes des théophilanthropes, mais leur présence à Notre-Dame est signalée pour la dernière fois le 28 mai 1798 [1] ; le 15 octobre

---

1. Depuis le 18 brumaire an VIII (9 octobre 1799) ils se restreignirent même aux quatre temples de la Reconnaissance,

il était question dans le comité de construire un autel au milieu de la nef, et le 19 novembre on proposait d'acheter des bancs pour les placer dans le chœur et dans la nef. Il n'y avait plus de concurrence que de la part des municipalités; elles s'emparaient de l'église tous les décadis pour les assemblées primaires et pour les mariages civils, en exigeant que tous les signes extérieurs du culte fussent enlevés ou voilés ces jours-là.

Ces déplacements continuels étaient fort coûteux; cependant, à force de sagesse et d'économie, le comité fit face à toutes les dépenses. Il avait reçu du 15 fructidor an V au 15 fructidor an VI (1er septembre 1797-1er septembre 1798) la somme de 6356 livres, probablement en numéraire, et dépensé 5928 livres; il lui fut donc possible d'installer avec une certaine solennité le citoyen Royer, qui venait d'être élu évêque métropolitain de Paris [1]. On construisit une estrade pour le jour de son intronisation (15 août 1798), on lui réserva une chapelle et un confessionnal, on lui acheta une belle armoire pour serrer ses effets; enfin, après s'être concerté avec les administrateurs des autres paroisses de la capitale, on prit l'engagement de lui assurer tous les mois un minimum de 50 francs, « l'administration se réservant la douce « satisfaction d'augmenter ce traitement, s'il était « possible ».

---

de l'Hymen, de la Victoire et de la Jeunesse (Saint-Germain-l'Auxerrois, Saint-Nicolas-des-Champs, Saint-Sulpice et Saint-Gervais). — Grégoire, *Hist. des Sectes*, t. I, p. 452.

1. Il fut élu par 2339 voix sur 2393 votants. Le détail de toutes ces affaires est consigné dans un autre registre ms. d'une grande importance, le Registre des délibérations du Presbytère de Paris.

Depuis ce moment jusqu'en 1801 la Société catholique fut tantôt au-dessus et tantôt au-dessous de ses affaires; il fallut, à de certains moments, réduire de moitié les dividendes répartis chaque mois entre les desservants et les employés de Notre-Dame; quelques semaines plus tard on se retrouvait dans l'abondance et l'on comblait aussitôt le déficit. Ainsi le 28 germinal an VII (17 avril 1799) le comité avait en caisse 1149 fr. 72 c. et demi, car on ne comptait plus par livres, sous ni deniers, et la dépense s'était élevée seulement à 359 fr. 25 c. C'était une réserve de 799 fr. 47 c. et demi; elle permit de solder l'arriéré, d'offrir au révérendissime évêque une indemnité supplémentaire, parce que les paroisses de Saint-Étienne-du-Mont et de Sainte-Marguerite ne le payaient point, de faire célébrer un service funèbre en l'honneur du général Joubert, de réparer la toiture de Notre-Dame et de faire mettre des vitres aux fenêtres, enfin de remplacer la porte de sacristie, où les vases sacrés, qui étaient en cuivre doré, venaient d'être volés [1]. Au commencement de 1800, au contraire, le comité remarquait avec chagrin « un certain refroidissement « dans la générosité d'un certain nombre de fidèles », il se plaignait que les recettes « s'affaiblissaient de « jour en jour ». Il dut en conséquence diminuer le traitement de tous les fonctionnaires ecclésiastiques, dont le désintéressement ne se démentit point, et réduire les émoluments des quatre chantres, qui réclamèrent bien haut et finirent cependant par se sou-

---

1. 28 brumaire an VII. L'évêque Royer, pénétré de douleur, vint apporter au comité, de la part d'un fidèle anonyme, une cuiller à ragoût en argent qui fut vendue 36 francs et contribua à l'achat de nouveaux ciboires.

mettre. Il se produisit pour la première fois depuis
1795 un déficit sérieux. Pour le combler, on chargea
la citoyenne Batouflet de quêter aux messes basses;
elle y consentit, mais elle exigea le cinquième, puis
la moitié des sommes ainsi recueillies, et il fallut en
passer par ses exigences.

Ces alternatives de richesse relative et de quasi-
mendicité nous conduisent sans incident remarquable
jusqu'au milieu de l'année 1801, qui amène un surcroît de prospérité; les recettes se montent alors au
chiffre de 1100, de 1400, de 1500 francs par mois, et
l'on voit par là combien l'état des esprits facilita la
paix religieuse, qui s'imposa dès lors à Bonaparte.
Tout semblait annoncer une pacification prochaine
et une réconciliation avec Rome, que le comité catholique souhaitait avec ardeur. Ainsi le 28 thermidor an IX[1] (16 août 1801), l'évêque Royer répondit à
l'un des membres qui demandait le renvoi d'un chan-
tre ivrogne « que, comme tout annonçait un nouvel
« ordre de choses, il convenait d'attendre cette épo-
« que, qui n'était pas éloignée ». Un peu plus tard,
le 28 vendémiaire an X (20 octobre 1801), l'évêque
annonça des exercices spirituels « pour demander les
« bénédictions du ciel sur le gouvernement qui tra-
« vaillait avec tant de succès à l'extinction des divi-
« sions religieuses », et il entra dans quelques détails
« sur la situation actuelle des choses à cet égard, et
« sur sa visite à S. Ém. Mgr le cardinal-légat ». Enfin,

---

1. Le second concile national que les Constitutionnels avaient
réuni à N.-D. se sépara le lendemain, par ordre de la police
et « parce que la prompte séparation de l'assemblée lui paraissait l'un des moyens les plus propres à assurer la pacification
de l'Église de France ».

le 22 germinal an X (12 avril 1802), le comité reçut avis du gouvernement, « attendu l'établissement du « nouvel ordre de choses en exécution du Concordat « passé entre le Premier Consul et Sa Sainteté », que l'église Notre-Dame serait fermée toute la semaine sainte « pour les préparatifs nécessaires à la céré-« monie qui doit avoir lieu le jour de Pâques en cette « église, où le gouvernement doit assister ».

En attendant, ce nouvel ordre de choses réduisait la Société catholique à l'indigence, et ses membres durent écrire à Portalis pour savoir ce qu'ils deviendraient. Dans l'intervalle, le président du comité eut une entrevue « avec le citoyen Bernier, évêque d'Or-« léans, administrateur provisoire du diocèse pour « son organisation ». Il fut convenu avec lui que l'on dresserait une liste des ecclésiastiques de Notre-Dame, « pour qu'ils fussent employés dans le saint « ministère ». Ensuite les délégués du comité firent visite à M. du Belloy, leur nouvel archevêque; ils furent reçus, dit le procès-verbal, « d'une manière « distinguée », et le prélat les pria « de vouloir bien « continuer leurs fonctions, son église ayant besoin « de personnes zélées et dont le dévouement lui « serait utile dans les circonstances présentes ». Le nouveau curé de Notre-Dame, le citoyen Delaroue, accueillit également bien le comité; mais toutes ces politesses étaient peu sincères. On travaillait en-dessous main, on excitait sourdement le gardien Labail et les autres subalternes à se révolter contre le comité, on refusait à ce dernier la quête fructueuse du jour de Pâques, et enfin l'archevêque écrivait une lettre ambiguë qui semblait intimer à la Société catholique l'ordre de se dissoudre. Le comité se plaignit à Portalis, qui fut très étonné et qui donna tort à l'archevêque. Les tracasseries n'en continuèrent pas moins, et toujours avec le même manque de franchise. Le chapitre métropolitain prit le chœur pour lui et relégua « la paroisse » dans la chapelle de la Vierge, qui était presque complètement obstruée par des planches. Le comité s'entendit pourtant avec le curé; on le pria de désigner les ecclésiastiques qu'il choisissait pour ses coopérateurs, et on leur assura séance tenante un traitement en rapport avec les ressources de la caisse et avec le service qu'ils auraient à faire. La bonne volonté des administrateurs était même si grande qu'ils payèrent le 28 messidor (17 juillet) une somme de 608 fr. 25 c. aux nouveaux fonctionnaires, et 473 fr. 65 c. le 28 fructidor (15 septembre). Et pourtant les difficultés croissaient de jour en jour; le vénérable du Belloy, avec ses quatre-vingt-treize ans, n'était pas homme à pouvoir agir directement, et le chapitre empiétait constamment sur les droits de la paroisse. On adressa donc de nouvelles plaintes à Portalis, qui promit de publier un règlement précis pour faire cesser toutes les contestations, et qui le publia en effet le 9 floréal an XI (29 avril 1803), mais tout à l'avantage des évêques.

Qu'arriva-t-il ensuite ? que devint cette petite société si digne d'estime et d'admiration ? Nos procès-verbaux ne le disent point. Le 112e et dernier folio de leur deuxième registre annonce une prochaine séance pour le 15 vendémiaire an XII (8 octobre 1803), mais il est à croire que cette séance n'eut pas lieu, et que les administrateurs laïcs de Notre-Dame furent congédiés comme des laquais devenus inutiles : ce fut la récompense de leur abnégation et de leur absolu dévouement à la cause du catholicisme français, qu'ils venaient de faire triompher après sept années de luttes incessantes.

Telle est l'histoire abrégée d'une association religieuse comme il y en eut beaucoup en France à partir de 1795. Ce que la Société des cent quatre-vingt-huit fit alors à Notre-Dame, une infinité de sociétés analogues le firent bientôt dans les différentes paroisses de Paris et en province. Sans rien demander à un gouvernement que l'on savait animé des plus mauvaises dispositions, les catholiques rétablirent le culte dans plus de 30 000 églises ; et l'art français leur doit la conservation de plusieurs chefs-d'œuvre. Ils recevaient les monuments à la condition expresse de les réparer et de les entretenir à leurs frais ; ils ne faillirent pas à ce devoir, ils s'imposèrent de grands sacrifices et empêchèrent ainsi nos plus belles cathédrales de tomber en ruines. Le dévouement de ces nobles cœurs a été jusqu'à ce jour ignoré de la postérité, mais il est temps que justice soit rendue à chacun ; laissons au Premier Consul la gloire d'avoir réconcilié Rome et la France sans sacrifier les libertés gallicanes, mais reconnaissons en même temps que, sans le Premier Consul et sans la cour de Rome, les catholiques français avaient su reconstituer sur des bases solides une Église parfaitement orthodoxe ; ils avaient résolu ce difficile problème de l'Église libre dans l'État libre.

PIÈCES JUSTIFICATIVES

I

DISCOURS DE GRÉGOIRE A LA CONVENTION SUR LA LIBERTÉ DES CULTES

(1er nivôse an II, — 21 décembre 1794) [1]

PRÉFACE

Le discours suivant, dont on a vu des extraits dans les journaux, n'a pas été totalement prononcé à la Convention nationale; couvert d'abord d'applaudissements vifs et multipliés, il fut ensuite interrompu par quelques individus, qui croient que *hurler c'est raisonner*. Sans doute il eût été plus simple d'attaquer mes principes, de les réfuter; et c'est ce qu'ils se garderont bien de faire.

Il est cependant une manière de réfutation qui est dans leur genre, et dont j'étais tenté de faire usage contre moi-même : j'aurais répété avec emphase ces mots, *hochets du fanatisme, tréteaux de la superstition*,

---

[1] La première édition ne mentionnait pas le nom du libraire *Maradan, rue du Cimetière-André-des-Arcs*, n° 9; on trouve cette mention dans les éditions suivantes auxquelles Grégoire donna pour épigraphe cette phrase de Voltaire : « Ne cherchez point à gêner les cœurs, et tous les cœurs seront à vous. » — *Traité de la Tolérance*.

mythologie chrétienne, charlatanisme sacerdotal, etc., etc., en y joignant quelques objections cent fois détruites, quelques plaisanteries usées, des sarcasmes et des calomnies contre l'auteur : la brochure était faite ; j'ai cru qu'il fallait en laisser à d'autres le plaisir et la gloire.

La tolérance a eu pour avocats tous les philosophes ; on a passé à l'ordre du jour sur la réclamation de tous les philosophes ; on n'a pas même *toléré* la discussion ; et comment aurait-on la liberté des cultes, si dans une assemblée politique, où l'on trouve encore des *meneurs* et des *menés*, on n'a pas même la liberté d'opinion ?

Mais, dit-on, la motion était *prématurée*. C'est dire en d'autres termes que le cri des persécutés est *prématuré* et que l'*à-propos* ne viendra que lorsque les persécuteurs s'ennuieront de torturer ; c'est dire que la justice et la vérité ne sont pas toujours de saison.

Mais pourquoi parler du catholicisme ? 1° Parce que malgré l'évidence des principes et des faits, quelques hommes répètent sur parole que ce culte est incompatible avec l'état républicain : il était donc du devoir d'un législateur de discuter cette objection ; 2° parce que dans cette persécution dirigée contre tous les cultes, les catholiques, et surtout une foule de prêtres, vrais républicains, sont l'objet spécial de la fureur, et vous ne voulez pas qu'on le dise ! Je le publierai sur les toits, je voudrais pouvoir l'afficher à toutes les portes.

Pendant de longues années, je fus calomnié pour avoir défendu les mulâtres et les nègres, pour avoir réclamé la tolérance en faveur des juifs, des protestants, des anabaptistes. J'ai juré de poursuivre tous les oppresseurs, tous les intolérants ; or, je ne connais pas d'êtres plus intolérants que ceux qui, après avoir applaudi aux déclarations d'athéisme faites à la tribune de la Convention nationale, ne pardonnent pas à un homme d'avoir les mêmes principes religieux que Pascal et Fénelon.

Il est vrai, dans tous les temps, ce portrait fait par Jean-Jacques, *Émile*, tome III, page 197, édition in-8°, à la Haye, 1772 :

« Fuyez, dit-il, ceux qui sèment dans les cœurs de
« désolantes doctrines, et dont le scepticisme appa-
« rent est cent fois plus affirmatif et plus dogmatique
« que le ton décidé de leurs adversaires. Sous le hau-
« tain prétexte qu'eux seuls sont éclairés, vrais et de
« bonne foi, ils nous soumettent impérieusement à
« leurs décisions tranchantes...... du reste, renver-
« sant, détruisant, foulant aux pieds tout ce que les
« hommes respectent, ils ôtent aux affligés la dernière
« consolation de leur misère, aux puissants et aux
« riches le seul frein de leurs passions ; ils arrachent
« du fond des cœurs le remords du crime, l'espoir de
« la vertu, et se vantent encore d'être les bienfaiteurs
« du genre humain. »

Discours.

Vous avez fondé la république, il vous reste une grande tâche à remplir, celle d'en consolider l'existence. Nous avons juré de ne poser les armes qu'en dictant à nos ennemis les conditions d'une paix glorieuse ; un moyen infaillible, mais indispensable, pour obtenir cette paix au dehors, c'est de commencer par l'établir au dedans ; pour l'établir dans l'intérieur, nous devons imiter le navigateur qui, après avoir été battu de la tempête, modifie ses manœuvres à mesure que la houle diminue et que les lames s'affaissent ;

car nous aussi, nous sortons de la tempête; nous devons donc mettre graduellement en activité les lois qui assurent au peuple les bienfaits de la liberté; cicatriser les plaies dont la Révolution a été l'occasion plutôt que la cause, ranimer toutes les affections douces et pures qui resserrent le lien social, citoyens, rapprocher les cœurs de tous les membres de la grande famille, c'est gagner une bataille.

J'ai conçu quelques idées que je crois utiles au bonheur de ma patrie; les taire, ce serait trahir ma mission. Dans leur développement, j'examinerai, comme législateur, les causes et les remèdes des troubles religieux qui ont agité, qui agitent encore la France; je voudrais détruire tous les germes de division et empêcher de nouveaux déchirements.

Si, d'après cette annonce, quelqu'un voulait étouffer ma voix, je croirais qu'il redoute la vérité; s'il prétendait me combattre par des divagations, des déclamations, au moyen desquelles on obtient des applaudissements nombreux et faciles, il m'aurait donné la mesure de sa raison; s'il exhalait ces injures rebattues et dont, à l'avance, j'ai dressé la liste, je lui en céderais tout l'avantage; je lui dirais : examine, non qui je suis, mais ce que je dis; je ne me laisse pas subjuguer par des opinions de mode; je cherche, non à plaire, mais à être utile; discute les faits que j'allègue, les principes que je pose; mais, si tu refuses de m'entendre, tu es l'oppresseur de ma pensée; et, si tu ne m'entends jusqu'à la conclusion, tu ne m'auras pas suffisamment compris.

Le tribunal de cassation de la postérité s'avance, il jugera, non seulement la forme, mais encore le fond; le temps entraînera la fange des passions humaines et des systèmes faux; mais la république doit rester debout. Nous tendons au même résultat, l'affermissement de la liberté; partons du même point, et, si dans la course nous suivons quelquefois des sentiers différents, embrassons-nous en arrivant au même but.

Le dogme de l'égalité politique repousse toutes les distinctions; il n'est qu'une caste, celle des citoyens; et la seule chose qu'on puisse exiger d'un membre du corps social, c'est qu'en tout et partout il remplisse les devoirs d'un bon citoyen; en cela consiste toute l'action des lois à son égard; dans ce peu de mots, nous traçons le cercle qu'elles peuvent parcourir et la limite qu'elles ne peuvent franchir. Un gouvernement qui se conduirait par d'autres principes ne serait jamais que le régime de la tyrannie.

Il serait possible cependant que les abus anti-sociaux, qui, avant l'établissement de la liberté, auraient dégradé quelques professions, eussent laissé leur levain dans l'âme d'une partie des individus voués à ces professions. Cette réflexion qui, du plus au moins, s'applique à l'homme de loi, de finance et d'église, nécessite, sans doute, un examen plus sévère, pour s'assurer de son patriotisme; mais, en dernière analyse, il faut toujours en revenir à cette maxime : *quel que soit un individu, frappe-le, s'il est mauvais : protège-le, s'il est bon* : le principe reste dans toute sa force, et les principes seuls peuvent nous sauver.

Ainsi crier sans cesse contre des castes qui n'existent plus, c'est les recréer par le fait.

Harceler sans cesse des hommes qu'il est toujours permis d'incriminer, sans qu'ils puissent jamais répondre, c'est une lâcheté.

Envelopper dans une qualification commune une

classe entière d'individus, dont les uns ont été des pervers, et les autres des citoyens estimables, c'est une injustice.

Déclamer sans cesse contre des hommes dont, par là même, on ulcère le cœur au lieu de les rattacher à la république par l'égalité des droits et le bienfait des lois, c'est une erreur ou un crime politique.

Persécuter quelqu'un, uniquement parce qu'il est financier, ci-devant noble, avocat, procureur ou prêtre, cette conduite est digne d'un roi.

Mais les opinions religieuses........ Une opinion quelconque est le résultat des opérations de l'esprit; ces opérations ne peuvent être modifiées que par le raisonnement; une opinion cède à l'éclat de la lumière, jamais à la violence; vouloir commander à la pensée, c'est une entreprise chimérique, car elle excède les forces humaines; c'est une entreprise tyrannique, car nul n'a droit d'assigner les bornes de ma raison.

Dès qu'il m'est permis d'avoir des pensées, je puis les émettre, je puis en faire la règle de ma conduite; le culte extérieur, qui en est une suite, est une faculté de droit naturel et parallèle à la liberté de la presse; lui porter atteinte, ce serait anéantir la base du contrat social. La manière de poser une question suffit quelquefois pour la résoudre. Celle qui concerne la liberté du culte peut être posée en ces termes : « Peut-on « exiger d'un membre du corps social d'autres devoirs « que ceux d'un bon citoyen? »

Le gouvernement ne doit adopter, encore moins salarier, aucun culte, quoiqu'il reconnaisse dans chaque individu le droit d'avoir le sien. Le gouvernement ne peut donc, sans injustice, refuser protection, ni accorder préférence à aucun. Dès lors il ne doit se permettre ni discours, ni acte, qui, en outrageant ce qu'une partie de la nation révère, troublerait l'harmonie, ou romprait l'égalité politique. Il doit les tenir tous dans sa juste balance et empêcher qu'on ne les trouble, et qu'ils ne troublent.

Il faudrait cependant proscrire une religion persécutrice, une religion qui n'admettrait pas la souveraineté nationale, l'égalité, la liberté, la fraternité dans toute leur étendue ; mais dès qu'il est constant qu'un culte ne les blesse pas, et que tous ceux qui en sont sectateurs jurent fidélité aux dogmes politiques, qu'un individu soit baptisé ou circoncis, qu'il crie Allah ou Jéhova, tout cela est hors du domaine de la politique.

Si même il était un homme assez insensé pour vouloir, comme dans l'ancienne Égypte, adorer un légume et lui ériger un autel, on n'a pas droit d'y mettre obstacle, car ce qui n'est pas défendu par la loi est permis. Et certes, je me garderais bien de troubler un juif dans sa synagogue, un musulman dans sa mosquée, un indou dans sa pagode ; ce serait violer un des plus beaux de leurs droits, celui d'honorer l'Être suprême[1] à leur manière. Si je me trompe, dirait alors le citoyen, tu dois me plaindre et m'aimer ; instruis-moi ; mais ne me persécute pas. Que t'importe d'ailleurs ma croyance, pourvu que, confondant mon intérêt dans l'intérêt national, par mes efforts réunis à ceux de mes frères, la liberté prospère et la république triomphe !

Si ces principes, invoqués par tous les philosophes et proclamés par l'immortel Fénelon, avaient été

---

1. Variante : *d'adorer Dieu.*

suivis par le tyran Louis XIV, on n'eût pas vu des milliers de protestants industrieux, contraints à s'expatrier, porter ailleurs notre commerce et nos arts ; et les annales de la France ne seraient pas souillées par les dragonnades et les massacres des Cévennes. C'est par une conduite opposée que la Hollande s'éleva au plus haut degré de richesse. Baltimore et les catholiques qui l'accompagnèrent dans le Maryland s'empressèrent de consacrer solennellement les maximes de la tolérance. C'est sur leur adoption que l'Amérique libre a fondé sa puissance et son bonheur ; car cette république s'est composée surtout de ceux qui fuyaient les persécutions religieuses de l'Europe, et c'est, dit Saint-John, avec les débris ensanglantés de l'ancien monde qu'elle a élevé un édifice nouveau.

Appelons l'expérience du passé à la direction du présent : or l'expérience de tous les siècles, de tous les peuples, prouve qu'en froissant les idées religieuses, on leur donne plus de ressort, et, suivant l'expression du philosophe Forster, on accroît leur élasticité. La persuasion ou l'amour-propre rendent plus chère une croyance qui a coûté des tourments ; la persécution, en isolant les hommes et les opinions, les entoure d'une vénération favorable au prosélytisme, et multiplie le nombre de ceux qui veulent se dévouer au martyre.

Alors le gouvernement est contraint d'avoir une action forcée, qui n'est jamais en équilibre avec la vérité, la justice ni l'intérêt national ; et quelle tranquillité peut-on se promettre dans un pays où subsiste, sans discontinuer, ce foyer de division ? Tous les monuments historiques déposent sur ce sujet, et prononcent sur le sort futur d'un État qui, accumulant victoire sur victoire au dehors, serait déchiré au dedans par toutes les horreurs qu'entraîne après soi la haine de tous les cultes contre un gouvernement qui les opprimerait tous. Et réfléchissez bien que les effets inévitables de la persécution sont : 1° de relâcher ou même de rompre le lien social, en forçant d'opter entre l'attachement pour la patrie et l'attachement pour des principes religieux, attachement qui doit être identique ; 2° d'abâtardir le caractère national : c'est le premier pas vers l'esclavage. Un peuple qui n'a pas la liberté des cultes sera bientôt sans liberté. Le droit d'exercer librement son culte est d'une évidence telle que, dès la plus haute antiquité, on en fit un axiome du droit des gens, qui devait être respecté même au milieu des fléaux de la guerre : Cambyse, arrivé en conquérant, sur les bords du Nil, tue le bœuf Apis ; toute l'Égypte en fut révoltée, et toute l'histoire répéta, d'après Hérodote, que Cambyse était un furieux, puisqu'il avait violé le culte des dieux.

Voltaire avait raison : « la tolérance, dit-il, n'a jamais excité de guerres civiles, l'intolérance a couvert la terre de carnage » ; il pouvait ajouter que l'intolérance, en élevant des barrières entre les peuples, enfante des haines nationales et retarde la marche de l'esprit humain. Toutes les annales de la terre attestent cette triste vérité.

La persécution est donc un calcul détestable en politique ; j'ajoute que c'est calculer bien mal pour la gloire. L'inflexible burin de l'histoire se hâte de graver une flétrissure indélébile sur le front des persécuteurs, et d'associer leurs noms à ceux de Néron et de Charles IX.

Je crois avoir posé des principes incontestables pour

quiconque a cultivé sa raison; je viens à leur application.

Les orages de la Révolution ont pu nécessiter quelques mesures de rigueur; des représentants du peuple en mission ont prétendu que le bien public commandait la suspension provisoire de certaines assemblées religieuses dans plusieurs départements, où le souffle du royalisme empoisonnait encore l'atmosphère; mais ces mesures doivent cesser avec le besoin : en prolonger la durée, lorsqu'elles ne trouvent plus leur excuse dans le prétexte du bien public, ce serait jeter dans le découragement, dans le désespoir, des hommes qui n'y verraient plus qu'une persécution réfléchie, pour le plaisir de les mettre à la torture; et le zèle aigri, devenant plus industrieux, plus actif, pour éluder une prohibition odieuse, ferait refluer sa haine sur le gouvernement et calomnierait la liberté républicaine.

Quel est l'état actuel des choses à cet égard? la liberté des cultes existe en Turquie, elle n'existe point en France! le peuple y est privé d'un droit dont on jouit dans les États despotiques, même sous les régences de Maroc et d'Alger. Ne parlons plus de l'Inquisition; nous en avons perdu le droit : car la liberté des cultes n'est que dans les décrets, et la persécution tiraille toute la France.

La loi ne peut être que l'expression de la volonté générale : or, non seulement les clameurs de quelques forcenés, qui ont jeté le peuple dans la stupeur, ne sont pas le vœu national; mais il a sanctionné l'opposé dans les lois existantes [1].

---

1. Les éditions qui suivirent ont ici quelques lignes de plus : « Et certes, en choisissant ses mandataires, il était loin de

Le citoyen le moins instruit sent que parler de liberté et lui ravir celle du culte, c'est en même temps une contradiction dans les termes, un outrage à sa volonté et un attentat contre ses droits. Une demi-liberté n'en est pas une; je la veux tout entière, liberté de l'agriculture, du commerce, des arts, de la presse, des cultes, etc.

Depuis trente ans, presque tous les gouvernements de l'Europe commençaient à devenir tolérants; on en faisait honneur aux Français, chez qui la philosophie tonnait contre la rage persécutrice. Eût-on jamais cru que les efforts des philosophes, surtout de celui que vous avez porté dernièrement au Panthéon [1], aboutiraient à faire demander la tolérance aux fondateurs de la liberté française?

Quelle insulte plus grave pouvait-on faire au peuple que de lui ravir l'exercice d'un droit fondé sur la nature, et consacré par la sagesse de la Convention nationale?

Lorsque, par votre ordre, nous sommes allés dans le Mont-Blanc et les Alpes-Maritimes, leur imprimer les formes républicaines, en votre nom, au nom de la loi, nous avons juré aux citoyens de ces contrées la liberté des cultes dont ils redoutaient la perte; ils l'ont perdue, et le parjure, ce n'est pas moi. Quand, dans les pays où pénètrent nos armées victorieuses, on proclame cette liberté, comment voulez-vous que les peuples ne regardent pas ces proclamations comme une dérision insultante, lorsqu'ils savent que chez

prévoir les attentats multipliés contre la liberté des cultes, attentats dont l'impunité est même un nouveau crime. Arracher au peuple une portion quelconque de ses droits, c'est être en révolte contre lui. »

1. Jean-Jacques Rousseau.

nous on a fermé tous les temples, et incarcéré ceux qui réclamaient l'autorité de la loi?

Par son heureuse position, la France peut devenir le centre commercial de l'Europe; elle le deviendra si l'agriculture, les manufactures, les arts et métiers acquièrent tout le développement dont ils sont susceptibles. Ils l'acquerront si nous donnons à l'industrie étrangère la facilité de s'identifier à la nôtre. Mais jamais elle ne viendra se naturaliser chez nous, si l'intolérance la repousse; je dis plus, l'industrie nationale aurait bientôt le même sort que lorsqu'on révoqua l'édit de Nantes.

Cette compression intolérante aurait-elle été suggérée par le cabinet de Saint-James, et n'est-elle pas le dernier anneau de cette chaîne que la faction, abattue le 9 thermidor, voulait imposer à la Convention nationale et au peuple français? Vous auriez promptement la mesure de cette intolérance et de ses effets contre-révolutionnaires, si des millions d'hommes haletants d'effroi, et tenaillés par la persécution, étaient sûrs de franchir la frontière sans rencontrer la guillotine ou les cachots. Et qu'est-ce donc qu'une liberté qu'une immensité de citoyens industrieux et patriotes s'apprêtent à fuir?

Mais, dit-on, il est permis à chaque citoyen de pratiquer son culte dans sa maison. Quoi! la déclaration des droits, la constitution et des lois publiées avec appareil auraient uniquement pour but de statuer que dans ma chambre je puis faire ce que je veux! S'il est permis de déraisonner, qu'au moins ce ne soit pas d'une manière si grossière.

Je ne rappellerai pas d'ailleurs qu'un espionnage tyrannique a été exercé jusqu'au sein des familles, et que la liberté des citoyens a été outragée dans l'asile même de leurs foyers.

Rien de plus trivial désormais que cette phrase banale : la superstition et le fanatisme relèvent une tête audacieuse : la superstition et le fanatisme..... ce sont là les deux fléaux les plus redoutables[1], c'est la peste au moral ; mais ne serait-il pas à propos de déterminer enfin l'acception de ces mots ; car, en ne les définissant pas, on leur fait signifier tout ce qu'on veut, pour persécuter sans obstacle et justifier des cruautés ? Parce que Voltaire croyait à un dieu, un jour, il fut traité de *fanatique* par un homme encore vivant ; et si je veux fixer le sens de ce terme, consulterai-je les discours merveilleux concernant le culte abstrait de la raison, les déesses de la raison, ou ceux qui chantent le dieu de la liberté ; choisirai-je dans le bulletin de la Convention nationale la harangue par laquelle Anarcharsis Cloots prêche l'athéisme, ou celle dans laquelle Robespierre fait à l'Être suprême l'honneur de le reconnaître. Comme les idées fausses ont besoin d'exagération, une tactique ordinaire est de crier vite au fanatisme ; mais, parce que des hommes paisibles se seront réunis pour prier à leur manière, ne semble-t-il pas que la contre-révolution s'opère ? Je le demande aux hommes que n'aveugle pas la passion ; vouloir présenter ces réunions calmes, comme un *attroupement*, une *faction*, n'est-ce pas abuser des termes ?

Mais la guerre de la Vendée.... La Vendée, c'est la plaie la plus hideuse que des monstres aient faite à la Révolution, c'est la réunion de tous les maux et de tous les forfaits ; et l'on pourrait, sans inconvenance, de-

---

1. Variante : *deux fléaux redoutables*.

mander par qui ont été commis les plus atroces, ou des prêtres scélérats qui, au nom du ciel, prêchaient le carnage, ou de faux patriotes qui ont abreuvé de sang et couvert de deuil cette contrée malheureuse? Carrier et ses nombreux licteurs étaient-ils prêtres? Mais si l'on s'obstinait à confondre ces prêtres qu'on ne peut appeler des hommes, avec ceux qui, soumis à la loi, ont concouru à fonder la République, ce serait mettre sur la même ligne les brigands de la Vendée et les braves défenseurs de la patrie. On ne peut se dissimuler que, parmi les associations religieuses qui sont en France, il en est une contre laquelle ont été plus particulièrement dirigées les mesures de rigueur; je n'examine pas si, comme on l'a prétendu, des hommes cachés derrière la toile conduisent ce mouvement dont ils rattacheraient le fil à l'influence des puissances étrangères; il m'est plus doux [1] de penser que cette association étant la plus nombreuse présentait aux actes de sévérité [2] une surface plus étendue; d'ailleurs, il était à craindre que le souvenir d'une antique opulence n'eût alimenté chez bien des prêtres des regrets inciviques. Et enfin, il fallait déraciner les germes de royalisme disséminés par des pontifes orgueilleux de l'ancien régime, qui tenaient leurs richesses de la royauté dont ils étaient les esclaves, les drogmans et les complices.

Mais vous êtes trop justes pour leur assimiler des prêtres qui avec vous se sont élancés sur la brèche pour combattre le despotisme, et sans lesquels peut-être la République n'existerait pas. Ils vous présentent une

---

1. Variante : *il m'est moins pénible.*
2. Var. : *de tyrannie.*

caution sûre dans leur intérêt propre ; car si la Révolution pouvait échouer, ils seraient les premières victimes. Des hommes que par l'attrait d'une pension on invitait inutilement au parjure, des hommes qui sont restés patriotes, en perdant place et fortune, pourraient bien en valoir d'autres qui ont le mérite d'être patriotes en obtenant place et fortune ; peut-être même que leur persévérance dans leurs principes vaut bien ces abjurations et ces déclamations multipliées, il y a un an, à votre barre, et dont la traduction était à peu près ceci : « Je vous déclare que pendant longues « années j'ai été un imposteur et un fripon ; en consé- « quence, je demande que vous m'estimiez et que vous « m'accordiez une place. » Il y a quatre ans qu'on tourmentait les prêtres pour prêter le serment ; ensuite on les tourmenta pour l'abjurer. La faim, les cachots, les injures, les calomnies, ont été leur partage ; et l'on nous parle de la Saint-Barthélemy, des noyades de Carrier ! mais je préférerais périr dans un court supplice, plutôt que d'être pendant des mois, des années, abreuvé d'amertumes et rassasié de douleurs.

La persécution est toujours exécrable, soit qu'elle s'exerce au nom de la religion ou au nom de la philosophie ; et franchement, dans la supposition de fanatisme, s'il fallait opter entre deux extrêmes que j'abhorre [1], je préférerais encore le fanatisme des persécutés à celui des persécuteurs ; et je dirais, comme Guise à Poltrot : Si ta religion t'ordonne de m'assassiner, la mienne veut que je te pardonne.

N'appliquons donc qu'avec discernement l'infamante

---

1. Var. : *entre deux extrêmes*, les mots *que j'abhorre* ont été supprimés.

épithète de fanatique, de superstitieux ; car nous aussi nous méprisons les légendes fausses, les reliques controuvées, les fourberies monacales et les pratiques puériles qui rétrécissent l'esprit et dégradent la religion.

Quelqu'un a cru faire preuve de génie, en disant que la religion catholique est celle de Catherine de Médicis et de son fils. Cet argument équivaut à celui-ci : la République française est celle de Roberspierre [1]. Quelle injustice de rejeter sur elle des forfaits commis en son nom, mais qu'elle abhorre ! Si l'abus criminel d'une chose était un argument plausible, il faudrait anéantir le commerce, parce que des ruisseaux de sang ont coulé pour en disputer les profits ; anéantir la justice, parce la chicane nous a dévorés ; et maudire la philosophie, la liberté même, parce que des sophistes, de faux patriotes en ont abusé.

Puisque le culte catholique est celui d'une grande partie de la nation, et puisqu'on l'a présenté comme incompatible avec la République, le devoir d'un législateur est de discuter cette objection, qui le sera bientôt dans un ouvrage approfondi.

Dans cette discussion, les faits répondent à tout : voyez les catholiques des États-Unis de l'Amérique et des petits cantons suisses, et trouvez-moi des hommes plus attachés simultanément à leurs principes religieux et républicains ? Avec quels transports, au sein de l'Helvétie, j'ai vu, dans les temples, associer aux signes religieux les héros du calendrier politique ! Là, Guillaume Tell, Winkelried et Meltchal respirent sur

---

1. Au sujet de cette orthographe du nom de Robespierre, voyez ci-dessus p. 217.

la toile et le marbre, et commandent encore à leurs enfants l'amour de la République et la haine de la maison autrichienne.

Je n'aime pas à parler de moi; mais permettez qu'ici j'invoque le témoignage de mes co-députés et de tout le département qui m'a procuré l'honneur [1] de siéger parmi vous; qu'ils disent si dans le temps que vous aviez encore un roi, je n'avais pas moi, catholique de cœur et d'esprit, célébré chez eux les funérailles de la royauté, et proclamé l'existence anticipée de la République [2]!

Tels hommes, dont le prétendu patriotisme fascine encore d'autres yeux que les miens, ont peut-être donné dix mille hommes à la Vendée, par des discours qui serviront à l'histoire. Et moi, par mon obscure correspondance, j'ose dire que j'ai empêché des Vendées. Lors de la subversion du culte, autour de moi se pressaient des hommes qui voulaient en réclamer la liberté. Je leur disais : vous êtes catholiques; par vos vertus, forcez l'estime de vos ennemis! Il est un caractère auquel je veux qu'on vous reconnaisse, c'est en redoublant d'amour pour la République, c'est en multipliant les sacrifices, en vous sacrifiant vous-mêmes, s'il le faut, pour l'affermissement de la liberté; et certes, elle a été sublime la conduite des partisans des divers cultes; ils pouvaient dire que quand un membre du corps social est opprimé, tous le sont. Plus sages que leurs persécuteurs, ils ont souffert, ils souffrent en attendant le retour de la justice; et si l'imposture répétait que parmi ces associations religieuses,

---

1. Variante : *dont le choix me fait.*
2. Voy. ci-dessus, p. 74.

l'une est incompatible avec la liberté, de tous les coins de la France, des millions de catholiques élèveraient une voix comprimée par la douleur pour réitérer le serment que tous les cultes répéteront, celui de vivre et de mourir républicains.

Actuellement j'adresse le dilemme suivant aux violateurs des droits de la nature et des sages décrets de la Convention nationale : ou vous ne voulez pas détruire certaine association religieuse ; alors pourquoi la persécutez-vous ? ou votre projet est de la détruire ; alors pourquoi le taire ? Expliquez-vous, et qu'enfin nous sachions si Charles IX et Louis XIV sont ressuscités, et s'il faut, comme les protestants, après la révocation de l'édit de Nantes, nous arracher à une patrie que nous chérissons, pour nous traîner sur des rives étrangères en mendiant un asile et la liberté.

Si vous étiez de bonne foi, vous avoueriez que votre intention, manifestée jusqu'à l'évidence, est de détruire le catholicisme. Vous êtes embarrassés sur le choix des moyens ; et vous avez la cruauté lâche de le cacher pour n'être pas flétris du caractère infâme de persécuteurs, auquel vous n'échapperez pas ; car le plus curieux dans l'histoire de la Révolution n'est pas ce qui est écrit [1], mais c'est ce qui ne l'est pas, *et qui le sera*.

Je fais ensuite un rapprochement de faits incontestables. 1° La liberté des cultes est proclamée par la nature, et sanctionnée par la loi ; 2° cette liberté n'existe nulle part en France ; 3° c'est en ravissant au peuple ce droit inviolable [2] que des contre-révolutionnaires voulaient faire haïr la démocratie et provoquer des troubles.

1. Var. : *est imprimé*.
2. Var. : *inaliénable*.

On a rendu justice à Chaumette, en l'envoyant à l'échafaud : par quelle fatalité veut-on justifier ses continuateurs? Qu'ils jouissent de la liberté, de la paix, mais qu'au moins nous partagions cet avantage.

Bayle s'efforce d'établir qu'un État peut exister sans religion; quand même il pourrait étayer son système par le fait de quelques hordes sauvages, il lui resterait à prouver que la même chose peut avoir lieu chez un grand peuple civilisé. Si les premiers vous prétendez résoudre ce problème, l'exemple de tous les législateurs anciens et modernes, tous les événements de l'histoire déposent unanimement contre le succès, et bientôt, avec Plutarque, vous serez contraints d'avouer qu'il serait plus facile de bâtir une ville en l'air. Le publiciste Bielfeld prétend qu'un peuple chez qui les principes religieux s'éteignent marche rapidement vers sa décadence. Pour justifier son assertion, il suffit de jeter un regard sur les mœurs actuelles comparées à leur état avant la Révolution. L'époque de la destruction des cultes est celle de la démoralisation la plus alarmante; le frein étant rompu, tous les vices ont inondé la société; on fera des lois, mais nous demanderons avec un ancien : que peuvent les lois sans les mœurs? et nous ajouterons : que sont les mœurs sans les sentiments religieux?

Il faut donc un principe actif qui, suivant l'homme dans la solitude et les ténèbres, entre dans son cœur pour y créer des vertus ou des remords; qui place les qualités sociales dans le cercle des devoirs; et qui, en les faisant chérir, en facilitant les moyens de les accomplir, mette du prix, du plaisir aux sacrifices que l'on fait pour la chose publique; alors la conscience mêle sa voix à celle du législateur, et ses peines à celle dont la loi punit les infracteurs. Qui peut nier que deux liens ne soient plus forts qu'un? La religion, en dirigeant la conduite des parents, les rend plus attentifs à l'éducation de leurs enfants, et par là s'établit dans le sein des familles une tradition de vertus, un héritage de bonnes mœurs qui sont les pierres angulaires de la liberté. La loi est alors dans le cœur, et la conscience en est le magistrat le plus éclairé, le plus intègre; sur elle repose la fidélité des traités et des contrats. Quand un Turc a juré sur l'Alcoran, la sécurité de ceux qui contractent avec lui résulte de la vénération qu'imprime dans son âme un livre qu'il regarde comme sacré. Et quel peuple voudrait traiter avec un peuple dont les principes ne présenteraient aucune garantie de cette nature à la bonne foi commerciale et diplomatique? Ignorez-vous donc que le fanatisme persécuteur est le texte sur lequel les ennemis de la Révolution ont établi le plus d'impostures, et l'un des moyens les plus puissants par lesquels ils ont accru leur parti et coloré leurs forfaits?

D'ailleurs, pour tous les individus de notre espèce, la carrière de la vie est semée de peines; il serait bien impolitique le législateur qui tenterait d'atténuer les sentiments capables d'en tempérer l'amertume! L'homme abandonné des hommes dirige sa pensée vers cet être invisible dont l'action est partout. Barbare! oserais-tu lui ravir les douces consolations de la vertu persécutée et du malheur? Si tu veux lui arracher l'idée d'un dieu, donne-lui un ami plus fidèle, un père plus tendre, un consolateur plus puissant. Permets qu'il se réunisse à la société religieuse de ses frères, et que dans ce rapprochement d'individus animés du même esprit il trouve un adoucissement aux angoisses qui sans cela tourmenteraient son existence. Eh! dans quelle circonstance l'idée consolante de la divinité fut-elle plus nécessaire au peuple français qu'à l'époque où tant de cœurs déchirés, tant de familles mutilées ont des pleurs à essuyer et des plaies à cicatriser?

Ne comptez donc pas sur l'existence d'une République sans religion; et s'il vous plaisait d'en organiser une, en supposant même que vous fussiez d'accord sur les principes, ce qui ne sera jamais, chaque citoyen aurait droit de vous faire la question que tant de fois on a faite à d'autres : de quel droit prétends-tu interposer ta volonté entre Dieu et moi?

Un sage politique doit calculer d'ailleurs le caractère d'une nation; dans des circonstances données et absolument parallèles, il est le même. Pendant un siècle, les protestants furent l'objet d'une persécution atroce; on chassait, on emprisonnait, on pendait leurs ministres, on fermait leurs temples, leurs assemblées étaient traitées de séditieuses. Après un siècle de tourments, lorsqu'à l'aurore de la liberté ils purent respirer, parurent tout à coup trois millions de protestants en France; et l'on prétendrait que quelques années de déclamations et de violences ont changé la masse des citoyens! Non, ne le croyez pas, la persécution a heurté leurs opinions, mais elle n'a ni convaincu les esprits, ni persuadé les cœurs.

Que faire donc dans l'impossibilité d'éteindre les principes religieux, ou de réunir tout à coup les citoyens à la même croyance? c'est de rattacher tous les cultes à la République, en garantissant l'entière et indéfinie liberté de tous les cultes, sauf à rappeler dans une adresse au peuple les règles de sagesse que commande cet ordre de choses, dont la direction sera confiée aux représentants du peuple qui dans les divers départements iront exercer leur mission [1].

Proposer un ajournement sur cet acte de justice après lequel la nation soupire, ce serait compromettre la liberté en outrageant tous les principes. Il est temps enfin de leur faire amende honorable, et de se rappeler que la philosophie dévoue les persécuteurs à l'exécration de l'univers, tandis qu'elle présente les fondateurs, les défenseurs de la liberté à l'estime de tous les siècles.

Il ne suffit pas de passer à l'ordre du jour motivé sur l'existence de la loi, puisque, malgré la loi, partout on persécute. Il s'agit de garantir l'exercice de ce droit. S'il est encore des agitations intestines, ce moyen est le plus efficace pour les calmer ; par là vous arracherez aux malveillants un prétexte pour calomnier la Convention nationale et inquiéter le peuple : d'ailleurs la publicité appelle les regards et rend l'inspection du magistrat plus facile que sur ces réunions sourdes où les persécutés vont exhaler leur douleur et contracter, par l'habitude de la clandestinité, une physionomie qui n'est pas celle de la franchise.

Et qu'on ne dise pas que les citoyens ayant été pendant un an privés de l'exercice public, cet état des choses peut persévérer : ce raisonnement serait celui d'un voleur qui voudrait retenir son larcin, ou du tyran qui tenterait de perpétuer sa domination sur un peuple résolu à secouer le joug.

---

1. Var. : *cet ordre de choses.* (3 lignes en moins.)

Traitez comme séditieux quiconque troublerait l'exercice de cette liberté ; mais qu'aucune religion ne prétende usurper la domination ni forcer la volonté de personne ; aux yeux du législateur, elles ont toutes des droits égaux. Il peut même interdire, hors les maisons de rassemblements des divers cultes, tous les signes extérieurs ; et certes, des prières en langue inconnue, des processions et des cloches ne constituent l'essence d'aucune religion [1]. Si des malveillants, des royalistes, qui veulent se rattacher à tout, s'insinuaient dans ces assemblées, l'intérêt de toutes sera d'accord avec leurs devoirs ; elles s'empresseront de les dénoncer à l'autorité civile.

Mais, dira-t-on, comment concilier les jours de travail et de repos, consacrés par vos idées religieuses, avec ceux qu'a établis la Convention nationale ? Je n'examine pas si la division décadaire est la plus appropriée aux habitudes morales, aux facultés physiques de l'homme et des animaux, compagnons de ses fatigues : la loi existe, la loi doit être exécutée. Elle n'interdit pas aux citoyens de consacrer des moments à leur culte, puisqu'elle n'atteint pas même l'individu qui consume des jours entiers dans la débauche. Les citoyens de tous les cultes, amis vrais et sincères de la patrie, sauront toujours concilier leurs devoirs religieux avec les devoirs sociaux, de manière que la chose publique n'en souffre pas.

Et pourquoi le même temple qui réunira successivement aux pieds de l'Éternel les citoyens des divers cultes pour leurs actes religieux, ne les réunirait-il

---

1. Cette phrase a été supprimée dans les éditions suivantes.

pas simultanément autour de la statue de la liberté pour leurs actes civils et politiques [1].

S'il est une religion qui s'occupe sans cesse à consoler l'humanité, en défendant celui qu'on outrage, en soulageant celui qui souffre ;

Si elle commande aux citoyens de s'aimer, de se respecter quelle que soit la disparité de leurs opinions ;

Si elle épure la morale privée et publique, en proscrivant tous les vices qui altèrent l'ordre social, en prescrivant toutes les vertus qui l'affermissent ;

Si elle arme la raison contre les secousses des passions, les illusions de la prospérité et les angoisses du malheur ;

Si elle agrandit l'âme, en rattachant toutes ses affections au principe intelligent duquel tout émane ;

Si elle augmente la propension à faire le bien par des motifs qui, suivant l'expression d'un orateur, retentissent dans l'éternité ;

Si, reportant sur la société ces motifs qui émeuvent puissamment l'esprit et le cœur, elle fortifie l'attachement du peuple pour ses lois, et sa confiance dans ses représentants ;

Si, donnant plus d'énergie à l'amour de la République, à la haine de la royauté, elle dispose le citoyen à se sacrifier sans cesse pour celle-là et contre celle-ci ; certes, une telle morale consoliderait les institutions sociales, elle serait une des plus fermes colonnes du gouvernement. Or, tels sont les sentiments de toutes les sociétés religieuses qui sont dans la République. Voulez-vous séréniser les cœurs, répandre la joie dans

---

1. Ces deux alinéas, depuis : *Mais, dira-t-on*, ont été supprimés dans les éditions ultérieures.

les familles, imprimer un nouvel élan vers la liberté, et consolider la démocratie, qui n'aura presque plus de contradicteurs, assurez la liberté des cultes. Les Français sont bons ; ils feront un effort d'indulgence pour se persuader que des raisons d'intérêt public avaient décidé la clôture de leurs temples. Ils recevront comme une grâce l'exercice d'un droit que personne ne peut leur ravir, et sans lequel un gouvernement, de quelque nom qu'on le décore, ne sera jamais qu'une tyrannie. Qu'à la voix paternelle de la Convention tous les cœurs se raniment donc et se dilatent. Disons aux citoyens :

« Sous l'ombre tutélaire des lois, il vous est libre d'accomplir les actes de votre culte ; mais écartez ces dissensions qui ont si souvent consterné la raison, troublé les peuples et ensanglanté le monde ; point de rivalité que celle du patriotisme et de la vertu !

« Cultivez vos champs, perfectionnez les arts, animez l'industrie, soignez l'éducation de vos enfants, qui doivent transmettre aux hommes de l'avenir l'héritage de la liberté. Quelles que soient vos opinions religieuses, aimez-vous, puisque le père commun vous aime. La patrie est notre mère commune ; autour d'elle doivent se rallier tous les cultes amis de l'ordre, du bonheur et de la gloire nationale. Appuyés sur vos vertus et votre courage, vos représentants termineront une révolution glorieuse ; et le faisceau républicain sera le lien indissoluble de tous les Français. »

En appuyant le projet de décret concernant les fêtes décadaires, je présente le suivant [1] :

1. Phrase supprimée dans les éditions postérieures.

PROJET DE DÉCRET

La Convention nationale décrète :
Les autorités constituées sont chargées de garantir à tous les citoyens l'exercice libre de leurs cultes, en prenant les mesures que commandent l'ordre et la tranquillité publique.

II.

LETTRE DE MORELLET A GRÉGOIRE
AU SUJET DU DISCOURS SUR LA LIBERTÉ DES CULTES

19 nivôse, à 7 h. du matin [8 janvier 1795].

« Citoyen, je viens de lire en me levant le discours
« sur la liberté des cultes que vous avez eu la com-
« plaisance de m'envoyer. On ne peut pas me dire :
« *Vanum est vobis ante lucem surgere*, car j'ai employé
« fort agréablement le temps que j'ai dérobé à mon
« lit. J'en suis parfaitement content. Ce sont les vrais
« principes sentis vivement, exprimés vigoureuse-
« ment et énoncés avec courage. Je suis surtout
« charmé de votre préface. Comme vous répondez
« bien à ce propos ridicule que votre motion était
« prématurée ! Et dans l'ouvrage même que de traits
« énergiques vous avez répandus ! Voilà la critique
« que vous me demandez, ou plutôt la seule que je
« puisse vous faire. Je vous remercie encore pour
« Marmontel de l'intérêt que vous avez mis à le faire
« mettre sur cette liste des hommes de lettres récom-
« pensés par la nation. Il ne s'agit plus, me dit-on,

« que de convertir ce secours actuel en secours an-
« nuel ou pension, et c'est à quoi j'espère que vous
« voudrez bien vous employer encore.

« Quant à moi, en m'annonçant que vous comptez
« qu'on s'occupera aussi de me faire comprendre
« dans le nombre de ces élus, je dois vous instruire
« que j'ai eu déjà mon fait à part, et que par un
« décret de la Convention du mois de juillet 1793 je
« jouis *d'une récompense nationale pour trente-cinq ans*
« *de travaux utiles*, de la somme de 2625 fr. Ce tra-
« vail a été fait au bureau de liquidation d'après la
« production des titres des pensions et traitements
« que je tenais de l'ancien gouvernement. Sur cet
« exposé je crois que vous jugerez comme moi que
« je ne suis pas dans le cas d'être employé dans vos
« états. Je serais regardé comme mangeant à deux
« râteliers ; à moins que votre comité ne veuille ab-
« solument me gratifier encore de mille écus que je
« recevrais bel et beau si l'on s'obstinait à me les
« faire prendre. Je vous prie de faire usage de ce
« renseignement s'il était question de moi.

« Je m'avise en finissant de vous envoyer un petit
« papier imprimé en 1793 et qui touche au même
« objet que vous avez si bien traité. Vous y pourrez
« voir que la matière m'étant familière j'ai quelque
« droit d'avoir un avis, et que quand je dis que votre
« papier est excellent c'est une autorité grave que
« vous avez de plus en votre faveur.

« Je vous salue très civilement et très civique-
« ment.

« Morellet. »

III

LETTRE D'UN PRÊTRE DEVENU DRAGON SUR LE MÊME SUJET

Pont-à-Mousson, 12 nivôse an III de la République française
[1ᵉʳ janvier 1795].

Égalité, Liberté ou la Mort.

« Citoyen représentant,

« Ton discours sur la liberté des cultes a l'appro-
« bation de tous les républicains instruits ; les plus
« sévères et même les plus énergiques y ont ap-
« plaudi, et le vœu du peuple semble en demander
« l'exécution.

« J'ai parcouru plusieurs départements ; presque
« partout j'ai vu l'aristocratie et l'intrigue crier contre
« ce qu'il leur plaisait d'appeler fanatisme ; presque
« partout les hommes de loi qui, plus que certains
« prêtres, regrettent l'ancien régime, et les vrais
« fanatiques même en criant les plus forts (*sic*) ont
« cru se donner un relief de patriotisme, et ce sont
« eux qui vraiment ont établi le terrorisme. L'aristo-
« cratie en a conçu sans doute un coupable espoir,
« mais le peuple qui veut la République a tout souf-
« fert, et dans le silence il n'a cessé de réclamer la
« liberté de rendre à la divinité le culte qui lui fait
« plaisir.

« Mais quoi ! le moment de lui rendre ce droit sacré
« est-il arrivé ? Les subsistances lui donnent aujour-
« d'hui plus d'inquiétude que jamais. Les denrées,
« depuis la suppression du maximum, loin d'être plus
« communes, comme se l'étaient promis nos législa-

« teurs, sont aussi rares qu'auparavant, et le prix
« même a doublé. Il est à craindre que la misère ne
« soit grande. Aujourd'hui les gens suspects qui ont
« prétendu avoir été victimes du terrorisme respi-
« rent l'air vivifiant de la liberté, tandis que des
« défenseurs de la patrie sont dans les fers pour
« quelques écarts [1]. Il me semble que ces derniers
« méritent plus que les autres l'indulgence nationale.
« Les rendre à la liberté, ce serait donner de nou-
« veaux défenseurs à la patrie.

« Oui, citoyen représentant, l'aristocratie semble
« relever la tête et avoir quelque espérance. Je ne
« crois donc pas que le moment soit propice. Il faut
« aujourd'hui une surveillance plus active que jamais
« de la part des républicains. Redonner tout de suite
« un culte, ce serait peut-être faire un pas rétro-
« grade. L'aristocratie pourrait en tirer quelque avan-
« tage. Puissent mes doutes n'être pas fondés ! C'est
« un jeune homme qui veut se mêler de politiquer.
« C'est son amour ardent pour la République qui le
« fait parler.

« Je suis dragon au 1er régiment. J'ai été ministre
« du culte catholique ; persécuté à cause de ce titre,
« je profitai de la loi qui appelait les jeunes gens à
« la défense de la patrie. Aujourd'hui je me félicite
« d'être un de ses défenseurs.

« Salut,

« COUENNE, dragon. »

[1]. Il s'agit ici sans doute de Carrier, Lebon, Fouquier-Tinville et autres « défenseurs de la patrie ».

21.

IV

LETTRE PASTORALE DE GRÉGOIRE A SES DIOCÉSAINS
(12 mars 1795)

Henri Grégoire, par la miséricorde divine, dans la communion du saint-siège apostolique, évêque du diocèse de Loir-et-Cher, à ses vénérables coopérateurs dans le saint ministère et à tous les fidèles de son diocèse, salut et bénédiction en Jésus-Christ.

Mes frères, il y a longtemps que vous n'avez ouï la voix de votre évêque; dans la distance qui nous sépare, les accents de ma tendresse ne pouvaient que difficilement retentir dans vos cœurs; et comment aurais-je pu vous transmettre les témoignages de mon affection? La tyrannie étouffait nos pensées; elle défendait à l'imprimerie de les reproduire, ou elle arrêtait la circulation des fruits de la presse; le secret des lettres était violé; les correspondances étaient interceptées; écrire à quelqu'un, c'était compromettre inutilement sa liberté, sa vie même, dans le cours de cette année effroyable, où le sang, même celui des justes, ruisselait de toutes parts, où la France était couverte de victimes, dont un grand nombre ont été immolées, de bourreaux, dont la plupart vivent encore et rugissent de n'être plus au milieu du carnage.

Avec qui correspondre, d'ailleurs, lorsqu'au milieu de cette défection qui scandalisait l'Église, privé de renseignements certains, j'ignorais quels étaient parmi vous les hommes restés fidèles; car la religion, comme la patrie, a ses émigrés?

Il me resta la faible consolation de croire qu'une circonstance éclatante de ma conduite vous aurait servi de boussole. Les nouvelles publiques vous avaient dit que quand l'évêque de Paris scandalisa l'Église par une éclatante et lâche apostasie, au milieu des vociférations de l'athéisme, et malgré les outrages dont j'étais assailli, je m'étais déclaré fidèle au double caractère de catholique et d'évêque. Vous ignorez qu'à cette époque alternativement on épuisa envers moi les promesses, les menaces et toutes les ressources de l'astuce, de la flatterie et de la perversité. En confessant J.-C., je crus prononcer mon arrêt de mort ; pendant un an, l'échafaud se présentait sans cesse à mes yeux, et la prolongation de mon existence me cause journellement encore la surprise de la nouveauté.

Gémissant dans la solitude de mon cœur, j'invoquai la résurrection de la justice ; dès qu'il me fut possible de réclamer utilement les droits que la tyrannie vous avait ravis, je demandai la liberté des cultes ; et cette demande, qui m'attira de nouveaux outrages, vient cependant d'obtenir quelque succès.

Si dans l'ordre ordinaire des choses il est déplacé de parler de soi-même, ici la religion m'en fait un devoir ; car, si je ne prouvais que je n'ai cessé d'agir en évêque, quel droit aurai-je d'examiner, dans le diocèse confié à ma sollicitude, la conduite des pasteurs et des ouailles ?

Entre les persécutions qui ont affligé l'Église de France depuis son origine, aucune peut-être n'a réuni tant de caractères de violence et de barbarie que la dernière. Si tous les cultes ont été froissés par des hommes qui n'en veulent aucun, la religion catholique a été l'objet spécial de leur haine, et souvent on s'est borné contre les autres à des hostilités apparentes pour diriger tous les coups contre celle-ci.

En frappant les pasteurs, on espérait disperser le troupeau. Les persécuteurs n'ont guère excepté que les prophètes de Baal qui s'associaient à leurs forfaits. La tempête est venue fondre sur de vénérables pasteurs qui avaient édifié par leurs exemples, instruit par leurs discours, fait aimer les lois, et concouru avec nous à fonder la République. Chargés de calomnies, abreuvés d'amertumes, dévorés par la faim, traînés de cachots en cachots, les uns ont désespéré la rage de leurs assassins, d'autres ont expié par la mort le crime....., le seul crime d'avoir pratiqué les devoirs de la religion.

Dans ces murs où un homme revêtu d'un grand pouvoir trouvait étrange que l'on n'eût pas encore dressé les bûchers, puisqu'il y restait des prêtres ; à Blois, on se rappelle avec horreur que cinq furent égorgés, entre autres le curé de Saumur, qui était muni de son certificat de civisme. La terreur était portée à tel point, qu'on n'osa leur donner la sépulture, et leurs corps sanglants, roulant dans les flots de la Loire épouvantée, allèrent se réunir à ceux qu'on noyait à Nantes.

Si vos ennemis avaient eu le moindre sentiment de pudeur, de justice, ou seulement de ce qu'on appelle *éducation*, ils n'auraient point outragé vos opinions religieuses, ni les objets de votre culte. Héliodore s'était borné à voler le temple de Jérusalem ; Balthasar en avait fait servir les vases à ses débauches ; vos persécuteurs les ont surpassés par tout ce que l'impiété et la cruauté ont de plus révoltant.

Une troupe de brigands, composée en partie de prêtres apostats, se précipitait avec fureur dans les églises, détruisait les chefs-d'œuvre des arts, les monuments de la piété, exerçait le pillage, et vomissait des blasphèmes.

Vous avez vu un magistrat, à qui la loi commandait de protéger la liberté religieuse, insulter lâchement à ses concitoyens catholiques en profanant les signes révérés de leur culte.

Quand Jéroboam voulut détourner les Hébreux d'adorer le vrai Dieu dans le temple de Jérusalem, il fit ériger des idoles à Dan et à Béthel. Dans nos églises dévastées, que le délire nommait temples de la *Raison*, des prostituées, sous le nom de déesses de la *Raison*, souillèrent les autels du Dieu vivant; et dans ces chaires où tant de fois vos pasteurs vous avaient au nom du ciel prêché l'amour de la vertu, le crime prêcha l'athéisme : car le crime a besoin de l'athéisme pour étouffer ses remords : le crime redoute l'idée d'un Dieu, cette idée consolante qui, à l'issue de nos cérémonies religieuses, vous suivait dans vos maisons, dans vos travaux, et qui, dans cet isolement affreux où vous a plongé la destruction des cultes, a soutenu votre espérance et allégé vos malheurs.

Les persécuteurs allaient jusque dans les maisons semer l'épouvante, désoler les familles, enlever les livres et tout ce qui pouvait réveiller des sentiments religieux. Dans diverses contrées de la France, on les a vus arracher la croix des mains des malades expirants, et, par les imprécations les plus féroces, aggraver leurs souffrances et accélérer leur trépas.

Alors les liens sociaux furent relâchés et presque

rompus ; il n'y eut plus de sécurité que pour les scélérats. Les hommes vertueux, poursuivis jusque dans l'asile de la pensée, conçurent un dégoût de la vie ; ceux qu'on envoyait au supplice furent privés des secours de la religion, que dans aucun pays on ne refuse à l'homme dans les derniers moments de son existence ; et ceux que la mort avait moissonnés étaient portés dans la tombe avec un dédain qui les assimilait aux brutes, tandis que chez tous les peuples un respect religieux accompagne au tombeau les débris de l'humanité.

Après avoir consterné le peuple, les brigands feignaient de croire et s'efforçaient de persuader qu'il avait renoncé à sa religion et abjuré son Dieu, tandis que leurs partisans dans chaque commune n'étaient qu'une poignée d'êtres dépravés. La morale de l'Évangile est si pure qu'elle répugne à tous les libertins ; quand elle abandonne le cœur, le vice y entre. Le christianisme, disait saint Augustin, serait le plus grand ami des hommes s'ils n'avaient point de passions. Voyez quels ont été vos tyrans! Parmi eux vous trouverez des assassins, des voleurs, des impudiques, des ivrognes ; mais y voit-on un seul homme entouré de l'estime publique? Ils ont reçu les applaudissements de quelques femmes effrontées et crapuleuses ; mais a-t-on vu dans ce nombre une fille décente, une vertueuse mère de famille? Non, réjouissez-vous donc d'avoir pour persécuteurs tout ce qui compose la lie de l'espèce humaine ; soyez sûrs que l'homme fidèle à Dieu sera fidèle à sa patrie, et que les ennemis de la liberté des cultes sont aussi les ennemis de toute vertu, les ennemis de la liberté politique.

Quel était leur but? Ils voulaient anéantir tous les principes qui, dirigeant les hommes au bien, sont un reproche continuel aux méchants; ils voulaient piller sans obstacle et tenter la contre-révolution en révoltant le peuple. L'histoire en frémissant tracera le tableau de ces crimes, et si j'en ai rappelé le souvenir, ce n'est pas pour alimenter des haines (à Dieu ne plaise!), mais pour vous indiquer ceux envers qui vous multiplierez les procédés de la charité : c'est la seule vengeance que la religion permette. Vous n'aurez pas avec eux ces liaisons amicales qui ne peuvent être fondées que sur l'estime; mais vos bienfaits à leur égard aggraveront leurs remords, s'ils en sont susceptibles, et les ramèneront peut-être à la vertu, s'ils en sont encore capables.

Il ne nous appartient pas de sonder quels étaient les desseins de Dieu, en permettant que la persécution vînt nous assaillir; mais s'il est permis à de faibles mortels de conjecturer sur cet objet, pourquoi n'y verrions-nous pas la main paternelle qui, par le châtiment, appelle ses enfants au repentir? Ici je vous répéterai ce qu'un de vos compatriotes, Pierre de Blois, disait il y a six cents ans à vos ancêtres : « Les tribulations sont autant de messagers que Dieu « vous envoie pour presser votre retour vers lui [1]. »

Vous aviez porté la dissipation et commis des irrévérences dans nos temples; il a permis qu'on vous en interdît l'accès. Vous aviez peut-être négligé ses instructions, profané ses sacrements; pendant un temps, il vous a condamnés à une privation totale.

Un prêtre apostat disait parmi vous : « Je ne veux

---

[1]. Petrus Blesensis, *De utilitate tribulationum.*

« pas m'efforcer à défendre une religion que Dieu
« abandonne. » Ministre infidèle ! Non, il ne l'abandonne
pas ! Le divin fondateur a promis d'être avec elle
jusqu'à la consommation des temps. A la vérité, elle
se promène dans l'univers, suivant l'expression de
Bossuet ; des contrées où jadis elle était florissante
sont actuellement privées de sa lumière ; mais la
France catholique depuis seize siècles n'éprouvera pas
ce malheur. Les cent mille brigands qui ont été l'effroi et le fléau de la République n'ont pu arracher
de nos cœurs ni l'amour de la religion ni l'amour de
la liberté ; nous transmettrons aux générations suivantes ce double héritage. Le vaisseau de la République et celui de l'Église, battus par les orages, marcheront de conserve et arriveront heureusement au port.

Il est consolant de savoir que, dans cette subversion générale, très peu de vrais chrétiens ont été entraînés ; et quand on nous dit que cependant un assez
grand nombre ont jeté le masque, c'est qu'effectivement ils n'avaient que le masque ; leur perversité secrète a seulement acquis de la publicité.

Entre les ministres des autels, ceux qui s'étaient couverts du manteau de l'hypocrisie n'ont fait, en se déclarant imposteurs, que dévoiler la putridité de leur
cœur. Nous gémissons sur leurs égarements ; mais
cependant félicitons-nous de ce qu'en donnant leur
signalement ils ont prémuni contre le mal qu'ils auraient produit.

Ne croyez pas d'ailleurs que l'apostasie ait entraîné
la majorité. Un prêtre est vicieux, cent voix s'élèvent
pour l'annoncer : un prêtre est vertueux, ses vertus
obscures et modestes sont à peine remarquées. Les
bons ont subi le scrutin épuratoire ; comme les

apôtres, ils ont résisté aux tyrans; inébranlables au milieu des dangers, ils sont restés fidèles à la religion, à la République; ils sont prêts à se dévouer de nouveau pour la même cause. La persécution a immolé des hommes d'un mérite éclatant et qui ont droit à nos regrets; mais aussi la persécution a opéré le triage des bons et des mauvais chrétiens, des bons et des mauvais prêtres, et par là elle donne une garantie à votre confiance en vous désignant ceux qui la méritent.

D'autres avantages, dont l'énumération serait longue, résulteront encore de ces événements. N'ayant plus de consistance politique, vous ne serez plus tentés de vous reposer sur un bras de chair : Dieu seul sera votre appui. L'éclat des métaux précieux ne brillera plus dans nos temples; mais au moins ils ne présenteront plus d'appât à la cupidité : la simplicité crédule n'identifiera plus la vraie piété avec ce qui en fut souvent le poison; et sans ces moyens accessoires, la majesté touchante des cérémonies recueillera les âmes et les élèvera vers Celui qui en est l'objet.

Que la religion renaisse parmi nous! qu'elle renaisse pure comme elle sortit des mains de Jésus-Christ, comme elle fut dans les premiers siècles! c'étaient les jours de sa gloire. Nous aimons à reporter nos souvenirs sur ces temps heureux en concevant l'espérance de les voir reparaître. La fournaise de la persécution, en consumant quelquefois de bon grain, a dévoré l'ivraie qui croissait dans le champ du Seigneur. Ainsi la terre, fertilisée par la combustion des plantes parasites qui déshonoraient sa surface, se couvre de riches moissons. Nous sommes replacés pour ainsi dire à l'origine de l'Église, et le retour de cette époque annonce celui de la véritable piété, comme le retour du printemps annonce le réveil de la nature.

Trop longtemps les mauvais chrétiens, les mauvais prêtres ont été le fléau de nos assemblées religieuses : nous ne voulons ni des uns ni des autres. Les prêtres surtout, qui devaient l'exemple du courage, et qui n'ont montré que de la lâcheté, sont encore plus coupables que les laïcs. Plutôt voir des paroisses sans pasteur, que d'en avoir de mauvais ! Les bons redoubleront ce zèle dont ils ont signalé les élans d'une manière si utile et si glorieuse; ils montreront au peuple le christianisme dans sa beauté, sa grandeur.

Où trouver une religion qui donne une idée plus sublime de l'homme, de sa dignité, et qui lui présente une morale plus pure et des espérances plus consolantes? Fille du ciel, elle en descend, non, comme le disait le mensonge, pour tyranniser les mortels, mais pour les conduire au bonheur par la vertu. Elle étend sa sollicitude et ses bienfaits sur toutes les époques de la vie; elle prend l'homme au berceau, veille sur son enfance, épie sa raison naissante pour l'éclairer dans la route qu'il parcourt ici-bas, bénit ses unions, règle ses démarches, préside à toutes ses actions.

Dans ses cérémonies touchantes elle appelle la fertilité dans nos campagnes, la liberté sur notre patrie; elle bénit le ciel de ses dons; elle prie pour ceux qui l'outragent; elle entre dans les chaumières, descend dans les cachots pour consoler ceux qui souffrent; elle vole au chevet du malade pour le disposer à l'éternité. Elle le suit même au delà des bornes de la vie, et, par une chaîne invisible, elle lie le bonheur des races éteintes à celui des races présentes et futures.

Si, comme on l'a dit, les détracteurs de l'Évangile avaient trouvé dans un auteur païen le discours de Jésus-Christ sur la montagne, ou celui qu'il tint à ses disciples avant de mourir, avec quel enthousiasme ils en auraient préconisé la sublimité !

Est-il une vertu que la religion ne commande ? Seule, elle enfante et récompense cette foule de bonnes œuvres qui n'ont que Dieu pour témoin. A-t-on vu les censeurs du christianisme imiter un saint Paulin de Nole sacrifiant sa liberté pour rendre un fils à sa mère, un saint Vincent de Paul qui se met dans les chaînes pour en arracher un captif?

Est-il un vice que la religion ne condamne ? L'impudique en est tellement convaincu, que pour insinuer le poison du crime dans un cœur novice et flétrir la pudeur, il commence par saper les principes religieux. L'incrédule même éprouvera plus de sécurité dans une assemblée de vrais chrétiens que dans une société d'athées. Car, dans l'absence de tous les principes, ceux qui l'entourent le voleraient, ses amis le trahiraient, et pourrait-il compter sur l'obéissance de ses enfants, sur la fidélité d'une épouse?

La loi humaine, qui n'arrête que le bras, ne peut atteindre une foule de vices destructeurs de l'ordre public; la religion les frappe dans leur source, elle en condamne même la pensée. Elle est donc le supplément nécessaire à l'insuffisance des lois humaines, et la base la plus solide de la garantie sociale.

Aussi partout où l'Évangile a pénétré, il a humanisé les peuples, amélioré le sort des malheureux, avivé le génie des arts et consolidé l'existence politique. Est-il juste de lui reprocher les vices qu'il ne peut empêcher, et de ne pas lui tenir compte de ceux qu'il réprime et des vertus qu'il enfante? Autant vaudrait incriminer la société pour les forfaits qu'elle flétrit et qu'elle punit.

Exposer les bienfaits du christianisme, c'est déjà faire présumer la certitude de ses preuves : car il est dans l'ordre essentiel des choses que ce qui dans tous les temps est utile à tous les hommes, soit vrai. Mais pour vous pénétrer de la vérité de votre religion, il faut la connaître. Vous étudiez les titres de vos possessions, pourriez-vous ignorer à quel titre l'héritage céleste vous est promis? Nos ennemis vous ont répété que la religion était une imposture; mais vous l'ont-ils prouvé? Non, eux-mêmes ne la connaissent pas, ou ils affectent de la méconnaître en lui attribuant sans cesse des abus qu'elle condamne, en répétant sans cesse des railleries triviales, des objections mille fois détruites. Ils les puisent dans les écrits de nos adversaires qu'ils lisent; ils laissent les réponses dans les ouvrages de nos défenseurs qu'ils ne lisent pas. Tel serait un juge qui prononcerait une sentence contre quelqu'un sur la seule audition de sa partie adverse.

Ils vous reprochent de croire à des mystères, tandis que la nature en est pleine et qu'ils ne peuvent seulement expliquer la texture d'un grain de sable ni la croissance d'un brin d'herbe.

Ils veulent être crus sur parole, et ils vous reprochent une aveugle crédulité absolument contraire aux principes du christianisme, puisque l'Écriture veut que votre *soumission soit raisonnable* [1], *et que vous soyez toujours en état de rendre compte de votre espérance* [2]. Sans cela Dieu peut-il être honoré de vos hommages? Vous devez être chrétiens, non parce que vos pères l'étaient, mais parce que le christianisme est vrai.

Ici, mes Frères, de douloureux souvenirs viennent contrister mon âme. La douceur et l'aménité du caractère, une heureuse facilité d'esprit distinguent les citoyens de votre département. A ces dons naturels il en est qui réunissent les lumières ; mais en général, l'instruction y est très arriérée. Ceux d'entre vous dont la foi fut ébranlée par des déclamations ou des sophismes eussent-ils éprouvé ce malheur si leur croyance eût été le fruit d'une raison cultivée ?

Pères et mères, à l'obligation d'être éclairés pour vous-mêmes, se joint celle d'instruire vos enfants. Renoncez à l'auguste qualité que vous donne la paternité, si par les lumières unies à l'exemple vous n'êtes capables de développer en eux les qualités qui constituent le citoyen et le chrétien. Et cependant tel est l'aveuglement d'un grand nombre d'entre vous que l'instruction ne leur paraît qu'un accessoire, tandis qu'elle est une condition indispensable pour être chrétien.

De là cette fatale ignorance qui les rend accessibles à toutes les attaques de l'impiété, à toutes les secousses des passions, à tous les écarts d'une imagination délirante ; de là cette foule de pratiques quelquefois puériles et qui déshonoreraient la religion si

---

1. Rom. XII, v. 1.
2. 1. Petr. III, 15.

elle pouvait l'être; de là cette piété fausse qui par des œuvres extérieures prétend se dispenser des vertus intérieures. J'ai remarqué parmi vous un penchant décidé pour la multiplication des fêtes. Ceux qui réclamaient cette multiplication en étaient-ils meilleurs? Les jours chômés n'étaient-ils pas fréquemment souillés par le libertinage et la débauche? Si au lieu d'une procession ou d'une fête on leur eût proposé un jeûne de plus, un service à rendre au prochain, un sacrifice à la chose publique, peut-être eussent-ils refusé, parce qu'ils veulent une dévotion commode et conciliable avec leurs penchants. Les cérémonies sont utiles, nécessaires même; elles ont pour objet d'élever l'âme à Dieu, de soutenir son élan vers la vertu; mais toute pratique qui subsiste avec la corruption du cœur ne sert qu'à nourrir une funeste illusion.

D'un autre côté, j'entends dire que quelques-uns d'entre vous veulent être catholiques à condition de choisir ce qui leur convient, en omettant par exemple les austérités de la pénitence. Ne dirait-on pas que pour eux la religion est une affaire de mode? Dépend-il de nous d'ajouter ou de supprimer dans l'œuvre de Dieu? Non. C'est le dépôt inviolable que nous devons garder et transmettre. La religion est un tissu tellement organisé, que si l'on arrache un fil, tout le tissu s'échappe. On n'est pas chrétien à demi, on ne sauve pas la moitié de son âme. L'Église repousse de son sein ces enfants rebelles qui veulent la mutiler au gré de leurs caprices et la faire transiger avec leurs passions.

Vous avez gémi sur la destruction du culte; vous en avez désiré le rétablissement : est-ce pour remédier aux désordres de vos consciences, pour marcher avec un courage invariable dans la route de la vertu ? Déjà vous affluez dans nos assemblées : quel motif vous y amène ? Si c'est le respect humain, l'amour de la nouveauté, vous ressemblez à ces coupables Israélites, dont Dieu disait : *Ce peuple m'honore des lèvres, mais son cœur est loin de moi* [1].

Eu égard à la rareté des subsistances, les privations qu'impose le jeûne peuvent avoir un double mérite : car la religion consacre les sacrifices que l'on fait à la patrie. Mais quels sont d'ailleurs vos efforts pour vous disposer à célébrer les solennités pascales ? Quels cœurs apporterez-vous à ces touchantes cérémonies ? Interrogez vos consciences, leur état actuel vous fera peut-être concevoir de justes alarmes, et cependant le bonheur a fui loin de vous, car la première peine du péché est de l'avoir commis. Comparez les époques heureuses où vous dormiez dans le sein de l'innocence avec celles où le ver rongeur du remords est entré dans votre âme, et convenez que quand on n'est pas en paix avec Dieu, on est en guerre avec soi-même. L'homme vicieux est un esclave. Privé de la liberté des enfants de Dieu, il vit sous l'empire tyrannique des passions. La vertu, vous disais-je autrefois, la vertu seule embellit le sentier de la vie, seule elle donne à l'homme de la dignité, elle élève, elle agrandit son âme ; avec elle on est tout, sans elle on n'est rien.

Si, après quelques efforts pour secouer le joug du vice, vous prétendez que comme autrefois votre vie sera une alternative de chutes, de réconciliations et

---

1. Isa. c. XXIX, v. 13.

de rechutes, quittez notre société religieuse; en gémissant sur vos égarements, il nous sera doux de penser que votre séparation éloigne du troupeau les dangers de la contagion.

Ainsi, vous nous donnerez la mesure de votre piété par votre empressement à rentrer, par votre persévérance à marcher dans les sentiers de la justice; nous apprécierons votre courage à supporter les tribulations nouvelles qui vous attendent, car si la persécution est ralentie, d'autres peines vous sont réservées.

Vos ennemis les plus acharnés sont décidés à vous trouver des torts pour justifier leur abjuration ou leurs fureurs; ils empoisonneront vos démarches, vos discours, vos intentions même; ils provoqueront des troubles pour vous les imputer. N'ont-ils pas d'ailleurs l'arsenal inépuisable de la calomnie? Les pasteurs fidèles seront spécialement en butte aux outrages. Personne n'est injuste au point d'attribuer à la Convention nationale les torts de quelques mandataires infidèles; personne n'a l'injustice de vouloir que les magistrats soient responsables des écarts de quelques-uns.

Quand il s'agit de prêtres, il n'en est pas de même; tandis qu'à peine on tient compte à beaucoup d'entre eux d'avoir fait éclater toutes les vertus chrétiennes et civiques, on les rend solidaires du mal que les autres ont commis; on veut répartir sur tous le blâme des écarts qu'ils détestent. Une faute individuelle et légère devient l'objet d'une inculpation grave et générale, des hommes brutaux font retentir à l'instant ces mots : *Superstition, fanatisme,* qu'ils se gardent bien de définir, et qui leur servent de prétexte pour colorer des vexations torsionnaires. Bientôt des journalistes affidés se rendent leurs échos, et tous sont sûrs de recueillir des applaudissements dans ces sociétés où il est permis de se dire athée, et non d'être chrétien.

Quand des persécuteurs, couverts de sang, osent accuser le christianisme d'être intolérant et sanguinaire, ils savent bien qu'ils mentent. J.-C. nous a donné le précepte et l'exemple de la douceur. Rien de plus contraire à la religion que ce qu'on nomme très improprement *haine religieuse. Charité* est le cri de l'Évangile. Des hommes pervers ont, sous prétexte de religion, allumé des guerres civiles. De ce voile sacré ils ont couvert leur ambition et leur vengeance ; la religion qui les abhore n'en est pas plus responsable que le commerce, la liberté, la justice ne le sont des forfaits commis en leur nom.

Que la sagesse de votre conduite soit une réponse victorieuse à toutes les impostures. Au milieu des afflictions, rappelez-vous que les apôtres se félicitaient d'avoir été jugés dignes de souffrir pour J.-C. Je vous dirai comme le martyr saint Ignace à son cher Polycarpe : *soyez inébranlable comme une enclume sur laquelle on frappe* [1].

Quoique les persécuteurs soient les ennemis du genre humain, usez de bonté à leur égard. Que votre mansuétude déconcerte leur férocité. N'avez-vous jamais senti combien il est doux dans la pratique, combien il est sublime, ce précepte du divin Maître : *Aimez vos ennemis; faites du bien à ceux qui vous haïssent* [2].

1. Ignatii Epist. ad Polycarp.
2. Matth. V, 44.

Souvenez-vous que le christianisme veut édifier, et non dominer. Celui qui voudrait contraindre vos opinions, vos actions, serait un tyran; ne soyez donc les tyrans de personne; plaignez celui qui s'égare, ne l'imitez pas, mais aimez-le; fermez votre âme à l'erreur et au vice, mais ouvrez vos bras à vos frères errants, à tous ceux qu'une disparité d'opinions paraît éloigner de vous.

Une classe d'hommes toujours partisans du despotisme et toujours révoltés contre la loi, n'ont cessé depuis quatre ans d'égarer le peuple en semant des mensonges. Ils savent très bien que toujours attachés à l'arbre antique et majestueux de l'Église catholique, apostolique et romaine, nous croyons tout ce qu'elle croit; ils savent qu'il n'y a pas un mot de changé dans la célébration des mystères, l'administration des sacrements, l'enseignement des vérités saintes; et cependant par leurs impostures ils ont tourmenté les citoyens, divisé les familles et enfanté la guerre affreuse de la Vendée, qui a causé une plaie si profonde, et qui nous laisse de longs et douloureux souvenirs.

J'apprends que leur fureur se rallume, qu'ils attendent avec impatience ma lettre pastorale pour la déchirer, en dénaturer le sens, en travestir les idées, que déjà ils répandent parmi vous des calomnies nouvelles, capables de provoquer de nouveaux malheurs. Nous redoublerons d'efforts pour vous garantir de leurs pièges; confondez-les en redoublant de respect pour la religion, et de zèle pour en accomplir les devoirs. A leurs malédictions, répondez par des bénédictions : c'est le précepte de Jésus-Christ. Un écrivain qui a vécu parmi vos ancêtres (Geoffroi de Vendôme), en parlant à des dissidents, leur disait : « Quelles que soient les discussions fâcheuses qui « ont eu lieu entre nous, avec l'aide de Dieu nous « conserverons toujours à votre égard la charité qui « est le lien de la perfection [1]. »

Nos ennemis voudraient bien que nous imitassions ces hommes coupables de l'ancien régime, qui par un alliage sacrilège, égalant, pour ainsi dire, la créature au créateur, répétaient sans cesse ces mots : *Dieu* et le *roi*, le *trône* et l'*autel*.

Quand, pour satisfaire à mon devoir et à mon cœur, je visitais vos paroisses, avec quel soin je vous inculquais la haine du despotisme. L'Évangile, vous disais-je, nous annonce que nous sommes frères. L'Évangile consacre les principes d'égalité et de liberté. Réitérez vos protestations de fidélité à la République et d'attachement à la Convention nationale. Ne souffrez pas dans vos assemblées religieuses l'alliage impur d'hommes qui voudraient faire regretter le régime exécrable de la royauté. Qui n'aime pas la République est un mauvais citoyen et conséquemment un mauvais chrétien.

Dans l'effusion de ses bienfaits, le christianisme embrasse toute la race humaine, mais cette philanthropie universelle n'exclut pas les sentiments de prédilection pour la famille politique dont nous sommes membres. Le patriotisme est la dette de la justice et de la reconnaissance. La patrie protège la vie et la fortune des citoyens ; il y a réciprocité dans les obligations ; nous devons donc être disposés à lui sacrifier la fortune et la vie. Que les vrais catholiques se

---

1. Geoffroi de Vendôme, l. IV, épît. 11.

signalent, par leur empressement à payer les contributions, à combattre pour la liberté, comme ces vaillants Machabées dont l'éloge consacré dans les livres saints a retenti jusqu'à nous.

Parents, vous êtes comptables à Dieu et à la société de l'éducation de vos enfants. Enfants, respectez ceux qui vous ont donné la vie et dont le sang coule dans vos veines. Honorez la vieillesse, respectez la pudeur, acquérez toutes les connaissances utiles, pratiquez toutes les vertus, dérobez à vos détracteurs le droit de médire de vous, ne leur laissez d'autre ressource que la calomnie.

Il y a quatre ans, mes Frères, que, cédant à vos désirs et m'abandonnant à votre confiance qui m'appelait, je m'arrachai au repos, aux lieux qui m'avaient vu naître, aux objets que la piété filiale rendait les plus chers à mon cœur; dans un moment où l'épiscopat n'était entouré que d'épines, je l'acceptai, parce qu'un refus de ma part pouvait, disait-on, compromettre le sort de la religion et de la patrie. Il m'est doux de pouvoir, comme Samuel en face du peuple hébreu, invoquer votre suffrage sur ma conduite au milieu de vous. Si, malgré les témoignages multipliés de votre bienveillance, des peines ont accompagné tous mes pas, si dans mes fatigues apostoliques j'ai contracté une infirmité qui doit m'accompagner au tombeau; qu'importe, pourvu que la religion fleurisse, que la République s'affermisse, pourvu que les vérités, dont je fus l'organe, fructifient dans vos âmes, et qu'un jour nous soyons réunis au sein du bonheur dans les tabernacles éternels. Rien ne m'arrachera mon attachement pour vous....., pour vous, mes Frères, que je porte dans mon cœur.

Et vous, pasteurs, mes collaborateurs fidèles, vous qui, toujours accessibles aux malheureux, ne les avez jamais considérés d'un œil sec; vous qui dans les chaumières et sur le lit de douleur alliez consoler l'humanité souffrante; vous qui par l'influence et par les relations touchantes du ministère avez prévenu tant d'agitations, empêché tant de crimes, fait éclore tant de vertus, et concouru si efficacement à établir la liberté, rien ne pourra vous faire repentir de votre conduite. Le creuset des tribulations vous a épurés. Rassasiés d'opprobre, voués à la misère, chassés de vos asiles, à peine avez-vous trouvé un lieu pour reposer votre tête; vous avez fait la guerre à tous les vices, est-il surprenant que tous les vices se soient ligués contre vous?

Ranimez votre zèle, rentrez dans la carrière, l'amour de la religion et de la patrie vous en fait un devoir; ainsi que moi, n'êtes-vous pas responsables de la portion du troupeau confiée à vos soins? Quelles que soient les tribulations qui nous attendent, pourquoi sommes-nous pasteurs? n'ayant d'autres richesses que la vertu, d'autre domination que l'ascendant de l'humilité, d'autre ambition que celle d'opérer le bien, forçons l'estime de nos détracteurs; ainsi Julien, acharné à détruire la religion chrétienne, était réduit à citer pour modèle aux pontifes du paganisme les vertus des prêtres catholiques.

N'oubliez pas que l'instruction, beaucoup trop négligée, est une partie indispensable du ministère, une partie intégrante de l'office divin. L'ignorance est une des plaies les plus profondes qui, dans ces derniers temps, aient été faites à l'Église. Sans lumière comme sans vertu, il n'y a ni piété sincère, ni véritable liberté.

Concourons donc à développer toutes les facultés de l'homme, à étendre le domaine de la raison, à faire aimer les lois, à ressusciter les bonnes mœurs presque anéanties par la destruction contre-révolutionnaire du culte. Que, par nos soins, l'alliance si naturelle du christianisme et de la démocratie devienne indissoluble. Dieu et la patrie : voilà notre devise, et nos derniers soupirs seront encore pour la religion et la République.

Sera la présente adressée à toutes les paroisses du diocèse et lue au prône de la messe paroissiale, le dimanche qui en suivra immédiatement la réception.

Donné à Paris, le 12 mars 1795, et le 22 ventôse l'an 3 de la République une et indivisible.

† Henri Grégoire,
Évêque du diocèse de Loir-et-Cher.

V

LETTRE ENCYCLIQUE
DE PLUSIEURS ÉVÊQUES DE FRANCE A LEURS FRÈRES LES AUTRES ÉVÊQUES ET AUX ÉGLISES VACANTES

(15 mars 1795)

LA GRACE ET LA PAIX EN JÉSUS-CHRIST

De toutes les persécutions qui ont affligé l'Église gallicane depuis son origine, et qui toutes ont enraciné de plus en plus la foi dans le cœur des fidèles, aucune peut-être n'a réuni tant de perfidies, de violences et de cruautés que la dernière. Elle a été dirigée plus spécialement contre les ministres des autels. Puissent les lâches et les perfides qui ont trahi la cause de la religion passer le reste de leurs jours dans les larmes du repentir, et donner à leur pénitence autant de publicité qu'en eut leur scandale ! Puissent ceux à qui Dieu a fait la grâce de demeurer fidèles au milieu des outrages, au milieu des terreurs de la mort, dans les liens, dans les horreurs des cachots, dans une spoliation et un dénuement universel, « se réjouir d'avoir été jugés dignes de souffrir « pour le nom de Jésus-Christ », consoler l'Église au milieu de ses pertes et ranimer ses espérances ! Puissent-ils ne jamais « rougir de l'Évangile, source de « force et de joie pour ceux qui croient, et s'enhardir « à prêcher avec une nouvelle confiance la parole « divine qui sauve les âmes et qui les met en posses- « sion de la véritable liberté des enfants de Dieu ! » Ainsi les maux qui sont venus fondre sur nous seraient une crise qui, dans les desseins de la Providence, devait épurer la société chrétienne.

La vigne du Seigneur a été ravagée : un petit nombre d'hommes corrompus, portant sur le front la terreur, « ont donné en proie aux oiseaux du ciel les « corps morts des serviteurs de Dieu : ils ont répandu « leur sang comme l'eau autour de Jérusalem, et il « n'y avait personne pour leur donner la sépulture... « Que d'impiétés n'ont-ils pas commises dans le sanc- « tuaire ! Ils ont mis leur gloire à insulter Dieu au « milieu de ses solennités. Ils ont abattu les portes « du lieu saint; ils ont souillé et mis par terre « le tabernacle où l'on révère son nom. Ils ont con- « spiré entre eux, et ils ont dit unanimement : faisons

« cesser et abolissons de dessus la terre les jours de
« fête consacrés au Tout-Puissant. »

Pardonnons à ceux qui se sont portés à de tels excès, et remontons à la cause première. C'est Dieu, c'est Dieu lui-même qui a permis que notre culte nous fût enlevé, parce que nous le profanions par nos irrévérences, parce que, « tandis que nous l'honorions « des lèvres, notre cœur était éloigné de lui ».

Si la persécution n'est pas éteinte, elle est au moins ralentie. Dieu daigne aujourd'hui nous rendre un commencement de liberté du culte. La religion paraît sortir du tombeau et se relever au milieu des ruines. Les persécuteurs, pour couvrir leurs forfaits, voulaient persuader que le peuple avait abjuré son culte. De toutes parts le peuple dément cette imposture, la piété des fidèles, si longtemps comprimée, prend un nouvel essor, ils appellent à grands cris leurs pasteurs.

Pasteurs des âmes, nous surtout évêques, nous sommes comptables à Dieu, à l'Église, à la postérité, de nos efforts pour réveiller la foi, pour ressusciter les bonnes mœurs presque anéanties par la destruction du culte, et rendre à la religion l'éclat des vertus qui en font l'ornement et la gloire.

Avec Esdras, élevons nos mains vers le Seigneur, et reconnaissons que « nos iniquités ont été cause « que nous avons été livrés entre les mains des im- « pies, et que nous avons été abandonnés au pillage, « aux insultes et à la confusion ».

Après avoir satisfait à Dieu, par les sentiments d'une vive componction, « montons au sanctuaire « pour le purifier de ses souillures ».

La religion catholique, apostolique et romaine

fut apportée à nos pères par les premiers successeurs des apôtres. Elle est incorruptible, inaltérable dans sa foi et sa morale : ce qu'elle enseigne, elle l'enseigna dans tous les siècles, depuis sa naissance; elle l'enseignera jusqu'à la consommation des siècles. Il n'en est pas de même de tous les articles de sa discipline, dont plusieurs ont été défigurés au point d'être devenus méconnaissables. L'Église gallicane elle-même, si célèbre par son respect pour la sainte antiquité, était désolée par tous les genres d'abus, et ses maux étaient d'autant plus déplorables qu'ils paraissaient sans remède. La plupart de ceux qui pouvaient y remédier y étaient insensibles : ceux qui y étaient sensibles ne pouvaient y remédier.

Dans le cours des événements qui se sont succédé depuis le commencement de la Révolution, il semble que Dieu, dans sa miséricorde, nous ait ménagé l'époque actuelle qui nécessite et facilite le rétablissement de la discipline ecclésiastique. La religion n'a plus de consistance politique en France, par là sont levés les obstacles qui s'opposaient à ce rétablissement. Justice, sûreté, protection de la part du gouvernement; de notre part, soumission, fidélité, attachement à la République, tels seront désormais nos rapports réciproques. Dans l'exercice des devoirs du christianisme, nous puiserons sans cesse de nouveaux motifs d'aimer Dieu et la Patrie, et la vivacité de ce double attachement ne lui laissera pas le caractère obscur de la clandestinité. « Car nous sommes « des enfants de lumière, et non des enfants de ténè- « bres, et il n'y a que celui qui fait le mal qui haïsse « la lumière. »

Certains usages de la discipline portent encore

l'empreinte de l'ignorance, restes malheureux de la barbarie du moyen âge et de la subversion des principes, introduite par les fausses Décrétales. En conservant religieusement la doctrine qui nous est transmise, nous espérons qu'aidés d'un concours de lumières et de suffrages, et fidèles aux vœux des conciles, nous pourrons un jour ramener la discipline à cette uniformité d'administration, de prières et d'enseignement, qui s'adapte si bien à l'unité de l'Église, et rappeler ces formes antiques des premiers siècles qui présentaient le spectacle touchant de fidèles qui « adoraient Dieu en esprit et en vérité ».

Mais si chaque évêque, chaque diocèse, et particulièrement les diocèses en état de viduité, se permettaient à présent des innovations dans la discipline, cet isolement de conduite, cette marche précipitée fourniraient un aliment à la calomnie, et bientôt l'anarchie en serait le funeste résultat : il est d'ailleurs des règles de discipline que ni l'évêque ni un synode particulier ne peuvent changer.

Cependant la rédaction d'un règlement provisoire est nécessaire pour le moment actuel : il écartera la confusion et maintiendra l'ordre, autant qu'il est possible, dans cette inévitable disparité d'usages auxquels doivent succéder des règles uniformes. Le plan de ce règlement a été conçu par un certain nombre d'évêques, actuellement réunis à Paris, à qui la centralité de cette commune facilite une correspondance étendue et suivie. Nous aurions même pu, sans témérité, donner à notre assemblée une dénomination avouée par toute l'antiquité [1], puisqu'elle appelle

---

1. Thomassin, *Discipline ecclésiastique*, t. III, p. 351.

Conciles ces réunions d'évêques qui, se trouvant fortuitement à Constantinople ou dans les autres chefs-lieux, s'occupaient en commun des intérêts de la religion.

La prudence et la charité chrétienne aplaniront les difficultés imprévues et résultantes des événements extraordinaires dont nous sommes contemporains et témoins. D'ailleurs, nos frères les évêques nous auront peut-être prévenus dans leurs diocèses respectifs, par des déterminations capables de rectifier et d'améliorer celles que nous leur présentons.

Au reste, « tout ce qui est vrai, tout ce qui est hon-
« nête, tout ce qui est juste, tout ce qui est saint,
« tout ce qui est aimable, tout ce qui attire l'estime
« et la considération; tout ce qui est vertueux, tout
« ce qui est louable dans les mœurs occupera sans
« cesse nos pensées. Dispensateurs des mystères de
« Dieu, nous puiserons avec joie dans les sources
« abondantes du Sauveur les eaux salutaires de sa
« grâce, pour nous conduire d'une manière digne de
« son Évangile. Nous tenant tous unis ensemble,
« n'ayant tous qu'un même amour, un même esprit
« et les mêmes sentiments, nous ne ferons rien par
« un esprit de contention ni de vaine gloire; et sans
« nous laisser intimider par les efforts de nos adver-
« saires, nous agirons en toutes choses, sans mur-
« murer, sans contester. A Dieu seul, qui, selon son
« bon plaisir, produit en nous le vouloir et l'action,
« honneur et gloire.

« Que la paix de Dieu, qui est au-dessus de toutes
« nos pensées, garde nos cœurs et nos esprits en
« Jésus-Christ! »

Nous, évêques de France, réunis à Paris, assemblés au nom de Jésus-Christ, après avoir invoqué le Saint-Esprit, consulté les monuments les plus authentiques et les plus respectables de la foi et de la discipline de l'Église, et appelé auprès de nous des prêtres et des fidèles recommandables par leur piété et leurs lumières, faisons devant l'Église universelle la déclaration de notre foi et de nos sentiments, soumettons à la sagesse de nos frères les évêques résidents dans leurs diocèses respectifs, et adressons aux presbytères des églises veuves les règles de discipline provisoires qui nous ont paru les plus applicables aux besoins de l'Église gallicane, à la fin d'une persécution et à l'époque du rétablissement du culte catholique.

Déclaration de notre foi et de nos sentiments.

Nous croyons que l'Église est l'assemblée des fidèles qui, sous la conduite des pasteurs légitimes, dans la profession d'une même foi et la participation aux mêmes sacrements, forment un même corps dont Jésus-Christ est le chef invisible, et le Pape le chef visible.

Nous croyons de cœur et d'esprit tout ce que croit et enseigne l'Église catholique, apostolique et romaine.

Nous professons sa doctrine, telle qu'elle a été définie par les conciles œcuméniques.

Nous adoptons *l'exposition de la doctrine de l'Église catholique, par Bossuet.*

Nous reconnaissons que le gouvernement de l'Église est tout spirituel, et qu'il ne peut s'étendre ni directement ni indirectement sur le temporel.

« Le Fils de Dieu, ayant voulu que son Église fût
« une et solidement bâtie sur l'unité, a établi et in-
« stitué la primauté de saint Pierre, pour l'entretenir
« et la cimenter. C'est pourquoi nous reconnaissons
« cette même primauté dans les successeurs du *pre-*
« *mier* des apôtres, auxquels on doit pour cette
« raison la soumission et l'obéissance que les saints
« conciles et les saints Pères ont toujours enseignées
« à tous les fidèles..... L'autorité de la chaire de saint
« Pierre a un fondement certain dans l'Évangile,
« et une suite évidente dans la tradition. » (*Bossuet,
Ibid.*, § 21.)

« Le gouvernement épiscopal est établi par Jésus-
« Christ même. On le voit en vigueur dès les temps
« des apôtres. L'autorité de l'épiscopat établit l'unité
« dans les églises particulières, comme la primauté
« du saint-siège est le centre commun de toute
« l'unité catholique. » (*Ibid.*)

Les évêques, successeurs des apôtres, tiennent de
J.-C., par la consécration, leur pouvoir et leur autorité.

« Nul ne doit prêcher, s'il n'est envoyé. » (Saint
Paul, *Rom.* x, ⱴ. 15.) A la vacance d'un siège, conformément au canon V du premier concile de Nicée, le
nouvel évêque élu doit être approuvé et constitué par
les évêques de la province, en présence du métropolitain ; et dans les cas difficiles et d'une nécessité
urgente, par trois évêques, que se seront assurés de
sa vertu, de sa doctrine et de sa sainteté, et du consentement du peuple.

Les pasteurs du second ordre sont associés aux
évêques, par la disposition du Saint-Esprit, pour
paître, enseigner et gouverner l'Église avec eux et
sous leur autorité.

L'Écriture commande d'obéir aux puissances ; nous nous faisons un devoir d'être soumis aux lois de la République, de prier pour elle et nous intéresser à sa prospérité, de respecter ses magistrats, et d'inspirer les mêmes sentiments aux fidèles confiés à nos soins.

Nous reconnaissons que les mariages autorisés par la puissance publique doivent avoir tous leurs effets civils. Mais nulle puissance humaine ne peut altérer la pureté de la morale évangélique. La doctrine de l'Église catholique ne permet pas le divorce ; elle défend à ses ministres de donner la bénédiction nuptiale aux fidèles divorcés.

Sa discipline ancienne, constante, universelle, interdit les fonctions spirituelles à ceux de ses ministres qui se marient après leur ordination.

Nous rejetons toute innovation dans la discipline générale de l'Église.

Nous sommes profondément affligés des divisions qui déchirent l'Église de France, et nous exprimons notre ardent désir d'une prompte et solide réunion. Pour accélérer cet heureux événement, nous adopterons toutes les voies de conciliation conformes à la charité, à la justice, à la vérité et aux libertés de l'Église gallicane.

Nous nous faisons gloire d'être les ministres d'une religion dont la morale simple et sublime se compose de toutes les vertus utiles à la société, religion sainte, qui doit à son origine céleste l'avantage d'être l'institution la plus adaptée à la nature de l'homme, la plus propre à lui montrer la véritable route du bonheur auquel il aspire, et à lui en faciliter l'acquisition ; religion dont les caractères distinctifs sont l'égalité fraternelle, la charité sans bornes, le pardon des injures, l'amour même des ennemis, le soin attentif de ne nuire à personne, l'empressement à faire du bien à tous; religion qui ne tend qu'à établir partout la paix et la concorde, l'amour et la pratique des bonnes œuvres, qu'à détruire l'empire du vice, qu'à brider les passions, qu'à introduire et propager les mœurs douces et sociales, qu'à leur donner pour compagne fidèle la pudeur qui en est l'ornement et la sauvegarde; religion qui nous concilie les faveurs du ciel, répand sur nous les trésors de la grâce, nous aide et nous soutient au milieu des dangers qui nous assiègent, adoucit les amertumes de la vie, entretient l'union dans les familles, la fidélité et la tendresse mutuelle des époux, l'amitié des pères pour leurs enfants, et le respect des enfants envers leurs pères; religion dont un des principes essentiels est l'obéissance aux autorités, la pleine et entière soumission aux lois, dont elle est le véritable supplément, comme le plus ferme appui; car leur puissance se borne à punir certaines actions, sans opposer aux passions une barrière suffisante, sans atteindre une foule de désordres qui se dérobent à la vigilance des magistrats; religion qui nous présente pour chef et pour modèle celui qui est la sainteté même, qui nous donna l'exemple de toutes les vertus, qui nous apprit à être doux et humbles de cœur, à compatir aux pauvres et aux affligés, à mépriser les richesses, les plaisirs, les grandeurs humaines, tout ce qui peut flatter l'orgueil ou la sensualité, à porter nos vues et tout notre ambition vers le ciel, où nous attend, pour fixer notre bonheur, *le même Jésus-Christ, auteur, consommateur et rémunérateur de notre foi.*

Nous abhorrons les impiétés, les blasphèmes et les excès sacrilèges dont se sont rendus coupables dans ces derniers temps des chrétiens, des prêtres, et même des évêques.

RÈGLEMENTS

§ Ier. — *Conduite à tenir envers les ecclésiastiques qui sont tombés pendant la persécution.*

Conformément à l'esprit de l'Église et aux règles canoniques, nous regardons comme indignes de leur état et de la confiance des fidèles en matière de religion :

1° Tous les ecclésiastiques, et surtout les évêques, qui ont apostasié, par quelque motif que ce soit;

2° Les ecclésiastiques qui ont livré à la profanation le corps de Jésus-Christ, les saintes Écritures, les saintes Huiles, l'image de Jésus-Christ, ou autres objets de la vénération des fidèles, ou qui ont applaudi aux sacrilèges, aux impiétés, aux blasphèmes des ennemis de la religion;

3° Les ecclésiastiques qui, de leur propre mouvement, ont livré, ou promis de livrer, ou fait croire qu'ils avaient livré leurs lettres d'ordre, d'institution canonique, de desserte ou de vicariat, ou en ont consenti la remise faite par autrui;

4° Les ecclésiastiques qui ont, de leur propre mouvement, pendant la persécution, donné leur démission, ou déclaré qu'ils renonçaient à leurs fonctions ou au sacerdoce;

5° Les ecclésiastiques qui, ayant livré leurs lettres, par crainte, à la vérité, mais avec conviction qu'on les leur demandait en haine de la religion, ou en signe d'abdication de leur état, n'ont pas déclaré aussitôt qu'ils ne renonçaient pas à la religion ou à leur caractère, ou à leurs fonctions, ni réclamé avant la fin de la persécution auprès des autorités constituées ;

6° Les ecclésiastiques qui, en s'abstenant pour eux-mêmes des actes d'abdication mentionnés ci-dessus, les ont conseillés à d'autres ;

7° Les ecclésiastiques qui, par crainte ou autrement, ont coopéré d'une manière active à la persécution ou à la suspension du culte ;

8° Les ecclésiastiques qui ont assisté et pris part aux cérémonies d'un culte impie et dérisoire ;

9° Les ecclésiastiques qui se sont mariés sous prétexte d'éviter les persécutions, ou par quelque motif que ce soit, quand même ils renonceraient au mariage.

Nous pensons qu'eu égard aux besoins de l'Église, on pourra user d'indulgence envers les ecclésiastiques qui, ayant livré leurs lettres ou donné leur démission, et n'étant compris dans aucun des articles précédents, auront, par de dignes fruits de pénitence, expié leur faute et réparé le scandale.

Les fautes de ce genre sont susceptibles d'une latitude plus ou moins grande qui en atténue ou en accroît la grièveté, et qui doit conséquemment modifier, d'après les règles canoniques, et celle de la prudence chrétienne, l'application des principes de sévérité ou d'indulgence.

Mais à l'égard des personnes indiquées dans les précédents articles, la discipline doit être observée dans toute sa rigueur ; on fera sentir aux peuples la nécessité de s'y conformer, et les maux qu'entraînerait le relâchement dans des cas si graves.

§ II. — *Conduite que les ecclésiastiques auront à tenir à l'égard des fidèles qui sont tombés pendant la persécution, et avis qu'ils auront à donner à ceux qui seraient tentés de se diviser.*

Les ministres de l'Église trouveront dans le Traité de saint Cyprien de *Lapsis* [1] des principes qui pourront les diriger dans la conduite à tenir à l'égard des fidèles *tombés*, à qui Dieu inspirerait des sentiments de pénitence : on peut aussi consulter le chapitre 19 du concile de Nicée, les conciles d'Elvire, d'Arles, d'Ancyre et les canons de Pierre d'Alexandrie.

Ils inculqueront aux fidèles qui seraient tentés de se diviser, les principes de *Gerson* adoptés par l'Église [2].

« Le schisme, dit cet auteur, en parlant de celui

---

1. Nous venons de faire imprimer une traduction de ce traité, qui se vend chez le citoyen Leclère, libraire, rue Saint-Martin, nos 254 et 89.

2. *Gersonis Opera, Antwerpiæ,* 1706, t. II, fol. 2. *De modo habendi se tempore schismatis.*

Non est schisma tantum in separatione membrorum a capite, sed etiam in separatione pertinaci membrorum ab invicem. Pag. 6.

In schismate præsenti tam dubio, temerarium, injuriosum et scandalosum est asserere omnes tenentes istam partem vel alteram, vel omnes neutrales etiam absolutos, esse universaliter extra statum salutis, vel excommunicatos, vel rationabiliter de schismate suspectos.

Temerarium et scandalosum et sapiens hæresim est asserere sacramenta Ecclesiæ suam efficaciam non habere, aut sacerdotes non esse consecratos, pueros non esse baptisatos, sacramentum altaris non esse confectum, et similia.

Temerarium et scandalosum est asserere quod non licet audire missas eorum vel sacramentis non communicare. Pag. 4.

« d'Avignon, ne consiste pas seulement dans la sépa-
« ration des membres d'avec le chef, mais aussi dans
« la séparation obstinée des membres les uns d'avec
« les autres.

« C'est une témérité, un scandale, dans une affaire
« aussi controversée, d'oser regarder ses frères
« engagés dans un autre parti, ou ceux qui gardent
« la neutralité, comme universellement hors de la
« voie du salut, comme excommuniés, ou comme jus-
« tement suspects de schisme.

« C'est une témérité, un scandale qui sent l'hérésie,
« de prétendre que les sacrements de l'Église n'ont
« pas leur efficacité, que les enfants ne sont pas bap-
« tisés, que les prêtres ne sont pas vraiment prêtres,
« qu'ils ne consacrent pas, et autres choses sem-
« blables.

« C'est une témérité et un scandale de prétendre
« qu'il n'est pas permis d'entendre leurs messes, ou
« de communiquer avec eux dans les sacrements. »

RÈGLES PARTICULIÈRES

§ III. — *Sur l'administration des diocèses et paroisses, sur les sacrements et sur le culte.*

1. Nous suivons l'esprit de l'Église en adoptant la distribution qui s'est faite des arrondissements ecclésiastiques, conformément aux distributions civiles.

2. Dans la distribution actuelle de la France, les diocèses resteront sous le régime des dix métropoles.

3. Nous conservons provisoirement la distribution actuelle des paroisses.

- 4. Tous les rapports établis par les saints canons, entre les métropolitains et leurs suffragants, sont rappelés et maintenus.

5. La seule manière canonique de pourvoir aux évêchés vacants est l'élection.

6. Nous exhortons les fidèles à offrir leurs prières à Dieu pour en obtenir des pasteurs selon son cœur. Dans les circonstances où se trouve actuellement l'Église, rien, sans doute, n'est plus nécessaire que d'avoir de bons Pasteurs, mais cette importance même établit la nécessité de n'y procéder qu'avec maturité.

- 7. Nous présenterons le plus tôt possible le mode d'élection des évêques et des curés, conformément aux règles canoniques de la primitive Église. Jusque-là, chaque métropolitain, ou, à son défaut, l'évêque le plus ancien de l'arrrondissement, sentira qu'il est de son devoir de surveiller les diocèses vacants. Les évêques voisins se rappelleront aussi que l'épiscopat étant solidaire, ils doivent étendre leur sollicitude sur les églises veuves.

8. Conformément à l'esprit du gouvernement de l'Église et à la pratique des temps les plus reculés, l'évêque a deux conseils.

Le premier composé de tous les pasteurs du second ordre du diocèse : il est sage et juste que les évêques ne fassent aucun règlement général et n'admettent aucun changement important dans les rites, usages et règlements de discipline générale de leur diocèse, sans avoir pris l'avis de ce conseil.

Le second est composé des curés de la ville épiscopale. Il convient que dans l'administration ordinaire l'évêque ne fasse rien d'important sans en avoir conféré avec eux. Dans le cas où leur nombre ne s'élèverait pas à celui de douze, ce nombre sera complété par les curés les plus voisins. Ce conseil dès les premiers temps de l'Église était désigné sous le nom de presbytère : à lui appartient le gouvernement du diocèse pendant la vacance du Siège.

9. A cause du malheur des temps présents, et pour cette fois seulement, le presbytère pourra être composé d'un nombre beaucoup moindre. Nul ne pourra en être membre s'il n'a tenu pendant la persécution une conduite notoirement irréprochable.

10. Nous invitons nos collègues à adresser à leurs diocésains une lettre de consolation et d'exhortation, et à leur indiquer la conduite qu'ils doivent tenir dans ces temps difficiles.

11. Nous ne doutons pas que leur zèle ne les porte à faire aussitôt qu'il sera possible la visite de leur diocèse.

12. Il est important que nous nous conformions aux saints canons, relativement aux dimissoires et aux temps d'ordination; que nous ne précipitions aucune ordination, sous prétexte du petit nombre des prêtres; que nous ne prévenions jamais l'âge prescrit par le concile de Trente. Il serait même à désirer que, conformément aux anciens canons, on n'ordonnât aucun prêtre avant l'âge de trente ans.

Les saints canons proscrivent les ordinations vagues. On ne doit ordonner aucun prêtre sans l'attacher à une église dont les fidèles auront été consultés.

13. L'un des premiers soins des évêques et de chaque presbytère des églises vacantes doit être de dresser un tableau des curés et prêtres qui sont

restés fidèles pendant la persécution, et d'envoyer de bons prêtres dans les églises qui se trouvent sans aucun secours. On rédigera d'après ce tableau une *Lettre commendatice* pour chaque prêtre : elle énoncera qu'il n'est dans aucun des cas qui excluent des fonctions saintes.

Pour éviter les surprises et la profanation, ces *lettres* contiendront le signalement et la signature du prêtre qui en sera porteur.

Eu égard aux malheurs des circonstances, nul prêtre ne sera admis à exercer le saint ministère sans présenter cette *Lettre*.

14. Les pasteurs se porteront avec zèle à faire connaître Jésus-Christ, les richesses abondantes de sa grâce, et la nécessité de la foi en lui pour être sauvé. Ils exhorteront les fidèles à faire leur étude assidue et leur consolation du Nouveau Testament, et surtout du saint Évangile.

15. L'instruction est une partie intégrante de l'office paroissial.

16. Les curés seront très exacts à faire tous les dimanches une instruction immédiatement après les prières du prône et la lecture de l'épître et de l'évangile du jour.

17. Les catéchismes et instructions chrétiennes des enfants seront repris sans délai et continués sans interruption.

18. C'est le relâchement de la piété qui a introduit l'abus de précipiter la prononciation et les cérémonies dans la célébration de l'auguste sacrifice des autels. De cet abus en est résulté un autre non moins déplorable. Beaucoup de chrétiens se sont habitués à croire que, pour sanctifier le dimanche, il suffisait

d'entendre à la hâte une messe célébrée de même, sans instruction et sans participation au moins spirituelle à la sainte table. Nous réclamons de toutes nos forces et de toute notre autorité contre ces abus introduits d'un côté par la cupidité, de l'autre par l'ignorance. Que l'exemple des prêtres inspire aux fidèles cette gravité décente, cette piété touchante, ce recueillement profond qui doivent toujours régner dans nos assemblées religieuses. Que ce recueillement précède et suive la célébration des redoutables mystères, dont saint Justin nous trace un si admirable tableau. Que cette célébration soit conforme en tout à l'esprit des premiers siècles de l'Église, en sorte que la prière, la méditation, la lecture de l'Écriture sainte, l'homélie accompagne toujours l'oblation, la consécration et la communion.

Il n'y aura à la fois dans chaque église qu'une seule messe, et la communion sera donnée aux fidèles immédiatement après celle du prêtre.

19. Les pasteurs exhorteront les fidèles à présenter sans délai au baptême les enfants qui ne l'auraient point reçu, ou auxquels on l'aurait conféré sans observer les formes nécessaires à la validité du sacrement.

Ils tiendront note dans la forme suivante des baptêmes qu'ils administreront.

L'an de Jésus-Christ   a été baptisé N.
  ,fils de   ,né sur la paroisse de
         ,diocèse de

Quant à la naissance, elle ne peut être constatée que par la municipalité.

20. Une des plaies les plus profondes qui aient été

faites à l'Église est le relâchement des mœurs, résultant de la facilité avec laquelle beaucoup de prêtres réconciliaient les pécheurs et les admettaient à la participation des sacrements. Les pasteurs se rappelleront les maximes du concile de Trente sur la justification et les avis de saint Charles Borromée aux confesseurs. Ils imposeront des pénitences qui, étant simultanément médicinales et satisfactoires, frapperont les vices dans leur source. Ils soumettront les pécheurs à des épreuves qui, sans les désespérer, donneront la certitude morale de la destruction des mauvaises habitudes et du changement des cœurs. En un mot, ils feront revivre, autant qu'il sera possible, les dispositions des canons pénitentiaux. C'est ainsi qu'en épurant les mœurs, qui sont l'appui le plus solide d'un bon gouvernement et la garantie nécessaire à toute société; ils repousseront les reproches des incrédules et feront cesser les gémissements de l'Église.

Les épreuves par lesquelles il a plu à Dieu d'épurer notre foi apprennent aux fidèles combien il est important de puiser dans le sacrement de confirmation la force de l'Esprit-Saint, nécessaire pour confesser J.-C., même au péril de leur vie.

21. On n'administrera le sacrement de mariage qu'aux fidèles qui seront mariés civilement. Il en sera également tenu note. Nous pensons que ceux des fidèles qui en ont été privés par la nécessité des circonstances doivent se présenter à l'Église, afin qu'elle confirme leur union et que Jésus-Christ répande sur eux les grâces attachées à ce sacrement.

22. Les sacrements, les cérémonies de l'Église ne doivent être conférés qu'à ceux qui font profession

d'être ses membres, de respecter son autorité, et d'être soumis à sa discipline.

23. Il ne doit se faire dans les églises paroissiales aucun office extraordinaire sans la permission de l'évêque diocésain, il ne perdra jamais de vue l'uniformité qui doit régner dans l'Église de France.

24. Dès que le culte sera en plein exercice dans chaque paroisse, aucun prêtre ne pourra célébrer la messe hors des églises paroissiales, sans la permission de l'évêque.

25. Nous désirons ardemment la suppression de tout honoraire et de toute rétribution pour prières ou bénédictions, et particulièrement pour la célébration de la messe.

26. Nous espérons que la piété éclairée des fidèles suppléera d'une manière plus digne et plus religieuse aux besoins indispensables du culte.

27. Les nouveaux temples seront bénits, et les anciens qu'on aura achetés ou loués, et qui auraient été profanés, seront réconciliés selon les formes prescrites par le rituel. Les temples doivent être décorés avec simplicité et tenus avec propreté : les hommes se placeront d'un côté et les femmes de l'autre, autant qu'il sera possible. Nulle relique ne sera exposée à la vénération des fidèles sans avoir été reconnue authentique par l'évêque, après l'examen le plus rigoureux ; car il est plus à craindre que jamais que sur cet objet on n'égare la piété des fidèles. Nous formons aussi le vœu qu'on ne charge les autels, les statues ou images d'aucun ornement inutile ou frivole.

28. Nous exhortons les ecclésiastiques à s'attirer le respect, par une simplicité, une modération qui

annonce en tout l'empire de l'âme sur les passions, conformément à cet avis de l'Apôtre : « *Que votre modestie soit connue de tout le monde;* » à avoir soin de leur réputation, dont les moindres flétrissures rejaillissent, quoique très injustement, sur le sacerdoce entier; à éviter et à réparer les plus légers scandales; à se pénétrer de la nécessité du bon exemple, qui est l'instruction la meilleure et la plus indispensable qu'ils doivent aux peuples; à être partout la bonne odeur de Jésus-Christ, et à se regarder sans cesse comme étant en spectacle à Dieu, aux anges et aux hommes.

Nous les conjurons d'entrer dans l'esprit de désintéressement qui sied si bien, et qui est si fort recommandé par l'Église aux ministres de Jésus-Christ, qui a voulu naître, vivre et mourir dans la pauvreté.

Nous leur rappelons l'obligation qu'ils ont contractée de cette pureté qui doit les rendre plus semblables à des anges qu'à des hommes; de cette charité qui imite celle de Jésus-Christ mourant pour le salut des hommes et même de ses ennemis; de cette douceur qui persuade ou désarme; de cette tolérance véritable qui n'appartient qu'à l'Évangile.

Ils doivent vivre dans la retraite, dans l'exercice continuel de la prière et des bonnes œuvres, vaquer assidûment à l'étude des divines Écritures et des saints Pères, et se renfermer le plus qu'ils pourront dans le cercle de leurs devoirs.

Enfin, c'est à eux que sont principalement adressées ces paroles de Jésus-Christ : *Soyez parfaits comme votre Père céleste est parfait.*

A Paris, le dimanche 15 mars, l'an de J.-C. 1795, 3 de la République française, et ont signé : † Jean-

Baptiste-Guillaume Gratien, évêque métropolitain; —
† J.-P. Saurine, évêque ; — † H. Grégoire, évêque;
† J.-B. Royer, évêque [1].

1. Une édition nouvelle de la Lettre encyclique, réimprimée vers la fin de l'année 1795, présente les signatures des adhérents de la manière suivante :

† Jean-Baptiste-Guillaume Gratien, évêque métropolitain de Rouen.
† Éléonore-Marie Desbois, évêque d'Amiens.
† Jean-Pierre Saurine, évêque du diocèse des Landes, à Dax.
† Henri Grégoire, évêque du diocèse de Loir-et-Cher, à Blois.
† Jean-Baptiste Royer, évêque du diocèse de l'Ain, à Belley.
Ont adhéré :
† Nicolas Diot, évêque métropolitain de Reims.
† François Bécherel, évêque de Coutances.
† Claude Le Coz, évêque métropolitain de Rennes.
† N...... Danglars, évêque du diocèse du Lot, à Cahors.
† .... Besaucèle, évêque du diocèse de l'Aude, à Carcassonne.
† Claude De Bertier, évêque du diocèse de l'Aveyron, à Rodez.
† Jacques-André-Simon Le Fessier, évêque du diocèse de l'Orne, à Séez.
† Nicolas Philbert, évêque du diocèse des Ardennes, à Sedan.
† F.-X. Moïse, évêque du diocèse du Jura, à Saint-Claude.
† Jean-Antoine Maudru, évêque du diocèse des Vosges, à Saint-Dié.
† Jean-Marie Jacob, évêque du diocèse des Côtes-du-Nord, à Saint-Brieuc.
† Jean-François Perrier, évêque du diocèse du Puy-de-Dôme, à Clermont.
† Barthélemy-Jean-Baptiste Sanadon, évêque du diocèse des Basses-Pyrénées, à Oloron.
† J.-G.-R.-F. Prudhomme, évêque du diocèse de la Sarthe, au Mans.
† Jean-Joseph Rigouard, évêque du diocèse du Var, à Fréjus.
† Jean-Guillaume Molinier, évêque du diocèse des Hautes-Pyrénées, à Tarbes.
† Pierre Pacareau, évêque métropolitain du diocèse de la Gironde, à Bordeaux.
† .... Font, évêque du diocèse de l'Ariège, à Pamiers.
† Étienne Delcher, évêque du diocèse de la Haute-Loire, au Puy.

VI

SPÉCIMEN DES ADHÉSIONS A L'ENCYCLIQUE DU 15 MARS 1795.

1°

Rodez, le 21 germinal, l'an III de la République française
[10 avril 1795].

Chers collègues,

Rien ne m'a autant satisfait que la lecture de la lettre encyclique du 15 mars que vous m'avez adressée. Comme je professe la même foi que vous y avez professée, que je suis animé du même désir que vous de voir la discipline de la primitive Église reprendre en France toute sa vigueur, et qu'il est instant d'établir dans tous les diocèses un ordre uniforme, j'y adhère bien sincèrement en tout ce qu'elle contient. Je me conformerai aux règlements qu'elle propose, parce que je suis persuadé que l'esprit de Dieu les a dictés. Elle aura certainement aussi l'adhésion de tous les bons ecclésiastiques de notre département, à qui je

† Pierre Suzor, évêque du diocèse de l'Indre-et-Loire, à Tours.
† Charles Le Masle, évêque du diocèse du Morbihan, à Vannes.
† .... Francin, évêque du diocèse de la Moselle, à Metz.
† A. Constant, évêque du diocèse du Lot-et-Garonne, à Agen.
† J.-B. Flavigny, évêque du diocèse de la Haute-Saône, à Vesoul.
† .... Primat, évêque du diocèse du Nord, à Cambrai.
† J.-Joseph Brival, évêque du diocèse de la Corrèze, à Tulle.
  Adhésions des presbytères des diocèses vacants.
Ont adhéré :
Le Presbytère métropolitain de Paris.
Le Presbytère d'Angers.
A mesure que les autres adhésions arriveront on les ajoutera.

vais m'empresser de la communiquer. Je connais leur zèle pour la religion.

Je vous salue très cordialement.

† C[laude] De Bertier, évêque.

P.-S. — Il n'est pas juste que vous fassiez seuls les frais de l'impression; veuillez me dire pour combien faut-il que j'y contribue; je serai exact à vous le faire passer.

[Cette lettre était adressée aux évêques réunis, la suivante s'adressait à Grégoire seul.]

2º.

Rodez, 3 floréal, l'an III de la République française
[22 avril 1795].

Cher collègue,

J'ai reçu aujourd'hui l'envoi officiel de la lettre encyclique, de la déclaration de foi et des règlements dont j'avais déjà vu une épreuve. Mon adhésion a dû vous être parvenue; je l'envoyai de suite. Mon nom de baptême est Claude; j'ai pensé que peut-être vous seriez en peine de le faire imprimer. J'espère que vous m'informerez de l'adhésion de tous les évêques et de la manière de laquelle les bons ecclésiastiques ont accueilli cet ouvrage dans les diocèses respectifs, afin que j'en fasse renouveler l'impression ici et que je le publie de suite. Déjà il circule en copies manuscrites, et tout se range avec plaisir autour de ce point de ralliement.

Vous me demandiez une critique sévère de votre lettre pastorale; je ne vous reproche que de n'avoir pas pris assez le ton simple des apôtres, et de vous y montrer trop ouvertement contre les royalistes. Je suis vrai républicain assurément; mais je crois, en qualité d'évêque, devoir ménager la confiance de toutes mes ouailles, quelle que soit leur opinion sur le gouvernement. En tout le reste, elle est, à mon avis, excellente.

Je suis après à recueillir les faits dont vous me priez de vous informer, et qui doivent trouver place dans l'histoire de l'Église.

Sermet est comme mort par rapport à moi; je ne sais ni où il est, ni quelle a été sa conduite. Il y a près de deux ans qu'il ne m'a pas écrit. Je n'ai point de relations avec Perpignan.

Agréez mon salut fraternel.

† C. De Bertier, évêque.

3°

Cahors, le 23 germinal, l'an III de la République une et indivisible [12 avril 1795].

Citoyen et cher confrère,

J'ai reçu avec bien de la satisfaction, et lu avec le plus vif intérêt votre lettre pastorale, la Lettre encyclique et les *Annales de la Religion*. Tous ces écrits portent le caractère qu'inspire notre religion; ils sont marqués au sceau de la vérité et sont accompagnés de cette fermeté que la seule évidence et la cause de Dieu peuvent enfanter. J'y adhère de cœur et d'âme, et je vais répandre le prospectus afin qu'il acquière dans cette partie méridionale toute la publicité qu'il mérite.

Les autres ouvrages dont vous me donnez le détail

sont très appropriés aux circonstances. Dieu veuille faire fructifier cette bonne semence qui va être jetée sur le champ du père de famille. Malheureusement l'homme ennemi y a semé de l'ivraie. Il faut avouer que nous existons dans une crise plus forte que jamais. L'impiété fait bien des ravages, mais je crois que les réfractaires font encore plus de mal. La surface de la République est couverte de prêtres ou déportés ou élargis; presque tous ceux qui étaient ici dans la maison de réclusion. sont sortis, d'après, dit-on, une pétition qu'ils ont présentée et des promesses qu'ils ne tiendront pas. Ils ont gagné beaucoup de monde; le décri de notre ministère est une de leurs moindres manœuvres; ce sont les ennemis déclarés du nouvel ordre de choses, et ils regardent et font apercevoir la contre-révolution comme sûre. En vérité on ne sait que penser en voyant de pareils incivismes; et si tout ceci ne nous 'conduit' pas à un rapprochement et une réunion, je vois tout perdu, ou nous voilà de côté. J'ignore s'il en est de même partout; un grand nombre de prêtres assermentés vont se rétracter entre les mains d'un soi-disant vicaire apostolique; et ce qui met le comble au malheur, c'est que nous n'avons pas d'églises; nous sommes obligés de dire notre messe dans nos maisons. Ce point de réunion nous manquant, l'héritage du Seigneur se divise, et la désolation ne peut manquer d'arriver. Je vois encore des écrits qui circulent, tels que celui de Lequinio, bien secondés par les administrations; et le pauvre peuple, le prétendu souverain, est comprimé; il ne jouit que d'un fantôme de liberté. Je dépose, cher confrère, entre vos mains et dans votre cœur, mes peines, et j'y cherche des consolations.

Lorsque j'aurai des renseignements certains sur le compte de mes voisins, je vous en ferai part.

Il me paraît que dès que notre profession de foi sera faite, nous devons tâcher de faire notre paix avec le pape; mettre tout en usage pour ramener une conciliation, et prouver notre bonne cause en offrant de faire toutes sortes de sacrifices, excepté celui de la patrie. Nous voulons que les intérêts de la religion et ceux de la République soient confondus.

Fraternité et respect.

Danglars, évêque du département du Lot.

4°

Saint-Diez, le 30 germinal an III de la République française
[19 avril 1795].

Citoyen représentant,

Je reçois à l'instant la Lettre encyclique de nos dignes et respectables confrères. Elle mérite les plus grands éloges; j'y adhère avec joie et avec empressement. J'attends pour la répandre dans mon diocèse la seconde édition, qui présentera sûrement l'adhésion de tous les évêques qui ont confessé J.-C. Si je connaissais le libraire qui en sera chargé, je lui passerais des fonds pour en avoir 300 ou 400 exemplaires; si toutefois l'impression est à meilleur prix qu'ici, indiquez-le-moi.

Vous avez dû recevoir une de mes lettres qui vous annonce ma position. Le peuple est très prononcé en faveur du culte; mais une queue de terroristes semblent vouloir y mettre encore des entraves. Je reçois dans ce moment la nouvelle que je suis dénoncé au

Comité de sûreté générale pour avoir baptisé et donné la bénédiction nuptiale dans mon oratoire ici et à Épinal, et que le Comité a été sur le point de me faire retourner à Paris[1]. Je suis prêt à obéir et à souffrir de nouvelles persécutions ;

Je crains Dieu... et n'ai point d'autre crainte.

Je n'ai pas encore l'état exact de tous les prêtres qui ont résisté à la perfidie des persécuteurs ; je vous en ferai part sitôt que je l'aurai reçu.
Salut et fraternité.
† Maudru, évêque des Vosges.

5°

Tarbes, ce 28 avril 1795, an III de la République française.

Citoyen confrère,

J'ai reçu la Lettre encyclique que vous m'avez adressée ; j'y adhère de tout mon cœur et j'en approuve toutes les dispositions. Je n'ai jamais eu d'autres sentiments que ceux qu'elle renferme.

Quant aux règlements, ils sont sages et conformes aux anciens canons ; il serait à souhaiter qu'on pût les mettre en pratique ; mais le nombre des coupables est trop grand pour les exclure tous des fonctions dont ils se sont rendus indignes. Comme dans ce diocèse on a repris le culte dans presque toutes les paroisses, et que parmi les ministres qui ont abdiqué,

---

1. Jean-Antoine Maudru (1748-1820) avait été incarcéré devant la Terreur. En 1801 il accepta la cure de Stenay, que la Restauration le contraignit d'abandonner.

les uns ont conservé la confiance, et que les autres l'ont perdue, j'ai permis aux premiers de reprendre leurs fonctions, et j'ai remplacé les derniers. Mon motif a été que notre ministère n'est qu'un ministère de confiance.

Je regarde la persécution que nous venons d'essuyer comme une faveur que J.-C. a faite à son Église ; il y avait beaucoup de mauvais ministres et l'épuration en était impossible. Ceux qui n'avaient que le masque de la religion l'ont quitté, et le peuple qui les connaît très bien n'en veut plus.

Le peuple est plus juste qu'on ne pense, et il veut le bien ; il pardonne à tous ceux dont la conduite était irréprochable et qui faisaient bien leur devoir ; mais il est inexorable à l'égard des autres.

Dans toutes les communes, les officiers municipaux assemblent tous les paroissiens et proposent l'ancien curé ; si l'on était content de lui, tout le monde vote en sa faveur, et on le rappelle. Si l'on n'était pas content, on en demande un autre, et quand on s'est accordé, on m'envoie copie de la délibération. Je n'approuve le choix que quand il tombe sur un sujet libre. Je pense que chaque pasteur doit conserver son troupeau à moins que son troupeau ne le rejette.

Je n'ai encore institué personne ; j'attends un modèle d'institution, ainsi qu'un modèle d'élection ; il faut établir l'uniformité en tout.

Salut et fraternité en N.-S. J.-C.

† J.-G. Molinier, évêque.

6°

Cannens, 2 mai 1795, 3ᵉ année républicaine.

J'ai lu avec attention et admiration la Lettre encyclique qui m'a été adressée par les évêques et leurs adjoints réunis à Paris, le dimanche 15 mars, l'an de J.-C. 1795, 3ᵉ de la République française.

Ceux qui liront cette pièce jugeront aisément de l'étendue des lumières de ses auteurs et de la force de la grâce qui les a animés. Je déclare donc que je la trouve de tout point conforme à la foi, à la morale et à l'ancienne discipline de l'Église catholique, apostolique et romaine, et j'adopte cette excellente production qui, pour la gloire de Dieu, sera l'instruction des uns et la confusion des autres.

Bernard Font, évêque du départ. de l'Ariège.

7°

Woippy, ce 24 floréal, l'an III de la République française une et indivisible [13 mai 1795].

Cher confrère,

J'ai reçu votre Lettre encyclique, mais un peu tard, ma santé dérangée m'a obligé de prendre l'air natal pendant quelque temps. Ma détention à Clermont-Ferrand pendant dix mois, dont j'en ai passé trois, et quatre jours, dans un cachot noir avec un de mes vicaires, avec défense très rigoureuse au geôlier de nous laisser communiquer avec personne, m'a accablé d'infirmités. Au bout de dix jours, j'ai été [1] attaqué d'un mal de reins affreux, dont je souffre continuel-

---

1. Il y a dans le texte *j'ai fut attaqué*, et plus loin *j'ai fû reçu, j'ai fû en butte*.....

lement; ma poitrine, qui était excellente, quoique délicate, est absolument délabrée par l'air infecté que j'y ai respiré. Il fallait dans ce cachot affreux de la lumière à midi comme à minuit. On nous lâchait le matin et le soir dans une petite cour puante, comme des animaux, pour satisfaire aux nécessités de la nature, et cela pendant un quart d'heure. Ma résignation dans la providence divine, ainsi que celle de mon compagnon, était parfaite. Je vous avoue sincèrement que je me réjouissais de verser mon sang pour la défense de ma religion, et surtout après avoir appris que toutes nos églises ont été fermées le lendemain après notre départ de Metz. Chaque fois que des membres des autorités constituées sont entrés dans notre cachot, ils nous ont accablés des propos les plus mortifiants, et chaque fois nous avons cru qu'ils venaient nous annoncer le terme de nos peines, car on attendait de jour en jour le scélérat Couthon, qui devait faire une boucherie des prêtres, nobles et riches. Il avait si bien arrangé ses affaires pour faire réussir son coup prémédité qu'il avait fait descendre et enlever toutes les cloches dans le département pour empêcher qu'on ne sonne l'alarme pendant son exécution barbare. Quatre bourreaux étrangers étaient déjà arrivés à Clermont pour commander en secret des échafauds. Les buveurs de sang disaient publiquement que Couthon était leur dieu. Enfin la Providence a terrassé ce tyran et nous a rendus à nos foyers, où je n'épargnerai aucune peine, quoique sexagénaire et accablé d'infirmités, pour me rendre utile à ma religion et à ma patrie. A mon retour à Metz, j'ai été reçu des bons citoyens avec des larmes de joie, et mes persécuteurs fuyaient ma présence, ne pouvant pas la soutenir. Depuis longtemps j'ai été en butte à ces petits tyrans par ma fermeté à m'opposer, *comme membre du conseil général*, à des arrêtés qu'une partie des membres du département a voulu rendre contre le culte et contre les temples. Dans une fête sacrilège, on est entré processionnellement dans la cathédrale, et y ont (*sic*) renversé le tabernacle vide et quelques statues; le même soir, j'ai réconcilié mon Église (22 nivôse, 2ᵉ année); le samedi soir, je reçois un billet d'invitation de me rendre au comité officieux du club, dont j'étais membre; mais c'était pour lire à mon arrivée une pétition à la Convention, pour demander la cathédrale pour temple de la Raison, et on m'a proposé de la signer, ce que j'ai refusé de faire en disant que la nation m'avait remis ce temple en mes mains, et que je ne l'abandonnerais pas avant qu'elle ne me l'ait ôtée par un décret. A l'arrivée du représentant Lacoste, le lendemain, mes dénonciateurs l'ont déterminé à me faire reléguer à Clermont pour être sur (*sic*) la surveillance du tyran Couthon. Un fameux buveur de sang, nommé Chasseloup, adjudant général de l'armée de la Moselle, s'est chargé de me faire conduire en prison avec 50 hommes armés, après m'avoir accablé de toutes sortes de sottises; et deux heures après, nous nous sommes mis en chemin, et au bout de huit jours arrivés à Clermont sous la conduite d'un capitaine et deux gendarmes.

Je pense, mon cher confrère, que le récit raccourci de mes peines ne vous sera pas désagréable, quoique mal digéré, étant pressé de répondre à la Lettre encyclique que vous m'avez fait le plaisir de m'envoyer. Mais vous me permettrez de vous envoyer mes observations que j'ai faites sur quelques articles qui regardent les prêtres tombés. J'adhère volontiers à cette lettre et au plan que vous y avez tracé ; votre confession de foi est la mienne ; mais je vous avoue sincèrement que je n'occuperais mon poste que quand la Convention aurait donné un décret clair et net sur la liberté du culte (celui du 3 ventôse est rempli d'entraves et on ne peut s'y fier) en nous rendant nos temples, que je ne crois pas être réputés comme biens nationaux, parce que les églises ont été bâties par les paroissiens de leurs propres fonds. Ces fonds étaient la dîme, et même, dans les Trois Évêchés, ils étaient chargés de construire la nef, et les décimateurs le chœur seulement. Vous êtes le seul évêque, comme membre de la Convention, qui est infiniment estimé des bons républicains dans notre département. Vous avez parlé avec force pour la liberté du culte. Votre Lettre pastorale, donnée depuis quelque temps, a été applaudie des mêmes ; je désirerais de l'avoir. Je m'abonne volontiers pour six mois pour les *Annales de la Religion;* je vous ferai tenir l'abonnement au plus tôt. Je demeure à Woippy ; mon adresse est chez le citoyen Marchaf, libreur (*sic*) et juge de paix, pour me remettre mes lettres. Je vous embrasse de tout mon cœur.

☦ N. Francin, évêque du départ. de la Moselle.

TABLE DES MATIÈRES

Avant-propos.. v

LIVRE PREMIER

L'abbé Grégoire à la Constituante; Constitution civile du clergé.
(1789-1791).   1

LIVRE DEUXIÈME

Grégoire évêque de Loir-et-Cher
(1791-1802).

Chapitre Ier. — Élection de Grégoire; premier séjour à Blois (1791).. 29

Chapitre II. — Grégoire à Blois pendant la seconde législature (1791-1792).. 75

Chapitre III. — Persécutions religieuses; la Terreur à Blois (1792-1795).. 95

Chapitre IV. — Rétablissement du culte; Grégoire à Blois; Persécutions nouvelles sous le Directoire (1795-1799)... 114

Chapitre V. — Le diocèse de Blois sous le Consulat; démission de Grégoire; le Concordat (1799-1801).......... 138

LIVRE TROISIÈME

Grégoire et l'Église de France sous la Convention
(1792-1795).

Chapitre Ier. — Débuts de la Convention; Grégoire en mission à Chambéry et à Nice........................ 169

Chapitre II. — Persécution religieuse; interdiction du culte; la Terreur... 188

Chapitre III. — Les Thermidoriens et la liberté des cultes; Décret de ventôse (1794-1795)................................ 229

Chapitre IV. — Réorganisation du culte; première encyclique des évêques réunis; les prêtres mariés; société de philosophie chrétienne; Annales de la religion...... 261

Chapitre V. — Décrets de prairial et de vendémiaire; loi sur la police des cultes; fin de la Convention.......... 291

APPENDICE

Notre-Dame de Paris après la Terreur (1795-1802), d'après les registres originaux de la Société catholique de cette église.. 313

PIÈCES JUSTIFICATIVES

I. — Discours de Grégoire à la Convention sur la liberté des cultes (1er nivose an II — 21 décembre 1794)...... 341

II. — Lettre de Morellet à Grégoire au sujet du discours sur la liberté des cultes....................................... 366

III. — Lettre d'un prêtre devenu dragon sur le même sujet. 368

IV. — Lettre pastorale de Grégoire à ses diocésains (12 mars 1795).. 370

V. — Lettre encyclique de plusieurs évêques de France à leurs frères les autres évêques et aux Églises vacantes (15 mars 1795).. 390

VI. — (Spécimen des adhésions à l'encyclique du 15 mars 1795).. 412
  1° Lettre de Claude De Bertier, évêque de Rodez, aux évêques réunis.. 412
  2° Lettre du même à Grégoire................................. 413
  3° Lettre de Danglars, évêque de Cahors..................... 414
  4° Lettre de Maudru, évêque des Vosges..................... 416
  5° Lettre de Molinier, évêque de Tarbes..................... 417
  6° Lettre de Font, évêque de l'Ariège........................ 419
  7° Lettre de Francin, évêque de Metz........................ 419

ARMAND COLIN ET CIE, ÉDITEURS
Paris, 1, 3, 5, rue de Mézières

N° 836.

HISTOIRE GÉNÉRALE DE L'EUROPE
PAR LA GÉOGRAPHIE POLITIQUE

Par Edward A. FREEMAN, professeur honoraire au collège de la Trinité, Oxford. Traduit de l'anglais par M. Gustave LEFEBVRE, avec une préface de M. Ernest LAVISSE, directeur d'études pour l'histoire à la Faculté des lettres de Paris. — 1 vol. in-8° de 700 pages, avec atlas in-4° renfermant 73 cartes ou cartons.................. 30 fr.

En publiant l'ouvrage intitulé : *The historical Geography of Europe*, titre que nous traduisons par « **Histoire générale de l'Europe par la Géographie politique,** M. FREEMAN s'est proposé, comme il l'a dit, de déterminer quelle a été, suivant les époques, l'étendue des territoires occupés par les différents États et nations de l'Europe, de tracer les limites que chacun de ces pays a possédées et les différentes significations qu'ont les noms qui servent à les désigner. »

Cet ouvrage s'adresse aux élèves des hautes classes des lycées, aux étudiants des facultés, en particulier aux étudiants en histoire, aux élèves de l'École libre des sciences politiques ; mais il offrira intérêt et profit à tous les hommes cultivés qui veulent suivre, en la comprenant, l'histoire politique de notre temps.

Le livre de M. FREEMAN est accompagné d'un **Atlas**, qui permet au lecteur de se rendre compte des transformations politiques de la carte européenne. Le traducteur y a ajouté un certain nombre de cartes nouvelles, destinées à faciliter l'intelligence du texte.

Au livre de M. Freeman, M. E. LAVISSE a donné un utile complément. Dans un *avant-propos*, qui ne compte pas moins de 72 pages, il a fait une revision de l'histoire de l'Europe dont il a marqué les différentes périodes, caractérisant chacune d'elles, suivant à travers toutes le courant des idées et des sentiments qui ont conduit la politique. C'est une sorte de philosophie de l'histoire européenne qu'il a donnée, très librement faite et très instructive.

LA FRANCE COLONIALE

HISTOIRE — GÉOGRAPHIE — COMMERCE

Par M. Alfred Rambaud, professeur à la Faculté des lettres de Paris, avec la collaboration d'une Société de géographes et de voyageurs. 1 vol. in-8°, de 750 pages, avec 12 cartes en couleur. Prix. 8 »

SOMMAIRE

Introduction historique, par Alfred Rambaud.
L'Algérie, par M. P. Foncin, inspecteur de l'Université, secrétaire général de l'*Alliance française*.
La Tunisie, par M. J. Tissot.
Le Sénégal et ses dépendances, par M. le commandant Archinard.
La Guinée du Nord : Etablissements de la Côte d'Or, Grand Bassam et Assinie par M. A. Brétignère. — Etablissements de la Côte des Esclaves, Porto Novo, Kotonou, Grand Popo, par M. Médard-Béraud.
L'Ouest africain, par M. J. L. Dutreuil de Rhins.
L'Ile de la Réunion par M. C. Jacob de Cordemoy, membre du Conseil général de la Réunion.
Madagascar et les îles voisines par M. Gabriel Marcel, revu par M. Alfred Grandidier.
La Mer Rouge (Obock, Cheik-Saïd), par M. Paul Soleillet.
L'Inde française, par M. Henri Deloncle.
L'Indo-Chine française, par M. le capitaine Bouinais et M. Paulus.
L'Océanie française : Tahiti, par M. A. Goupil.
La Nouvelle-Calédonie, par M. Charles Lemire.
Terre-Neuve, Saint Pierre et Miquelon, par M. le lieutenant J. Nicolas.
La Guadeloupe, par M. Isaac, sénateur de la Guadeloupe.
La Martinique, par M. Hurard, député de la Martinique.
La Guyane, par M. Jules Léveillé, professeur à la Faculté de droit de Paris.
Conclusion, par M. A. Rambaud.

Depuis quelques années, les esprits se sont tournés, en France, vers les questions coloniales. Mais peu de personnes ont une juste idée de notre puissance coloniale et du véritable intérêt qu'aurait le pays à la voir s'accroître.

Il a donc paru à M. Rambaud que le temps était venu de donner au public un tableau impartial de nos colonies, qui pût aider à la solution des diverses questions qu'elles soulèvent.

Ayant fait une étude spéciale de la matière, M. Alfred Rambaud comme tant d'autres, aurait pu écrire *ex professo* un livre sur ce sujet, mais il a cru mieux faire en confiant l'étude de chaque pays à un collaborateur, ayant non seulement vu ce pays, mais l'ayant habité, l'ayant exploré dans tous les sens et à tous les points de vue.

LA FRANCE ÉCONOMIQUE
STATISTIQUE RAISONNÉE ET COMPARATIVE
ANNÉE 1887
par M. Alfred DE FOVILLE

Professeur au Conservatoire des Arts et Métiers, chef du bureau de statistique du Ministère des finances, président de la Société de statistique.

1 vol. in-18 jésus, cartonné à l'anglaise, avec cartes et diagrammes, 6 fr.

La statistique est devenue pour les sociétés modernes un article de première nécessité. Les questions auxquelles elle répond se posent et s'imposent partout où l'on travaille. Mais que de fois elles restent sans réponse!

Ce n'est pas qu'il y ait disette de documents. On reprochait autrefois à nos administrations publiques leur mutisme : elles en sont bien guéries. Chacune a maintenant son bulletin ou son annuaire, et ces répertoires spéciaux rendent aux initiés de grands services. Mais il faut être du métier pour trouver là ce qu'on y cherche et pour comprendre ce qu'on y trouve. La plupart des hommes instruits connaissent à peine ces in-octavos et ces in-quartos qui encombreraient leurs bibliothèques. Quand le hasard les leur met sous la main, ils s'y égarent bientôt et demandent s'il n'existerait pas, pour leur épargner de si laborieuses explorations, un de ces précis qui, à Londres ou à New-York, se rencontrent sur toutes les tables et répondent à toutes les questions.

Ce précis, hier encore, n'existait pas en France ; mais il existe aujourd'hui, et les conditions dans lesquelles nous l'offrons au public sont de nature à en assurer promptement le succès.

L'auteur, dont le nom est déjà une garantie, ne se borne pas, dans le livre qui vient de paraître, à résumer les publications officielles ; il les complète souvent, il les discute toujours, il les rectifie quelquefois. Il donne surtout la mesure du plus ou moins de confiance que méritent des évaluations tantôt très sûres, tantôt fort problématiques. Il conduit le lecteur comme par la main, sur ce terrain mouvant où tant de pièges se cachent. Il lui dit clairement — et même gaiement, quand le sujet s'y prête — tout ce qu'il a besoin de savoir. Il lui épargne, soit comme texte, soit comme tableaux, toute longueur inutile : dix chiffres bien expliqués ne valent-ils pas mieux que mille chiffres qu'on ne comprend pas.

Ajoutons que le volume, cartonné à l'anglaise, est à la fois solide et léger. Les caractères, lettres et chiffres, en sont remarquablement lisibles, et le prix très modéré de l'ouvrage le met à la portée de toutes les bourses.

PETITE ANTHOLOGIE
DES
MAITRES DE LA MUSIQUE

Depuis 1633 jusqu'à nos jours, par M. LÉOPOLD DAUPHIN. — 71 Romances et chansons. — Airs. — Duos et chœurs simplifiés, piano et chant. 1 vol. in-4°, 50 gravures, cartonné. 5 fr.

Pour l'étude des œuvres littéraires, il existe des recueils de *morceaux choisis* avec des notices biographiques et bibliographiques sur les auteurs et leurs œuvres.

Rien de tel n'existe — du moins en France — pour la musique; aussi les maîtres, voués par profession à l'enseignement de cet art, savent à quel point son histoire est ignorée des élèves.

Dans la **Petite Anthologie des Maîtres de la Musique**, l'auteur s'est proposé de faire pour la musique ce que nombre de vulgarisateurs avaient fait déjà pour la littérature.

M. DAUPHIN a donc choisi dans l'œuvre des principaux maîtres les morceaux qui caractérisent plus particulièrement leur manière et leur tempérament, et il a fait précéder chaque fragment d'une notice qui, en retraçant la vie des musiciens, indique le rôle joué par chacun d'eux dans l'histoire de la musique.

Aucun livre jusqu'ici n'avait joint l'histoire des maîtres de la musique à des morceaux extraits de leurs œuvres, de manière à permettre aux jeunes musiciens de suivre l'histoire de la musique par ses chefs-d'œuvre et de se rendre compte de ses transformations jusqu'à nos jours.

TABLE DE L'ANTHOLOGIE

AUTEURS	TITRES	AUTEURS	TITRES
LULLI	Air de Cérès.	PICCINNI	Duo des Bergers (tiré de Roland).
—	Air de la nourrice.	MONSIGNY	Ariette de Rose et Colas.
STRADELLA	Biographie.	HAYDN	La Création.
SCARLATTI	—	GOSSEC	Biographie.
LALANDE	—	SACCHINI	Œdipe à Colone.
CAMPRA	—	PAISIELLO	Air de la Molinara.
DURANTE	—	CIMAROSA	Biographie.
RAMEAU	Castor et Pollux.	GRÉTRY	Sérénade.
—	Hippolyte et Aricie.	—	Richard Cœur de Lion (couplets).
BACH	Cantate.		
MARCELLO	Biographie.	—	Richard Cœur de Lion (duo).
HAENDEL	Air du Messie.		
—	Judas Machabée (chœur)	—	Chœur des deux Avares.
DUNI	Biographie.	CLEMENTI	Biographie.
PERGOLÈSE	Biographie.	DALAYRAC	Berceuse.
GLUCK	Air tiré d'Orphée.	—	Ronde avec chœur.
—	Air tiré d'Armide.	MOZART	Don Juan.
LÉO	Biographie.	—	Noces de Figaro.
JOMELLI			
PHILIDOR		DUSSECK	Biographie.

ARMAND COLIN et Cie, éditeurs.

AUTEURS	TITRES	AUTEURS	TITRES
Lesueur	Biographie.	Niedermeyer	Biographie.
Méhul	Romance de Joseph.	Bellini	Air de la Somnambule.
—	Joseph (romance de Benjamin).	—	Mélancolie.
—	Une folie (rondeau).	Berlioz	Récitatif d'Énée.
Berton	Biographie.	—	La Captive.
Beethoven	L'absence (mélodie),	Grisar	Biographie.
—	Fragment de Fidélio.	Adam	Fragment des couplets du Postillon de Long-jumeau.
Spontini	Prière de Julia.	—	Fragment de Betily (tiré du Châlet).
Boieldieu	Fragment d'un chœur, de la Dame Blanche.	Reber	Fragment de l'introduction des Papillottes.
—	Rondeau de Rose.	Clapisson	Rondes de la Fanchonnette.
Cherubini	Biographie.		
Nicolo	Romance de Cendrillon.	Mendelssohn	Vogue, léger zéphir.
Auber	Ronde de Zerline.	Balfe	Biographie.
—	Tempo di marcia (Diamants de la Couronne).	Chopin	Berceuse.
Hummel	Biographie.	Schumann	Chœur des enfants bienheureux.
Weber	Ronde Favorite.	F. David	Romance de Noureddin (Lalla Roukh).
—	Barcarole des Nymphes de la mer (d'Obéron).	—	C'est ici le pays des Roses.
Herold	Romance d'Adolphe.	Ricci	Biographie.
—	Chœur (du Pré-aux-Clercs).	Flotow	
—	Chanson (du Muletier).	Wagner	Fragment (Marche du Tannhauser).
Carafa	Biographie.	—	Fragment du poème de Walther.
Rossini	Romance du Saule.	Bazin	Refrain de l'air de Kernoisan. (Voyage en Chine.)
—	Fragment du Barbier.		
—	Fragment de Zelmire.	Poniatowski	Biographie.
—	Chœur (Guillaume Tell).	Maillard	Chanson Arabe.
Meyerbeer	Fragment de la Conjuration des Huguenots.	Offenbach	Pastorale.
—	Chœur des conjurés.	—	Couplets de Vendredi (Robinson-Crusoé).
Schubert	Sérénade.	Massé	Chanson tirée de Paul et Virginie.
—	La Truite.	—	Fragment de la romance de l'Aiguille.
Donizetti	Larghetto (Lucie de Lammermoor).	Bizet	Fragment du chœur des Gamins (Carmen).
—	Air d'Anna Bollena.		
Paer	Biographie.		
Mercadante			
Halévy	Fragment de l'air d'Éléazar dans la Juive.		
—	Ariette de Berthe (des Mousquetaires de la Reine).		

SOMMAIRE DE L'ANTHOLOGIE
Conseils aux jeunes élèves de chant.
Conseils aux jeunes élèves de Piano.
Exposé sommaire de la musique avant Lulli.
Origine de la musique. — Ses premiers développements. — La musique chez les anciens. — La musique grecque. — Musique de la liturgie catholique. — La musique en France du XIe au XIVe siècle. — Les musiciens du XVe au XVIIIe siècle.

Morceaux choisis des grands maîtres avec biographies et portraits.
Notes sur l'art musical contemporain.
Maîtres étrangers : Maîtres italiens. — Hongrois et Autrichiens. — Flamands. — Russes. — Allemands, Danois et Norvégiens.
Maîtres français. — Membres de l'Institut. — Prix de Rome. — Autres musiciens français.
Lexique des mots et expressions employés dans le langage musical.
Bibliographie.

Expédition *franco* contre réception de 5 francs.

DANTE ALIGHIERI

LA
DIVINE COMÉDIE

Traduction par M. Henri DAUPHIN, conseiller à la Cour d'appel d'Amiens, 1 vol. in-8, broché.   10 fr.

« Il existe dans le domaine de l'art chrétien un monument prodigieux, qui embrasse la terre et le ciel et qui met en scène, hors du monde sensible, les personnages d'un drame appelé la *Divine Comédie*. Comme nos vieilles basiliques, ce poème ne révèle toutes ses beautés qu'à l'œil qui a su pénétrer la pensée qui l'anime, à l'homme qui s'est imprégné de l'esprit du moyen âge dont il procède. Plus vaste, plus symbolique, il est aussi moins accessible à l'intelligence que toute œuvre d'art. Il veut un lecteur plus versé dans l'histoire, plus initié aux opinions et aux mœurs de cette époque. L'auteur du poème en étant aussi le héros, il est encore nécessaire de connaître sa vie, la part personnelle qu'il a prise aux événements de son temps. »

Ainsi s'exprime le traducteur au début de la notice dont il a fait précéder l'œuvre du grand poète florentin.

Cette étude biographique, historique et littéraire, placée en tête de la *Divine Comédie* « plus vantée en France qu'elle n'est lue, » aidera puissamment le lecteur à concevoir l'ensemble du poème et à en saisir les beautés.

Non content de cet exposé préliminaire, le traducteur a accompagné chaque page de notes fort courtes, mais très nombreuses, qui ne laissent pas passer un souvenir mythologique, une allusion historique, une anecdote contemporaine sans en donner en deux mots une explication suffisante pour éclairer tout un passage obscur.

C'est en somme un travail qui a demandé une profonde érudition et qui a été exécuté avec autant de simplicité que d'esprit pratique. Nous ne doutons pas qu'il n'ait pour résultat de populariser dans notre pays le poème illustre du Dante en le rendant accessible à tous,

COURS MARMONTEL

La Première année de Musique (*Solfège et chants*), par M. A. MARMONTEL, ancien professeur au Conservatoire de Paris, second chef des chœurs à l'Académie nationale de musique. 1 vol. in-8 de 144 pages, cartonné.   1 25

<small>50 leçons. — 150 exercices de lecture rythmique, de solfège et de vocalisation. — 50 devoirs oraux et écrits. — 55 chœurs à l'unisson ou à deux parties extraits des chefs-d'œuvre des plus grands musiciens, anciens et modernes. — 50 résumés. — Questionnaire. — Lexique.</small>

<small>*Crier n'est pas chanter.*</small>

La **Première année de Musique** *a été honorée d'une approbation collective de MM.* AMBROISE THOMAS, *directeur du Conservatoire national de musique de Paris,* CH. GOUNOD, E. REYER, C. SAINT-SAENS, J. MASSENET, L. DELIBES, *membres de l'Institut.*

ANNUAIRE DE L'ENSEIGNEMENT PRIMAIRE

Publié sous la direction de M. JOST, délégué à l'inspection générale de l'instruction publique. 3e **Année 1887.** 1 vol. in-18.   1 50

L'*Annuaire* pour 1887 contient : L'année 1887. — Calendrier. — Personnel de l'administration centrale et académique. — Inspecteurs. — Directeurs, directrices et professeurs des Écoles normales primaires. — Instituteurs et institutrices des chefs-lieux d'arrondissement et de canton et des villes de deux mille âmes et au-dessus. — Conseil supérieur. — Conseils départementaux. — Certificats d'études, bourses de séjour à l'étranger et brevets de capacité. Résumé chronologique des lois et décrets. — Statistique de l'enseignement primaire élémentaire et supérieur. — Statistique des bibliothèques, degré d'instruction des conscrits et conjoints. — L'instruction primaire devant le parlement. — La nouvelle loi scolaire par M. G. COMPAYRÉ. — Situation de l'instituteur à l'étranger, par M. JOST. — L'éducation littéraire de l'instituteur, par M. GAUDIER. — Examen des recrues en Belgique, par M. VAN MEENEN. — Du travail manuel à l'École primaire, par M. BERTRAND. — La responsabilité civile de l'Instituteur, par G. LEJEAL. — Le champ d'expérience, par M. PAMART. — Découverte de Pasteur, par le Dr BARDET. — Les sociétés de secours mutuels, statistique et situation, par M. JOST. — Bibliographie pédagogique, etc.

ARMAND COLIN et Cⁱᵉ, éditeurs.

Les Héros de l'Humanité (*Héro Worship*) par CARLYLE, traduction par M. IZOULET professeur de philosophie au Lycée Condorcet. 1 v. in-18 jés. 3 50

Racine et Victor Hugo par PAUL STAPFER, professeur à la Faculté des lettres de Bordeaux. 1 vol. in-18 jésus. 3 50

Courte Histoire de Napoléon Iᵉʳ suivie d'un essai sur sa personnalité et sur sa carrière par J. R. SEELEY, professeur à l'Université de Cambridge, traduction par le Colonel BAILLÉ. 1 v. in-18, br. 3 50

L'Expansion de l'Angleterre, par *le même*, traduction par MM. le Colonel BAILLE et ALFRED RAMBAUD. 1 vol. in-18, broché. 3 50

Questions d'Enseignement national par ERNEST LAVISSE, professeur adjoint à la Faculté des lettres de Paris. 1 vol. in-18 jésus, broché. 3 50

Fables de La Fontaine, nouvelle édition classée par ordre de difficulté et annotée par A. GAZIER, maître de conférences à la Faculté des lettres de Paris. 1 vol. in-12 cartonné avec vignettes 1 50

Petites histoires pour apprendre la vie par PIERRE LALOI. 1 vol. in-8 avec nombreuses gravures, in-8 broché. 8 »

www.ingramcontent.com/pod-product-compliance
Lightning Source LLC
Chambersburg PA
CBHW071107230426
43666CB00009B/1861